两岸产业比较研究丛书

本丛书是"2011计划"——"中国特色社会主义经济建设协同创新中心"的子平台"区域协调与产业发展"研究团队的阶段性成果

国家出版基金项目
NATIONAL PUBLICATION FOUNDATION

两岸物流政策比较研究

王 玲　蒋笑梅　贾凯杰　等编著

南开大学出版社

天　津

图书在版编目(CIP)数据

两岸物流政策比较研究 / 王玲等编著. —天津：
南开大学出版社，2015.9
（两岸产业比较研究丛书）
ISBN 978-7-310-04923-3

Ⅰ.①两… Ⅱ.①王… Ⅲ.①物流－经济政策－对比
研究－中国 Ⅳ.①F259.22

中国版本图书馆 CIP 数据核字(2015)第 209191 号

南开大学出版社出版发行

出版人：孙克强

地址：天津市南开区卫津路 94 号　　　邮政编码：300071
营销部电话：(022)23508339　23500755
营销部传真：(022)23508542　　邮购部电话：(022)23502200

*

河北昌黎太阳红彩色印刷有限责任公司印刷
全国各地新华书店经销

*

2015 年 9 月第 1 版　　2015 年 9 月第 1 次印刷
240×170 毫米　16 开本　24.5 印张　4 插页　410 千字
印数：1－3000 册　定价：52.00 元

如遇图书印装质量问题，请与本社营销部联系调换，电话：(022)23507125

编委会名单

编委会主任：龚　克　潘维大

执 行 主 编：刘秉镰　詹乾隆　邱永和　白雪洁　贾凯杰

编委会成员（按汉语拼音排名）：

白仁德　曹小衡　陈富良　陈世圯　冯正民

傅祖坛　过晓颖　胡均立　胡凯杰　黄台生

焦志伦　李　扬　李保明　李兰冰　李文智

李　月　庞瑞芝　王　玲　王　燕　吴天诚

肖兴志　徐顺宪　杨静蕾　杨永忠　赵一夫

周呈奇

序一

经历了 2009 年国际金融危机的冲击，当前世界经济进入新一轮的调整和转型期，以美国为代表的发达国家虽然经济探底趋稳，但财政悬崖、主权债务危机的阴影犹存；新兴经济体和部分发展中国家虽然经济保持较高的增速，但面临的挑战和风险也很大。从世界经济格局来看，世界经济中心向亚太地区转移的趋势有所增强，在刚刚过去的 2012 年，全球经济复苏放缓，而亚太新兴经济体总体上保持了难得的增速，成为世界经济的一抹"亮色"。在亚太地区，中国大陆与中国台湾作为"大中华经济圈"中实体经济发展各具千秋的两个重要经济体，彼此之间活跃的产业合作和日益紧密的经济联系会增强双方的实力，达到合作共赢、共同增强在亚太地区的主导力量的效果。

自 2008 年两岸关系出现历史性转折后，两岸双方在反对"台独"、坚持"九二共识"的共同政治基础上，本着"建立互信、搁置争议、求同存异、共创双赢"的精神，致力于两岸关系的和平发展。目前我们已经签署了空运、海运、通邮等协议，实现了两岸全面直接双向"三通"，促成了大陆居民赴台旅游，取得了两岸人员往来的又一次重大突破，在众多领域建立了两岸交往与合作机制，解决了两岸同胞关心的一系列经济、社会、民生等问题，特别是签署了《海峡两岸经济合作框架协议》以及投资保护、海关合作两项后续协议后，更推进了两岸经济一体化的进程。"三通"开放至今，两岸贸易总额已突破 5600 亿美元，大陆累计批准台商投资项目 8.7 万个，台商实际投资金额 565.3 亿美元。同期，共有 133 家大陆企业在台设立分公司或代表处，投资金额达 7.22 亿美元。2008 年两岸携手直面国际金融危机的冲击，风雨同舟，共渡难关，为两岸产业与企业界的更深入、具体、全面的交流与合作奠定了坚实的情感基础。两岸发展的历史充分证明，分则两败，合则共赢。

我们惊喜地发现，在两岸经济、社会、文化、教育等领域日益频繁而密切的交流中，两岸的高校发挥了重要而独特的作用。不仅通过教师和学生的交流互访学习，取长补短，加深了理解和友谊；而且更有一些眼光深邃、做法务实的两岸高校，各取所长，为两岸的产业和企业合作发展发挥着智力支持作用。由南开大学和台湾东吴大学发起，联合了两岸十几所高校的专家学者编写出版的"两岸产业比较研究丛书"，恰逢其时，将适应两岸经济交流与合作的新形势，为两岸产业和企业加深了解、建立互信、寻求商机、互利互惠开启一扇机会之窗。

未来"大中华经济圈"的不断崛起将可能成为影响国际经济格局变化的重要力量，两岸的经济和产业合作也将不断由初期的贸易往来和直接投资向立足于两岸需求、资源、技术的全方位深层次的产业对接与合作转移。两岸内部市场的新经济增长点在哪里？两岸产业各自的竞争优势是什么？两岸产业进一步深入合作的制度政策和机制需求是什么？相信"两岸产业比较研究丛书"的出版将有助于我们寻找相关问题的答案。也希望通过这套丛书的出版，能进一步推进两岸官、产、学、研的更加深入持久的战略性合作。

目前两岸科技、文化、教育等领域交流与合作议题的正式商谈虽然还未开始，但两岸一些心系两岸和平发展之大计、脚踏实地的高校和学者已经开始他们扎实而富有成效的探索，虽然这些成果还不尽善尽美，但他们精诚合作，为两岸发展贡献绵薄之力的赤诚之心可见。愿他们的开拓性工作不断深入，结出更多更美的硕果。愿两岸产业界和企业界携手合作，共赢共荣的美好日子愈久绵长。

陈云林

2015 年 6 月

序二

　　全球经济已经进入成长速度放缓、竞争加剧、深度转型的调整期，未来发展充满了复杂性、不稳定性和不确定性。已开发国家经济进入缓慢复苏的阶段，低速成长可能成为长期的趋势。开发中国家或地区尤其是新兴经济体具有较高的成长速度，已经成为世界经济成长的主要动力，但成长速度不如以往的压力也逐渐显现。世界经济格局正发生明显的变化，亚洲的地位与作用日益重要。为因应全球经济高度不确定性的挑战，掌握全球经济重心向亚洲转移的机会，海峡两岸应加强合作、优势互补，共同采取更为积极有效的措施以稳定、发展、繁荣两岸经济。

　　2008 年以来，两岸关系迈入和平发展的一个新的阶段。至 2012 年底为止，海基会与海协会共举行了 8 次高层会谈，签署了 18 项协议，涉及两岸直航、大陆观光客来台、投资保障等，为两岸经济共同繁荣与发展奠定了坚实的基础。其中，2010 年 6 月，海基会和海协会签署了《海峡两岸经济合作框架协议》（ECFA），进一步增进了双方的贸易与投资关系，建立了有利两岸经济繁荣与发展的合作机制，为台湾与大陆的经贸交流与合作揭开了新的里程碑。

　　世界经济进入全新的发展阶段，新的形势给两岸经济交流与合作创造了新的机会，也产生了新的需求。当前，两岸经济均进入调整期，新阶段的产业合作可以基于两岸内部市场新经济成长机会的创造与成长方式的改变；如何从两岸经济发展的特色出发，选择两岸产业合作的领域与重点备受关注。就现阶段而言，两岸产业合作特别要注重对两岸内部市场的培育。两岸关系进入后 ECFA 时期，机制与制度的建构已经成为两岸产业合作的重中之重。两岸关系的改善以及 ECFA 的签署，应该在已有的架构协议层面，积极地完成相关的配套政策、机制、制度的建设，才能更深化产业的合作。在两岸合作由初级贸易往来转向深层次产业合作的关键时刻，如何从两岸的共同利益出发，实现两岸经济与产业的合作共赢，在全球经济格局中共同实现经济再发展，已经成为两岸官方、产业界和学术界共同关心的重大课题。

欣闻东吴大学和南开大学共同发起建立专业化、开放化和国际化研究平台，吸引海峡两岸的优秀学者，在两岸产业合作与对接这一新兴重要领域进行兼具创建性、开拓性与系统性的研究，共同编撰"两岸产业比较研究丛书"，深感其正逢其时、意义深远。这是第一部两岸学者携手完成的两岸产业比较研究丛书，这一系列丛书全方位剖析了两岸产业发展现状与未来对接的机会和挑战，涉及物流产业政策、港口发展等多个不同经济发展领域，研究成果兼具深度与广度。我相信这套丛书的出版问世，将为两岸产业合作与对接提供可参考、可采纳、可使用的产业发展对策，切实有效地为两岸经济共同繁荣与发展作出贡献。

这套丛书的问世，倾注了两岸学者的卓越智慧，期盼两岸学者能够继续精诚合作，竭尽所能地进一步加强两岸教育与科研资源的交流，建立高效、稳定、可持续的合作机制，产出更多、更好的硕果，为共同提升两岸经济发展贡献力量。

江丙坤

2015 年 8 月

前　言

随着经济全球化进程的加快、经济的快速增长以及现代信息技术的普及，作为一种先进的管理技术和组织方式，现代物流已经成为各国或地区参与全球竞争的战略资源，正在全球范围内成长为潜力巨大的新兴产业。近十多年来，无论是物流行业还是行业物流，无论是基础设施还是配套环境，海峡两岸的现代物流都得到了快速发展。同时，随着两岸经贸交流的加强、两岸直航的实现和《海峡两岸经济合作框架协议》的签署，两岸物流基础设施对接项目建设进程不断加快，两岸交通运输领域交流合作不断深化，两岸物流合作的前景十分广阔。

物流系统是一个国家或地区经济运行与社会发展的最基础系统之一，是政府实施公共管理的重要领域之一。而物流政策则是政府在物流领域实施公共管理的重要途径与手段。包括美国、欧盟、日本、新加坡等在内的发达国家和地区，无不通过制定相关政策，推动现代物流的发展。尽管中国大陆和中国台湾的物流发展并不处于同一水平，但两岸都注重通过政策和规划的引导，促进现代物流的快速发展。当前，两岸物流发展均处于转型升级的关键时期。系统研究两岸物流政策的内容与特点，对于两岸物流主管部门相互借鉴经验，制定符合物流发展规律的政策，并深化两岸物流的发展与合作，具有较强的现实意义。

本书运用经济学理论、管理学理论、公共政策理论、系统论以及物流与供应链的基本知识，构建了物流政策的体系框架，系统梳理和总结了中国大陆和中国台湾地区物流发展与物流政策的沿革与现状，以及两岸物流合作及相关政策现状，以利两岸的物流管理部门、学术界和企业界对双方物流政策的了解和把握。在此基础上，本书运用比较分析法，以政策要素为线索，对比研究了两岸物流政策的特征及异同点，以利两岸之间相互借鉴政策优势，促进各自物流系统的发展和两岸物流领域的交流与合作。最后，本书在系统总结全书研究成果的基础上，对未来两岸物流政策的发展趋势进行了展望。本书主要面向物流政策的制定者、物流企业和企业物流的高层管理者，以及大专院校、科研机构的物流领域研究人员。

由于物流政策的发展历史较短、各国或地区物流政策发展还不够成熟与规范等原因，迄今物流政策的研究尚未引起国内外学者们的足够关注，关于物流政策的专门、系统研究也不多见。本书通过借鉴公共政策理论，尝试对物流政策的概念与内涵进行界定，探讨物流政策的理论基础、物流政策分析的内容与方法。另外，本书也尝试运用相关理论构建物流政策的体系框架，希望能对物流政策领域的研究起到抛砖引玉的作用。

本书是两岸物流学者共同研究的成果。中国大陆研究团队由南开大学现代物流研究中心王玲副教授、天津师范大学蒋笑梅老师、南开大学滨海学院陈志卷老师、中国民航大学魏然副教授、南开大学现代物流研究中心办公室李克娜主任以及南开大学经济与社会发展研究院司明博士和吕程、何雨霖、李倬、王欣硕士组成。中国台湾研究团队由台湾交通大学冯正民教授、台湾东吴大学贾凯杰教授和胡凯杰老师组成。本书由王玲、蒋笑梅、贾凯杰担任主编。本书架构和研究思路由王玲、蒋笑梅、魏然、李克娜、冯正民、贾凯杰和胡凯杰共同商定。冯正民对研究初稿提出了修改意见，胡凯杰对涉及台湾地区的内容进行了修订。最后，由王玲、蒋笑梅、贾凯杰进行修改定稿。四位硕士研究生参与了资料收集与整理工作。具体写作分工如下：

第一章　　　蒋笑梅

第二章　　　王　玲

第三章　　　王　玲　蒋笑梅　陈志卷　司　明　李　倬

第四章　　　王　玲　蒋笑梅　陈志卷　司　明

第五章　　　司　明　李克娜

第六章　　　贾凯杰　王　玲　蒋笑梅　陈志卷　司　明　吕　程
　　　　　　何雨霖

第七章　　　魏　然　王　欣

第八章　　　王　玲　吕　程

第九章　　　蒋笑梅

第十章　　　陈志卷

第十一章　　司　明

第十二章　　王　玲　何雨霖

第十三章　　蒋笑梅

第十四章　　蒋笑梅　贾凯杰　吕　程

本书得到教育部人文社会科学研究规划基金项目（项目名称：中国物流产业生态效率评价与提升路径——基于能源消耗与环境污染内生化的视角；项目批准号：12YJA790136）的资助，是该项目的阶段性研究成果，在此表示衷心感谢！

由于作者水平有限，书中难免出现错误和不妥之处，敬请读者批评指正！

编　者

2015 年 6 月于南开园

目　录

‖ 理论篇

第一章 物流政策概述

物流政策通常是指一个国家或地区的政府从现代物流理念出发，所制定的用于促进该国或地区社会物流系统发展的公共政策。两岸的物流政策是本书的研究对象，本章首先对物流政策的内涵与类型、物流政策的理论基础，以及物流政策分析的内容与方法进行阐述，以便为后续各章内容的展开奠定基础。

第一节 物流政策的内涵与类型

政策科学是专门研究政策基本原理的新兴学科，物流政策是作用于具体领域的政策类型。政策科学关于政策本质与基本属性的研究有助于理解物流政策的内涵与外延。

一、政策科学中的政策概念

在政策科学中，宽泛意义上的政策是指个人、企业、社会团体或公共权力机构在具体情境下，为达到一定目标所制定的用以约束或引导社会成员的行动指南或准则。从公私领域的差异视角，政策可以分为公共政策和一般政策。其中，公共政策是指"公共权力机构为解决公共问题而制定的用以约束或引导社会成员的行动指南或准则"[1]，是政策科学的研究重点。一般政策是指个人、企业和社会团体的决策，处理的是私领域的问题，是决策科学研究的课题。

关于公共政策，其内涵主要体现在四个方面[2]。首先，公共政策的制定主体是公共权力机构。公共权力机构包括政府、立法机构、政党以及一些具有管

---

[1] 王骚. 公共政策分析的理论与方法[M]. 南开大学出版社，2009.

[2] 王骚. 公共政策分析的理论与方法[M]. 南开大学出版社，2009.

理全球性公共事务权利的国际组织，公共政策是这些机构实施公共管理的重要工具与手段。其次，公共政策的功能是解决公共问题。从影响范围看，问题可分为私人问题和公共问题，私人问题一般仅涉及少数个人，对大多数人没有影响。所谓公共问题，是指那些对多数社会成员产生普遍影响的问题。再次，公共政策不仅是一个客观存在的静态事物，而且也是一个包含政策问题界定、政策规划、政策执行、政策评估与政策终结的动态行为过程。最后，公共政策是一种行为指南或行为准则。公共权力机构通过这些行为指南或行为准则，实现对公私行为的引导或约束，以实现某个目标或促进经济社会发展。

在现实生活中，公共政策数量巨大、内容繁杂，根据不同的标准可将其分为多种类型。如按照政策所涉及的领域及其问题的不同，可以把公共政策划分为政治政策、国防政策、外交政策、经济政策和社会政策等若干大类，其中每一大类又可分出若干小类。根据措施规定的详细程度，可分为纲领性政策和计划性政策。纲领性政策只给出总的方向和目标，计划性政策则规定了具体的行动方向和步骤。从利益分配的角度，公共政策可分为分配性政策、管制性政策等。分配性政策是向特定的群体（或个体）分配服务或利益的政策，它通常由政府资金来支持，如产业政策中对符合条件的企业提供财政补贴或税收减免扶持。管制性政策是对个体或群体的行为加以限制的政策，具体又分为对个体或企业的经济行为加以限制的经济性管制政策，以及针对产品安全方面的社会性管制政策等。

从各国政策实践看，公共政策的表现形式多种多样，既包括法律法规、行政规定或命令，也包括政府大型规划、具体行动计划及相关策略等。

二、广义与狭义的物流政策

根据前述政策科学对政策的研究，结合国内外物流政策的实践，可以发现，从广义上看，凡是个人、企业或公共权力机构针对物流领域问题给出的用以约束或引导社会成员的行为指南或准则都可以认为是物流政策。如某电子商务企业制定的商品配送规则、某制造企业制定的物流客户服务标准、政府制定的物流发展规划等，都属于物流政策。

但从狭义的角度看，以政府为代表的公共权力机构针对物流领域中的公共性问题所制定的物流政策，与个人或企业制定的物流政策相比，对公共部门和私人部门的行为均具有指引作用，影响大多数人的公共利益，且一般具有约束性，涉及面广，对社会物流系统的影响大，应该是物流政策研究领域关注的重点。另外，从已有的物流政策方面的研究看，基本上也是把物流政策限定在公共权力机构制定的各类政策范畴之内。所以，本书所讨论的物流政策将集中于狭义的物流政策范畴，也就是公共权力机构针对公共性物流问题所制定的政策范围。

三、物流政策的内涵

由于政策的制定主体是公共权力机构，针对的是物流领域中的公共性问题，因此，物流政策属于公共政策范畴，可以借鉴政策科学对公共政策基本属性的研究来理解物流政策的内涵。

本书将物流政策定义为"公共权力机构针对物流领域的公共性问题所制定的，用以约束或引导社会成员的行为指南或准则"。物流政策的内涵可从以下几个方面进行理解：

首先，物流政策的制定主体是各类公共权力机构，包括一个国家（地区）的各级政府、立法机构以及具有公共政策制定权力的国际化组织等。例如，我国的全国人大与地方人大等立法机构，国务院及其所属的国家发展改革委、交通运输部、商务部等相关部委，以及地方层面的省、市级政府及其所属交通、商务等相关部门均是物流政策的制定主体。国际化组织方面,欧盟是典型代表。欧盟作为由多个主权国家组成的区域一体化组织，集政治实体和经济实体于一身，在世界上具有重要影响，20世纪50年代以来先后出台过一系列共同运输政策，以改善整个欧盟的一体化运输系统、提高统一市场效率和扩大欧盟对外联系。

其次，物流政策的对象是物流领域中的公共性问题。物流系统是一个社会经济运行的基础性系统,涉及众多公共性问题，如全社会物流系统的规划问题，各类交通基础设施、物流园区与公共物流信息平台的供给问题，托盘、货架、物流条码等物流设施设备的标准制定与推广问题，各类物流企业的规范管理问题，先进物流技术的研发促进与推广问题等。物流领域的公共性问题基本都是经济领域内问题，因此物流政策属于国家经济政策范畴。

最后，物流政策的主体内容是其政策文本中给出的行为指南或准则。行为指南或准则体现了政府对政策涉及问题的态度,明确了解决问题的导向与方法,使物流政策具体化和具有可操作性。

四、物流政策的类型与表现形式

（一）物流政策的类型

由于物流领域涉及的公共问题很多，所以一个国家或地区的物流政策通常由涉及多个方面的多项政策构成，是一个政策体系。

从不同角度可以把物流政策分为多种类型。例如，从政策的详细程度角度，可以把物流政策分为纲领性物流政策和计划性物流政策。以中国大陆的物流政策为例，国务院《物流业调整和振兴规划》就属于纲领性物流政策，商务部《外商投资国际货物运输代理企业管理办法》则属于计划性物流政策。从利益分配角度，财政部《农村物流服务体系发展专项资金管理办法》属于分配性政策，交通运输部《快递市场管理办法》属于管制性政策。

另外，从系统构成角度，根据社会物流系统的具体构成，可以把物流政策细分为物流宏观指导政策、物流行业政策、行业物流政策、物流基础设施政策、物流配套环境政策等，这是本书所采纳的分类方法。

（二）物流政策的表现形式

与其他公共政策类似，物流政策的具体表现形式也是多种多样，既包括各种物流法律法规、行政规定或命令，也包括大型物流规划、具体行动计划及相关策略等。如《中华人民共和国邮政法》属于法律法规形式的政策；日本的《综合物流施政大纲》、中国大陆的《物流业调整和振兴规划》是政府规划形式的政策；韩国的《物流产业发展计划（2004～2009）》、中国台湾的《国际物流服务业发展行动计划》是行动计划形式的政策；韩国的《东北亚物流中心促进战略》为策略型物流政策。此外，还有以各种意见、规定、措施、方案、办法、标准等形式出现的物流政策，如中国大陆的《关于促进物流业健康发展政策措施的意见》《关于进一步促进航空货运发展的政策措施》《甩挂运输试点工作实施方案》《快递业务员国家职业标准》，中国台湾的《自由贸易港区推动方案》《仓储设施于工业用地容许使用审核及管理作业规定》《优质企业认证及管理办法》等。

第二节　物流政策的理论基础

从物流政策兼具公共政策、经济政策以及某一具体经济领域政策属性的特点出发，本书认为，物流政策的理论依据主要来源于公共管理理论、经济学理论以及物流与供应链管理的相关知识。

一、公共管理理论

公共管理理论认为，政府是行使公共权力，对社会公共事务进行有效管理的机关。公共管理是以政府为核心的公共部门整合社会各种力量，广泛运用政治、经济、管理、法律等方法，强化政府的治理能力，提升政府绩效和公共服务品质，从而实现公共福利与公共利益。

公共管理强调政府对社会治理的主要责任，政府公共管理以社会公共事务为管理对象。社会公共事务的具体内容分为公共资源、公共项目、公共社会问题等。在管理手段上，政府实施公共管理可采取多种手段，公共政策是其中重要的途径与手段之一。

物流系统是一个国家或地区经济与社会运行的最基础系统之一，物流领域内存在大量的公共资源、公共项目以及公共社会问题。如交通基础设施、物流园区、公共物流信息平台的建设问题，城市配送系统发展问题，物流设备的标准化问题，海关通关问题，货物运输行业的运营安全与废气排放问题等。因此，物流领域是政府实施公共管理的重要领域之一，物流政策则是政府在物流领域实施公共管理的重要途径与手段。

在物流领域，政府的管理主要体现在市场监管和公共服务提供两个方面。首先，企业和个人需要政府提供一个公平的物流市场竞争环境与秩序，政府要通过相关物流政策的制定与执行来规范和引导企业与个人的行为，避免市场竞争活动受到不正当竞争、商业欺诈以及非法经营等行为的扭曲，保护公民和企业的合法权益。其次，企业和个人还要求政府提供基本和高效率的公共服务，如能力充足的物流基础设施、快速的通关服务、完备的社会物流统计、物流领域信息化发展的扶持、重点行业物流发展的支持、充足的物流人才供给等，以保证社会物流系统的顺利与高效运行。政府可通过在这些领域制定并执行相关政策，来保障物流公共服务的提供以及物流公共服务水平的不断提高，以适应社会公众与企业的需要。

二、经济学理论

经济学理论认为，在微观经济运行中，市场作为社会最基本的经济制度安排，是资源配置的主体。但市场不是万能的，市场经济运行中存在垄断抑制竞争活力、公共物品无法提供、外部不经济等市场失灵现象，这时仅靠市场无法实现资源的自由配置，需要政府运用政策手段对微观经济运行进行干预，以弥补市场经济的缺陷。

（一）垄断

经济学上的"垄断"是指单一的或少数几个卖者控制着某一个行业的生产或销售。垄断行业结构的形成来源于资源垄断、规模经济、政府对创新的保护等多个方面。垄断在提高规模经济、范围经济以及技术创新等方面发挥着积极作用，但同时也存在限制竞争、垄断企业滥用市场支配地位等诸多弊端，因此，各国政府都会通过政策干预来预防和制止不合理的垄断行为。

物流领域中典型的垄断情形是运输业垄断，巨大的基础设施投资和规模经济性的存在使运输领域易于产生垄断。为了避免这一弊端，20 世纪 80 年代以前，美国及欧洲一些国家对运输业实行严格的管制，政府制定了很多政策，对铁路运输、公路运输以及航空运输行业进行管制。管制的内容既包括对运营线路（或市场进入与退出）、运价互联互通、垄断行为、服务质量、普遍服务义务等方面的经济性管制，也包括对服务安全性以及相应的环保标准等方面的社会性管制。政策手段主要有制定规章、行政许可、行政检查、行政处罚、行政强制执行、行政裁决等。

20 世纪 80 年代以后，由于以信息技术和其他高新技术为中心的技术创新降低了运输行业的进入壁垒，为解决管制本身存在的大量问题，各国政府纷纷放松了对运输业的经济性管制，但仍然保留了社会性管制。

（二）外部性

外部性是指某个经济主体的行为对其他经济主体的福利所产生的外部影响。该经济主体对这种外部影响给其他经济主体带来的收益不能索取报酬，对给其带来的损害也不进行补偿。外部性的存在会导致企业或个人的私人成本和私人利益与社会成本和社会利益发生不一致，从而带来资源配置的低效率。在存在外部性的情况下，政府可以通过对产生外部收益的正外部性行为进行激励，以及对造成外部成本的负外部性行为进行限制来改善资源配置的效率。

社会物流系统是社会经济运行的基础性系统，对社会经济生活的正常与高效运转具有极为重要的影响，具有很强的正外部性，这正是各国政府均对社会物流系统建设给予高度重视，并出台各种物流政策鼓励其发展的理论依据。如不少国家的政府对物流园区建设、物流企业的发展给予大力支持，对物流领域的技术创新给予大力补贴等。另外，物流系统在运行中也会产生一些负外部性，如物流业、物流园区存在环境污染、噪声污染、公共安全等问题，政府需出台政策对这些问题进行管制以减少其负面影响。

（三）公共物品

公共物品是与私人物品相对应的一个概念。公共物品具有消费的非竞争性和非排他性特征。消费的非竞争性意味着增加额外的消费者不会影响其他消费者的消费水平，或者说增加消费者的边际成本为零，这表明公共物品具有正外部性；消费的非排他性意味着某物品的消费要排除其他人是不可能的，这会导致"搭便车"行为，即每个人都想消费物品，但没有人愿意提供物品。

公共物品消费的非排他性特征表明，如果生产公共物品不能收费和获得利润，除了政府提供之外，私人企业是不会提供的，那么，市场经济机制就无法发挥其应有的作用，所以公共物品一般只能由政府来提供。公共物品的非竞争性又表明，从经济效率的角度来说，由于公共物品消费的边际成本为零，政府也应该鼓励和扩大公共物品的生产与消费。

很多物流基础设施，如交通基础设施、物流园区等，就是公共物品或准公共物品，其提供者应该是政府。政府应积极主动为社会提供这些公共物品，或通过各种政策措施鼓励社会各界积极参与这些物品的提供。有关保障和促进各类物流基础设施建设的政策在各国物流政策体系中占有很大比重。

三、物流与供应链管理相关知识

物流政策是关注物流这一具体领域的政策，物流政策目标与方案的制定必须遵循和符合物流领域的客观发展规律，所以，物流政策的制定要应用到大量的物流与供应链管理相关知识，如物流系统理论、供应链管理等物流基础理论，以及第三方物流、运输技术、仓储技术、物流信息化与标准化技术等物流领域的专业技术知识。

各国或地区的综合性物流政策多以构建高效的社会物流系统为目标，常以物流系统理论、供应链管理理论等为依据。以中国大陆《物流业调整和振兴规划》为例，该政策在规划内容框架的设计中采用了物流系统理论，即按照社会物流系统的基本构成安排重点任务与措施，其提出的任务与措施全面涵盖了物流基础设施、行业物流、物流行业、物流配套环境、物流市场对外开放等社会物流系统的几大组成部分。中国台湾的《国际物流服务业发展行动计划》从台湾国际物流系统与物流供应链构成角度，提出了提升通关效率、完善基础建设、强化物流服务、促进跨境发展与合作等四大方面的具体措施。

涉及具体领域的物流政策由于专业性、技术性强，通常需物流技术作支撑。如国家发展改革委出台的《粮食现代物流发展规划》涉及了大量散粮运输、仓储、装卸方面的专业技术；交通运输部出台的《关于促进甩挂运输发展的通知》《快递业务经营许可管理办法》等文件，其具体条款和规定的制定涉及大量甩挂运输以及快递业的专业知识。台湾地区《产业电子化 CDE 计划》《产业物流发展暨国际接轨推动计划》等政策中涉及很多物流信息化方面的技术。

第三节　物流政策分析的内容与方法

政策分析是以政策构成要素为分析对象，以提供政策信息和建议为目的的研究活动。本节在介绍物流政策分析含义的基础上，重点探讨物流政策分析的核心内容与分析方法。

一、物流政策分析的含义

物流政策分析是物流政策分析者采用各种分析方法对物流政策运行系统的构成要素所进行的研究活动，其目的是向决策机构提供政策信息和政策建议，以帮助决策者制定和改进政策。

按照系统论的观点，现实中的物流政策运行是一个由若干相互依赖、相互作用的政策要素所构成的政策运行系统。物流政策运行系统包含的要素很多，从政策文本内容看，包括政策问题、政策对象、政策目标、政策方案、政策工具等；从政策的实践过程看，包括政策的制定、政策的执行、政策效果的评估等。因此，物流政策运行系统是静态的政策文本与动态政策实践过程的统一与结合，物流政策分析既应包括对物流政策文本的分析，也应包括对物流政策实践过程的分析，对这两方面所包括的各种要素的深入分析就构成了物流政策分析的主要内容。

物流政策分析者是物流政策分析的主体。这些人员不仅仅来自政府相关机构，也有很多来自大学、专业研究机构甚至私营企业。从政策分析主体的发展趋势看，由于政策分析的复杂性和广阔性，非一般业余研究人员所能胜任，因此，导致政策分析主体不断向专业化和职业化方向发展。

物流政策分析是运用各种分析方法所进行的分析。政策分析中使用的方法很多，如文献分析法、头脑风暴法、德尔菲法、内容分析法、成本效益法、调查法等。各种分析方法的使用使政策分析具备了较高的科学性。

由于物流政策的分析者通常不是政策的决策者，所以，物流政策分析的目的是向政策决策机构提供有关政策问题、政策目标、政策方案、政策工具、政策执行以及政策效果和政策方面的信息与建议，供决策者参考。

此外，以政策是否付诸实施为界限，还可以把物流政策分析分为前瞻性政策分析与回溯性政策分析等。前瞻性政策分析发生在政策实施之前，主要侧重于政策问题分析和政策预测分析。回溯性政策分析是物流政策实施后的分析，侧重研究物流政策中的规律性内容，以及分析政策制定与执行中的得失，为进一步改善政策提供依据。本书主要侧重对两岸物流政策做回溯性分析，前瞻性分析在最后的展望篇有所涉及。

二、物流政策分析的内容

（一）政策问题

物流政策问题是指物流领域中已被纳入政府议事日程，并开始着手解决的公共问题。物流政策问题分析是对一项具体物流政策所涉及问题的产生背景与原因，以及该问题的性质、范围、类型、影响、发展趋势等的分析。

政策问题是物流政策分析的起点。物流领域中的公共问题很多，但只有其中的少数问题进入了政府议程，因此有必要对该问题的主题、问题产生的背景和原因，以及问题的性质、范围、类型、发展趋势进行分析。通过问题分析，可以更准确地界定问题，了解问题的重要性程度、问题解决以及政策推行的难度,从而为政策方案的制定与政策评估提供依据,提高政策的可执行性与效果。

（二）政策对象

物流政策对象是指政策直接作用和影响的公众群体。任何一项物流政策都要有针对性，因此，每项政策都会选定特定的目标团体作为政策适用对象。依据具体政策的不同，物流政策的对象可能十分广泛，也可能只针对少数群体。

例如，《物流业调整和振兴规划》的政策对象十分广泛，该项政策涵盖了工业、商业以及物流等各行各业的企业，执行部门涉及国家发展改革委、中国物流与采购联合会等30多个中央政府部门与行业协会，以及所有对口的地方政府部门和行业协会。而国家税务总局下发的《关于试点物流企业有关税收政策问题的通知》的政策适用对象较窄，该政策仅针对国家发展改革委和国家税务总局联合确认纳入试点名单的物流企业及其所属企业，在该政策实施的第一年只有37家试点企业。

物流政策对象分析关注对象的范围与规模、对象的组织程度、对象对政策的具体要求及对政策的态度等。

（三）政策目标

物流政策目标是物流政策想要达到的目的、指标和效果，是政策不可缺少的核心要素之一。政策目标是政策战略导向的体现，为制定政策方案提供方向性指导，同时，也是评估物流政策的重要依据。

从政策实践看，物流政策目标有方向性目标和量化目标之分。方向性目标只对政策目标做抽象和方向性的规定；量化目标是对目标的具体数量规定，具有很强的可操作性。另外，政策目标还有总目标和阶段性目标之分。总目标是最终目标；阶段性目标是指将政策目标分成若干阶段，通过逐步实现阶段目标，最终实现总目标。

例如，日本 1997 年的《综合物流施政大纲》提出三大政策目标，具体包括"在亚洲太平洋地区提供最便捷、最高效而富有魅力的物流服务；以高水准、低成本提供物流服务，以有利于在产业所在地的竞争力；妥善应对与物流有关的能源、环境及交通安全"等。中国商务部在 2009 年颁发的《关于开展流通领域现代物流示范工作的通知》中，将政策目标定为"从 2009 年起，拟用 3～5年时间，开展包括示范城市、示范园区、示范企业和示范技术在内的流通领域现代物流示范工作。通过示范创建，在全国范围内形成 35～40 个示范城市、70个左右示范园区、300 家左右示范企业和一批物流示范技术。在总结示范经验的基础上，逐步推广，带动流通领域现代物流整体水平的提升。2009年将首先开展流通领域现代物流示范城市的创建工作"。

物流政策目标分析主要是分析政策目标是否以政策问题为基础，是否有利于解决政策问题，政策目标的制定是否明确，是否具备现实可行性、可检验性以及一定的前瞻性等。

（四）政策方案

物流政策方案是指为解决物流政策问题，达到物流政策目标所设计的整体性任务与措施等。例如，中国大陆《农产品冷链物流发展规划》提出了推广现代冷链物流理念与技术、完善冷链物流标准体系等七项主要任务，以及冷库建设工程、低温配送处理中心建设工程等八项重点工程。中国台湾《国际物流服务业发展行动计划》提出了"奠定台湾物流业的基础实力、促进物流链接的相关合作、打造国际一流的软硬件基础建设、开创亚太供应链的物流新机"四项主轴策略。

物流政策方案分析关注方案的核心任务与措施有哪些，方案是否服务于政策问题的解决和政策目标的实现，方案中的任务与措施是否具有现实可行性和可操作性等。

（五）政策工具

物流政策工具是指在政策执行过程中，为达成物流政策目标所使用的具体手段和方式。政策工具是政府赖以推行政策的手段，是政府在部署和贯彻政策时拥有的实际方法和手段。从实践看，物流政策的工具主要有法律性工具、行政性工具和经济性工具三大类。

法律性工具是指政府通过制定一系列法律法规，对物流领域问题进行干预的一种途径。在各国物流政策实践中，法律性工具十分常见，法律性工具的约束力以及强制力在所有政策工具中也是最大的。如政府制定物流领域新的法律法规、修正不合时宜的法规条令等，都属于法律性工具。

行政性工具是政府利用公权力和权威，采用行政命令、指示、规定及规章制度等行政方式，按照行政系统、行政层次和行政区划来实施政策的方法，主要包括行政干预、行政奖惩、行政诱导等。如政府放宽物流业者申请执照的条件，简化通关作业审批流程，加强对物流领域的安全监管，对工商企业实施物流技术升级辅导，完善交通基础设施、物流园区（中心）的规划，组织制定物流标准等，都属于行政性工具。

经济性工具是指政府运用财政、税收、金融、私有化等经济手段，通过提供经济性诱因，引导和改变政策对象的行为，以达到政府的目标或要求的一种方法。如政府直接投资物流基础设施建设，对物流领域设施或技术改造、物流人才培训等实施财政补贴补助或税收减免，为物流企业提供专项贷款，为物流企业上市融资提供倾斜政策等，都属于经济性工具。

物流政策工具分析关注某项具体的物流政策所使用的政策工具有哪些，政策工具选择的背景是什么，政策工具的运用是否恰当等。

（六）政策制定与执行

物流政策制定是指从问题界定到政策方案抉择以及政策合法化的过程。物流政策制定的分析关注物流领域的公共问题进入政府议事日程的途径是什么，政策制定的主体有哪些，这些主体如何参与政策的制定，政策方案的形成过程如何，以及影响政策制定的因素有哪些等。

政策执行是将政策方案付诸实施以实现政策目标的行动过程。政策是否能达到政策目标，以及能在多大程度上达到政策目标，与政策执行过程有密切关系。

在政策执行的各项活动中，解释、组织与实施最为重要。解释活动是把政策内容转化为民众能理解且接受的东西。各级政策执行机构要努力运用各种手段，利用各种宣传工具，大张旗鼓地宣传政策的意义、目标，宣传实施政策的具体方法和步骤。组织活动是要建立执行政策的组织机构，包括建立精干高效的组织机构，配备胜任称职的领导者和一般的政策执行人员以及拟订执行的办法，从而实现政策目标。实施活动由执行机构提供一定资源与服务。

物流政策执行的分析主要包括是否设立了政策执行机构，政策执行机构是否拥有足够的资源与执行能力，政策内容解释是否到位，政策执行的方法是否切实可行等。

（七）物流管理体制

物流管理体制是指一个国家物流行政管理机构设置、行政职权划分及为保证行政管理顺利进行而建立的一切规章制度的总称。物流管理体制的核心是各级行政机构的权力和职责的划分，管理机构是行政管理体制的载体或组织形式，规章制度和法律程序是物流管理体制不可缺少的组成部分。

物流管理体制是物流政策得到有效制定和执行的重要组织保障，是物流政策系统的核心要素之一。物流管理体制分析主要关注哪些政府部门参与物流管理，其职责范围如何，各部门之间如何协调配合等。

三、物流政策分析的方法

由于物流政策分析是一个跨学科、综合性的研究领域，同时，政策分析的范围也很广泛，既包括政策文本本身，也涵盖政策的整个发展过程，因此物流政策的分析方法也是多种多样。下面从定性分析和定量分析两个方面对物流政策分析的一些常用方法进行简单介绍。

（一）定性分析方法

定性分析方法是使用非数字的实证材料来描述、解释和分析政策实践，侧重于用直觉、价值判断和逻辑推理来研究政策问题的一类研究方法，如文献分析法、头脑风暴法、德尔菲法等。定性分析是本书主要采取的研究方法。

1. 文献分析法

文献分析法是指按某一研究课题的需要，搜集、鉴别、整理文献，并通过对文献进行比较、分析、综合，从中提炼出评述性说明的方法。文献分析法是一种经济且有效的信息收集方法，它通过对与工作相关的现有文献进行系统性的分析来获取工作信息。

文献分析一般分为两大步骤：首先找出文献论述的对象，再进一步查明是论述该对象哪个方面的具体问题；然后找出文献中涉及的各种概念，再进一步查明它们之间的关系，从而形成若干完整的主题。

2. 头脑风暴法

头脑风暴法是一种专家会议法，通过召集一定数量的专家，一起开会研究，共同对某一问题做出集体评判。采用头脑风暴法时，组织者要以明确的方式向所有参与者阐明要讨论的问题，说明会议的规则，尽力创造融洽轻松的会议气氛。在会议过程中，组织者一般不发表意见，由专家们自由提出对所讨论问题的看法。

3. 德尔菲法

德尔菲法又名专家意见法，具体做法是组织者通过开展多轮函询调查，分别向各位专家征询其对政策问题的意见，最后经过归纳和汇总，将专家基本一致的看法作为政策分析的结果。该方法的优点是简便易行，可以避免会议讨论时产生的害怕权威而随声附和，或固执己见，或因顾及情面不愿与他人意见冲突等弊病；同时，也可以使大家发表的意见较快收敛，参加者也易接受结论，具有一定程度的客观性。

（二）定量分析方法

定量分析方法是指根据量化的数据信息，运用运筹学、统计学、计量经济学、系统工程等理论和方法，建立政策分析的数学模型，借助电子计算机等手段进行数据处理来求得政策分析结论的方法和技术，如内容分析法、成本效益分析法等。

1. 内容分析法

内容分析法是一种应用统计技术对政策文本内容进行分析的方法，由美国国家总评估办公室于1989年提出。该方法首先以标准化的格式收集和组织政策文本信息资源，然后对信息资源进行统计技术处理，通过频数、百分比、卡方分析、相关分析以及T检验（T-Test）等统计技术揭示文本内容的特征。

与文献分析法相比，内容分析法是直接对单个政策文本做技术性处理，将其内容分解为若干分析单元，评判单元所表现的事实，并作出定量的统计描述。内容分析法既可以利用对同一对象不同时期内容资料的量化结果的比较，分析某项政策内容的发展过程、发展规律及其发展趋势，也可以用来分析不同政策在内容上的异同点。

2. 成本效益分析法

成本效益分析法是通过比较政策投入的全部成本和取得的效益来进行政策方案选择，以及评估政策经济效果的一种方法。

成本效益分析的具体方法有净现值法、内部收益率法等多种。净现值是政策方案所产生的现金净流量以资金成本为贴现率折现之后与原始投资额现值的差额。内部收益率是政策资金流入现值总额与资金流出现值总额相等、净现值等于零时的折现率。

（三）定性与定量相结合的方法

定性和定量分析方法有时很难截然分开，一些情况下定性研究是定量研究的前提，为定量研究提供基础数据，还可以帮助理解和解释定量研究的结果，因此政策分析也会用到一些定性与定量相结合的方法。

1. 调查法

调查法是指首先针对要研究的政策问题，通过定性分析设计出问卷、访谈问题等，然后通过发放问卷以及访谈等手段获得关于政策问题的数据，最后应用统计技术对调查数据进行处理和分析，得到政策分析结论的方法。

2. 层次分析法

层次分析法是指将一个复杂的多目标决策问题作为一个系统，首先通过定性分析将总目标分解为多个子目标或准则，进而分解为多指标（或准则、约束）的若干层次，然后通过定性指标模糊量化方法算出层次单排序（权数）和总排序，以此作为多方案优化决策的系统方法。层次分析法可以用于物流政策方案选择以及政策效果分析等。

第二章 物流政策体系

　　针对物流发展的特征与需求，根据经济、社会发展的目标，构建科学、合理的政策体系，是加快发展现代物流的重要举措。作为物流政策的作用对象，物流活动具有显著的系统特性。深入了解和掌握物流系统的本质特征，才能够制定出符合物流系统发展需要的政策体系。本章首先从社会物流大系统的角度，分析物流系统的基本内涵、特征及构成要素，将物流系统划分为物流行业子系统、行业物流子系统、物流基础设施子系统和物流配套环境子系统。其次，从物流宏观指导政策、物流行业政策、行业物流政策、物流基础设施政策和物流配套环境政策五个方面阐述了物流政策体系框架、各分类政策的含义及内容，以便为后续章节两岸物流政策的比较奠定基础。

第一节 物流系统的基本结构

　　从系统的角度理解，物流是一个系统，它具有系统的所有特征。物流系统作为一个时域和地域跨度都很大的系统，是涉及众多领域、包括诸多要素在内的复杂系统。

一、物流系统的内涵与特征

（一）物流系统的概念

　　物流是物品从供应地向接受地的实体流动过程。它是根据实际需要，将运输、储存、装卸、搬运、包装、流通加工、配送、信息处理等功能有机结合，创造时间价值和空间价值的一种经济活动。物流管理是供应链管理的一部分，是对货物、服务以及相关信息从起源地到消费地的有效率、有效益的正反向流动和储存进行计划、执行和控制，以满足客户需求。

物流系统是指在一定的时间和空间里，由能够完成运输、储存、装卸、搬运、包装、流通加工、配送、信息处理活动或功能的若干要素构成的具有特定物流服务功能的有机整体。物流系统是为实现既定物流活动目标，由物流固定设施、移动设施、通信方式、组织结构及运行机制等要素形成的多层次人工经济系统。物流系统的目的是实现货物的时间效益和空间效益，在保证社会再生产顺利进行的前提条件下，实现各个物流环节的合理衔接，并取得最佳的经济效益。

物流系统依不同标准可划分为不同的子系统。如按空间划分，可分为国际物流、区域物流（省际、城际）和城市物流。如按物流活动主体划分，可分为企业物流和物流企业。从全社会的角度来看，物流系统可通过对多种资源的整合，形成服务于一个城市、一个地区甚至一个国家或国家集团的社会基础服务体系，以提升全社会物流服务水平，降低全社会物流成本。社会物流系统以各项相关设施（服务平台、基础设施平台、信息平台）为核心，以物流畅通为目标，服务于整个社会。

（二）物流系统的主要特征

物流系统除了具有一般人工系统的基本特征，即集合性、目标性、相关性和环境适应性之外，还具有以下特征：

1. **具有复杂多样的特点**

物流系统的运行对象遍及全部社会物质资源，资源的大量化和多样化带来了物流的复杂化。物流系统的范围横跨生产、流通和消费三大领域，这些人力、物力、财力资源的组织和合理利用是一个非常复杂的问题。同时，在物流活动的全过程中，伴随着大量的物流信息，物流系统要通过这些信息把这些子系统有机地联系起来，亦是一件非常复杂的事情。

2. **具有相对独立的特点**

无论规模多么大的物流系统，都可以分解成若干相互联系的子系统。系统与子系统之间、子系统与子系统之间，存在着时间和空间上及资源利用方面的联系，也存在总目标、总费用和运行结果等方面的联系。同时，子系统又可以在物流管理目标与管理分工上自成体系，具有独立性。

3. **具有大跨度的特点**

物流系统是一个大跨度系统，主要反映在两方面：一是地域跨度大，二是时间跨度大。在现代经济社会中，企业建物流中心经常会跨越不同的地区，国际物流的地域跨度更大。物流系统通常采用存储的方式解决产需之间的时间矛盾，这一过程的时间跨度往往也很大。

4. 具有动态运行特点

任何形式的物流系统都是置身于整个社会大系统中的。由于物流系统一端连着生产者，一端连着消费者，系统内的各个功能要素和系统的运行会随着市场的需求、供应渠道的变化而经常发生变化。因此，为适应经常变化的环境，就必须对物流系统的各组成部分经常不断地进行修改和完善，从而使得物流系统呈现动态运行的特点。

5. 具有多目标运行特点

物流系统的总目标是实现整体经济效益最大化，但物流系统各要素存在"效益悖反"现象。在现实中，同时实现物流时间最短、服务质量最高和物流成本最低这几个目标几乎是不可能的，这些相互矛盾的问题在物流系统中广泛存在。因此，物流系统的运行是在多目标中求得整体最佳效果。

二、物流系统的构成

（一）物流系统的构成要素

物流系统是由人、财、物、信息和任务目标等要素构成的有机整体。物流系统的要素还可具体分为基本要素、功能要素、支撑要素、物质基础要素、流动要素和网络要素。

1. 物流系统的基本要素

物流系统的基本要素主要包括人、财、物三要素。"人"是物流活动的关键要素，是物流系统的主体，是保障物流系统顺利运行的最重要要素。"财"是指物流系统活动中必不可少的资金。实现物流的过程，实际上也是资金运动的过程。物流系统的建设，特别是大型基础设施的建设，也是资金大投入的领域。"物"既是物流系统的运作对象，如各种货物、原材料、成品、半成品，也是物流活动中的物质条件，如能源、动力等，以及劳动工具和工作手段，如各种物流设施、工具、运输设备、各种消耗材料等。

2. 物流系统的功能要素

物流系统的功能要素指的是物流系统所具有的基本能力，包括运输、仓储保管、包装、装卸搬运、流通加工、配送及物流信息等。这些基本功能有效组合、联合在一起，创造了物流活动的空间效用和时间效用，从而合理、有效地达到物流系统的目标。从本质上来说，物流政策的目的就是促进物流系统的优化，使物流系统的功能顺利实现。

3. 物流系统的物质基础要素

物流系统的建立和运行需要有大量技术装备手段。这些手段有机结合，构成了物流系统的物质基础要素。这些要素对实现物流系统的运行具有决定性意义。物流系统的物质基础要素包括：物流设施，如物流园区、物流中心、货场、配送中心、仓库、公路、铁路、港口等；物流装备，如仓库货架、流通加工设备、运输设备、装卸搬运设备、分拣设备等；物流工具，如包装工具、维护保养工具、办公设备等；信息技术及网络，如通信设备及线路、计算机及网络设备等；组织及管理，它可以规范和协调物流业务活动及解决相关参与主体利益冲突，起着连接、协调、指挥物流系统各要素的作用，从而保障物流系统目标的实现。作为物流系统的最重要的基础要素，物流基础设施具有公共产品特征，不仅需要政府对其进行长远规划，更需要政府在基础设施的建设中提供土地、资金、税收等方面的优惠政策。

4. 物流系统的网络要素

物流系统是一个开放的网络。网络要素由节点与节点间的联系组成。物流网络中的节点是指物流过程中供流动物资存储、中转以便进行相关后续作业的场所，如工厂、商店、仓库、配送中心、车站、码头等。从系统的角度来说，同样的节点与连线，因其连接方式不同，物流系统的功能也将有很大不同。用系统的方法将节点、连线有机结合起来，才能形成一个物流网络。如何按照物流系统的客观要求，构筑交通运输和物流网络，实现区域和区域之间、线路和节点之间、各种运输方式之间的协调发展，是物流政策需要解决的重大战略问题。

5. 物流系统的支撑要素

物流系统处于复杂的社会经济系统中，物流系统的建立需要有许多支撑手段。物流系统的支撑要素主要包括体制、制度、法律、规章、行政命令和标准化系统等。物流系统的体制、制度决定了物流系统的结构、组织、领导、管理方式，决定了国家对物流系统的控制与指挥。有了这一支撑条件，才能确立物流系统在国民经济中的定位。物流系统的运行不可避免地涉及企业或人的权益问题。法律、规章一方面限制和规范物流系统的活动，使之与更大的系统协调；

另一方面，为物流系统的活动提供保障，如合同的执行、权益的划分、责任的确定等都需要相应的法律和规章来维系。物流系统一般关系到国家军事、经济命脉，所以，行政命令等手段也常常是支持物流系统正常运转的重要支撑要素。实施标准化管理能保证物流各环节顺畅、协调运行，标准化系统也是物流系统与其他系统在技术上实现无缝连接的重要支撑条件。

（二）物流系统的子系统构成

全社会物流系统是国民经济活动和区域经济发展的动脉，是联系生产与消费的纽带，是社会发展和人民生活水平提高的基础条件，也是衡量一个国家或区域现代化程度的重要标志之一。世界各国都将构筑全社会物流系统作为增强综合竞争力的基础要素和重要战略措施，通过加大国家基础设施建设的投入、在税收等方面给予优惠等方式，促进社会物流系统的形成与发展。全社会物流系统主要由以下几个子系统构成。

1. 物流行业子系统

物流行业子系统主要是指从事物流服务的企业集合，是由具有不同核心业务能力的企业群体所构成的系统。它包括具有综合物流管理能力的第三方物流服务商，具有综合运输组织管理能力的多式联运服务商，提供多样化服务的货运代理商，提供准时、快速服务的配送服务商，具有运输管理能力的承运人企业等。所涉及国民经济行业具体包括铁路运输、道路运输、航空运输、水路运输、管道运输、装卸搬运及其他运输服务业、仓储业、邮政业等。这些行业的企业可以为物流市场提供综合物流服务、专业化物流服务、功能型物流服务，从而形成多层次、多功能、不同性质的物流供给主体。

2. 行业物流子系统

行业物流子系统是指不同行业的企业为了满足一定的物流服务需求，实现具体的物流服务目标而构建的物流服务系统。生产企业、销售企业等在生产经营活动中，产生了大量物流活动和物流服务需求，形成了供应物流、生产物流、销售物流、回收物流和废弃物物流。不同行业的企业产生了不同特色的专业化物流活动，如汽车物流、医药物流、商贸物流、石化物流、烟草物流、建材物流、食品物流和农产品物流等。

3. 物流基础设施子系统

物流基础设施子系统是指由公路网、铁路网、水运网、航空网、城市道路系统等运输通道，以及港口和码头、物流园区、物流中心、配送中心、货运站、仓库堆场等枢纽或节点构成的系统。在创造经济价值的活动中，物流基础设施对于提高物流效率、降低物流成本、改善物流条件和保证物流质量起到了举足轻重的作用。它是物流发展的坚实基础，是社会物流系统必不可少的要素。

4. 物流配套环境子系统

物流配套环境子系统是指物流系统健康发展所需的支持性的、辅助性的相关服务子系统。物流的发展离不开良好的配套环境：第一，物流的发展离不开与其他产业的合作，特别是现代服务体系的支持，主要包括物流金融体系、物流人力资源服务体系和物流信用服务体系等。第二，国际物流的运作与发展离不开海关体系。通关制度是主权国家维护本国政策、经济、文化利益，对进出口货物和物品在进出口口岸进行监督管理的基本制度。通关海关是国际物流中的重要环节。第三，物流的发展离不开信息化和标准化体系。物流信息化和标准化是物流管理的重要手段，是促进物流活动有效衔接、提高物流效率的重要保障。其中，物流公共信息平台的建设是物流信息化的重点和核心环节。它以先进的信息技术为支撑，融公共信息系统、部门信息系统、企业信息系统、节点信息系统以及支持性物流信息系统为一体，为物流供需双方提供一个统一的操作平台。由于第一方面的政策相对不多，因此，本书重点关注第二和第三方面的政策。

（三）物流系统的对外联系与开放

系统具有不断与外界环境交换物质、能量、信息的性质和功能，系统与环境的这种交换关系就是系统的开放性表现。物流系统不是一个孤立的封闭系统，而是一个不断与外部环境产生联系、进行能量交换的开放性系统。一个城市或区域的物流系统是一个与外部环境密切联系的开放系统，区域与区域之间存在着大量的原材料、产成品、资金、能量、信息的流动，区域经济越发达、区域之间的联系越紧密，物流系统开放的程度就越高。

另外，全球贸易的发展、对外直接投资的增加以及跨国公司的快速发展，使得经济全球化得到了迅猛发展。越来越多的生产经营活动和资源配置开始在整个世界范围内进行。供应链在国际范围内一体化发展，使得各国的物流系统相互融合，形成了物流全球化。物流全球化的实质是按国际分工协作的原则，依照国际惯例，利用国际化的物流网络、物流设施和物流技术，实现商品和服务全球流动与交换，以促进区域经济的发展和世界资源的优化配置。在经济全球化和物流全球化的今天，建设高速、通畅的对外物流系统，降低企业的对外贸易物流成本，打破区域经济的封闭式运动，参与国际循环，是对一个国家的物流系统的深层次要求。

综上所述，社会物流系统的构成如图 2-1 所示。

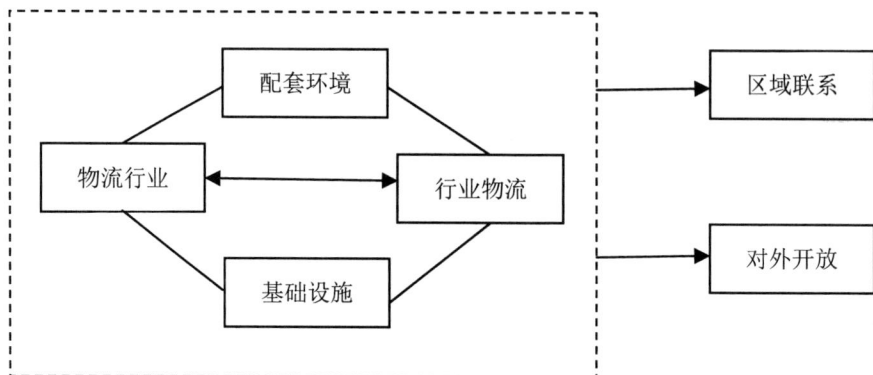

图 2-1　社会物流系统构成示意图

资料来源：本研究整理。

第二节　物流政策体系构成

物流的发展离不开良好的政策环境。对于物流政策体系的划分，不同学者提出了不同的划分方法。本书从物流系统的角度出发，探讨物流政策体系的构成。

一、物流政策体系的概念与框架

（一）物流政策体系的概念

物流政策要解决的问题是十分复杂的。尽管某一物流政策是针对特定问题提出的，但是这些问题总是与其他问题结为一个整体，相互关联、相互影响。孤立地解决某一问题，往往是不成功的，即使暂时解决，也会牵连其他问题或产生新问题。政府不可能仅仅通过某一项或几项物流政策，就能对全社会实行有效的物流宏观管理。从整体性看，物流政策是涉及物流发展各个方面的政策体系，政策的配套以及政策与国家其他的经济、法律政策的协调是必须要考虑的。所谓物流政策体系，是指物流政策元素之间以及不同物流政策单元之间相互联系并与政策环境相互作用的有机整体，是由数量众多、类型不一的政策组成的体系。

（二）物流政策体系的框架

不同学者给出了不同的物流政策体系分类。汝宜红（2004）认为，发展物流的政策体系应包括市场准入政策、物流市场管理政策、基础设施建设政策以及物流技术开发与应用政策。[①] 夏春玉（2004）提出物流政策体系框架应包括物流基础设施与网点政策、物流设备与工具政策、物流效率化政策、物流产业化政策、物流环境政策以及物流国际化政策。[②] 海峰等（2005）提出从物流产业结构政策、物流产业组织政策、物流产业发展政策三方面构建现代物流政策体系。[③] 陈文玲（2009）提出中国物流政策体系的完善应从制定全国和地方的现代物流发展规划，制定推进现代物流发展的宏观经济政策、物流标准和认证认可体系，完善生产性服务业现代物流的支持政策，推进跨行政区域的物流区域建设，支持并充分发挥行业协会的作用，以及强化物流职业培训和从业人员资格认证制度等方面进行。[④]

由于物流活动已经渗透到经济活动的各个领域和环节，涉及从工业、商业到运输、仓储信息服务等各个产业领域，形成了一个庞大的物流系统，因此本书从物流政策的作用对象与政策内容出发，建立立足于物流系统的物流政策体系框架，为后续章节的政策梳理和政策对比奠定基础。

物流政策体系应包括物流宏观指导政策、物流行业政策、行业物流政策、物流基础设施政策和物流配套环境政策。物流政策体系框架如表2-1所示。

---

① 汝宜红. 物流学导论[M]. 清华大学出版社，2004.

② 夏春玉. 中国物流政策体系：缺失与构建[J]. 经济研究参考，2004（82）：30-37.

③ 海峰，张丽立，孙淑生. 我国现代物流产业政策体系研究[J]. 武汉大学学报（哲学社会科学版），2005，58（5）：639-644.

④ 陈文玲. 我国建立和完善现代物流政策体系的选择[J]. 中国流通经济，2009（1）：8-12.

表 2-1　物流政策体系框架

	分类	主要领域	涉及的部分政策与规划（以中国大陆为例）
物流政策体系	物流宏观指导政策	全社会物流系统的宏观指导政策	国家级规划中涉及物流发展的政策 现代物流发展的总体规划 促进现代物流发展的指导意见
	物流行业政策	物流业总体性政策 运输业政策 货运代理业政策 仓储业政策 邮政与快递业政策	行业发展规划与对外开放政策 促进行业结构调整、兼并重组、转型升级等政策 促进各运输方式及联合运输发展的政策 市场管理办法及市场诚信体系建设的政策 鼓励节能减排和低碳发展的政策
	行业物流政策	农产品物流政策 制造业物流政策 商贸流通业物流政策 其他行业的物流政策	农产品、农业、农村物流体系建设政策 制造业与物流业联动发展政策 冷链物流、药品物流、商贸物流、生产资料流通 等方面的政策与规划
	物流基础设施政策	交通基础设施政策 物流园区（中心）政策	公路运输枢纽布局规划 综合交通网中长期发展规划 沿海港口布局规划 内河航道与港口布局规划 中长期铁路网规划
	物流配套环境政策	通关制度与政策 物流信息化政策 物流标准化政策	海关监管政策、海关通关改革措施 保税物流中心、出口加工区等管理规定 电子口岸公共信息服务平台建设政策 推进物流信息化的政策与规划 推进物流标准化的政策与规划

资料来源：本研究整理。

二、各类物流政策的含义及内容

（一）物流宏观指导政策

物流宏观指导政策是指用于指导全社会物流健康发展的长远性、战略性的政策与规划。物流行业政策、行业物流政策、物流基础设施政策以及物流配套环境政策，都是依据物流宏观指导政策的总体要求而制定的具体的分类政策。物流宏观指导政策主要包括指导物流系统发展的长期规划、纲要、意见等。中国大陆方面的政策，如"十二五"规划中对物流系统发展的具体要求、2004 年九部委共同颁布的《关于促进我国现代物流业发展的意见》以及 2009 年国务院颁布的《物流业调整和振兴规划》，都是指导大陆物流发展的宏观指导政策。中国台湾方面的政策，如 2000 年的《全球运筹发展计划》、2010 年的《国际物流服务业发展行动计划》，都是指导台湾物流发展的宏观指导政策。另外，日本政府于 1997 年制定的《综合物流施政大纲》和 2001 年制定的《新综合物流施政大纲》都是此类政策的典型代表。

（二）物流行业政策

物流行业是一个新兴的跨行业、跨部门、跨区域、渗透性强的复合型产业。物流行业政策主要是指国家或地方为实现铁路运输、道路运输、航空运输、水路运输、管道运输、装卸搬运及其他运输服务业、仓储业和邮政业等具体行业的高效运行与健康发展而制定的政策。其中包括产业组织政策、产业结构政策、产业分布政策等。产业组织政策主要包括反垄断政策和公共管制政策；产业结构政策主要包括支柱产业政策、衰退行业援助政策、产业发展的技术政策、幼稚产业的保护政策、高新技术产业化政策；产业分布政策主要包括产业空间分布政策、产业区际经济协调政策。该政策主要涉及促进行业结构调整、兼并重组、健康发展等政策，促进各运输方式及联合运输发展的政策，行业发展规划、市场管理办法及市场诚信体系建设的政策，行业安全监督管理政策，专项治理政策（如超限超载、收费公路的治理等）及鼓励节能减排和低碳发展的政策等。《交通运输"十二五"发展规划》《关于加快铁水联运发展的指导意见》等，都是物流行业政策。

物流行业政策对于促进行业的健康发展具有至关重要的作用。美国联邦政府在 20 世纪 80 年代初，对传统的运输管理法规进行了改革。美国国会陆续通过了《汽车承运人规章制度改革和现代化法案》《斯泰格斯铁路法》。90 年代，美国又相继通过了《协议费率法》《机场航空改善法》和《卡车运输行业规章制度改革法案》，并修改了《1984 年航运法》，推出了《1998 年航运改革法》。这些法律上的改革，都在某种程度上减少了国家对运输业的控制和约束，推动着运输业更接近自由市场体系，从而为充分发挥物流业的整体效应和实现供应链的一体化管理提供了广阔的发展空间。在放松对港口运输业的行政管理方面，日本政府在《1997 年 12 月行政改革最终意见书》中，将现行的"营业许可证制度"由"认可制度"代替，将现行的"收费认可制度"由"收费通知制度"代替。日本出台了一系列减少国家对运输业控制的立法，有力地促进了物流业的整体效应与自由发展。①

（三）行业物流政策

不同行业的物流活动、物流需求、物流服务和物流技术等存在着很大差异，因此，物流活动与物流服务越来越专业化和精细化，形成了农产品物流、粮食物流、汽车物流、冷链物流、药品物流、化工物流、煤炭物流、商贸物流等专业化的物流。这些专业化的物流对物流基础设施、物流服务主体、物流技术等产生了不同的要求，因此，急需直接针对行业物流发展的相关政策出台。中国大陆高度重视行业物流的发展，已经出台了《粮食现代物流发展规划》《商贸物流发展专项规划》《农产品冷链物流发展规划》等多个专项物流规划，形成了一系列指导专业物流发展的政策。

发达国家非常重视专业化物流的发展。以冷链物流为例，美国高度重视冷链物流发展：一是注重对食品的监督和管理；二是注重采取先进技术装备；三是加大冷链物流投入和政策扶持，实行农业免税政策、农业出口补贴政策、公路运费政策以及燃油价格政策等；四是建立可追溯测量系统。加拿大不仅重视冷链物流质量安全体系建设，实现了从农场到餐桌包括冷链物流全过程的食品安全控制与管理，还强化优惠政策和资金扶持，通过对国家铁路公司补贴、改制和相关政策扶持，使国家铁路公司扭亏为赢，成为目前北美地区效益最好的铁路冷链物流运输企业。

（四）物流基础设施政策

物流基础设施政策是指政府为了实现物流活动的现代化而提供物流基础设施的政策，包括铁路、公路、航路（海运、内河航运及航空航线）、管道，以及大型车站、港口、机场、仓库、物流或配送中心、流通加工中心、物流园区等的规划、布局、建设、使用、维护、运营管理等方面的政策。物流基础设施多属公共产品，不但投资大、回收期长、自身效率低、风险高，而且具有非排他性和非竞争性，这是一般营利组织特别是私人企业因为得不到应有的投资收益而不愿意建设或无力建设的，这些公共产品的供给和消费不是市场机制所能合理调节的。在"市场失灵"状态下，需要政府部门和公共部门的介入，将现代物流发展规划纳入经济社会发展的总体规划，采取有力措施，提供公共物流基础设施。

---

① 孙广圻，张维国，姜梅. 国外物流业管理体制与政策初探[J]. 集装箱化，2001(6): 1-3.

20 世纪 60 年代以来，发达国家通过政府投资等直接干预，利用经济杠杆等间接干预的政策手段，重点扶持交通基础设施系统公用型流通中心系统的开发建设。美国国会 1991 年通过了《陆路多式联运效率法》，提出建设经济高效、环境良好的物流基础设施，6 年投资 1510 亿美元以改善公路和大宗货物运输的设施系统。欧洲各国则努力促进对大型流通中心等物流基础设施的建设与发展，如德国货运中心建设遵循了"联邦政府统筹规划——州政府扶持建设——企业自主经营"的三段发展模式。[①]

（五）物流配套环境政策

配套环境政策主要指政府为促进现代物流的发展而创造良好的市场环境和物流运作环境所制定的政策。它主要包括以下几个方面：一是海关监管制度、监管体系和模式等方面的政策。这些政策主要包括海关监管政策、海关通关改革措施、海关特殊监管区的管理规定、电子口岸公共信息服务平台建设政策等。二是物流信息化和标准化政策。影响全社会物流效率提高的最直接、最突出的因素主要是物流信息化和物流标准化水平。如何推进全社会物流的信息化和标准化是提高物流效率的政策重点。欧盟采取一系列措施，促进欧洲各国物流体系的标准化、共享化和通用化，支持行业协会对各种物流作业和服务制定相关行业标准，如物流用语标准、物流从业人员资格标准等。中国大陆出台了《物流信息化发展规划（2011~2016）》《全国物流标准专项规划》，颁布了一大批关于物流服务、物流设备、物流信息化等方面的标准。

---

① 常鹏选. 现代物流发展的政策体系研究[J]. 经济师，2011（6）：277-278.

‖ 现状篇

第三章　大陆物流发展现状

随着经济全球化进程的加快、经济的快速增长以及现代信息技术的普及，中国大陆的现代物流得到了高速发展。物流企业快速成长，物流基础设施水平大幅提高，物流基础性工作全面推进，物流业正在成长为潜力巨大的新兴产业。大力发展现代物流业已成为国民经济发展的重大战略和基本政策。本章从物流发展的总体规模、物流行业、行业物流、物流基础设施和物流配套环境五个方面阐述大陆物流的发展现状。

第一节　大陆物流发展的总体规模

长期以来，中国大陆的经济总量保持高速增长，1991～2011 年，GDP 平均增长 10.4%，除"八五"期间由于基数较低导致增速较高以外，"九五""十五"和"十一五"期间，GDP 增速分别为 8.6%、9.8% 和 11.2%，呈现加速增长的态势。伴随着 GDP 的增长，大陆物流总体规模亦呈现加速增长态势。

一、社会物流总费用

物流是一种引致需求，社会物流活动的增加必然带来社会物流总费用的增加，因此社会物流总费用的高速增长与大陆经济的高速增长是密不可分的。随着全社会物流需求的快速增长，社会物流成本呈现加速增长态势（如图 3-1 所示）。除 2009 年受金融危机影响外，其余各年均呈高速增长态势。2001～2012 年，大陆的社会物流总费用年均增长 14%。物流总费用快速增长的原因，在于运输费用、保管费用和管理费用均呈现加速增长的态势。

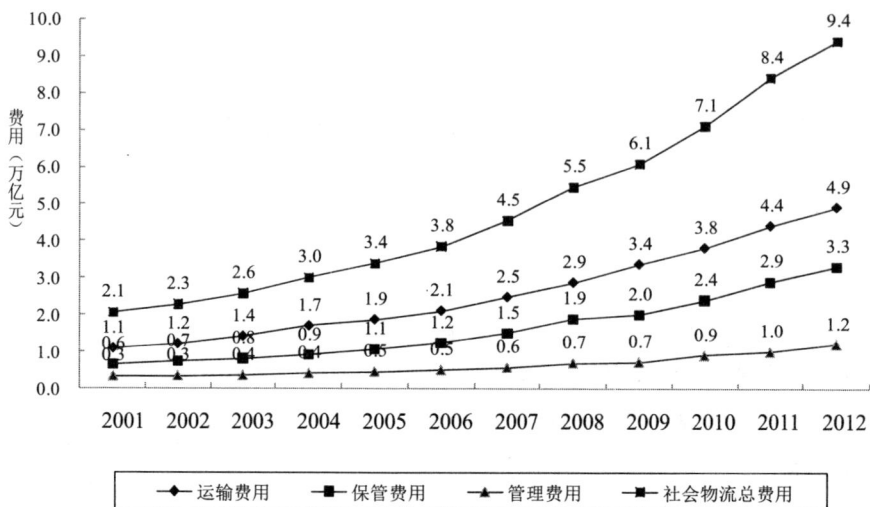

图 3-1 大陆社会物流总费用变动趋势

资料来源：2001～2006 年数据引自 2007 年《中国物流年鉴》，2007～2012 年数据引自国家发展改革委、国家统计局、中国物流与采购联合会联合发布的各年《全国物流运行情况通报》。

二、物流业增加值

大陆的物流业增加值由 2006 年的 1.4 万亿元增长到 2012 年的 3.5 万亿元，年均增长 13%。2006～2012 年大陆物流业增加值及增速情况如图 3-2 所示。

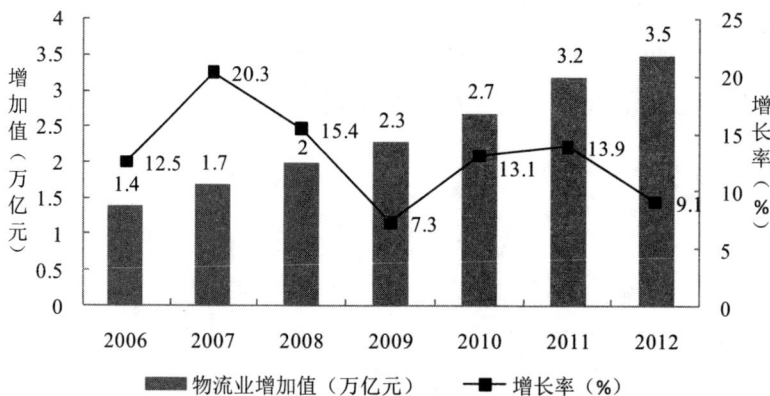

图 3-2　2006～2012 年大陆物流业增加值及增速情况

资料来源：根据国家发展改革委、国家统计局、中国物流与采购联合会《全国物流运行情况通报》（2006～2012）相关数据整理。

三、货运量与货运周转量

自 2001 年到 2012 年的 12 年间，大陆的货运量及货运周转量逐年稳步增加。2012 年，共完成货运量 412.1 亿吨，同比增长 11.5%，增幅回落 2.5 个百分点；完成货运周转量 17.3 万亿吨公里，同比增长 8.7%，增幅回落 3.6 个百分点。2000～2012 年大陆货运量、货运周转量及增速情况如表 3-1 所示。

表 3-1　2001～2012 年大陆货运量、货运周转量及增速情况

年份	货运量		货运周转量	
	绝对值（亿吨）	增长速度（%）	绝对值（万亿吨公里）	增长速度（%）
2001	140.2	3.2	4.77	7.7
2002	148.3	5.8	5.07	6.3
2003	156.4	5.5	5.39	6.3
2004	170.6	9.1	6.94	28.8
2005	186.2	9.1	8.03	15.7
2006	203.7	9.4	8.88	10.6
2007	227.6	11.7	10.14	14.2
2008	258.6	13.6	11.03	8.8
2009	282.5	9.2	12.21	10.7
2010	324.2	14.8	14.18	16.1
2011	369.7	14.0	15.93	12.3
2012	412.1	11.5	17.31	8.7

资料来源：根据国家统计局《中国统计年鉴》（2012）、《中华人民共和国 2012 年国民经济和社会发展统计公报》相关数据整理。

四、港口货物吞吐量与集装箱吞吐量

大陆的港口货物吞吐量由 2001 年的 24.0 亿吨增长到 2012 年的 107.8 亿吨，12 年间，增长了约 3.5 倍。加入世界贸易组织（WTO）以来，大陆的外向型经济实现了快速发展，外贸货物吞吐量从 2001 年的 6.6 亿吨增长到 2012 年的 30.6 亿吨，一直保持高速发展。2001～2012 年大陆港口货物吞吐量及增速情况如表 3-2 所示。

表 3-2 2001~2012 年大陆港口货物吞吐量及增速情况

年份	港口货物吞吐量		其中：外贸货物吞吐量	
	绝对值（亿吨）	增长速度（%）	绝对值（亿吨）	增长速度（%）
2001	24.0	8.8	6.6	14.1
2002	28.0	16.6	7.8	18.4
2003	33.0	17.8	9.7	23.7
2004	41.7	26.6	11.6	18.9
2005	48.5	16.4	13.7	18.3
2006	55.7	14.8	16.1	18.1
2007	64.1	15.1	18.5	14.6
2008	70.2	9.6	19.9	7.4
2009	76.6	9.0	21.8	9.8
2010	89.3	16.7	25.0	14.7
2011	100.4	12.4	27.9	11.4
2012	107.8	7.3	30.6	9.7

资料来源：根据中华人民共和国交通运输部《公路水路交通运输行业发展统计公报》（2001~2012）相关数据整理。

2001 年至 2012 年期间，港口的集装箱吞吐量总体呈不断增加趋势，但是增速呈下降趋势。2012 年，港口完成集装箱吞吐量 1.77 亿标准箱，较 2001 年增加了 5.5 倍；与 2011 年相比，同比增长 8.4%，增速下降 3.6 个百分点。港口货物吞吐量和集装箱吞吐量已经连续 10 年位居世界第一。2001~2012 年大陆港口集装箱吞吐量及增速情况如图 3-3 所示。

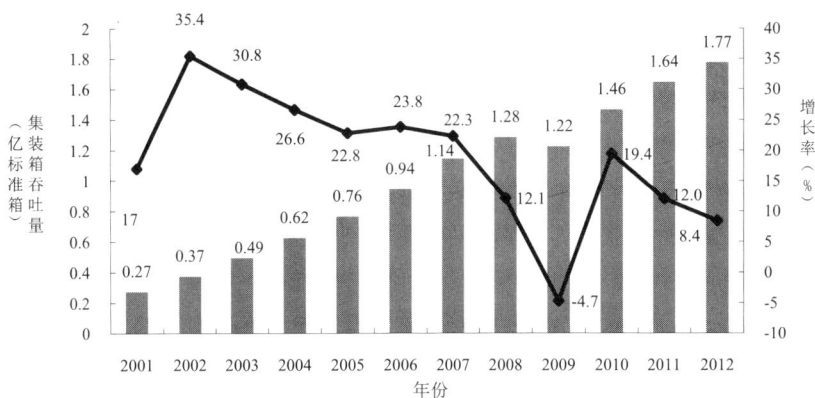

图 3-3　2001～2012 年大陆港口集装箱吞吐量及增速情况

资料来源：根据中华人民共和国交通运输部《公路水路交通运输行业发展统计公报》（2001～2012）相关数据整理。

五、民航货邮运输量与机场货邮吞吐量

2006 年至 2010 年，大陆的民航货邮运输量总量呈增长趋势，2011 年和 2012年，受燃油价格上涨以及国际经济持续低迷的影响，民航货运市场运行低迷，出现负增长。2011 年和 2012 年民航业共完成货邮运输量分别是 557.5 万吨和545 万吨，增速分别为-1.0%和-2.2%。2006～2012 年大陆民航货邮运输量及增速情况如图 3-4 所示。

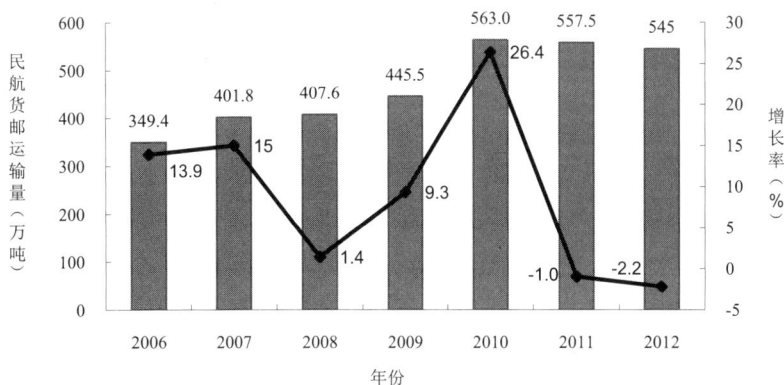

图 3-4　2006～2012 年大陆民航货邮运输量及增速情况

资料来源：根据中国民用航空局《民航行业发展统计公报》（2011～2012）相关数据整理。

2006年至2012年间，机场的货邮吞吐量由2006年的753.2万吨增长到2012年的1199.4万吨。但是，受国际环境及燃油价格的影响，增速有所放缓，2011年和2012年增速分别为2.5%和3.6%。2006～2012年大陆的机场货邮吞吐量及增速情况如图3-5所示。

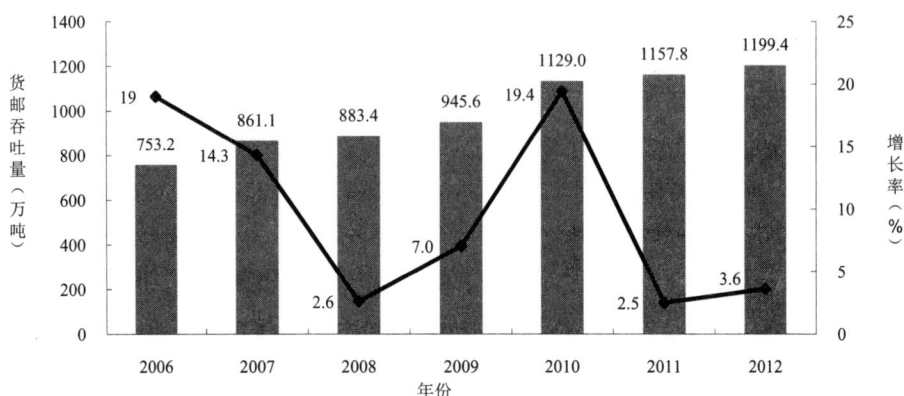

图3-5 2006～2012年大陆民航机场货邮吞吐量及增速情况

资料来源：根据中国民用航空局《全国机场生产统计公报》（2006～2012）相关数据整理。

六、快递业务量

自2007年起，大陆的快递业一直保持着高速发展的态势，年均增长率均在20%以上。规模以上快递企业①业务量自2007年12亿件激增到2012年56.9亿件。目前，快递业已成长为增长速度最快、发展潜力最大的新兴战略性服务业。尤其2011年和2012年，快递业发展迅猛，规模以上快递企业业务量的增速分别达到57.0%和54.8%。2007～2012年大陆规模以上快递服务企业业务量及增长情况如图3-6所示。

---

① 规模以上快递企业是指年业务收入在200万元人民币以上的快递企业。

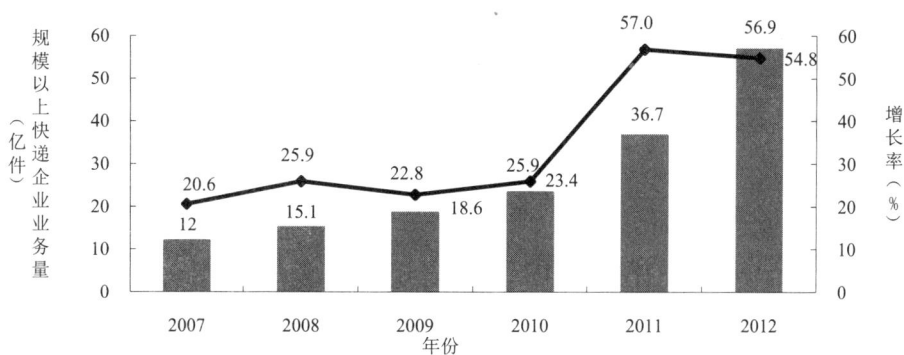

图3-6 2007～2012年大陆规模以上快递服务企业业务量及增长情况

资料来源：根据国家邮政局《邮政行业发展统计公报》（2007～2012）相关数据整理。

第二节 大陆物流行业发展现状

物流行业是包含若干子行业在内的复合型行业，构成较为复杂。由于大陆目前还没有对物流行业的统一界定，因此，本节首先给出本书对大陆物流行业构成的观点，然后对大陆物流行业的发展历程进行简要介绍。

一、物流行业的构成

国家标准化委员会在 2005 年 3 月颁布的《物流企业分类与评估指标》（GB/T 19680-2005）中，将物流企业定义为"至少从事运输（含运输代理、货物快递）或仓储一种经营业务，并能够按照客户物流需求对运输、储存、装卸、包装、流通加工、配送等基本功能进行组织和管理，具有与自身业务相适应的信息管理系统，实行独立核算、独立承担民事责任的经济组织，非法人物流经济组织可比照适用"。

根据该定义以及国家统计局于 2011 年修订并颁布的《国民经济行业分类标准》（GB/T 4754-2011），本书认为，构成大陆物流行业的各种业态均集中在《国民经济行业分类标准》中的 G 交通运输、仓储和邮政业大类项下，具体由铁路货物运输业、道路货物运输业、水上货物运输业（包括远洋、沿海和内河货物运输业）、航空货物运输业、管道运输业、装卸搬运业、货物运输代理业、仓储（包括谷物、棉花、其他农产品、其他仓储业）、邮政业（包括邮政基本服务和快递服务业）等 15 个小类构成，如表 3-3 所示。

表 3-3　大陆物流行业分类

门类	大类	中类	小类
G 交通运输、仓储和邮政业			
	53 铁路运输业	532	5320 铁路货物运输业
	54 道路运输业	543	5430 道路货物运输业
	55 水上运输业	552 水上货物运输业	5521 远洋货物运输业
			5522 沿海货物运输业
			5523 内河货物运输业
	56 航空运输业	561 航空客货运输业	5612 航空货物运输业
	57 管道运输业	570	5700 管道运输业
	58 装卸搬运和其他运输服务业	581	5810 装卸搬运业
		582 运输代理服务业	5821 货物运输代理业
	59 仓储业	591 谷物、棉花等农产品仓储业	5911 谷物仓储业
			5912 棉花仓储业
			5919 其他农产品仓储业
		599	5990 其他仓储业
	60 邮政业	601	6010 邮政基本服务业
		602	6020 快递服务业

资料来源：国家质量监督检验检疫总局和国家标准化管理委员会. 国民经济行业分类标准（GB/T 4754-2011），2011.

根据国家统计局第二次经济普查结果，截至 2008 年末，共有物流企业 12.6 万家，从业人员 508 万人，具体如表 3-4 所示。其中，道路货物运输企业的数量最多，约占企业总数的 42.3%，从业人数占总人数的 38.8%。其次是运输代理企业，约占企业总数的 29.6%，从业人数占总人数的 13.3%。2008 年大陆物流行业的企业数量与从业人数如表 3-4 所示。

表 3-4　2008 年大陆物流行业的企业数量与从业人数

行业类型	企业数量（家）	比例（%）	从业人数（万人）	比例（%）
铁路货物运输业	203	0.2	—	—
道路货物运输业	53276	42.3	197.1	38.8
水上货物运输业	4857	3.9	47.8	9.4
航空客货运输业	300	0.2	21.3	4.2
管道运输业	85	0.1	2.4	0.5
装卸搬运和其他运输服务业	44661	35.4	104.8	20.6
其中：装卸搬运业	7331	5.8	37.2	7.3
运输代理服务业	37330	29.6	67.6	13.3
仓储业	18207	14.4	53.9	10.6
其中：谷物、棉花等农产品仓储业	5600	4.4	18.4	3.6
其他仓储业	12607	10.0	35.5	7.0
邮政业	4488	3.6	80.7	15.9
其中：国家邮政业	621	0.5	69.3	13.6
其他寄递服务业	3867	3.1	11.4	2.2
合计	126077	100.0	508.0	100.0

资料来源：国家统计局. 中国经济普查年鉴（2008）.

二、大陆物流行业的发展历程

大陆物流行业的发展主要经历了传统物流业、现代物流业初步发展、现代物流业快速发展以及现代物流业初步成熟等几个阶段，具体如表 3-5 所示。

表 3-5　大陆物流行业的简要发展历程

阶段	发展状况
传统物流业阶段（20 世纪 90 年代之前）	以从事单一运输、仓储、货代等服务的本土企业为主，同时有少量合资快递、货代企业。
现代物流业初步发展阶段（20 世纪 90 年代）	包括国有、民营、中外合资等在内的综合型第三方物流企业陆续出现，但数量较少；一批本土快递企业成立。
现代物流业快速发展阶段（2000～2005 年）	本土物流企业大批涌现，外资及我国港澳台物流企业纷纷进入。
现代物流业初步成熟阶段（2005 年至今）	本土龙头物流企业群体初步形成，外资物流企业全面进入中国市场。

资料来源：本研究整理。

20 世纪 90 年代以前，大陆的现代物流理念尚处于萌芽阶段，物流市场尚未对外开放。在此背景下，物流行业基本由从事传统运输、仓储、货代等单项物流服务的本土企业构成，也有少量外资及港澳台地区运输、货代快递企业等通过设立办事处或与本土物流企业成立合资企业等形式在中国大陆市场上运营，如英运物流(Exel)1984 年在大陆设立了办事处，敦豪(DHL)与中外运(Sinotrans)于 1986 年成立了合资快递企业，在大陆开展国际快递服务。

20 世纪 90 年代，大陆物流业进入初步发展阶段。一是提供多项物流服务的综合型第三方物流企业开始陆续出现。物流理念不断得到推广以及工商企业物流外包需求的不断增加，是促使第三方物流企业出现的主要原因。但总的来看，这一时期综合型物流企业的数量较少，来源主要集中于 4 个方面：（1）由原国有运输、仓储、货代企业转型升级而来，如 1997 年成立的中储发展、1998 年成立的中海物流等；（2）由原国有工商企业成立独立物流公司而来，如 1999 年成立的海尔物流；（3）来自新成立的民营企业，如 1994 年创立的宝供物流等；（4）来自新进入中国市场的外资物流企业，如 1997 年成立的美集物流（中国）有限公司（APL Logistics China Ltd.）、1998 年成立的马士基物流（中国）有限公司（Maersk Logistics China Co., Ltd.）等。二是 20 世纪 90 年代中后期，伴随客户对货物递送速度的要求不断提高，一批以快速递送文件及样品为主的本土国营与民营快递企业也陆续成立，如 1993 年申通快递和顺丰速递创立，1994 年宅急送公司成立，1996 年民航快递成立，1999 年韵达快递成立。

2000～2005 年期间，大陆物流业进入快速发展阶段。此时，物流理念已得到普及，物流业发展得到中央政府高度重视，物流需求迅速扩大，物流市场实现对外开放，这些因素共同促进了物流业的快速发展。首先，本土物流企业的数量迅速增加，中远物流、招商物流、中邮物流等国有大型第三方物流企业均在此期间成立，中通和圆通等民营快递龙头企业也在此期间创立。其次，在物流市场对外开放背景下，一批大型外资跨国物流企业，如日邮物流（NYK Logistics）、德国辛克（Schenker）等纷纷进入中国市场。

2005 年至今，大陆物流业步入初步成熟阶段。首先，一批颇具规模与实力的本土龙头物流企业群体初步形成。2011 年，主营业务收入超过 100 亿元人民币的物流企业已达 15 家，烟草、医药、家电、电子、连锁零售、汽车等细分行业已形成一批专业物流企业，部分大型国企开始走出去，为海外的中国企业提供配套物流服务。其次，根据中国加入 WTO 的承诺，2005 年底中国物流市场实现全面对外开放,大批外资物流企业全面进入中国物流市场。据不完全统计,截至 2010 年末,大陆的外资及我国港澳台投资物流企业数量已达 1 万余家,全球前 50 名大型跨国物流企业中的大部分已进入中国市场,覆盖城市达 200 余个,并在药品试剂冷链、食品冷链、网络购物以及时装成衣等高端物流市场占据重要地位。

第三节　大陆行业物流发展现状

行业物流是行业发展的重要支撑,其有效组织与管理能够促进流通效率的提升。大陆一直重视行业物流的发展,将"推动重点领域物流发展"列为《物流业调整和振兴规划》十大主要任务之一。本书将对大陆物流政策重点关注的几个行业物流的发展概况进行简要介绍。

一、粮食物流的发展现状

粮食是关系国计民生的重要商品。中国作为粮食消费最大的国家,保障粮食安全关系到经济发展和社会稳定。发展粮食现代物流,实现粮食"四散化"的变革,对于提高粮食流通效率、降低粮食流通成本、保障国家粮食安全具有重要意义。

(一)粮食产量规模及主产区分布

中国是产粮大国,粮食产量逐年攀升。2012 年,粮食产量 58957 万吨,同比增产 3.2%。其中,稻谷、小麦和玉米产量占粮食总产量的 90.4%。2006~2012 年大陆粮食产量情况如表 3-6 所示。

大陆的粮食主产区分布在东北地区、华北地区、华东地区和华中地区。其中,13 个产粮大省包括东北地区的辽宁省、吉林省和黑龙江省,华北地区的河北省和内蒙古自治区,华东地区的江苏省、安徽省、江西省、山东省,西南地区的四川省,华中地区的河南省、湖北省和湖南省。以 2011 年为例,13 个省的粮食产量占粮食总产量的 76.0%。

表 3-6　2006～2012 年大陆粮食产量情况

（单位：万吨）

年份	粮食总产量	稻谷	小麦	玉米
2006	49804.2	18171.8	10846.6	15160.3
2007	50160.3	18603.4	10929.8	15230.0
2008	52870.9	19189.6	11246.4	16591.4
2009	53082.1	19510.3	11511.5	16397.4
2010	54647.7	19576.1	11518.1	17724.5
2011	57120.8	20100.1	11740.1	19278.1
2012	58957.0	20429.0	12058.0	20812.0

资料来源：根据国家统计局相关数据整理。

（二）粮食物流主要运作模式

各地粮食物流运作模式不尽相同。依据不同地区粮食物流的供需情况，典型的粮食物流模式可以分为"一体化"粮食物流模式、"粮食交易物流市场"输出型物流模式、"粮食批发市场+粮食物流中心"需求型物流模式三种，分别以东北、河南和浙江三个地区为代表。[①]

东北地区是粮食主产区，占粮食总产量的六分之一左右，其粮食物流运作模式的特点在于通过大型国有控股企业间的有效组合，达到粮食物流设施资源和粮食资源的整合，以粮食经营的"物流一体化"形成产业化经营的规模效益。

河南省是重要的粮食流通大省，平均粮食年销售量在 1500 万吨左右，其中外销量在 500 万吨以上，外销品种主要为小麦。河南省粮食物流运作模式的特点在于采用"推式流程"即粮食输出型物流模式。

浙江省是第二大粮食主销区，每年需调进粮食 1000 万吨以上，其粮食物流运作模式的特点在于物流中心集中购进，批发市场分销。浙江省培育和构建了"四位一体"（即融储运、加工、批发和信息为一体）的区域性粮食物流中心，其特点在于原粮基本依赖大型粮食经销商从省外甚至国外购进，购进后转销给粮食制造商，粮食制造商加工后批发给粮食零售商。其物流流向是建立在明确的消费需求基础上的。

（三）六大粮食物流通道

目前，粮食主要流向是东北的玉米、稻谷和大豆流向华东、华南和华北地

---

① 田颖. 试析三种粮食现代物流模式[J]. 粮食流通技术，2006（5）: 5-7.

区，黄淮海地区的小麦流向华东、华南和西南地区，长江中下游的稻谷流向华东、华南地区。

根据粮食的流向和流量，形成了六大主要跨省粮食物流通道，分别是东北主产区玉米、大豆和稻谷流出通道，黄淮海主产区小麦流出通道，长江中下游稻谷流出和玉米流入通道，华东沿海主销区粮食流入通道，华南主销区粮食流入通道，以及京津主销区粮食流入通道。大陆主要粮食物流通道如图3-7所示。

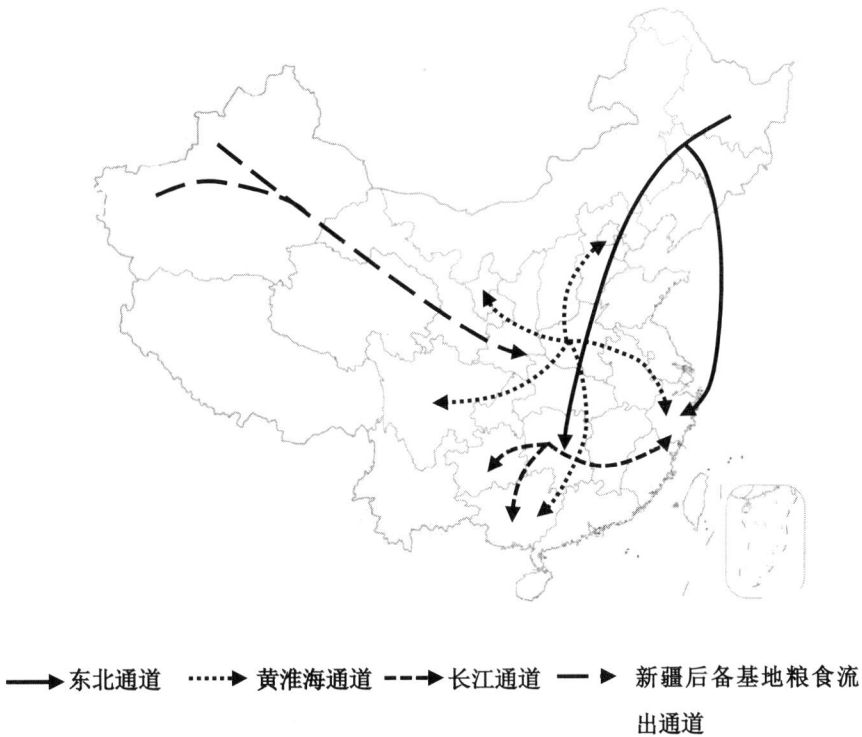

——▶ 东北通道　……▶ 黄淮海通道　- - -▶ 长江通道　—— ▶ 新疆后备基地粮食流
出通道

图3-7　大陆主要粮食物流通道示意图

资料来源：国家发展改革委，国家粮食局. 粮食行业"十二五"发展规划纲要（2011）.

（四）粮食物流中心建设

随着粮食安全与产业现代化越来越受重视，粮食现代物流中心建设得到进一步推动。在粮食主产区中，黑龙江省建成了哈尔滨粮食物流中心、齐齐哈尔第二粮库粮食现代物流中心、北海粮食物流中心、新站现代粮食物流中心、大庆粮食物流中心等；河南省一直致力于将郑州打造成为全国粮食现代物流中心枢纽，并规划了四条粮食输出物流通道，即河南——华南粮食输出通道、河南——华北粮食输出通道、河南——华东粮食输出通道和河南——西南粮食输出通道。

此外，各粮食主销区物流中心建设也不断推进。如大陆最大的主销区广东省建成了广州国际粮食物流中心、湛江港粮食综合物流中心、汕头港粮食综合物流中心和韶关粮食物流中心等；第二大主销区浙江省建成了杭州物流中心、宁波国际粮食物流中心、舟山国际粮油集散中心、浙北粮油物流集散中心、浙南闽东北粮食物流集散中心、浙中粮油交易中心和浙西四省边际粮食物流中心等。[①]

二、生鲜农产品物流的发展现状

随着农业结构的调整和居民消费水平的提高，大陆生鲜农产品的产量和流通量逐年增加，全社会对生鲜农产品的安全和品质提出了更高的要求。由于生鲜农产品物流在减少农产品损耗、保证农产品流通质量、保障市场供应和稳定价格总水平方面发挥了重要的作用，生鲜农产品物流日益受到重视。

（一）生鲜农产品物流需求规模

中国是农业生产和农产品消费大国，生鲜农产品种类众多，产量增长迅速。2011 年，蔬菜、水果产量分别达 6.77 亿吨和 2.31 亿吨，占世界总产量的 60% 和 30% 左右，稳居世界第一位。

随着生鲜农产品产量和需求量的不断增加，每年约有 4 亿吨生鲜农产品进入流通领域，农产品冷链物流比例逐步提高。目前，大陆的果蔬、肉类和水产品冷链流通率分别达到 5%、15% 和 23%，冷藏运输率分别达到 15%、30% 和 40%，冷链物流的规模快速增长。[②]

（二）生鲜农产品物流的主要运作模式

大陆的生鲜农产品物流主要有自产自销、批发市场、直配和出口加工四种模式。其中，自产自销模式是指农户在当地零售农贸市场自行销售自己生产的农产品的模式。目前这种模式较多存在于县乡农贸市场。

批发市场模式指生鲜农产品采收后，从分散的农户或产地零售农贸市场收购，或直接从基地经多级批发市场到达销地零售农贸市场，最后到达消费者的模式。这是目前大陆农产品流通的主要模式，其物流流程如图 3-8 所示。

---

① 胡非凡等. 2012 年中国粮食物流回顾与 2013 年展望[J]. 粮食科技与经济，2013，38（2）：5-8.
② 国家发展改革委. 农产品冷链物流发展规划. http://www.ndrc.gov.cn，2010-06-18.

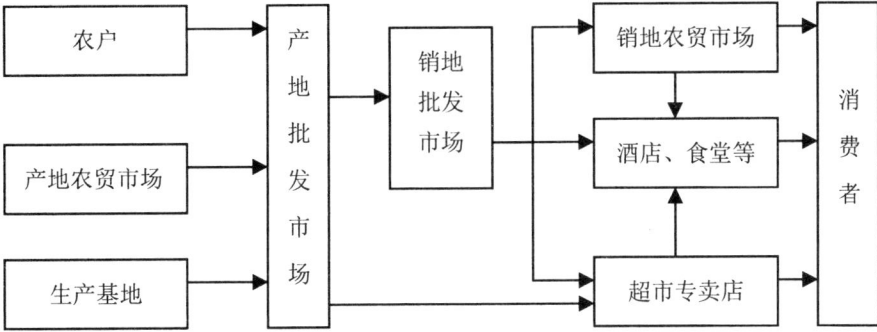

图 3-8　批发市场模式下农产品物流流程

资料来源：国家发展和改革委员会经济运行调节局，南开大学现代物流研究中心. 中国现代物流发展报告（2011）[M]. 中国物资出版社，2011.

　　直配模式是在信息系统和运输系统支持下，生鲜农产品从生产基地直接运送（或经配送中心配送）到销售终端的运作模式。在该模式下，一般由第三方物流服务供应商提供专业物流服务以及生鲜农产品供应商管理，以有效地保障生鲜农产品的新鲜度和食用安全性。直配物流模式下农产品物流流程如图 3-9 所示。目前，大陆的订单农业和农超对接等新型农产品流通方式已经成为发展趋势，而直配模式可以较好地适应其物流运作需要。

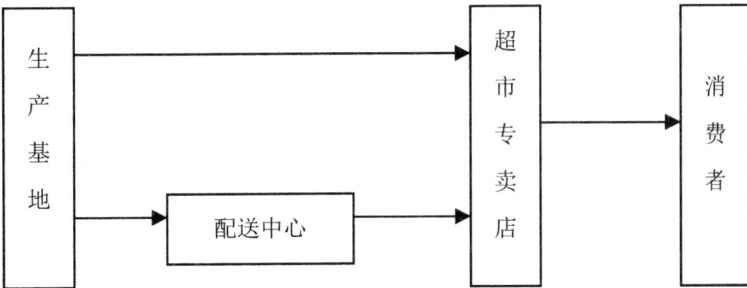

图 3-9　直配物流模式下农产品物流流程

资料来源：国家发展和改革委员会经济运行调节局，南开大学现代物流研究中心. 中国现代物流发展报告（2011）[M]. 中国物资出版社，2011.

　　出口加工型物流模式就是对生鲜农产品进行简单加工后再销售至国外的模式。其物流主体包括加工企业和第三方物流企业。在这种模式中，物流流程一般包括生鲜农产品的收购、运输、储存、初加工，然后再进行出口报关、检验检疫等作业，最后经过国际运输渠道运至国外客户。在出口型物流模式的支持下，大陆的生鲜农产品出口量快速增长。2011年，大陆出口活家禽723万头、水海产品288万吨、蔬菜772万吨，同比增长分别为3.88%、18.52%和17.86%。[①]

（三）"五纵二横"的生鲜农产品物流通道

自2004年起，大陆在生鲜农产品物流方面加大了政策支持力度。在生鲜农产品"绿色"通道建设方面，2005年1月，原交通部和国家发展改革委等七部委联合制定了《全国高效率鲜活农产品流通"绿色通道"建设实施方案》，旨在提高生鲜农产品跨区域流通效率，实现生鲜农产品全程流通。2006年1月，由五条纵向通道和两条横向通道构成的鲜活农产品流通"绿色通道"网络全部开通，覆盖全国31个省（区、市），总里程达2.7万公里。大陆"五纵二横"鲜活农产品绿色通道如图3-10所示。

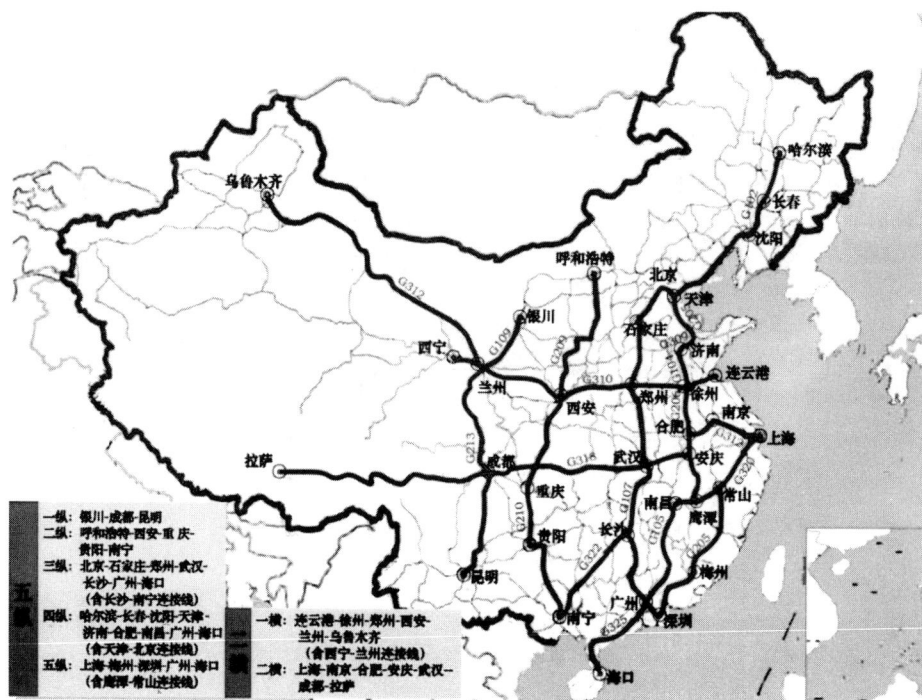

图3-10 大陆"五纵二横"鲜活农产品绿色通道示意图

资料来源：国家发展和改革委员会经济运行调节局，南开大学现代物流研究中心. 中国现代物流发展报告（2011）[M]. 中国物资出版社，2011.

---

① 国家统计局. 中国统计年鉴[M]. 中国统计出版社，2012.

（四）生鲜农产品物流节点设施建设情况

近年来，大陆的生鲜农产品物流节点设施建设步伐加快。以冷库为例，目前，冷库总容量为900多万立方米，已经连续多年保持10%的增长速度。[①]农业龙头企业、大中型连锁超市、冷链物流企业纷纷在大中城市周边规划建设一批具有低温条件下中转和分拨功能的生鲜配送中心，为企业建设全国销售网络提供服务。例如，大型肉制品龙头企业纷纷在全国各省（市、自治区）建设现代化、规模化的肉类加工基地及配套产业，并建设现代化物流配送中心，将产品配送到全国各地。同时，大型冷链物流企业也开始投资建设冷链物流中心，积极加快各类保鲜、冷藏、冷冻、预冷等冷链物流基础设施建设，增强物流服务的竞争能力。

三、电子商务物流的发展现状

随着居民消费水平的提升和电子网络媒介的普及，电子商务得到了迅猛发展。物流是最终完成电子商务交易的重要环节，对企业成本和效率具有重要的影响，因而，电子商务物流逐步成为各类电子商务企业竞争的核心和关注的重点，电子商务物流经历着总量规模扩大、自身结构调整，以及物流业务与经营模式不断创新的过程。

（一）电子商务市场交易规模

随着国民经济的持续增长和互联网的普及，电子商务作为一种新型的交易模式呈现出良好的发展态势，市场规模快速扩大。据中国电子商务研究中心监测数据显示，截至2012年底，大陆的电子商务市场整体交易规模达7.85万亿元，同比增长30.83%。其中，商家对商家（B2B）电子商务交易额达6.25万亿元，同比增长27%；网络零售市场交易规模达13205亿元，同比增长64.7%。2009～2012年大陆电子商务市场交易规模和网络零售市场交易规模增长情况如图3-11所示。

---

① 中国冷链物流网信息中心. 中国冷库运行形势及发展分析报告. http://www.logistics56.com.cn/info.asp?id=11587，2010-07-16.

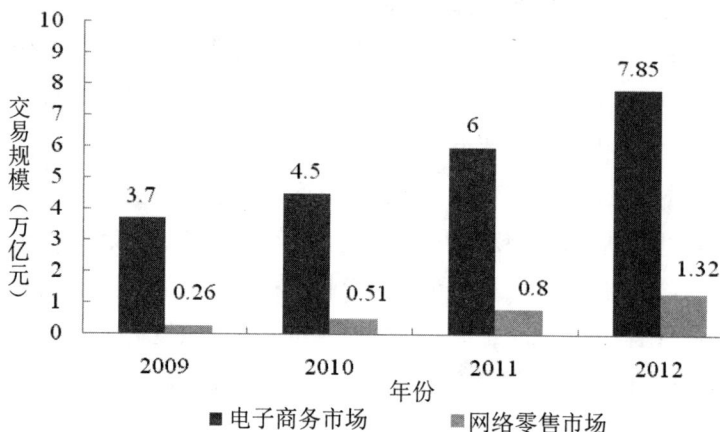

图 3-11　2009～2012 年大陆电子商务和网络零售市场交易规模增长情况

资料来源：根据中国电子商务研究中心《2012 年度中国电子商务市场数据监测报告》相关数据整理。

（二）电子商务物流运作模式

目前，大陆的电子商务主要存在以下三种物流运作模式：

一是工商企业自营物流。一些制造、销售或服务企业自建电子商务平台，同时自营物流业务。中国海尔集团及其物流配送系统就是此类模式的典型代表。

二是电子商务平台企业经营物流。电子商务平台企业经营物流大多划定重点区域范围，对部分重要城市实施自营物流，而对部分网络购物量相对较少的地区则委托其他物流公司办理物流业务。如亚马逊网（amazon.cn）在北京、沈阳、西安、苏州、武汉、成都、厦门均建有配送中心，为需求密集的大城市提供普通快递、晚间送货、预约送货等多种服务；而对于需求较小的地区，则委托第三方物流公司代理配送服务。

三是第三方物流模式。这是指由工商企业或电子商务平台委托第三方物流服务商完成物流配送的模式。这种契约合作模式是大陆的电子商务企业普遍采用的物流经营模式之一。例如在消费者对消费者（C2C）电子商务中，交易双方都是消费者，只能通过与第三方物流企业合作完成配送服务。

（三）电子商务平台企业物流网络构建情况

目前，大陆的电商企业除进行价格战外，对产品最有效的促销手段是"配送速度"的提升。电商企业纷纷通过自建物流系统来实现速度上的竞争优势。

京东商城作为大陆销售额排名第一的商家对消费者（B2C）综合电子商务

企业,早在 2009 年,将 2100 万美元的外部投资中的 70%用于自建物流体系。之后,京东商城又多次大规模投资,提升仓储、配送和售后等物流快递服务。目前,京东商城已经拥有北京、上海、广州、成都、武汉和沈阳 6 处大型物流中心,并在西安、杭州等城市设立二级库房。此外,京东还在天津、苏州、杭州、南京、深圳等超过 180 座城市建立了城市配送站。[①]

全球电子商务巨头亚马逊在大陆十分注重物流体系的管控,自建配送中心规模较大,但数量相对较少,自营快递业务占全部快递业务的比例相对较低。对于多数非核心区域,亚马逊实行快递物流外包策略。在大陆,亚马逊的物流体系拥有 11 个运营中心,总面积 50 万平方米,能够在 17 个城市实现当日送达,53 个城市实现次日达。[②]

苏宁易购(suning.com)是中国电器销售企业"苏宁云商"旗下的 B2C 综合网上购物平台。2012 年 2 月,公司宣布未来三年,苏宁将投入 220 亿元发展物流项目,打造 60 个区域性物流终端、10 多个跨地区分拣中心及多个中转点等。[③]目前,苏宁易购拥有南京、北京、上海、广州、沈阳、成都、武汉、西安、杭州、深圳 10 个物流中心。

(四)电子商务快递物流发展迅速

随着网络购物交易规模的快速增长,大陆的网购物流规模也迅速扩张。据国家邮政局统计数据显示,2012 年规模以上快递业务收入首次突破 1000 亿元,同比增长 39.2%。全国规模以上快递服务企业业务量完成 56.9 亿件,同比增长 54.8%,而快递行业已经连续五年实现超过 27%的增长,其中 50%以上营收来自电子商务。[④]

大陆民营快递物流占据着主要份额,这主要是由于 C2C 电子商务具有交易双方时间地点不确定、单笔订单交易量少、运送产品货值小等特点,其电子商务物流服务需求十分零散,对交易价格也较为敏感。受这些因素影响,外资、

---

① 新华网. 京东商城:自建物流系统,力破快递"瓶颈". http://www.bj.xinhuanet.com/bjfs/2012-01/10/content_24513774.htm,2012-01-10.

② 东方财富网. 物流大师亚马逊是怎么赚钱的? http://finance.eastmoney.com/news/1683,20130308277614491.html,2013-03-08.

③ 国家邮政局. 苏宁计划三年投资 220 亿元发展物流项目. http://www.spb.gov.cn/folder47/2013/03/2013-03-08123160.html,2013-03-08.

④ 中国电子商务研究中心. 2012 年度中国电子商务市场数据监测报告. http://www.100ec.cn/zt/2012ndbg/,2013-03-20.

国营快递物流企业在 C2C 电子商务中所占份额有限，而民营快递物流发挥了主要作用。如 2012 年大陆十大物流快递企业中，顺丰速运、申通快递、圆通速递、中通快递、天天快递、宅急送等均为民营快递企业，它们均与淘宝等多家电子商务企业合作，形成遍布全国的电子商务物流快递交付网络。

四、药品物流的发展现状

药品是关系人民生命健康的特殊商品，药品物流发展事关国计民生、人民幸福。中央政府高度重视药品物流的发展，将其视为深化药品流通体制改革，促进药品经营企业规模化、规范化和进一步规范药品流通秩序的重要措施。

（一）药品物流市场规模

经过几十年的发展，随着医药产业产值不断增加，中国已成为世界制药大国。2001～2010 年，行业总产值的平均增长率高达 21.5%。[1]作为保障药品生产和流通顺利进行的重要基础，药品物流也随之飞速发展。《全国重点企业物流统计调查》数据显示，2011 年，医药制造业物流总额达到 1.43 亿元，同比增长 27.8%。另据商务部统计，2012 年药品流通行业销售总额达 11174 亿元，首次突破万亿元，同比增长 18.5%。[2]如按配送费率 1%粗略推算[3]，2012 年大陆的医药流通领域物流规模约为 112 亿元。

（二）药品物流基本服务模式

药品物流可以分为自营物流模式、外包物流模式、"自营+外包"物流模式和"自营+对外服务"物流模式。

自营模式主要是指医药企业和医疗机构自己完成物流流程的模式。

外包物流模式，即第三方物流服务模式，是指药品生产企业、药品商业企业和医疗机构将物流活动全部外包给专业的物流公司，由第三方物流企业提供专业化物流服务的模式。

"自营+外包"物流模式是多数药品物流需求主体的选择，因为第三方药品物流企业仍处于起步发展阶段，药品生产厂商、医疗服务机构、药品商业企业

---

[1] 国家发展和改革委员会经济运行调节局，南开大学现代物流研究中心. 中国现代物流发展报告（2012）[M]. 中国财富出版社，2012.

[2] 商务部. 2012 年药品流通行业运行统计分析报告. http://www.gov.cn/gzdt/2013-05/30/content_2415047.htm，2013-05-30.

[3] 商务部. 2011 年药品流通行业运行统计分析报告. http://www.gov.cn/gzdt/2012-06/21/content_2166920.htm，2012-06-21.

仍处于药品物流服务需求逐步外包化的进程中。

"自营+对外服务"物流服务模式主要存在于一些规模较大、实力较强的药品商业企业，如国药集团、九州通、北京医药股份有限公司等企业，在完成本集团或公司的药品物流服务基础上，为药厂、药店、医院和其他小型医药商业企业提供第三方物流服务。

（三）第三方药品物流企业发展迅速

随着医药行业物流需求量和需求层次的不断提升，新兴第三方药品物流企业起步发展。具体包括：专门从事药品物流服务的第三方药品物流企业，如杭州邦达物流；将业务拓展至药品物流领域的综合性第三方物流企业或其他行业的专业化第三方物流企业，如敦豪、中国邮政等。

此外，伴随着新医改的不断深入推进，大型药品商业企业开始从传统的药品承销分销赢利模式，积极向第三方物流经营模式拓展。如国药集团医药物流有限公司、上海医药、华润北药、九州通等医药商业企业均已建成自有的现代化医药物流中心。目前，国药已基本完成了分销网络布局，上药、华润等企业的并购也初见成效。[①]

随着第三方药品物流企业的快速增长，药品物流企业的冷链物流服务能力有所提升。例如，国药物流提供冷链包装、储存及运输服务等冷链物流服务及疫苗服务；北京医药股份有限公司进行低温药品全生命周期管理，获得工信部物联网推广中心授予的"中国 RFID（无线射频识别技术）冷链物联网示范工程"优秀奖。

（四）医药物流中心规划和建设

近年来，大陆医药物流中心的规划和建设进度不断加快。从医药物流中心的区域分布来看，大多集中在东部地区，其次是中西部地区，东北地区分布较少。医药物流中心已开始从传统物流提供商向医药供应链管理商转型，部分医药物流中心已经拥有先进的信息管理系统和现代化的物流技术、设施与设备。大陆部分医药物流中心如表 3-7 所示。

---

① 赵皎云. 医药物流：行业整合下的专业化发展[J]. 物流技术与应用, 2012（4）: 38-41.

表 3-7　大陆部分医药物流中心

地区	主要医药物流中心
东部地区	北京医药物流中心、国药集团医药物流中心、天津医通医药城医药中心、乐仁堂医药集团现代物流中心、上海医药物流中心、江苏亚邦医药物流中心、江苏盐都华晓医药物流中心、桐君阁华东医药物流中心、南京药品物流配送中心、南京安远药品物流中心、泰州医药物流基地、英特集团医药物流中心、徐州市华东医药物流中心、南通苏中医药物流中心、山东潍坊海王物流中心、山东贝尔华韵医药物流中心、山东（济南）现代医药物流中心、泉州东南医药物流配送中心、宁波协星医药物流中心、鲁抗药品物流配送中心、广东黄金围大型现代（药品）物流中心、海南华健现代医药物流交易中心
中部地区	华源太和医药物流园区、江西医药物流中心、国药控股安徽医药物流中心、山西侯马医药物流中心、国药控股湖南物流中心、全州医药物流中心、全洲医药食品物流港（长沙）、三和医药物流中心（湘潭）、长沙双鹤医药物流配送中心、九州通（武汉、应城、十堰）医药物流中心、国药新龙医药物流中心、武汉马应龙医药物流中心、武汉同济堂医药物流中心、湖南天士力民生药业有限公司物流中心、长沙浏阳中南医药物流中心、国药控股湖北物流中心
西部地区	广西太华医药物流配送中心、广西德洲医药物流中心、东盟（同济）医药物流中心、重庆现代医药物流中心、云南白药医药物流中心、云南东骏药业医药物流中心、四川医药物流信息中心、成都五块石药品配送中心、成都医药物流中心、甘肃众友药业集团医药物流中心、新疆九州通医药物流中心、西北现代医药物流中心、甘肃陇西中药材物流中心、兰州九州通医药物流中心
东北地区	东药集团医药物流中心、南六医药物流中心、长春医药物流中心、吉林省康乃尔医药物流中心、国药控股沈阳物流中心

注：东部地区包括北京、天津、河北、上海、江苏、浙江、福建、山东、广东、海南；中部地区包括山西、安徽、江西、河南、湖北、湖南；西部地区包括重庆、四川、贵州、云南、西藏、陕西、甘肃、青海、宁夏、新疆、内蒙古、广西；东北地区包括辽宁、吉林、黑龙江。

资料来源：国家发展和改革委员会经济运行调节局，南开大学现代物流研究中心. 中国现代物流发展报告（2012）[M]. 中国财富出版社，2012.

第四节　大陆物流基础设施发展现状

新中国成立 60 年，特别是改革开放 30 年来，中央和地方政府投入大量资金进行物流基础设施建设，取得了辉煌的成就，实现了跨越式大发展。目前，中国大陆的综合交通运输体系基本形成，交通运输能力进一步增强，各类物流园区（中心）发展迅速，园区功能和水平不断提升。

一、物流基础设施的发展历程

改革开放前，大陆的基础设施建设水平较低，总量不足，铁路和公路里程短、质量差、装备落后等问题突出。到 1978 年，全国运输线路总里程只有 123.5 万公里，其中，铁路 5.2 万公里，公路 89.0 万公里，内河航道 13.6 万公里，民用航空航线 14.9 万公里；全国铁路复线里程只有 7630 公里，电气化里程只有 1030 公里；公路中的高级和次高级公路占比仅为 16.0%，没有高速公路；内河航道大都处于自然状态，沿海港口深水泊位仅 133 个，港口机械设备落后；民用机场只有 78 个，机场设施落后。①

1978 年改革开放后至 80 年代末，中央和各级地方政府集中力量加大对交通基础设施建设的投入。这一时期先后建成了大秦电气化铁路一期工程、秦皇岛煤码头三期工程等多个重点交通运输项目；第一条高速公路——长度为 18.5 公里的上海至嘉定高速公路建成通车；襄樊至重庆的襄渝线建成投入使用。这些项目的建成投产，缓解了交通行业供应紧张状况，改善了改革开放初期交通基础设施薄弱的问题，为下一步国民经济发展打下了良好的基础。

20 世纪 90 年代，以投资为驱动的基础设施建设迅猛发展。1998～2002 年 5 年内共发行 6600 亿元特别国债用于交通等基础设施建设，并带动了大量社会资本的进入，极大地促进了基础产业和基础设施建设。在投资的推动下，一大批重大基础设施建设项目建成投产，如京九铁路、上海浦东和广州白云新机场等项目投产，沈大高速建成通车，高速公路建设逐步开展，现代化交通网络开

---

① 中华人民共和国国家统计局. 庆祝新中国成立 60 周年系列报告之十四：多种方式的综合运输网络基本形成. 2009-09-23.

始形成。与此同时，随着连锁经营的兴起，大陆连锁企业物流配送中心开始出现并得到迅速发展。此外，1999 年深圳市推出了平湖物流园之后，大陆开始导入物流园区概念，并逐步在部分市场化程度高、物流需求旺盛的区域尝试规划建设物流园区。

进入 21 世纪，伴随着国民经济的快速增长和对外贸易的蓬勃发展，物流基础设施能力不足问题凸显，中央和地方政府采取积极措施，加大对基础设施建设的投入。特别是 2008 年实施的 4 万亿元投资计划中，交通基础设施投资占比超过了 1/3。这一时期，公路、铁路、水路、港口、机场建设全面推进，形成了具有相当规模的综合交通运输体系。同时，各类物流节点建设速度加快，现代物流园区兴起，一批区域性物流中心开始形成，各类专业化物流中心发展迅速。

二、物流基础设施发展状况

（一）公路基础设施

目前，高速公路网雏形基本形成，以高速公路为主体、全部线路均为二级以上公路的"五纵七横"国家主干线系统全面建成，中西部和农村公路建设得到加强。图 3-12 为大陆公路"五纵七横"主干线系统情况。

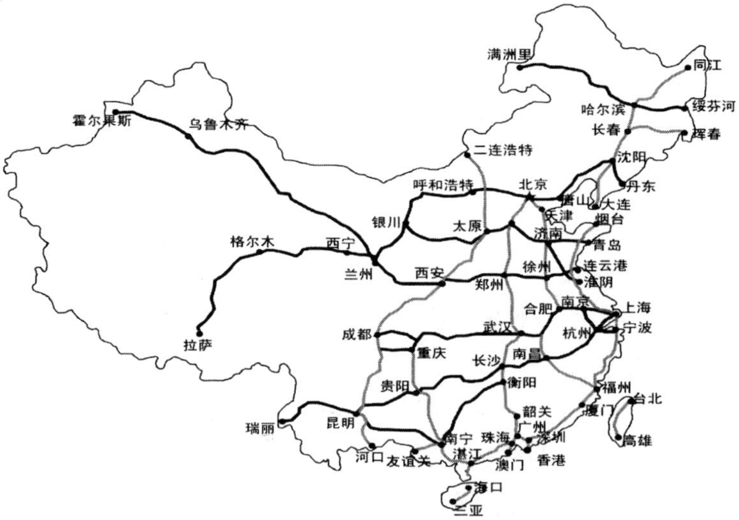

图 3-12　大陆公路"五纵七横"主干线系统

截至 2012 年底，公路总里程达 423.75 万公里，公路密度达 44.14 公里/百平方公里。[1]等级公路里程 360.96 万公里，占公路总里程的 85.2%。其中，高速公路里程达 9.62 万公里，居世界第一。2008～2012 年大陆公路总里程和公路网密度增长情况如图 3-13 所示。

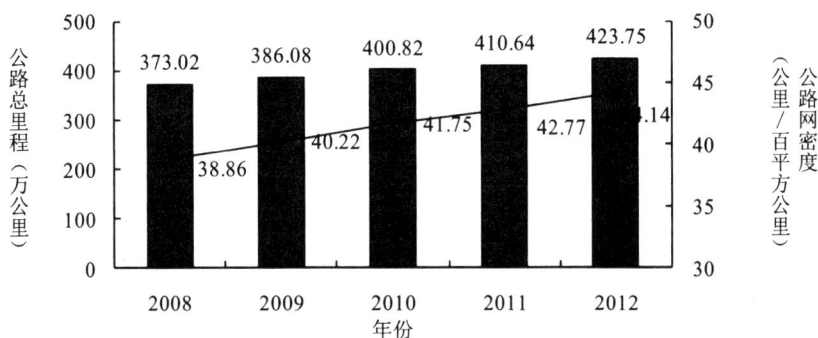

图 3-13　2008～2012 年大陆公路总里程和公路网密度增长情况

资料来源：根据中华人民共和国交通运输部《公路水路交通运输行业发展统计公报》（2008～2012）相关数据整理。

（二）铁路基础设施

铁路基础设施建设进展迅速，"十五"时期已建成"八纵八横"的铁路主通道。近年来，大陆着重优化铁路建设的薄弱环节，一方面加强西部铁路、区际干线、高速铁路客运专线以及主要枢纽和集装箱中心站的新建与改造建设；另一方面，重点推动高速铁路网的扩张，在提升客运运能的同时，释放了大量铁路货运运能。2012 年，随着一批重要的高铁干线和高铁连接线相继通车运营，大陆"四纵四横"高速铁路网初步建成。图 3-14 为大陆"四纵四横"高速铁路网主要布局情况。

---

① 中华人民共和国交通运输部. 2012 年公路水路交通运输行业发展统计公报. 2013-04-25.

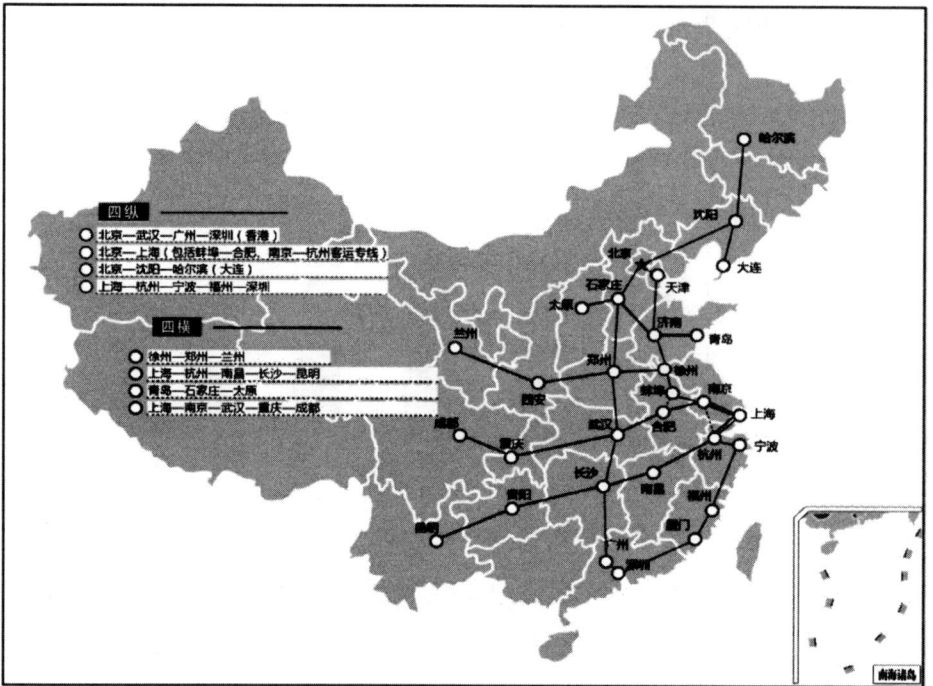

图 3-14 大陆"四纵四横"高速铁路网示意图

截至 2012 年底，大陆铁路营业里程达到 9.8 万公里，稳居世界第二位，路网密度达到 101.7 公里/万平方公里。西部地区营业里程达到 3.7 万公里，铁路复线里程达到 4.4 万公里，复线率 44.8%。电气化总里程达到 5.1 万公里，首次跃升为世界第一位，电气化率达到 52.3%。

（三）水运基础设施

港口和内河航道作为国民经济和社会发展的重要基础设施，综合运输网的完善具有十分重要的作用。大陆目前有大小港口 200 余个。大陆东部沿海地区形成了长三角、珠三角、环渤海、东南沿海、西南沿海五大规模化、集约化、现代化的港口群，以及煤炭、石油、铁矿石、集装箱、粮食、商品汽车、陆岛滚装和旅客运输 8 个运输系统的布局。2012 年，大陆有 8 个港口进入世界港口吞吐量的前 10 位，分别为宁波—舟山港、上海港、天津港、广州港、苏州港、青岛港、大连港、唐山港，其中，宁波—舟山港以 7.44 亿吨位居世界第一。图 3-15 为大陆沿海主要港口布局情况。

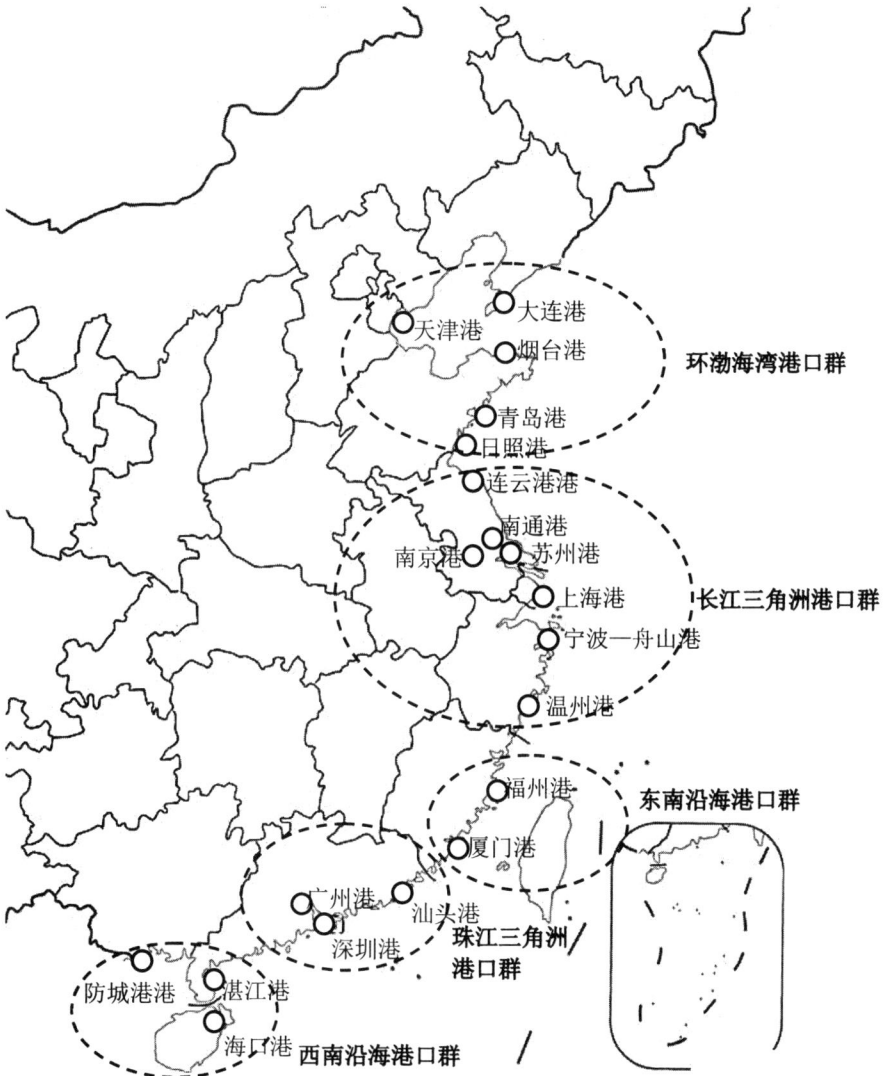

图 3-15　大陆沿海主要港口布局图

资料来源：中华人民共和国交通部. 全国沿海港口布局规划（2006）.

2007 年，《全国沿海港口布局规划》对五大港口群的发展进行了定位：环渤海地区港口群由辽宁、津冀和山东沿海港口群组成，服务于北方沿海和内陆地区的社会经济发展；长江三角洲地区港口群依托上海国际航运中心，以上海、宁波、连云港港为主，充分发挥舟山、温州、南京、镇江、南通、苏州港等沿海和长江下游港口的作用，服务于长江三角洲以及长江沿线地区的经济社会发展；东南沿海地区港口群以厦门、福州港为主，包括泉州、莆田、漳州港等港口，服务于福建省和江西等内陆省份部分地区的经济社会发展和对台"三通"的需要；珠江三角洲地区港口群依托香港经济、贸易、金融、信息和国际航运中心的优势，以广州、深圳、珠海、汕头港为主，相应发展汕尾、惠州、虎门、茂名、阳江港等港口，服务于华南、西南部分地区，加强广东省和内陆地区与港澳地区的交流；西南沿海地区港口群由粤西、广西沿海和海南省的港口组成，该地区港口的布局以湛江、防城、海口港为主，相应发展北海、钦州、洋浦、八所、三亚港等港口，服务于西部地区开发，为海南省扩大与岛外的物资交流提供运输保障。[①]

内河航道方面，以"两横一纵两网"国家高等级航道网为主骨架的航道体系基本形成，长江干线、西江航运干线、京杭运河、长江三角洲、珠江三角洲高等级航道网正逐渐以"连线成面"的态势，形成日趋完善的内河航道体系。

截至 2012 年底，内河航道通航里程达到 12.5 万公里，位居世界第一位。从航道等级结构看，等级航道 6.37 万公里，占总里程的 51.0%，其中，三级及以上航道 9894 公里，占总里程的 7.9%。2008～2012 年，大陆内河等级航道通航里程及占总里程比例如图 3-16 所示。

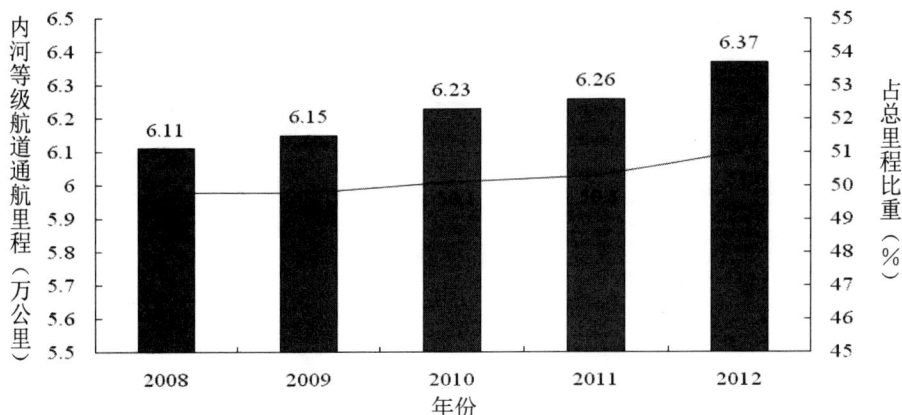

图 3-16　2008～2012 年大陆内河等级航道通航里程及占总里程比例

资料来源：根据中华人民共和国交通运输部《公路水路交通运输行业发展统计公报》（2008～2012）相关数据整理。

---

① 中华人民共和国交通部. 全国沿海港口布局规划（2006）.

（四）民航基础设施

截至 2012 年底，颁证民用航空机场达到 183 个，其中，定期航班通航机场 180 个，通航城市 178 个[1]，覆盖了大陆 91% 的经济总量、76% 的人口和 70% 的县级行政单位，初步形成了规模适当、功能完善的机场体系[2]。大陆运输机场的区域分布如图 3-17 所示。

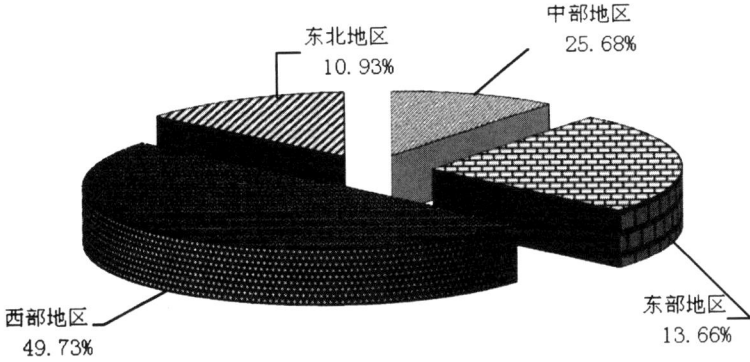

东北地区 10.93%
中部地区 25.68%
西部地区 49.73%
东部地区 13.66%

图 3-17　大陆运输机场区域分布情况

资料来源：根据中国民用航空局《2012 年民航行业发展统计公报》相关数据整理。

各机场中，年货邮吞吐量在 1 万吨以上的有 49 个。北京首都、上海浦东、广州白云机场为三大货运枢纽机场，2012 年三大机场货运量占大陆航空货运量的 53.5%。其中，上海浦东机场货运量为 310 万吨，位列世界第 3 名；北京首都国际机场货运量为 167 万吨，位列世界第 14 名。联邦快递（FedEx）、联合包裹（UPS）、敦豪（DHL）、顺丰速递在三大枢纽机场设立了多个货物转运中心。图 3-18 显示了大陆三大货运枢纽机场情况。

---

[1] 中国民用航空局. 2012 年全国机场生产统计公报. 2013-03-25.
[2] 中华人民共和国国务院新闻办公室门户网站. 民航"十一五"完美收官亮点频现. http://www.scio.gov.cn/ xwfbh/xwbfbh/wqfbh/2011/0224/xgbd/201102/t864747.htm，2011-02-24.

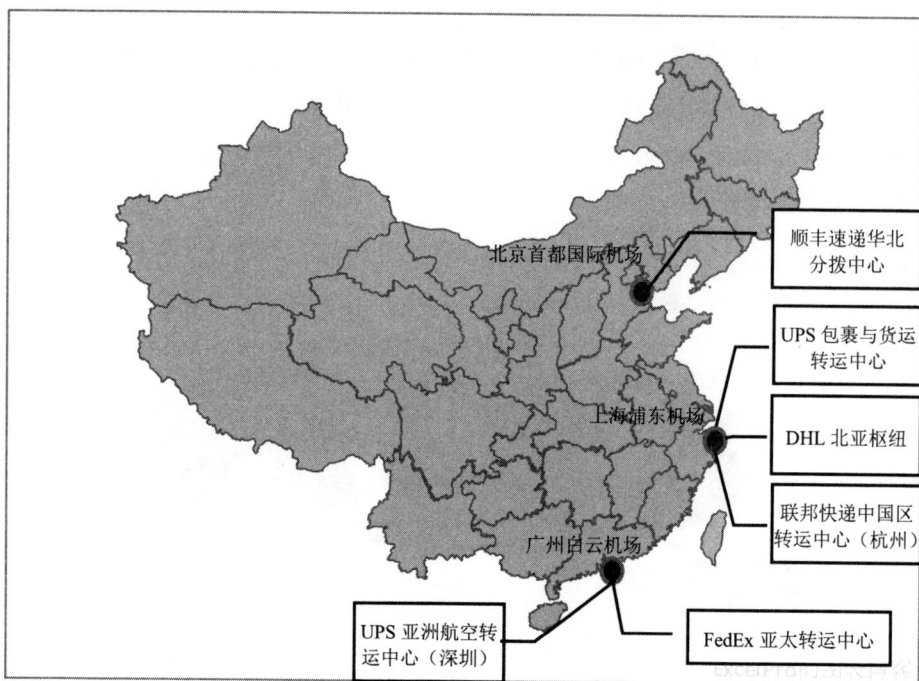

图 3-18 大陆货运枢纽机场

（五）物流园区（中心）建设

大陆物流园区（中心）数量增长迅速。据中国物流与采购联合会统计，截至 2012 年 6 月，大陆物流园区的总量为 754 个。其中，已经运营的物流园区 348 个，占 46%；在建的物流园区 241 个，占 32%；规划中的物流园区 165 个，占 22%。[①] 物流园区的地理分布正逐步从东部向中、西部延伸。

在物流园区（中心）数量迅速增加的同时，物流园区（中心）专业化水平也在不断提升，以新业态带动物流园区功能升级和服务提升的趋势显现。物流园区增值服务创新方面，上海洋山保税港区开展国际中转集装箱分拆拼装业务，提升了上海口岸的物流增值服务水平。物流园区与电子商务融合的服务创新方面，2012 年 10 月，亚马逊哈尔滨物流运营中心正式运营，该中心是集订单处理、数据中心、仓储与配送、零售商品、运营等模块为一体的电子商务平台。物流园区与国际物流融合的服务创新方面，南京唯度京港国际物流中心全面启动建设，深圳前海新区规划打造具备区域生产组织中枢和国际供应链管理中心

---

① 中国物流与采购网. 第三次全国物流园区（基地）调查报告. http://www.chinawuliu.com.cn, 2012-09-13.

功能的保税港区。

农产品物流园区（配送中心）、医药物流中心、农产品冷链物流中心、商贸物流园区等专业化物流园区或物流中心建设发展迅速。医药物流中心的规划和建设进度不断加快，目前落成医药物流中心 57 家。烟草行业是中国较早引进物流理念并大力兴建专业配送中心的行业之一，截至 2010 年底，烟草行业卷烟配送体系已拥有遍布全国的 356 个专业配送中心。德州、哈尔滨、武威、大理等城市也纷纷开始积极建设、改造一批仓储、分拣、流通加工、配送、信息服务等功能齐备的商贸物流园区。

第五节　大陆物流配套环境发展现状

1998 年，海关总署出台《关于建立现代海关制度的决定》，提出了建立现代海关制度两步走发展战略。海关总署先后出台一系列政策，重点强化通关监管、口岸管理以及保税监管。同时，在政府大力推动和重点行业、大型工商与物流企业的引领下，大陆物流信息化建设进度加快，企业物流信息化、公共物流信息平台建设均取得较大进展。

一、海关通关现状

中华人民共和国海关是国家进出境监督管理机关，基本任务是出入境监管、征税、打私、统计，对外承担税收征管、通关监管、保税监管、进出口统计、海关稽查、知识产权海关保护、打击走私、口岸管理等主要职责。

在通关监管方面，从 1998 年起，以通关作业改革为突破口，用 3 年时间，基本完成通关作业改革。2000 年，由审单作业、物流监控和职能管理三大系统共同参与、相互合作支持的通关管理模式在全国海关正式投入运行。2003 年，海关基本实现了以通关作业改革为突破口的现代海关制度第一步发展战略目标。2004 年，以风险管理为中心环节的现代海关制度第二步发展战略目标付诸实施。2005 年区域通关改革开始试点。2007 年进行出口分类通关改革试点。

在口岸管理方面，2001 年 10 月，国务院办公厅下发了《关于进一步提高口岸工作效率的通知》，明确指示"实行大通关制度，提高通关效率"，批准建立由海关总署牵头，公安部、原外经贸部、原铁道部、原交通部、质检总局、原民航总局7部门参加的口岸工作联络协调机制。十几年来，政府大力推进口岸"大通关"建设，建立并发挥口岸工作联络协调机制作用，全国口岸通关效率不断提高。

在保税监管方面，从20世纪80年代中期开始，海关总署引入国际上普遍采用的海关保税监管制度，从"三来一补"到进料加工，从加工企业、保税仓库、保税工厂，到保税区、出口加工区等各类海关特殊监管区域，海关的这一特殊监管制度极大地推动了加工贸易的发展。加入世界贸易组织（WTO）以后，海关将保税监管的领域从单一的保税加工扩大到保税物流，进一步推动了国际物流业的发展。[①]目前，已基本建立了"以保税港区（综合保税区）为龙头，以保税物流园区和保税物流中心为枢纽，以星罗棋布的出口监管仓库和保税仓库为网点"的"三个层次、六种模式"的保税物流监管体系，特别是东部地区的长三角、珠三角和环渤海区域，基本形成了较为健全的保税物流监管区域网络。大陆保税物流监管区域（场所）的发展概况如表3-8所示。

表3-8　大陆保税物流监管区域（场所）的发展概况

类别	发展情况
保税区	目前已有上海外高桥、大连、天津港、青岛、张家港、宁波、福州、厦门象屿、汕头、广州、深圳沙头角、深圳福田、深圳盐田港、珠海、海口15个保税区。
出口加工区	2009年底共有57个出口加工区。
保税物流中心	南京龙潭港、苏州高新区、苏州工业园区、上海西北物流园区、天津经济技术开发区、北京空港、北京亦庄、东莞、中山、广州空港、江阴、太仓、杭州、青岛、日照、厦门火炬（翔安）、营口港、西安、武汉东西湖、成都、长沙金霞、山西方略、南昌、沈阳、深圳机场、连云港、南宁、宁波栎社、河南、淄博保税物流中心共计30个。
保税物流园区	共有上海外高桥、天津港、大连、青岛、张家港、宁波、厦门、深圳8个保税物流园区。
保税港区	已有上海洋山、天津东疆、大连大窑湾、海南洋浦、宁波梅山、广西钦州、厦门海沧、青岛前湾、深圳前海湾、广州南沙、重庆两路寸滩、张家港、烟台、福州共14家保税港区。
综合保税区	已有唐山曹妃甸、淮安、衡阳、盐城、无锡高新区、济南、沈阳、长春兴隆、潍坊、成都、苏州工业园、天津滨海新区、北京天竺、海南海口、广西凭祥、黑龙江绥芬河、上海浦东机场、江苏昆山、重庆西永、广州白云机场、苏州高新技术产业开发区、西安、西安高新区、银川、郑州新郑、新疆阿拉山口、新疆喀什、武汉东湖、山西太原武宿、衡阳、南京、南通共32个综合保税区。

资料来源：根据海关公布的相关资料整理。

---

① 中华人民共和国海关总署. 今日中国海关（2011）[R]. http://www.customs.gov.cn/default.aspx?tabid=38393.

二、物流信息化发展现状

物流信息化工作得到高度重视。国务院出台的《2006～2020年国家信息化发展战略》《关于促进电子商务的工作意见》《物流业调整和振兴规划》等重要文件及规划，都突出强调了物流信息化的重要性和紧迫性，并把物流信息化作为物流业的主要任务。政府组织开展物流信息化典型发现和试点示范工作；积极扶持中小企业物流技术改造和物流企业的技术改造；对重庆、珠三角、苏州等重点区域的物流公共信息平台建设给予大力支持。

重点物流行业信息化建设发展迅速。铁路、公路、水运、航空、邮政等行业基本实施了信息化管理，并在各自系统内部建成了有特色的信息服务体系。企业物流信息化方面，大型工商与物流企业是中国企业物流信息化的引领者。通信、烟草、医药等领域的一些大型工商企业，以及海运、铁路、航空、邮政、第三方物流等领域的专业物流企业，不断加大物流信息化投入，通过自主研发、与专业软件企业合作开发物流软件，以及引入先进的信息技术设备等形式，实现了业务流程和管理流程的整合与优化，树立了行业标杆，为中小企业起到了示范带头作用。

口岸信息平台以及运输领域公共信息平台建设进展较为显著。口岸信息平台建设得到快速发展，入网企业由2005年底的20万家增加到2010年底的48万家。浙江省和河南省是交通运输公共信息平台建设的典型代表，两省分别投入巨资建设了省际物流公共信息平台，并在全省范围内全面实施。截至2010年底，已有半数以上省市应用了货物配载系统，并逐步向物流信息平台转化。

但是，总体来看，大陆物流信息化发展仍然较为滞后。虽然大中型物流企业普遍实现了运营管理等领域的单项信息化应用，大部分规模以上制造企业和商贸企业开展了物流环节的信息化工作，但多数企业仍处于企业资源计划（ERP）和门户网站的基础信息化阶段，实现系统集成和协同管理的企业较少；无线射频识别技术（RFID）等技术使用比例偏低。总之，大陆物流信息平台的商业模式尚不成熟，口岸信息平台中物流信息资源的开发利用和开放水平还有待提高。

三、物流标准化发展现状

随着现代物流的迅速发展，物流标准化基础薄弱、建设滞后、工作分散，以及物流标准总体质量不高的问题越来越突出。加强物流标准化建设，不仅受到业界的广泛关注，也得到国务院和各有关部门的高度重视。2001 年的《关于加快我国现代物流发展的若干意见》提出要大力加强物流标准化工作。2004 年的《关于促进我国现代物流业发展的意见》将物流标准化列为国家扶持和发展现代物流业的基础性工作，明确提出要建立和完善物流技术标准体系，加快制订和推进物流基础设施、技术装备、管理流程、信息网络的技术标准，尽快形成协调统一的现代物流技术标准体系。2005 年出台了《全国物流标准 2005～2010 年发展规划》。2010 年，国家标准化管理委员会和国家发展改革委等部门联合印发了《全国物流标准专项规划》。

为满足物流标准化工作的需要，2003 年成立了全国物流、全国物流信息管理两个标准化技术委员会，此后，又组建了全国国际货运代理标准化技术委员会，以及全国物流标委会托盘、物流作业、物流管理、第三方物流服务、冷链、仓储技术与管理 6 个分技术委员会。

一批重要的国家标准颁布实施或正在编制。包括物流术语、物流企业、物流园区等在内的一批重要通用类物流标准已经出台，冷链、港口、出版物、汽车和零部（配）件物流等方面的专业类标准制定工作已开始起步。截至"十一五"末，已发布物流标准 267 项。其中，物流技术标准 105 项，物流信息标准 97 项，物流管理标准 51 项，物流服务标准 14 项。这些标准对于加强物流业规范化管理，提高行业整体发展水平，促进物流业与制造业的联动发展发挥了重要作用。

政府部门、行业组织、生产流通企业积极推进物流标准的贯彻实施，已取得初步成效。如物流企业分类与评估标准经过近几年的实施，对引导和规范物流企业发展起到非常重要的作用；实施新修订的通用平托盘标准，为促进通用平托盘规格的统一、提高物流效率，以及建立托盘共享系统奠定了基础；国际货运代理标准的实施，对进一步规范国际货运代理服务、提高服务质量、推动更多企业走出国门起到了重要作用；条码、电子数据交换报文等标准在物流领域的推广实施，促进了物流信息采集、识别和管理的统一，加快了物流信息化的发展。

第四章 台湾物流发展现状

台湾位于亚太地区枢纽位置，现代物流，尤其是国际物流在台湾的全球供应链中扮演着重要角色。为了构建台湾地区整体高效的物流体系，逐步改善物流的用地空间、交通通信基础环境、配送体系的盈利效果，台湾秉承"物畅其流"的理念，在物流现代化与国际化的推动下，大幅度提升了区域内整体物流体系的营运效能与服务质量，使台湾现代物流得到了快速发展。本章从物流发展的总体规模、物流行业、行业物流、物流基础设施和物流配套环境共五个方面阐述台湾物流的发展现状。

第一节 台湾物流发展的总体规模

台湾经济是一个典型的出口导向型经济体系。通过进口替代、出口扩张、结构调整与自由化改革的发展轨迹，台湾经济获得了较快发展。伴随经济的较快发展，台湾的物流规模总体上呈现增长态势。

一、本地货运情况

2006～2011年，台湾货运量年均增长1.2%。2012年出现较大幅度下降，货运量仅为6.1亿吨。台湾本地货运以公路运输为主，公路货运量占总货运量的88.9%。各种运输方式货运量均比上年同期有所下降。其中，公路货运量降幅最大，同比下降15.1%；水运货运量同比下降3.1%；铁路货运量同比下降3.8%。2006～2012年台湾本地货运量如表4-1所示。

表 4-1　2006～2012 年台湾本地货运量

项目	2006 总量（万吨）	2007 总量（万吨）	2008 总量（万吨）	2009 总量（万吨）	2010 总量（万吨）	2011 总量（万吨）	2012 总量（万吨）	2012 比重（%）	2012 增长率（%）
公路	59421.4	61756.7	60413.7	59674.2	62816.7	63849.9	54179.3	88.9	-15.1
水运	5359.7	4964.2	6525.0	5397.2	5539.0	5347.7	5181.1	8.5	-3.1
铁路	1906.0	1737.8	1658.3	1414.4	1510.6	1445.1	1390.5	2.3	-3.8
航空	5.4	4.0	158.7	144.5	186.8	173.8	168.4	0.3	-3.1
合计	66692.5	68462.7	68755.7	66630.3	70053.1	70816.5	60919.3	100	-14.0

资料来源：根据台湾地区交通主管部门《交通统计月报》（2013 年 2 月）相关数据整理。

二、海运情况

台湾海运货物吞吐量呈波动增长状态。2000 年到 2004 年，海运货物吞吐量逐年增长，2004 年达 27864 万吨。此后，2005～2012 年，除 2007 年和 2010 年吞吐量略有上升外，其他年份均下降，2009 年下降幅度最大，达 11.4%。2000～2012 年台湾海运货物吞吐量及增长率如表 4-2 所示。

表 4-2　2000～2012 年台湾海运货物吞吐量

年份	总吞吐量 合计（万吨）	总吞吐量 增长率（%）	进港量 总量（万吨）	进港量 增长率（%）	出港量 总量（万吨）	出港量 增长率（%）
2000	20933	-	15819	-	5114	-
2001	22128	5.7	16008	1.2	6121	19.7
2002	23625	6.8	17208	7.5	6427	5.0
2003	24738	4.7	17887	4.0	6850	6.6
2004	27864	12.6	20042	12.1	7821	14.2
2005	26585	-4.6	18766	-6.4	7819	0.0
2006	26420	-0.6	18718	-0.3	7702	-1.5
2007	27415	3.8	19585	4.6	7830	1.7
2008	26618	-2.9	19330	-1.3	7288	-6.9
2009	23574	-11.4	17057	11.8	6517	-10.6
2010	24649	4.6	18212	6.8	6437	-1.2
2011	24442	-0.8	18139	-0.4	6303	-2.1
2012	23892	-2.25	17876	-1.5	6016	-4.6

资料来源：根据台湾地区交通主管部门《交通统计月报》（2013 年 2 月）相关数据整理。

2001 年至 2012 年，集装箱吞吐量整体呈波动增长状态。2001～2007 年，集装箱吞吐量持续增长；受金融危机影响，2008 年和 2009 年逐年下滑；此后，至 2012 年，又开始逐年回升。2012 年集装箱吞吐量达到 1388.1 万标准箱，比 2000 年的 1160.9 万标准箱增长了 19.6%。2001～2012 年台湾集装箱吞吐量及增长情况如图 4-1 所示。

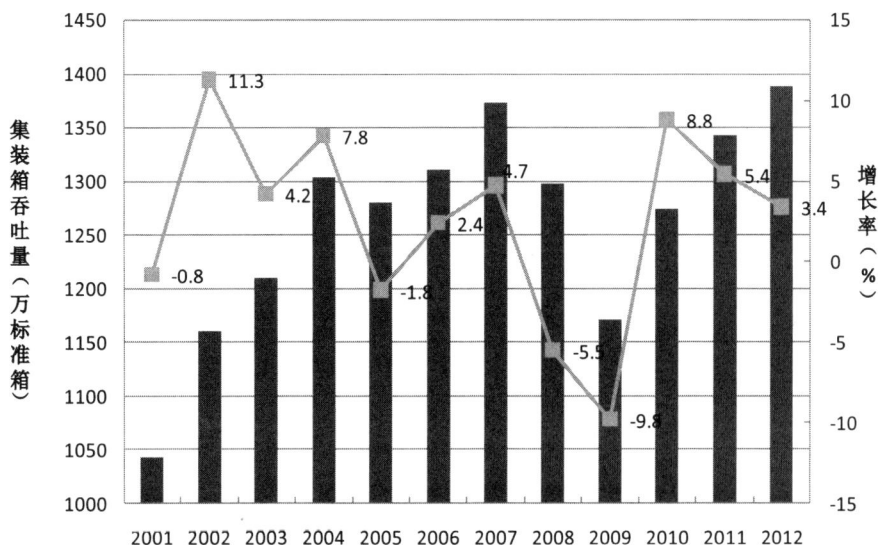

图 4-1　2001～2012 年台湾集装箱吞吐量及增长情况

资料来源：根据台湾统计咨询网相关数据整理。

三、空运情况

2000 年到 2012 年间，台湾航空货物运输量呈波动上升态势，最高出现在 2010 年，为 192.0 万吨。国际航线的运输量占总运输量比例较大，整体呈现增长态势，本地航线运输量则基本保持不变，在 5 万吨左右浮动。2000～2012 年台湾航空货物运输量及增长情况如表 4-3 所示。

表 4-3 2000～2012 年台湾航空货物运输量及增长情况

年份	总运量		本地航线		国际航线	
	合计（万吨）	增长率（%）	总量（万吨）	增长率（%）	总量（万吨）	增长率（%）
2000	115.9	-	5.1	-	110.8	-
2001	112.2	-3.26	5.3	4.13	106.8	-3.6
2002	134.5	19.89	5.7	7.00	128.8	20.53
2003	140.1	10.13	5.3	-6.91	142.8	10.88
2004	175.4	18.45	5.5	3.97	169.9	18.99
2005	178.5	1.75	5.5	-1.29	173.0	1.85
2006	178.5	0.02	5.4	-1.71	173.1	0.07
2007	173.2	-2.98	5.2	-2.31	168.0	-3.00
2008	135.7	-8.40	5.0	-4.72	153.7	-8.51
2009	142.8	-10.01	5.1	2.33	137.7	-10.42
2010	192.0	34.48	5.1	-0.19	186.9	35.76
2011	178.9	-7.29	5.1	0.94	172.8	-7.51
2012	166.0	-6.78	4.9	-4.72	161.0	-6.84

资料来源：根据台湾统计资讯网相关数据整理。

第二节 台湾物流行业发展现状

台湾物流行业的业态种类较多，本节首先给出台湾经济主管部门对台湾物流行业的界定观点，然后对台湾物流行业的发展历程进行简要介绍。

一、物流行业的构成

2004 年，台湾经济主管部门在综合有关方面 1996 年对运输和仓储业的行业分类以及 2004 年给出的物流产业分类基础上，提出台湾物流行业主要由 19 种业态构成，即铁路运输业、汽车货运业、汽车货柜货运业、汽车路线货运业、快递服务业、邮政业、海洋水运服务业、民用航空运输业、报关业、船务代理业、陆上货运承揽业、海洋货运承揽业、航空货运承揽业、航空货物集散站、货柜集散站经营业、仓储业、保税仓库、物流中心、进出口货栈。[①]

2008 年，台湾物流行业企业总数约为 11074 家，具体情况如表 4-4 所示。其中，汽车货运业所占比率最高，约为 44.5%；其次是报关业和航空货运承揽业，分别为 15.5% 和 10.4%。物流行业从业总人数约为 19.9 万人，其中 70% 以上的就业人数集中在各类公路货物运输业、报关业以及承揽业。

表 4-4　2008 年台湾物流行业的企业数量与从业人数及比例

行业类别	企业数量（家）	比例（%）	从业人数(人)	比例（%）
铁路运输业	1	—	295	0.1
汽车货运业	4933	44.5		
汽车货柜货运业	817	7.4	79135	39.7
汽车路线货运业	23	0.2		
快递服务业	422	3.8		
邮政业	1	0.0	16000	8.0
海洋水运服务业	150	1.4	12576	6.3
民用航空运输业	35	0.3	16357	8.2
报关业	1716	15.5		
船务代理业	391	3.5		
陆上货运承揽业	72	0.7		
海洋货运承揽业	708	6.4	65453	32.9
航空货运承揽业	1152	10.4		
航空货物集散站	4	0.0		
货柜集散站经营业	70	0.6		
仓储业	270	2.4		
保税仓库	224	2.0	9430	4.7
物流中心	16	0.1		
进出口货栈	69	0.6		
合计	11074	100.0	199246	100.0

资料来源：台湾经济主管部门. 台湾物流年鉴（2008）.

另外，截至 2008 年底，约有 200～300 家台资中小型物流企业在大陆从事货运承揽、船务代理与报关以及快递运输服务，这些企业大多依附于在大陆投资的台资制造企业。另外，也有部分大中型台资物流企业在大陆从事第三方物流服务，如中菲行、大荣货运、世邦国际、泰益（新竹货运）、泛捷国际、丽婴

① 台湾经济主管部门. 台湾物流年鉴（2008）.

房物流、捷海、富全物流等。①

二、物流行业发展历程

台湾物流业的发展主要经历了传统物流业、现代物流业快速发展、现代物流业初步成熟以及物流业国际化四个阶段，具体如表4-5所示。

表4-5　台湾物流行业的简要发展历程

时间	发展状况
传统物流业阶段 （20世纪90年代之前）	以提供传统运输、仓储、货代等单一服务的本土及国际物流企业为主。
现代物流业快速发展 阶段（1990～1998年）	大批传统运输、仓储企业转型升级为提供储配运输物流服务的第三方物流企业；以快递为主的国际物流企业积极拓展台湾物流市场。
现代物流业初步成熟 阶段（1999～2004年）	工商企业综合性物流外包普遍，第三方物流企业经营模式日渐成熟，少数企业具备第四方物流业者特征。
物流业国际化阶段 （2005年至今）	本土物流企业走向国际。

资料来源：根据池惠婷的《物流产业链报告》整理。

20世纪90年代以前，台湾经济处于起飞阶段，工资低廉，地价便宜，人力资源充足，外向型制造业得到大力发展。这一时期的物流职能主要由制造业内部物流部门完成，或外包给传统的运输、仓储等企业。因此，该阶段台湾物流业以传统的运输、仓储、货代企业为主，既包括岛内的从业者，如大荣货运、东源储运、中连货运、新竹货运、阳明海运、长荣海运、万海航运等；也包括一批国际知名的货代、快递公司，如康捷（Expeditors）、辛克（Schenker）、德迅（Kuehne & Nagel）、伯灵顿（BAX Global）、敦豪（DHL）等。

1990～1998年间是台湾物流业快速发展阶段。该阶段由于台湾整体经济发展水平得到大幅提升，地价高涨、人力不足与成本增加等问题开始突出。为此，工商企业开始将物流管理视为进一步提升竞争力的手段，通过建立配送中心来缩减流通渠道，进行有效的库存管理与运输配送，促使大批商品代理商、传统仓储和运输企业纷纷转型为从事配送的综合型第三方物流企业，如德记物流（德记洋行，食品及日用品）、侨泰物流（华隆集团，冷冻及常温商品）、联强物流

---

① 台湾经济主管部门. 台湾物流年鉴（2008）: 462.

（联强国际，信息、通信、电子产品）等。台湾行政主管部门在 1996 年 12 月第六次行业标准分类修订中，在运输仓储及通信业中新增了"储配运输物流业"，表明提供第三方物流服务形态（Third-Party Logistics，3PL）的专业物流企业开始在台湾兴起与壮大。另外，国际物流服务企业也积极拓展台湾物流市场，如联邦快递（FedEx）、联合包裹（UPS）、天地快递（TNT）、英运（Exel）、日通（Nippon Express）等均在此期间进入台湾。

1999～2004 年间，台湾物流业进入初步成熟阶段。该阶段台湾工商企业的自我物流服务已经普遍转换为物流外包，企业将运输、仓储、装卸搬运等多项功能外包给专业物流企业，专业物流企业也在承接外包服务中积累了丰富经验，经营模式趋于成熟，物流服务项目不断拓展，物流服务水平不断细化。另外，中菲行、鸿霖等少数企业已具备第四方物流企业特征。

2005 年至今，台湾物流业进入国际化发展阶段。在这一阶段，受本土制造业外移以及制造业全球化布局的影响，台湾物流业的发展重点逐渐由岛内物流效率提升转向提供产业国际物流与转运服务，物流企业开始走向国际市场，提供跨区域的整合性物流服务。

第三节　台湾行业物流发展现状

台湾已形成一个典型的出口导向型经济体系，由"二战"后农业经济形态转型为以高科技产业及专业服务业为主导的知识经济形态，制造业和商贸服务业已经成为台湾经济的支柱产业。本书选取台湾的信息通信产业物流、连锁零售业物流及冷链物流的发展情况进行简要介绍。

一、信息通信产业物流发展现状

制造业是台湾经济的重要支柱，经过几十年的发展，台湾基本上建立了部门齐全、以委托加工形态为主体、以信息通信产业（Information and Comunication Industry，简称 ICT 产业）为支柱的制造业体系。台湾工业产品出口已占总出口的 90% 以上。ICT 产业在台湾制造业中所占份额最大，其中半导体封装产业约占世界产能的 30%，竞争力居世界第一。近年来，随着台湾投资环境的变化和产业的加速外移，原有的分工整合生产体系逐渐被打破，台湾既有的代工生产模式面临严峻的考验。为了继续保持台湾信息通信产业的领导地位，物流能力的提升与产业力量的凝聚成为关注的焦点。

在此背景下，台湾经济主管部门一方面推出半导体封装产业策略联盟模式（以日月光、硅品为核心），发展采购供应链管理流程与信息标准（SMILE 2.1），推动半导体封装产业供应链上下游的952家业者进行信息沟通与整合，降低供货商的库存金额累计新台币8.3亿元，增加物流业相关收益达2415万元/年。另一方面，推出计算机、通信和消费类电子产品（简称3C）电子组装（以华晶、虹光为核心）的两岸原材料采购运筹整合模式，设立支持台商生产的采购运筹中心、台湾至上海的海运快船通道和货物集散中心（Hub），使台商3C制造业供应链体系的零组件空运转海运成本下降40%，接单至出货时间缩短28%，物流业增加相关收益475万元/年。

二、连锁零售业物流发展现状

（一）连锁零售业物流中心投资形态多样化

台湾连锁零售业物流中心投资形态多样化，主要包括以下四种类型：

第一种是由制造商向下整合发展的物流中心，如统一集团的捷盟物流、泰山集团的彬泰物流、味全集团的康国物流等。其中，捷盟物流仅配送体系内所需物品，其主要客户是7-11、统一面包的加盟店等。

第二种是由经销商或代理商向上整合所成立的物流中心，如德记洋行、农林集团的侨泰物流等，其供货商品广泛，包括食品、日用品、冷冻品等，且供应对象包括全省便利商店、超级市场、零售商、量贩店等各种零售市场。

第三种是由零售业者向上整合发展的物流中心，如顶好惠康超市的惠康物流，它负责提供顶好惠康超市所需的各种食品及日用品。

第四种是由货业者发展的物流中心，如大荣货运、新竹货运、中连货运等，其主要客户包括全省便利商店、超级市场、零售商、量贩店等，主要提供低温及常温商品物流服务。这种由货运业者发展的物流中心，相较于其他物流中心而言，具备物流专业技术熟练、区域性配送能力强以及配送网络分布广泛等优势。

（二）连锁零售业物流配送形式多样化

在台湾连锁便利超市的物流配送中，一般商品均由关联物流企业完成，低温商品则外包给专业物流企业完成。例如，7-11 的常温商品、日用百货由关联企业捷盟营销负责配送，低温商品则分别委托世达（台湾北部地区）、侨泰（台湾中部地区）、统一（台湾南部地区）负责；全家便利商店常温商品及日用百货委托关联企业全台物流负责，低温商品则由美琪负责。各主要连锁便利商店的配送作业外包情况如表 4-6 所示。

表4-6　台湾连锁便利超市物流作业外包情况

连锁便利超市	常温商品	日用百货	低温商品	附注
7-11	捷盟营销	捷盟营销	世达（台湾北部）、侨泰（台湾中部）、统一（台湾南部）	专业物流
全家	全台物流	全台物流	美琪	自属/专业物流
OK	康国营销、彬泰物流、逢泰	逢泰	世达、美琪、京原	专业物流
莱尔富	五股物流中心	五股物流中心	世达	自属/专业物流
福客多	彬泰物流	彬泰物流	美琪	专业物流
统一面包	捷盟营销	捷盟营销	自行配送	专业/自属物流
翁财记	统仓	统仓	统仓	自属物流
界扬	琴观物流	琴观物流	自行配送	专业物流
新东阳	大园物流中心	大园物流中心	各区营业所	自属物流
松青	康国营销	康国营销	自行配送	专业物流
中日巨蛋	康国营销、彬泰物流	康国营销、彬泰物流	良琪	专业物流

资料来源: 吴宗翰. 中国台湾地区与海外发达地区物流产业发展比较研究[J]. 物流技术, 2011, 30(6): 83-85.

三、冷链物流发展现状

近年来，随着外食人口增加、健康意识提升以及低温生鲜与加工食品需求高涨，精确掌握低温食品的低温物流运作环节，对于确保冷冻、冷藏食品的质量及卫生安全至关重要。台湾卫生主管部门为了协助企业建立完善的食品冷链系统，开展了模范低温食品贩卖店评鉴工作，2001 年起更将范围扩大至物流业者。

台湾的低温食品产业发展较早，低温物流使用率已达 80%～90%，年产值大约新台币 2800 亿元，衍生的冷链市场更高达每年 500 亿元新台币。^①台湾近年来连锁渠道（便利商店、超市、量贩店、餐厅）的兴起，带动了低温食品市场的快速发展，同时产生了大量的冷链服务需求。目前，台湾已形成完整的冷链产品供应链，如图 4-2 所示。由农渔牧业源头开始，至食材供应商制作食材，再至食品加工业或鲜食厂加工成商品，之后依据买方需求进行配销，运送至食品流通业，或运送至外食业者，最后至消费者手中。而过程中所有商品的仓储、运输全都属物流业务，由企业的物流部门或物流业者或宅配业者负责。

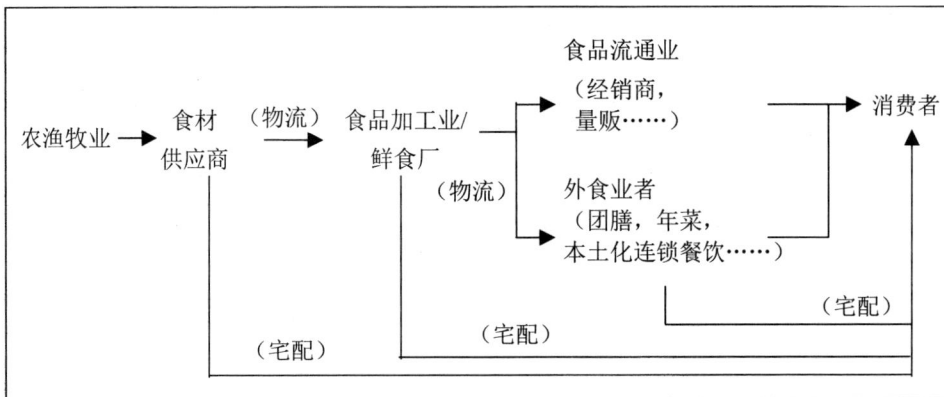

图 4-2 台湾冷链物流产业链

资料来源：台湾辨识与安全科技中心。

第四节　台湾物流基础设施发展现状

台湾物流基础设施建设和发展是伴随着台湾经济和物流业发展的不断深化，以及在相关政策的指导和扶持下逐步完善的。本节首先简要阐述台湾物流基础设施的发展历程，然后对各类物流基础设施的发展现状进行介绍。

---

① 台湾冷链产业服务科技化推动现况．http://www.materialflow.com.cn/article.do?command=findArticle Byid&articleId=461，2013-06-24.

一、物流基础设施的发展历程

1949 年至 20 世纪 70 年代之前，台湾交通基础设施建设以满足台湾地区基本民生物资配送与解决农产品产销问题为主，先后进行了中部东西横贯公路、西部纵贯线省道加铺柏油路面和台东花莲公路的改善贯通等公路建设；完成新竹竹东内湾线、林边枋寮线、潭子神冈线、丰原东势线和瑞芳深澳线等数条铁路新线建设；扩充主要港口，提高运能，增建码头并提高装卸效率。

20 世纪 70 年代，台湾逐步进入工业化时代。为配合经济发展的需要，台湾推动"十大建设计划"（1973 年），重点进行中山高速公路、铁路电气化、北回铁路、中正国际机场、台中港和苏澳港等基础设施建设。到 70 年代末，台湾建立了发达的交通与港口运输系统，迅速成为亚洲地区重要的交通枢纽。

20 世纪 80 年代，台湾制造业迅速发展，交通基础设施建设重点支持制造业产品的生产与外销。台湾提出"十二项建设"（1980～1985）和"十四项建设"（1984 年起），重点对铁路、公路、港口进行扩展，如兴建南回线以及拓宽台东线，完成台湾环岛铁路建设，新建三条东西横贯公路，改善高雄屏东一带公路交通，完成台中港第一阶段第二、三期工程建设等。

20 世纪 90 年代，台湾完成工业化之后，开始走向更加开放的自由经济体系。随着以制造业为主的工业企业的不断外移，以及经济自由化、国际化进程的加快，台湾经济也得以迅速转型，对现代物流的需求大幅增长。台湾提出"六年建设计划"（1991～1997）和《发展台湾成为亚太营运中心计划》（1995～2005），继续扩建铁路、公路、空港等物流基础设施，提升物流基础设施能力，如推动西部走廊高速、快速公路网的形成，新建台湾高速铁路，在中正机场建立货运园区，开放高雄港各货柜中心为境外航运中心，将高雄加工出口区转型为仓储转运专区等。

进入 21 世纪以来，经济全球化、大陆经济的快速崛起和两岸"三通"的发展，为台湾发展国际物流和两岸之间的物流提供了重要契机，提升基础设施的支撑作用显得尤为迫切。台湾充分利用地理位置优势建设国际转运枢纽，先后推出《全球运筹发展计划》《营运总部计划》等，推动高雄港整体规划、桃园货运园区与台北港建设，进行基隆港、台北港、高雄港、台中港、桃园航空自由贸易港区及海空联港建设，构建陆、海、空无缝复合国际运输通道。

2008 年，受全球金融危机影响，台湾长期依赖制造业的问题凸显，面临重大结构转型压力。台湾希望通过加强符合长期发展需求的基础建设，带动台湾新一轮经济增长。台湾于2009年推动《爱台12建设》计划实施。2012年，台湾又颁布了《"黄金十年"愿景》计划，旨在进一步推动交通基础设施、海空枢纽等策略性公共基础设施的全面提升。具体包括：构建铁路、公路复合运输服务系统；以桃园国际机场为核心，发展东亚空运枢纽；以高雄港为旗舰，发展亚太枢纽港，整体带动台湾国际港区发展。

二、物流基础设施现状

（一）公路基础设施

台湾公路系统发达，公路密度较高。2011年公路总里程达15716公里，目前，已形成高速公路、环岛公路、横贯公路、纵贯公路、滨海公路及联络公路等纵横交错的公路交通网络。特别是台湾西部走廊的高速公路，承担着全岛55%的交通量，堪称台湾经济大动脉。

（二）铁路基础设施

台湾铁路网发展较为完善，2011年，台湾铁路总长度2400公里，铁路密度约68米/平方公里，每万人拥有的铁路线长度为1.2公里，铁路营业里程1087公里，其中，高速铁路营业里程345公里。目前，西部干线、东部干线、北回铁路以及南回铁路构成了台湾环岛铁路网，如图4-3所示。

（三）港口基础设施

台湾港口可分为六大类，包括国际商港、岛内商港、辅助港、商港区域外兴建的特种货物及其他特殊设施装卸港、工业专用港或工业专用码头、交通船码头等。台湾目前具有国际港地位（国际商港、辅助港、工业专用港）的港埠计11个，即基隆、台中、高雄、花莲4处国际商港，台北、苏澳、安平、永安液化天然气接收港4处辅助港，以及麦寮港、和平港和观塘港3处工业专用港；岛内商港包括布袋、澎湖、金门、深澳港等5个。各类港口的分布如图4-4所示。

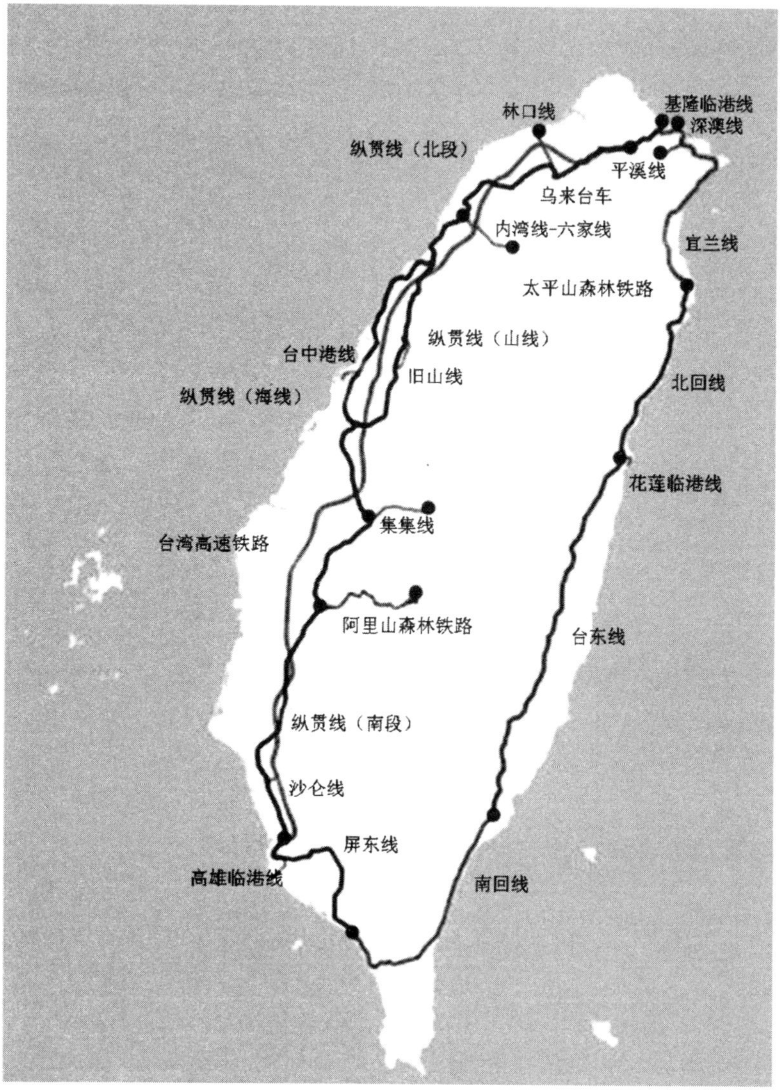
林口线
基隆临港线
深澳线
纵贯线（北段）
平溪线
乌来台车
内湾线-六家线
宜兰线
太平山森林铁路
纵贯线（山线）
台中港线
旧山线
北回线
纵贯线（海线）
花莲临港线
集集线
台湾高速铁路
阿里山森林铁路
台东线
纵贯线（南段）
沙仑线
屏东线
高雄临港线
南回线

图 4–3　台湾铁路网分布

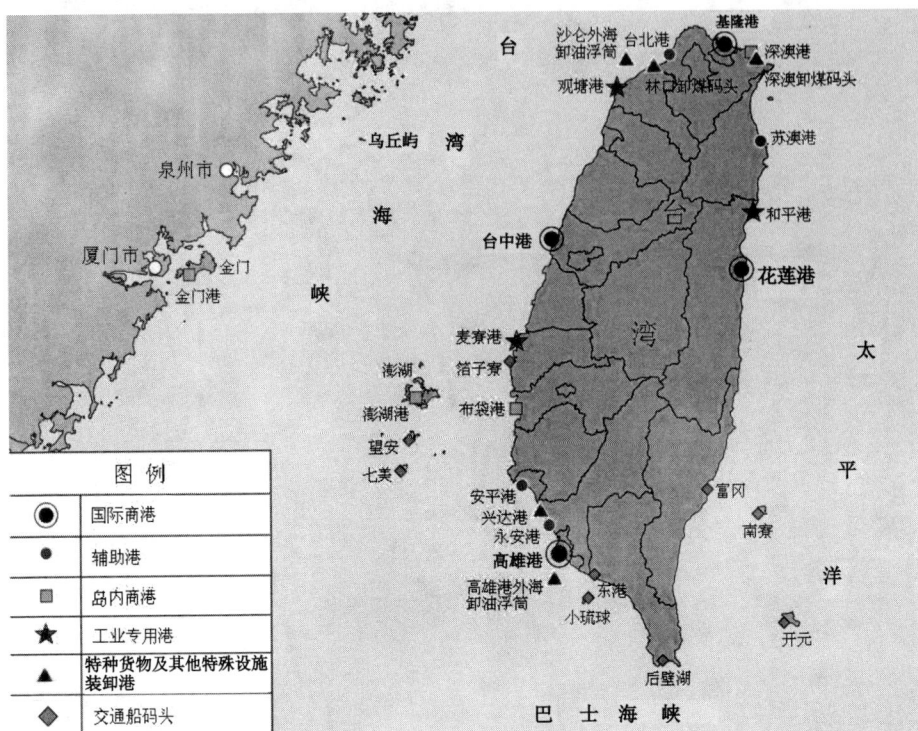

图 4-4 台湾各类港口位置图

资料来源：台湾运输研究所. 台湾地区商港整体发展规划（2012~2016）. 2011.

最主要的有 4 座国际商港——高雄港（台湾第一大港）、基隆港（第二大港）、台中港（新兴港）、花莲港（东部最大港）和 1 座国际商港辅助港——台北港。这 5 个港口分别位于台湾南、北、中及东部地区，作为主要集散地，为进出口货物提供相应的服务设施。

2010 年，台湾国际商港及辅助港的吞吐量占全部港口进出口吞吐量的75.8%，工业专用港占 23.2%，岛内商港仅占 1.0%。2010 年，高雄港吞吐量达1.25 亿吨，为台湾地区港口吞吐量之冠。2006~2010 年台湾各类港口进出港货物吞吐量及所占比重如表 4-7 所示。

表4-7　2006～2010年台湾各类港口进出港货物吞吐量及所占比重

港口	2006		2007		2008		2009		2010	
	总量（万吨）	占比（%）	总量（万吨）	占比（%）	总量（万吨）	占比（%）	总量（万吨）	占比（%）	总量（万吨）	占比（%）
（一）国际商港及辅助港	26420.4	78.8	27415.1	76.8	26618.0	76.4	23573.8	73.7	24648.5	75.8
1.基隆港	3490.7	10.4	3094.0	8.7	2989.5	8.6	2303.9	7.2	2500.7	7.7
2.高雄港	13508.2	40.3	14922.5	41.8	14672.9	42.1	12357.0	38.7	12495.2	38.4
3.花莲港	1836.1	5.5	1874.2	5.3	1679.8	4.8	1340.1	4.2	1391.3	4.3
4.台中港	5340.2	15.9	5243.8	14.7	5220.3	15.0	5274.7	16.5	6367.3	19.6
5.苏澳港	618.3	1.8	590.1	1.7	489.1	1.4	497.4	1.6	551.4	1.7
6.安平港	329.2	1.0	627.1	1.8	661.1	1.9	675.6	1.9	119.7	0.4
7.台北港	1297.7	3.9	1063.5	3.0	905.3	2.6	1125.1	3.5	1222.6	3.8
（二）工业专用港	6876.4	20.5	8037.3	22.5	7957.6	22.8	7999.9	25.1	7526.8	23.2
1.麦寮港	5925.5	17.7	6989.4	19.6	6918.0	19.9	7039.1	22.1	6790.4	20.9
2.和平港	950.9	2.8	1047.9	2.9	1039.5	3.0	960.8	3.0	736.4	2.3
（三）岛内商港	249.6	0.7	245.3	0.7	254.6	0.7	308.6	1.0	337.9	1.0
1.布袋港	26.3	0.1	31.9	0.1	30.1	0.1	44.3	0.1	51.6	0.2
2.澎湖港	77.8	0.2	71.3	0.2	81.6	0.2	90.6	0.3	105.2	0.3
3.金门港	69.2	0.2	99.9	0.3	96.3	0.3	120.8	0.4	145.2	0.4
4.马祖福澳港	76.2	0.2	42.2	0.1	46.6	0.1	52.9	0.2	36.0	0.1
总计	33546.3	100	35697.7	100	34830.1	100	31891.4	100	32513.3	100

资料来源：台湾运输研究所.台湾地区商港整体发展规划（2012~2016）.2011.

2011年9月，台湾运输研究所发布了《台湾地区商港整体发展规划（2012～2016）》，对高雄港、花莲港、基隆港、台中港以及台北港的发展进行了定位。高雄港的目标是成为集装箱转运枢纽港，花莲港的目标是成为东部水泥、矿（砂）石及石材储运港，基隆港和台中港的发展目标是成为以近洋航线为主的集装箱港，台北港的发展目标是成为北部地区主要远洋集装箱港。

（四）民航基础设施

台湾目前有民用机场18个，台北松山国际机场、桃园国际机场、台中国际机场及高雄国际机场为台湾4座主要国际机场，每天密集往来国际60个主要城市。其中，桃园国际机场总面积约1200公顷，该机场东边设有占地面积45公顷的桃园航空自由贸易港区/货运园区，已于2005年开始营运。2003～2012

年台湾主要机场货运量如表4-8所示。

表4-8 2003～2012年台湾主要机场货运量

单位：吨

机场	2003	2004	2005	2006	2007	2008	2009	2010	2011	2012
桃园国际机场	1500070.7	1701020.3	1705317.8	1698808.2	1605681.0	1493120.0	1358303.7	1767074.8	1627462.4	1577730.2
高雄国际机场	84602.5	87758.2	81453.4	76997.0	70241.3	62139.4	54382.0	64850.8	55364.4	54104.5
台北松山国际机场	17112.8	15220.1	14006.2	15024.2	13115.3	11830.8	11405.7	14355.0	34492.0	31234.9
花莲机场	1232.5	884.4	769.5	782.5	948.2	751.2	597.8	594.0	541.0	489.9
台东机场	420.1	397.1	411.6	390.4	437.1	357.7	391.2	351.2	376.2	403.2
马公机场	5288.6	5149.7	5715.2	6687.2	7254.8	6819.7	6897.8	7075.0	7073.1	6901.6
台中国际机场	2035.8	1636.4	1639.3	1659.6	1564.7	1722.9	1946.9	2294.0	2132.7	1819.6
台南机场	1320.0	1784.4	1776.5	1939.1	1643.5	832.4	647.9	733.1	569.5	574.5
嘉义机场	474.9	511.7	481.0	433.3	339.4	218.5	217.4	221.3	216.8	205.9
七美机场	49.6	55.0	63.3	50.5	32.7	22.7	17.3	16.6	19.3	25.7
望安机场	—	17.0	18.3	30.0	1.4	0.6	5.4	0.1	—	—
兰屿机场	76.6	78.8	82.3	76.8	78.8	71.3	81.6	78.4	82.7	87.9
绿岛机场	57.9	55.2	56.4	49.2	52.7	52.0	51.9	50.9	50.6	54.8
金门机场	9508.2	8015.5	6515.8	5706.1	6412.2	8220.4	9348.4	9137.9	8676.5	8694.5
北竿机场	187.9	173.3	151.4	203.9	288.6	300.0	356.0	368.1	415.6	519.9
屏东机场	31.2	57.9	31.9	13.7	8.3	45.3	0.1	0.6	0.3	—
南竿机场	261.4	318.3	294.2	713.4	602.0	744.9	782.9	720.6	822.4	1077.6
总计	1622730.4	1823138.6	1818784.9	1809565.5	1708702.9	1587250.0	1445434.0	1867922.9	1738295.4	1683924.7

资料来源：台湾"民用航空局"、桃园国际机场股份有限公司。

（五）自由贸易港区

自 2003 年公布实施自由贸易港区政策以来，台湾共建有 6 个自由贸易港区（5 海 1 空），分别是基隆自由贸易港区、台北自由贸易港区、苏澳自由贸易港区、台中自由贸易港区、高雄自由贸易港区和桃园航空自由贸易港区。

第五节 台湾物流配套环境发展现状

近年来，台湾在打造无障碍通关环境、推动物流信息化与标准化方面采取了多种措施，使物流配套环境不断得到改善，有效促进了台湾物流整体运作水平与运作效率的提高。

一、海关通关现状

台湾"关务署"作为台湾关务政策规划、推动、督导及关务有关规定拟订的机关，分别在基隆港、桃园国际机场、台中港和高雄港下设基隆关、台北关、台中关和高雄关。近年来，台湾积极建设"亚太营运中心"，推动实施《全球运筹发展计划》；海关也积极推动海空联合运作计划，实施各项业务改进措施，以创造无障碍通关环境。

一是全面实施货物通关自动化。实施货物通关自动化之后，利用现代信息科技处理货物通关业务，除可加速通关、节省人力外，报关受理时间由原来的8小时增加到24小时，报关、缴税、核放等均实现了计算机处理。

二是实施无纸化作业。未实施无纸化作业前，全部以书面作业方式办理通关业务。实施无纸化作业后，大部分进出口货物不必向辖区海关投递报单，不必到银行缴纳税费，亦即报关人不必到海关即可完成通关作业。

三是实施预先清关制度。台湾海关为加速货物通关，于 1997 年实施预先清关制度。预先清关制度系指运输工具抵达前，报关人即可开始报关的制度。经海关核准实施预先清关的航空公司或船公司，于飞机起飞或船舶起航后，将装载货物之舱单资料以电子数据交换（EDI）方式传输至海关，纳税义务人即可以联机方式预先申报，大部分的货物（免审免验货物）即可于运输工具抵达前放行，物流业者即可于货物抵达前事先安排运输工具以便货物抵达时装运进口货物。

四是创设"物流中心""境外航运中心"等保税制度。台湾财政主管部门为协助台湾企业进行产销及配送体制的革新而创设"物流中心"制度。物流中心系经海关核准登记，主要经营保税货物仓储、转运及配送业务的保税场所，是为满足未来国际物流货物快速通关的需求而创设的保税制度。另外，交通主管部门为将台湾地区发展成为海运转运中心，设置"境外航运中心"（Offshore Shipping Center；Offshore Shipping Zone），并制定《"境外航运中心"设置作业办法》。在该中心可以从事大陆输往其他地区或其他地区输往大陆货物的转运及与转运作业相关的简单加工业务。

二、物流信息化发展现状

台湾为推动《发展台湾成为亚太营运中心计划》的实施，并将台湾建设成为全球运筹中心，主要从以下方面促进物流信息化的发展。

一是推动物流产业信息化。台湾以电子化采购为核心，推动建立国际性和岛内电子化供应链体系，促使台湾信息大厂成为全球供应链中重要的一环。同时，进一步整合物流和金流，协助解决岛内外的金流、物流及协同设计的问题，为"台湾接单、全球生产"的运筹中心奠定基础。

二是加强全球供应链整合。在物流业体系辅导方面，台湾促进产业上、中、下游企业应用商业电子(e)化，推动物流运筹服务业者内部e化、体系间e化，提高商业流通效率。同时，结合形成"物流e化体系"，建立"共享平台"及"物流联盟"，协助物流业者强化企业的服务能力。

三是建立物流相关信息化平台。在平台建置上，台湾一方面推动物流业者建置协同共享平台，以便岛内外供应链体系的上下游企业进行信息交换与信息共享；另一方面，积极建设物流e化知识库和物流资讯网，为台湾物流产业提供一个良好而专业的知识内容分享环境。

三、物流标准化发展现状

在台湾物流标准化的建设中，注重与国际标准的接轨，为台湾成为"全球运筹中心"奠定基础。

一是推动托盘标准化建设。台湾已于 1994 年将一贯运输流通用木制平托盘规格修订为 110cm×110cm 及 120cm×100cm。目前在岛内，使用标准托盘的厂商数比例约为 48%；国际运输商中，使用托盘的尺寸呈现区域性分布，托盘规格不易整合。针对不同情况，台湾在岛内积极增加托盘标准化的普及率，同时倡导国际性组织来整合与推动，建立国际回收系统，以达到托盘国际运输的单一化。

二是建立供应链物流条形码作业指引。为促进物流业信息化和标准化的建设，台湾参考国际标准发展趋势，制定供应链物流条形码作业指引，制定和推广物流作业的信息交换标准，使岛内物流服务业能与国际接轨，成为全球供应链的一环。台湾商品条形码策进会在台湾推广国际标准条形码 20 余年，将其成功推广到现代化零售卖场。为进一步解决实施中的一些问题，策进会参考相关标准与国际间实施方案，编定了《供应链物流条形码作业指引》，在物流基础单元的编号、条形码、供应链物流单元的编号以及条形码、基础数据交换和条形码实施流程等方面建立了供应链条形码标准。

第五章　大陆物流政策现状

20世纪90年代初期开始，大陆不断出台物流政策引导物流业发展。相关政策从个别物流行业扩展到整个物流领域，从简单的指导意见上升到国家层面的战略规划。在这一过程中，大陆物流政策体系逐步建立。本章首先对大陆物流政策发展沿革进行回顾，然后根据物流政策体系的基本架构，从物流宏观指导政策、物流行业政策、行业物流政策、物流基础设施政策和物流配套环境政策五个方面，对大陆主要物流政策进行梳理。

第一节　大陆物流政策的发展沿革

大陆自20世纪80年代初开始引入物流理念，物流相关政策主要集中于交通基础设施和货物运输领域，并散见于一些与物流企业运作有关的工商、税务、海关、检验等企业登记及单证的法规和规定中。严格意义上的物流政策则从90年代开始陆续颁布。本部分从"八五"和"九五"时期、"十五"时期、"十一五"时期三个阶段，探讨大陆物流政策的发展历程。

一、"八五"和"九五"时期的物流政策

进入20世纪90年代，随着社会主义市场经济体制的逐步建立，计划经济时期统购统销的流通体制被打破，大市场、大流通、大贸易逐步发展。中央政府开始将发展分销领域的商品配送作为实现流通现代化的重要内容，并通过建设社会化的商品物流（配送）中心，实现商品流通的集约化运作，以推动商品流通改革，提高流通的组织化程度和现代化水平。

1992年，《政府工作报告》中提出"建立为企业服务的原材料配送中心"，

这是大陆第一次提到"配送"这一现代物流形态。此后，大陆开始了建设物流配送中心的试点工作。

1996 年，原内贸部印发了《商品物流（配送）中心发展建设的意见》《全国连锁经营发展规划》《关于加强商品物流（配送）中心发展建设工作的通知》和《商业储运企业进一步深化改革与发展的意见》等一系列文件，引导配送中心的建设与发展。

2000 年 7 月，原国家计委、原国家经贸委在《当前国家重点鼓励发展的产业、产品和技术目录（2000 年修订）》中，把发展物流配送中心列为重点鼓励发展的内容。

这一阶段政府开始重视物流，并逐步按照市场规律的要求引导物流的发展，使大陆物流业取得了初步发展；但是，物流相关政策出台数量较少，大陆仍处于物流政策发展的起步阶段。

二、"十五"时期的物流政策

"十五"时期，随着中国正式加入世界贸易组织（WTO）以及全球经济一体化步伐的加快，物流作为一种先进的组织方式和管理技术，在国民经济中的地位和作用越来越突出。中央政府不断出台政策，积极推动现代物流发展，加大物流领域对外开放力度，为物流政策体系的构建奠定了基础。

（一）物流宏观指导政策相继颁布

为推动现代物流的发展，政府以发布综合性物流指导意见的形式对物流业发展进行宏观指导。宏观指导政策主要包括《关于加快我国现代物流发展的若干意见》和《关于促进我国现代物流业发展的意见》等。2005 年，考虑到现代物流业的复合性和管理的多部门性，国家发展改革委下发了《关于建立全国现代物流工作部际联席会议制度的通知》，正式建立了由国家发展改革委、商务部、原铁道部等 15 个部门和单位组成的全国现代物流工作部际联席会议制度。部际联席会议制度的建立，为现代物流业发展提供了组织保障。

（二）物流领域对外开放政策密集推出

根据加入 WTO 的有关承诺，政府出台了若干放宽外资企业物流市场准入、鼓励外资投资物流领域的政策，如《外商投资道路运输业管理规定》《外商投资国际货物运输代理企业管理办法》和《关于开展试点设立外商投资物流企业工作有关问题的通知》等，以推动物流市场的对外开放。到 2005 年 12 月，大陆物流业全面对外开放，物流市场的政策性进入壁垒全面解除。

（三）落实宏观指导意见的配套措施不断出台

为落实《关于加快我国现代物流发展的若干意见》和《关于促进我国现代物流业发展的意见》，各相关部门联合下发多项物流配套政策和法规，重点集中在规范收费管理、税收优惠、加强监管等方面。例如，在收费管理方面，《关于降低车辆通行费收费标准的意见》有效地降低了车辆通行费用；在税收方面，《关于试点物流企业有关税收政策问题的通知》和《关于进一步加强车船使用税征管工作的通知》等文件，分别就减少物流企业重复纳税和规范运输业具体税收管理办法做出相应规定；在物流监管方面，通过颁布针对货物、货运代理业、运价管理、保税物流园区的相关政策文件，如《货物进出口管理条例》《关于调整铁路货运价格和修订〈铁路运价规则〉的通知》《中华人民共和国海关对保税物流园区的管理办法》等，规范物流市场的经营行为。

（四）地方政府推进地方物流政策制定

地方物流政策是国家物流政策体系的重要组成部分，它不仅是国家物流政策得以贯彻实施的桥梁，也是促进物流业发展的重要推动力。各地方政府出台的一系列物流发展政策涉及物流基础设施的建设、物流企业用地用电、鼓励地方公共信息平台的建设、物流业的财税及投融资等具体扶持措施。早在 2001年，天津市就编制了《天津市现代物流发展纲要》，成为第一个制定物流发展纲要的城市。2005 年，20 多个省市区和 50 多个中心城市制定了当地的物流发展规划。

三、"十一五"以来的物流政策

进入"十一五"时期，物流业对国民经济增长和产业发展的支撑作用凸显，物流政策对物流业发展的引导和支持作用越来越明显，此阶段，物流政策体系不断完善。

（一）首部全国物流发展规划《物流业调整和振兴规划》颁布

2006 年，《中华人民共和国国民经济和社会发展第十一个五年规划纲要》中提出"大力发展现代物流业"，物流产业地位首次在国家规划层面得到确立。2009 年，为应对国际金融危机的冲击，国务院颁布了十大产业振兴规划，其中，《物流业调整和振兴规划》作为唯一的服务业规划位列其中。该规划的出台，将发展物流业上升到国家战略层面，显著提升了物流业在国民经济中的地位。

（二）促进物流业转型升级的政策不断推出

企业传统的"大而全""小而全"的物流运作模式严重制约了物流供给能力和专业服务水平的提升，物流产业集中度低、专业服务能力不高、综合性第三方物流企业严重不足等问题十分突出。为此，《关于快递企业兼并重组的指导意见》《关于促进仓储业转型升级的指导意见》《关于加快国际货运代理物流业健康发展的指导意见》等政策，通过鼓励企业联合与兼并重组、创新经营模式、推广应用新技术等方式，引导大陆物流业向规模化和专业化发展。

（三）行业物流发展规划和物流基础设施规划密集出台

物流业是国民经济的基础产业，与诸多行业发展联系密切。大陆许多行业在编制行业发展规划时，都将物流支持服务体系建设作为规划的重要内容，如《粮食现代物流发展规划》《农产品冷链物流发展规划》等都强调了建立物流支撑体系。

另外，中央政府对物流基础设施建设高度重视，先后编制出台了《公路水路交通"十一五"发展规划》《国家铁路"十二五"发展规划》《交通运输"十二五"发展规划》和《综合交通网中长期发展规划》等一系列交通运输专项规划，推进综合交通运输体系的建设。

（四）物流配套环境政策不断完善

大陆在海关、信息化、标准化等方面也出台了诸多政策，为物流业迅速发展营造良好环境。如《关于做好口岸电子执法系统推广工作的通知》《国家"十一五"口岸发展规划》《国家口岸发展规划（2011～2015 年）》《电子口岸发展"十二五"规划》和《关于促进海关特殊监管区域科学发展的指导意见》等政策文件明确了进行通关改革、口岸建设、信息化建设以及海关特殊监管区域整合发展等重点任务；《关于推进物流信息化工作的指导意见》《公路水路交通信息化"十二五"发展规划》等政策以系统推进物流领域和交通运输等重点行业的信息化为主要内容；《全国物流标准专项规划》等政策旨在推动物流标准的制定，以使物流标准化体系不断完善。

第二节　大陆主要物流政策梳理

经过多年发展，大陆基本形成了以物流宏观指导政策为导向，以物流行业政策和行业物流政策为骨架，以物流基础设施政策和物流配套环境政策为支撑的物流政策体系。本部分根据物流政策体系框架，重点对 2000 年之后大陆出台的主要物流政策进行梳理。

一、物流宏观指导政策

中央政府对社会物流系统发展高度重视，先后颁布多个高层级、纲领性文件指导物流系统发展。

20 世纪末，大陆的物流发展处于起步阶段，与先进国家相比尚有很大差距，但市场潜力和发展前景十分广阔。政府高度重视现代物流在经济发展中的重要作用，原国家经贸委等六部委于 2001 年 4 月联合发布《关于加快我国现代物流发展的若干意见》，首次对现代物流的发展提出指导意见。

为应对经济全球化和加入 WTO 的迫切需要，进一步推进现代物流业的发展，2004 年，国家发展改革委等九部委联合发布了《关于促进我国现代物流业发展的意见》，强调要加强物流标准化建设、提高物流信息化水平、加强对物流从业人员的培训等物流发展中的基础性工作，并促成了"全国现代物流工作部际联席会议"制度的建立，为解决物流管理工作中长期存在的各部门分散管理和协调难的问题奠定了基础。

2006 年，《中华人民共和国国民经济和社会发展第十一个五年规划纲要》将"大力发展现代物流业"作为一节内容单独列出。该纲要主要提出企业内部物流社会化、建立物流标准化体系、加强物流基础设施整合三方面内容，为物流业发展明确了总体方向和基本任务。这是物流产业地位首次在国家规划层面得以确立，引起了全社会对物流业发展的广泛关注与重视。

2009 年，国际金融危机对大陆实体经济造成了较大冲击。国务院发布了《物流业调整和振兴规划》，明确了物流业的发展思路，确定了物流业短期和中长期的十大任务，重点规划了九大物流工程，描绘了中国物流业点、线、面结合的空间布局，为物流业应对危机起到了重要作用。该规划不仅是促进物流业自身平稳较快发展和产业升级的需要，也是服务和支撑其他产业发展、扩大消费的需要，对于促进产业结构调整、转变经济发展方式具有重要意义。

此后，政府对物流发展的重视程度进一步提升。《中华人民共和国国民经济和社会发展第十二个五年规划纲要》明确提出，"十二五"时期要大力发展现代物流业，建立社会化、专业化、信息化的物流服务体系，加强物流基础设施的建设和衔接，推动农产品、大宗矿产品、重要工业品等重点领域的物流发展，优化物流业发展的区域布局，提高物流智能化和标准化水平。该纲要明确了"十二五"时期物流发展的总体思路和工作重点，对全面促进物流业转型升级和科学发展进行了总体规划。

为落实《物流业调整和振兴规划》，2011 年 8 月，国务院颁布了《关于促进物流业健康发展政策措施的意见》（简称"国九条"）。"国九条"针对长期制约大陆物流发展的突出问题，提出减轻物流企业税收负担、加大对物流业土地政策支持力度、促进车辆便利通行等 9 条具体措施。

表 5-1 为大陆部分物流宏观指导政策情况。

表 5–1　大陆部分物流宏观指导政策情况

颁布部门	政策文件名称及颁布时间	政策重点
原国家经贸委	《关于加快我国现代物流发展的若干意见》（2001）	● 目标：建立多种层次、社会化、专业化的现代物流服务网络体系。 ● 措施：积极培育现代物流服务市场；营造现代物流发展的宏观环境；加强物流基础设施的规划与建设；加快科技创新和标准化建设；加快物流领域对外开放等。
国家发展改革委等九部委	《关于促进我国现代物流业发展的意见》（2004）	● 目标：推动在全国范围内尽快形成物畅其流、快捷准时、经济合理、用户满意的社会化、专业化的现代物流服务体系。 ● 措施：简化行政管理，完善税收管理，规范市场秩序，营造有利于现代物流业发展的良好环境；拓展融资渠道，加快物流设施整合，简化通关程序，促进现代物流业发展；加强物流标准化、信息化等基础性工作等，为现代物流发展提供支撑和保障；加强对现代物流工作的综合组织协调。

颁布部门	政策文件名称及颁布时间	政策重点
国务院	《物流业调整和振兴规划》（2009）	● 执行期：2009～2011 年。 ● 目标：2009 年改善物流企业经营困难的状况，保持产业的稳定发展；到 2011 年，初步建立具有国际竞争力的现代物流企业服务体系，扩大物流业产业规模和促进社会物流整体运行效率显著提高。 ● 主要任务：积极扩大物流市场需求、大力推进物流服务的社会化和专业化、加快物流企业兼并重组等十项任务。 ● 重点工程：多式联运、转运设施工程，物流园区工程，城市配送工程等九项工程。 ● 措施：加强组织和协调、改革物流管理体制、完善物流政策法规体系、制定落实专项规划等九项措施。
国务院	《关于促进物流业健康发展政策措施的意见》（2011）	● 措施：切实减轻物流企业税收负担，加大对物流业土地政策支持力度，促进车辆便利通行，完善物流管理体制改革，鼓励整合物流设施资源，推进物流技术创新和应用，加大物流业投入，优先发展农产品物流业，加强组织协调。

资料来源：本研究整理。

二、物流行业政策

下面从行业总体性政策和细分行业政策两大方面梳理物流行业政策。其中，物流业总体性政策是针对所有物流子行业的政策；细分行业政策主要包括运输业政策、货运代理业政策、仓储业政策和邮政与快递业政策。

（一）物流业总体性政策

物流业总体性政策主要包括物流业指导意见以及物流业税收政策。其中，物流业指导意见的政策内容主要体现在国家物流宏观指导政策和规划当中，如《关于加快我国现代物流发展的若干意见》《关于促进我国现代物流业发展的意见》和《物流业调整和振兴规划》等，均涉及推进专业化物流企业、第三方物流发展的政策内容。

为切实减轻物流企业负担，大陆有关部门积极统筹完善有关税收支持政策。其中，物流业税收改革成为物流业政策的重要内容。随着服务功能的不断拓展，物流企业营业税重复纳税问题日益突出。为此，国家税务总局于 2005 年发布《关于试点物流企业有关税收政策问题的通知》，规定"试点企业将承揽的运输、仓储业务分给其他单位并由其统一收取价款的，应以该企业取得的全部收入减去付给其他企业后的余额为营业额计算征收营业税"。

2011 年，国家财政部、国家税务总局联合颁布了《关于印发〈营业税改征增值税试点方案〉的通知》，率先在交通运输业开展营业税改征增值税试点。交通运输业适用 11%的税率，其他部分现代服务业适用 6%的税率。此后又颁布了一系列政策，逐步将增值税改革试点范围推广至上海、北京等省市。

2012 年，国家财政部、国家税务总局还发布了《关于物流企业大宗商品仓储设施用地城镇土地使用税政策的通知》，提出对物流企业自有（包括自用和出租）的大宗商品仓储设施用地，减按所属土地等级适用税额标准的 50%计征城镇土地使用税，以促进物流企业集约使用土地，满足大宗商品实际物流需要。

（二）运输业政策

大陆的运输业政策一直致力于降低运输成本，推动综合运输体系建设，提升交通运输业的现代化水平，促进节能减排。政策涵盖公路运输、铁路运输、水路运输、航空运输和综合运输等领域。限于篇幅，本部分重点梳理与物流密切相关的货物运输政策，不探讨一般性的运输业规范管理政策。

1. 公路运输业政策

公路运输是综合运输体系的重要组成部分。大力发展公路运输业，对于促进国民经济发展、活跃城乡商品流通、方便人民群众生产生活、扩大社会就业具有重要意义。作为大陆交通运输业最早开放的领域，公路运输业在取得长足发展的同时，组织化程度低、有效供给能力不足、服务水平不高、市场秩序不够规范等问题突出。针对这些问题，交通部门出台规划和指导性意见予以规范，推动公路运输业转型升级。

随着公路运输市场主体的不断增加，市场运作不规范、超载超限问题日益突出。自 2004 年起，原交通部等有关部门先后下发了《关于在全国开展车辆超限超载治理工作的实施方案》等诸多文件，通过进行治超专项治理、建立治超长效治理机制、加强源头监管等多项措施，在全国范围内持续推进治超工作。

2007 年，《公路水路交通"十一五"发展规划》提出"提高集装箱、化学危险品、大型物件、冷藏保鲜货物等运输的专业化、规模化与现代化水平；集装箱运输、甩挂运输得到快速发展，普及装卸机械化、自动化，集疏运效率提高；形成以农村公路为依托，遍布城乡、四通八达的全国农村客货运输网络，逐步改善农村运输服务质量"等公路运输发展要求。

同年，原交通部发布了《关于促进道路运输业又好又快发展的若干意见》，提出"提高运输供给能力、提高安全监管能力、提高农村道路运输发展能力、提高可持续发展能力、提高市场监管能力，推进道路运输业实现运输安全高效、服务文明诚信、节能减排主导、技术装备先进、市场规范有序、站运协调发展的目标"，以及完善市场机制、加强市场监管、强化安全监管等措施。

交通运输部等相关部委于2009年和2010年先后联合印发了《关于促进甩挂运输发展的通知》和《甩挂运输试点工作实施方案》两个文件，对改进车辆装备标准化、运输组织网络化以及加快枢纽站场设施建设等方面提出鼓励政策和措施，并对甩挂运输站场设施改造及车辆更新试点给予投资补助和政策优惠。

随着道路运输业的快速发展，一些经营者和从业人员的诚信意识与服务意识淡薄，甚至用违法等不正当手段谋取利益，扰乱了公平竞争的市场秩序。针对这一问题，2011年，交通运输部出台了《关于进一步加强道路运输市场诚信体系建设的意见》，提出力争用5年左右时间，基本建立起全国道路运输市场诚信法规、诚信评价、失信惩戒等体系的目标，并提出建立完善道路运输市场诚信体系建设法规制度、完善诚信考核指标体系、建立诚信评价机制、加快诚信信息征集和披露体系建设、建立诚信奖惩机制等具体任务和措施。

2011年，交通运输部又出台了《交通运输"十二五"发展规划》，围绕全面提升公路运输保障能力和服务水平，重点提出了"优化营运车辆结构，创新运输组织模式，规范建设和运输市场管理，完善信用体系建设"等具体措施。

2012年，交通运输部下发《关于鼓励和引导民间资本投资公路水路交通运输领域的实施意见》，鼓励民间资本投资从事道路运输和公路运输辅助业务。该意见规定，鼓励和规范引导民间资本投资从事公路普通货物运输，支持和引导民间投资参与各种专用运输、鲜活农产品及高附加值货物直达运输、甩挂运输、多式联运、定班定线的货物运输、零担、快运、城市配送等新型货运业务，并要求从企业营运资质、服务质量、驾驶员从业资格等方面对各类运输企业加强监管，促进道路运输业健康安全发展。

2. 铁路运输政策

铁路是国家的重要基础设施，是国民经济的重要基础产业部门，在综合交通运输体系中占有重要地位，是现代物流的重要组成部分。大陆的铁路运输政策主要有《铁路"十一五"规划》《国家铁路"十二五"发展规划》和《关于鼓励和引导民间资本投资公路水路交通运输领域的实施意见》等。

2006 年,《铁路"十一五"规划》提出到 2010 年基本实现技术装备现代化、运输安全持续稳定、经济效益不断提升的发展目标,并将"优化运输组织和运力资源配置,提高路网整体运输能力;优化调度指挥和运输组织,发展重载运输、直达运输,提高对重点物资运输的保证能力,确保关系国计民生的煤、油、粮、化肥等重点物资运输;加快发展集装箱、特种货物等专业运输,形成规模化、市场化、专业化经营,提高经济效益和服务质量"等作为"十一五"时期推进铁路运输的重点任务。

2012 年,《国家铁路"十二五"发展规划》提出"十二五"时期,运输安全持续稳定,运输能力和服务水平大幅提升,初步形成便捷、安全、经济、高效、绿色的铁路运输网络,基本适应经济社会发展需要的发展目标。

同年,原铁道部下发《关于鼓励和引导民间资本投资铁路的实施意见》,鼓励民间资本投资从事铁路运输业务。该意见指出,鼓励民间资本投资参与铁路客货运输服务业务,鼓励民营企业和国铁企业开展多种方式的物流合作,提高铁路物流运输服务水平。

3. 水路运输政策

经过改革开放三十多年的发展,中国已经成为世界航运大国之一,航运业在国民经济发展中发挥了巨大的作用。然而,航运企业竞争力不强、专业化水平不高等问题依然突出。为此,政府研究出台了诸多相关政策,以推进航运业向现代化、专业化、集约化发展。

2007 年,《公路水路交通"十一五"发展规划》围绕提升水路运输效率和服务质量,提出要形成液体散货、干散货、集装箱和特种物资专业化运输系统;海运船队运力规模适当、结构合理,整体上具有较强的国际竞争力;大力发展集装箱运输,加强集装箱一体化运输建设;发展专业化散装运输和汽车滚装运输;大力发展江海直达和干支直达运输,减少中间环节,提高运输效率;建设长江干线和主要支线及长江三角洲水网地区、西江干线及珠江三角洲水网地区的集装箱专业化运输系统。

大陆内河水运资源丰富。近十年来,内河水运建设与发展取得了显著成就,特别是长江干线已成为世界上运量最大、运输最繁忙的通航河流,对促进流域经济协调发展发挥了重要作用。但是,内河水运发展水平与国民经济和综合运输体系发展的要求仍然存在较大差距。为进一步发挥水运优势和挖掘水运潜力,2011 年,国务院下发了《关于加快长江等内河水运发展的意见》。该意见围绕建设高效内河水运体系提出"推进内河水运发展方式转变,提高内河水运发展质量和效益;实施船型标准化,加快船舶运力结构调整;优化船舶运输组织,引导水运企业走规模化发展道路;推进水运信息化,建设水运公共信息服务系统;落实企业的安全生产主体责任和政府的安全监管责任;强化重点水域安全监管;提高船舶安全性能,加强船舶管理和动态监控"等主要任务。

同年,《交通运输"十二五"发展规划》出台。该规划围绕提升水运服务能力、水平,提出了"提升运输装备水平,调整运力结构,促进运输船舶向大型化、专业化方向发展;利用现代信息技术,提升港口服务效率和水平;完善远洋、沿海和内河运输体系,发展内河集装箱运输,完善集装箱、大宗物资、汽车滚装运输网络,积极推进多式联运;完善运输市场管理和加强水运建设市场管理"等具体措施。

2012年,交通运输部下发《关于鼓励和引导民间资本投资公路水路交通运输领域的实施意见》,鼓励民间资本投资从事水路运输和水路运输辅助业务。该意见指出,鼓励民间资本投资从事沿海、内河和远洋客货运输,支持民间资本投资经营江海运输、海铁联运、汽车滚装运输、国际班轮运输以及国际邮轮运输、海峡和岛屿间高速客轮、客滚运输和水上旅游客运等业务,引导民间资本投资经营无船承运、船舶代理等业务。

此外,为加强水运交通安全管理,维护水运交通秩序,交通运输部还积极开展水运治超,先后颁布了《关于建立反水上运输超载长效机制的通告》和《关于开展水路内贸集装箱超载治理工作的通知》,提出建立反水上运输超载长效机制以及水路内贸集装箱超载治理的具体措施和实施方案。

4. 航空运输政策

航空货运已经成为大陆航空运输发展新的增长点,但从总体上看,大陆航空货运业仍处于成长发育期,规模小、水平低,严重制约了航空货运的发展。为此,大陆大力发展航空货运,政策取向主要表现为:对内放松经济性管制,对外逐步扩大开放。

一是对内放松经济性管制。2004年,原民航总局颁布了《关于加快发展国内航空货运若干政策的意见》,放松了对航空货运发展的经济管制并出台了相应的扶持政策。主要内容包括:鼓励发展全货运航空公司,鼓励建设货运枢纽,出台鼓励发展国内航空货运的优惠措施,鼓励航空公司实行国际通行的客货分开经营模式、空地一体化的货运网络模式和门到门的物流配送模式等。2005年,又出台了《促进国际航空运输发展若干政策措施的意见》。其中，有关国际航空货运发展的政策包括：优先开放国际航空货运市场；新成立的国内全货运空运企业，在符合安全运营标准的情况下，可直接申请经营国际航线；设立货运枢纽经营定期国际航班的国内空运企业，在定期国际航班经营许可授权审批中享有优先权。2010 年，《民航局关于鼓励和引导民间投资健康发展的若干意见》出台，明确指出，支持民间资本投资公共航空运输企业，规范设置民航业投资准入门槛，鼓励中小企业参与货运航空的发展，支持具备条件的民营航空公司开辟国际货运航线。

二是对外逐步扩大开放。2002 年颁布的《外商投资民用航空业规定》中规定：外商投资公共航空运输企业，应当由中方控股，一家外商（包括其关联企业）投资比例不得超过 25%；外商投资货运仓储、地面服务等项目，外商投资比例由中外双方商定。2005 年又颁布了《〈外商投资民用航空业规定〉的补充规定》，允许我国香港特区、澳门特区服务提供者以合资或独资形式在内地提供代理服务、货物与邮件服务、机坪服务、飞机服务等 7 项航空地面服务。在航权开放方面，与美国、澳大利亚、泰国、新加坡、印度等国在航线表、运力、第五航权、代号共享、包机等方面签订了较为宽松的双边运输协定。2004 年 7 月签署的《中美航空运输协定议定书》，首次允许美国空运企业在中国境内建立货运枢纽且享有全面开放的航权，为引入国外货运公司在华设立货运枢纽进行了有益的尝试。

5. 运输业综合性政策

随着交通运输的快速发展、网络规模和覆盖水平的大幅提高以及交通条件的大幅改善，发展综合运输已逐步成为大陆交通运输发展的主导思想，建设综合运输体系已成为交通运输发展的方向性目标，综合运输事业步入了加快发展的轨道。

2007 年，原交通部编制出台《公路水路交通"十一五"发展规划》，规划提出到 2010 年基本建成符合社会主义市场经济要求的交通运输市场体系的发展目标，以及促进交通协调发展、全面提升运输效率和服务质量、努力推进交通运输装备现代化等 6 项工作重点；同时，针对综合运输发展提出了促进综合运输网络建设、推进各种运输方式便捷衔接、促进集装箱一体化运输、支持现代物流和多式联运发展等要求。

针对交通发展中面临的比较突出的结构性矛盾，2008 年，交通运输部发布了《关于印发公路水路交通结构调整指导意见》，提出通过采取调整投资结构、完善运输行业政策、发挥交通科技作用等措施，重点调整公路水路运输装备结构和运输服务结构，以实现 5 到 10 年内，构建安全、便捷、通畅的交通基础设施网络，进一步改善运输服务和提升运输组织水平，使公路、水路交通在综合运输体系中的作用进一步加强的目标。

为进一步加强运输组织和运输市场监管，促进综合运输体系发展，2009 年，交通运输部又颁布了《关于进一步促进公路水路交通运输业平稳较快发展的指导意见》，提出优化交通运输组织、调整交通运力结构、改进运输市场监管、加强运输市场监测分析、完善运行预警和反应机制、加强安全生产监管等主要措施。

进入"十二五"时期，交通运输部于 2011 年颁布了《交通运输"十二五"发展规划》，明确了加快交通发展方式的转变、大力发展现代交通运输业的总体目标，就综合运输体系建设提出了支持运输企业向现代物流企业转型、提高综合运输服务保障能力等任务和措施。

在加速综合交通运输体系建设的同时，政府部门还大力推动多式联运的发展。2011 年 9 月，交通运输部、原铁道部联合颁布了《关于加快铁水联运发展的指导意见》，明确了形成统一的铁水联运标准化体系的目标，提出了主要工作任务和保障措施。

此外，大陆高度重视能源资源问题，把建设资源节约型、环境友好型社会放在工业化、现代化发展战略的突出位置。交通运输业是国家应对气候变化工作部署中确定的以低碳排放为特征的三大产业体系之一。2007 年，全国人大对《中华人民共和国节约能源法》进行了修订，增加了交通运输节能内容，明确提出要引导运输企业提高运输组织化程度和集约化水平，制定交通运输营运车船的燃料消耗量限额标准等。此后，交通管理部门先后制定出台了《交通行业全面贯彻落实〈国务院关于加强节能工作的决定〉的指导意见》《公路水路交通节能中长期规划纲要》《关于交通运输行业深入开展节能减排工作的意见》《公路水路交通运输节能减排"十二五"规划》《建设低碳交通运输体系指导意见》等一系列政策与规定，推进交通运输领域节能减排工作逐步开展。

表 5-2 为大陆运输业部分综合性政策情况。

表 5-2　大陆运输业部分综合性政策情况

政策文件名称及颁布时间	政策重点
《公路水路交通"十一五"发展规划》（2007）	● 执行期：2007～2010 年。 ● 目标：促进综合运输协调发展。 ● 重点任务：充分发挥公路、水路、铁路、航空等多种运输方式的互补作用，逐步推进一体化运输；结合各种运输方式的技术经济特性，逐步推进各种运输方式便捷衔接；促进集装箱一体化运输；支持现代物流和多式联运发展。
《关于印发公路水路交通结构调整指导意见》（2008）	● 目标：进一步改善运输服务和提升运输组织水平，使公路、水路交通在综合运输体系中的作用进一步加强。 ● 调整重点：（1）优化运输组织结构。促进运输组织的规模化和网络化发展；实现整体货运发展的集约化、高效化、有序化，引导港口企业向一体化的运输服务商转变；构建合理、高效的专业化运输体系。（2）拓展货物运输服务功能。发展现代物流增值服务，推进运输服务业向现代物流产业链上下游延伸和拓展；引导运输企业由传统的运输生产者向全面提供运输增值服务的现代物流经营人拓展转型。
《关于进一步促进公路水路交通运输业平稳较快发展的指导意见》（2009）	● 目标：进一步促进公路、水路交通运输业平稳较快发展，加强运输组织和运输市场监管，促进综合运输体系发展。 ● 主要任务：（1）优化交通运输组织。鼓励交通运输企业实施兼并、重组，增强抵御风险能力；加快集约化、专业化、网络化现代运输方式发展，积极推进多式联运、甩挂运输、集装箱运输、江海直达运输、特种货物运输、厢式货车运输以及重点物资的散装运输；建立快速高效、无缝衔接的运输网络。（2）调整交通运力结构。加速船舶、车辆更新；推进长江干线船型标准化；提高公路货运车辆的安全、节能环保准入标准。 ● 措施：加强和改进运输市场监管，转变交通发展方式，加强运输市场监测分析，完善运行预警和反应机制等。
《交通运输"十二五"发展规划》（2011）	● 执行期：2011～2015 年。 ● 目标：运输装备进一步改善，运输组织不断优化，运输效率和服务水平明显提升，便捷、安全、经济、高效的综合运输体系初步形成。 ● 主要任务：支持运输企业向现代物流企业转型，优化运输组织，建设公共信息共享平台，制定与完善标准规范体系，进一步完善协商协调机制等。

政策文件名称 及颁布时间	政策重点
《关于加快铁水联运发展的指导意见》（2011）	<ul><li>执行期：2011～2015 年。</li><li>目标：统一的铁水联运标准化体系基本形成；主要联运通道铁水联运运行机制基本建立；培育一批能够提供综合性一体化服务、具有较强竞争力的铁水联运企业，铁水联运服务能力和水平显著提高。到 2015 年，集装箱铁水联运量年均增长 20%以上，港口煤炭、矿石、粮食、化肥等大宗散货铁路集疏运比重比 2010 年提高 10 个百分点。</li><li>主要任务：合理布局联运通道和网络，加强铁水联运基础设施和运输装备建设，完善铁水联运相关标准、制度，推进铁水联运信息化建设，实施铁水联运示范工程等 15 项。</li><li>保障措施：加强和完善铁水联运发展规划，加大铁水联运资金投入，健全铁水联运政策法规，完善铁水联运协调机制等。</li></ul>

资料来源：本研究整理。

（三）货运代理政策

国际货运代理行业是国际贸易不可缺少的组成部分，在服务对外经济贸易、吸引外资、扩大就业、发展现代物流业等方面具有积极作用。大陆逐步放宽货运代理的市场准入，积极支持国际货代业健康快速发展。

为履行中国加入 WTO 的有关承诺，2002 年，原外经贸部出台《外商投资国际货物运输代理企业管理办法》，鼓励外商以合资、合作方式投资设立国际货运代理企业；2004 年，国务院《关于第三批取消和调整行政审批项目的决定》取消了国际货代企业的经营资格审批；2005 年，商务部颁布的《外商投资国际货物运输代理企业管理办法》（2005 年修订）规定外商可以在中国设立独资国际货物运输代理公司，取消了之前外商不能设立相应独资公司的限制，国际货运代理业全面开放；2008 年，《关于国际货物运输代理业管理规定实施细则（修订）》规定，国际货运代理企业应向商务部或其授权的机构办理国际货运代理企业备案登记，进一步简化了国际货代的申办手续。

随着国际货代业的迅速发展，行业规模较小、服务功能分散、经营模式相对落后、专业服务能力较弱等问题凸显。2013 年，商务部发布《关于加快国际货运代理物流业健康发展的指导意见》，提出通过完善行业体制机制、构建政策支撑体系、鼓励企业"走出去"、创新经营模式、开拓新兴市场等措施，推动国际货代物流业在转变方式、提高质量的同时，实现规模以上企业营业额年均增长 12%左右的目标，实现中小货代企业服务专业化、大中型货代企业货代物流化，基本形成结构合理、业态多样、服务优质、竞争有序的国际货代物流市场。

（四）仓储业政策

改革开放以来，大陆仓储业快速发展，仓储设施明显改善，产业规模持续扩大。但是，仓储业传统的经营方式还没有根本改变，仓储自动化、标准化与信息化管理仍处于较低水平。

为促进仓储业健康发展，加快推进传统仓储向现代物流转型升级，2012 年，商务部颁布《关于促进仓储业转型升级的指导意见》，提出通过支持仓储企业创新经营模式、引导仓储企业推广应用新技术、加强仓储企业信息化建设、提高仓储企业标准化应用水平、鼓励仓储资源利用社会化、加大冷库改造和建设力度六项重点任务建设，引导仓储企业由传统仓储中心向多功能、一体化的综合物流服务商转变，实现"用五年左右时间，实现加工配送率达到 40%，仓储服务达标率提高到 40%，立体仓库的总面积占仓库总面积的 40%；仓储企业机械化、自动化、标准化、信息化水平显著提高；商品库存周转速度明显加快，流通环节仓储费用占商品流通费用的比率显著下降"的目标。

（五）邮政与快递业政策

国务院自 2006 年以来分步实施了政企分开的邮政体制改革，为快递物流发展奠定了初步的管理体制基础。新组建的国家邮政局陆续修订、制定和出台了一系列与邮政和快递服务相关的法律法规和规范性文件。

《邮政业"十一五"规划》提出了由完成体制转型、改善发展环境、提高普遍服务水平、提升特殊服务能力、增强企业竞争力和制定具体发展目标六方面组成的行业发展目标体系；针对快递业发展，还提出了"改善快递服务发展环境，培育大型快递企业"的主要任务。《邮政业发展"十二五"规划》围绕邮政普遍服务和快递服务两个领域，提出了深化邮政改革、发挥市场资源配置作用、促进邮政业转型升级的发展思路。该规划还提出了快递业两大具体发展目标、七项快递转型升级工程，并就加强监督管理、优化市场环境提出具体措施。

另外，为推动快递服务与网络零售协调发展，2012 年，国家邮政局和商务部联合颁布《关于快递企业兼并重组的指导意见》《国家邮政局 2011 年推进邮政行业科技进步的指导意见》《关于促进快递服务与网络零售协同发展的指导意见》等政策，通过支持快递企业兼并重组、提高快递企业科技应用能力、鼓励快递与电子商务企业联动发展等方式推动快递服务转型升级。国家邮政局还通过出台《长江三角洲地区快递服务发展规划》等区域快递服务发展规划，促进重点区域快递服务实现跨越式发展。

随着社会经济的发展和电子商务的兴起，快递市场进入高速增长阶段。2008 年，交通运输部、国家邮政局颁布了《快递市场管理办法》等一系列政策，对快递市场准入、快递安全监管、快递企业行为规范和法律责任做出规定。2009 年 4 月，新《中华人民共和国邮政法》正式颁布，第一次在法律上明确了快递企业的地位。为规范快递市场竞争秩序，引导快递市场健康有序发展，在新邮政法颁布实施的基础上，2013 年 3 月，《快递市场管理办法》重新修订，特别针对快递企业网购服务和监管的相关规范进行充实和完善。这些政策与制度的颁布实施，使快递经营者合法经营有章可循，使行业管理部门的管理监督有法可依。

三、行业物流政策

行业物流政策是为引导、规范和支持不同行业专业化物流活动而制定的。目前，大陆出台的行业物流政策集中于农产品物流、制造业物流、商贸物流和药品物流几个方面。

（一）农产品物流政策

1. 粮食物流政策

大陆为积极推进粮食物流发展，陆续出台了鼓励粮食物流的政策。《粮食现代物流发展规划》是 2007 年国家发展改革委制定的重点专项物流规划。该规划提出"到 2015 年，初步建成全国主要散粮物流通道和散粮物流节点，形成物流网络，基本实现主要跨省粮食物流通道的散储、散运、散装、散卸和整个流通环节的供应链管理，形成现代化的粮食物流体系，增强国家对粮食市场的应急调控能力"的主要目标，以及"推广散粮运输方式、建设主要散粮物流节点、形成主要跨省散粮物流通道、提高粮食物流组织化程度、加强技术设备研发和标准化工作、建立粮食应急调控体系"等主要任务。

2008 年，《中共中央国务院关于切实加强农村基础设施建设进一步促进农业发展农民增收的若干意见》和《中共中央关于推进农村改革发展若干重要问题的决定》分别提出了加强粮食现代物流体系建设的要求。为落实中央文件和《粮食现代物流发展规划》，《粮食现代物流项目管理暂行办法》和《关于进一步做好粮食现代物流项目建设工作的通知》通过安排投资补助或贷款贴息，并在土地、税费、信贷等方面给予支持，推进了主要粮食物流通道和节点等粮食现代物流项目建设。

2012 年，国家粮食局印发了《粮食流通基础设施"十二五"建设规划》，提出了"到 2015 年，主要跨省粮食流出通道设施能力显著增强，初步实现散粮火车'入关'运行，散粮流通比例明显提高"的目标，并将"打通'北粮南运'主通道，完善黄、淮海等主要通道，加强西部通道建设和建立粮食物流公共信息平台"作为推进粮食现代物流发展的主要任务。

2. 生鲜农产品物流政策

自 2004 年起，中央政府在生鲜农产品物流方面加大了政策支持力度，连续 6 个中央 1 号文件都把农产品流通特别是生鲜农产品流通列为重要内容。从近年来中央和国家各部委发布的生鲜农产品物流政策来看，主要包括以下几个方面：

一是生鲜农产品"绿色"通道建设。2005 年 1 月，原交通部等 7 部委联合制定《全国高效率鲜活农产品流通"绿色通道"建设实施方案》，要求在全国建立高效率的鲜活农产品流通"五纵二横"的"绿色通道"，其目的在于提高生鲜农产品跨区域流通效率，实现生鲜农产品全程流通。此后，国家各部委连续每年发布生鲜农产品"绿色通道"政策。政策重点主要包括：建立健全并不断扩大"五纵二横"运输"绿色通道"网络；加强设施维护和管理，保证"绿色通道"网络畅通；加强执法，维护"绿色通道"网络运行秩序；减免流通环节费用，特别是免收车辆通行费用等。"绿色通道"政策的实施，对降低生鲜农产品物流交易成本、提高生鲜农产品流通速度、搞活农产品流通的作用十分明显。

二是生鲜农产品物流服务体系建设。商务部、财政部等部委先后下发《关于实施"双百市场工程"的通知》《关于开展农超对接试点工作的通知》《关于加快农产品流通网络建设，推进"双百工程"的通知》和《农村物流服务体系发展专项资金管理办法》等文件，积极开展试点工作，通过财政支持，引导生鲜农产品物流配送中心等基础设施建设和物流配送及服务体系构建。

三是农产品冷链物流。国务院颁布的《关于进一步加强农村工作提高农业综合生产能力若干政策》和商务部发布的《关于加快我国流通领域现代物流发展的指导意见》等文件都提出了建立鲜活农产品冷链物流系统的要求。国家发展改革委于 2010 年 7 月发布了《农产品冷链物流发展规划》，部署了七项任务、八大重点工程，并提出到 2015 年，初步建成布局合理、设施装备先进、上下游衔接配套、功能完善、运行管理规范、技术标准体系健全的农产品冷链物流服务体系。

（二）制造业物流政策

现代物流是提升制造企业核心竞争力的重要手段，制造业是物流业发展的需求基础。制造业与物流业联动发展，有利于制造业产业升级、增强国际竞争力，有利于提高物流业的服务能力，特别是对于调整优化产业结构、转变经济发展方式具有重要意义。为此，政府积极制定相关政策促进和加强两业联动发展。

由国家发展改革委牵头的全国现代物流工作部际联席会议办公室于 2007 年、2009 年和 2011 年三次组织召开了全国制造业与物流业联动发展大会，并在 2010 年 4 月发布了《关于促进制造业与物流业联动发展的意见》，强调积极推动制造业物流的稳步健康发展。该意见对《物流业调整和振兴规划》中提出的两业联动工作重点与思路进行了细化，并提出具体的鼓励联动发展的政策措施。随后，全国现代物流工作部际联席会议办公室于 2010 年 9 月又发布了《关于开展制造业与物流业联动发展示范工作的通知》，指导开展两业联动示范工作。

表 5-3 为大陆制造业物流部分政策情况。

表 5-3　大陆制造业物流部分政策情况

颁布部门	政策文件名称及颁布时间	政策重点
国务院	《物流业调整和振兴规划》（2009）	<ul><li>加强对制造业物流分离外包的指导和促进，支持制造企业改造现有业务流程。</li><li>培育一批适应现代制造业物流需求的第三方物流企业，提升物流业为制造业服务的能力和水平。</li><li>制定鼓励制造业与物流业联动发展的相关政策，组织实施一批制造业与物流业联动发展的示范工程和重点项目，促进现代制造业与物流业有机融合、联动发展。</li></ul>
全国现代物流工作部际联席会议办公室	《关于促进制造业与物流业联动发展的意见》（2010）	<ul><li>目标：促进制造业与物流业有机融合、联动发展，加快产业升级和发展方式转变。</li><li>措施：推动制造业物流需求社会化，整合制造业集聚区的物流功能，支持物流企业增强一体化服务能力，促进制造业与物流业信息共享、标准对接，组织实施示范和试点工作，鼓励联动发展的政策措施。</li></ul>

颁布部门	政策文件名称及颁布时间	政策重点
全国现代物流工作部际联席会议办公室	《关于开展制造业与物流业联动发展示范工作的通知》（2010）	● 目标：选出一批涵盖主要制造业行业的典型示范项目，在全国范围内对其创新技术和模式进行宣传推广示范，显著提高制造业物流外包的比例，带动物流业服务能力的整体提升，促进制造业和物流业的产业升级和结构优化，提高国民经济运行的质量和效益。

资料来源：本研究整理。

（三）商贸物流政策

建立统一开放、竞争有序、布局合理、结构优化、功能齐备、制度完善、现代化水平较高的多元化现代商贸流通体系，对于降低流通成本、提高流通效率具有重要作用。因此，商贸物流服务体系建设成为大陆商贸物流政策内容的重要组成部分。

早在 20 世纪 90 年代，中央政府就认识到物流（配送）中心发展建设工作在流通改革与发展中的地位和作用，原内贸部印发了《商品物流（配送）中心发展建设的意见》《全国连锁经营发展规划》《关于加强商品物流（配送）中心发展建设工作的通知》《商业储运企业进一步深化改革与发展的意见》等一系列文件，鼓励规划和建设大型物流中心与社会化商品配送中心。

2006 年，商务部、财政部先后下发《关于实施"双百市场工程"的通知》《关于开展农超对接试点工作的通知》，重点推动生鲜农产品配送、仓储、冷链系统等物流设施建设。

2009 年，商务部发布了《关于开展流通领域现代物流示范工作的通知》，提出开展流通领域现代物流示范工作，在全国范围内形成 35～40 个示范城市、70 个左右示范园区、300 家左右示范企业和一批物流示范技术。

经济发展方式转变、内需规模不断扩大和流通方式的变革，都对商贸物流提出了新的要求。2011 年 3 月，根据国务院《物流业调整和振兴规划》有关内容，商务部、国家发展改革委、供销总社联合制定《商贸物流发展专项规划》，提出到 2015 年，初步建立一套与商贸服务业发展相适应的高效通畅、协调配套、绿色环保的现代商贸物流服务体系；同时，还提出形成城市配送、城际配送、农村配送有效衔接，国内外市场相互贯通的商贸物流网络的发展目标，以及完善商贸物流网络布局、加强基础设施建设、提高商贸物流专业化等九项重点任务。为贯彻《商贸物流发展专项规划》，商务部还颁布了《关于"十二五"期间推进生产资料流通现代化的指导意见》和《全国药品流通行业发展规划纲要（2011～2015）》，启动了生产资料物流、医药物流等重要专业物流体系建设。

针对商贸物流存在的服务网点分散、技术装备落后、组织化程度低、自营配送、多头配送等问题，2012 年，商务部又出台了《关于推进现代物流技术应用和共同配送工作的指导意见》，提出通过完善城市共同配送节点规划布局、鼓励商贸物流模式创新、加快物流新技术应用步伐、加大商贸物流设施改造力度等措施，形成布局合理、运行高效、通行有序、绿色环保的城市配送网络体系，力争到"十二五"末，重点城市共同配送（含统一配送）网点覆盖率达到 40%以上，等量货物运输量降低 30% 以上，物流费用占商品流通费用的比例下降 2个百分点。

（四）药品物流政策

药品物流是从药品生产到满足人们药品需求的关键环节，事关国计民生和人民幸福。随着大陆医药体制改革的深化，发展专业化物流服务模式已成为重塑药品生产流通秩序的重要内容。中央政府积极对药品物流进行宏观调控，改善药品物流的政策发展环境。

2005 年 4 月，国家食品药品监督管理局出台《关于加强药品监督管理促进药品现代物流发展的意见》。该意见从药品批发企业准入门槛、药品批发企业做大做强、第三方药品配送、农村药品配送等多个层面对药品物流的有序发展等方面提出要求。

2009 年，国务院先后颁布《中共中央国务院关于深化医药卫生体制改革的意见》和《医药卫生体制改革近期重点实施方案（2009～2011 年）》，为规模大、实力强的药品物流企业提供了发展机遇与市场空间。随着基本药物制度的进一步健全以及基本药物统一配送体系的建立，医药物流市场进入快速发展和升级阶段，有关部门发布了规范药品流通市场秩序的政策，并制定了行业规划以加强对药品流通行业的统筹规划。同年，商务部、食品药品监督管理局联合发布了《关于加强药品流通行业管理的通知》，提出"要加快发展药品现代物流，鼓励有实力并具有现代物流基础设施和技术条件的药品经营企业开展药品委托储存配送"。2011 年，商务部发布了《全国药品流通行业发展规划纲要（2011～2015）》，将"发展现代医药物流，提高药品流通效率"作为"十二五"期间药品流通行业发展的重要任务之一，并提出了医药物流企业实现规范化、信息化、专业化和现代化，促进医药物流产业结构优化与升级，完善药品物流网络的发展要求。

四、物流基础设施政策

大陆的物流基础设施政策大多以规划、指导意见和管理办法为主要形式。下面从交通基础设施政策和物流园区（中心）政策两个方面进行阐述。

（一）交通基础设施政策

近年来，政府将交通投资先行作为国民经济发展的重要战略之一，编制并出台多项交通基础设施规划和区域交通发展规划以及投资鼓励性政策，引导和推动交通基础设施建设和发展。

1. 公路基础设施政策

经过多年努力，大陆的公路基础设施建设取得了显著成就。但是，公路总量不足，等级公路里程比重低，高速公路网络尚未形成，农村公路等级低，跨区域干线运输通道不足，结构性矛盾突出。为此，大陆出台多项政策推动公路基础设施建设。

《公路水路交通"十一五"发展规划》对"十一五"时期国家高速公路、国省干道、农村公路、国家公路运输枢纽等建设进行了重点规划。针对大陆公路基础设施网络性不强、结构不合理的问题，2008年，交通运输部颁布了《关于印发公路水路交通结构调整指导意见》，提出了国家高速公路、农村公路、国省干线公路和货运站场等公路结构的调整重点《交通运输"十二五"发展规划》围绕进一步扩大公路网规模的主要目标，提出了高速公路网建设、国省道改造、农村公路建设等方面的建设重点。此外，《关于鼓励和引导民间资本投资公路水路交通运输领域的实施意见》明确提出"鼓励民间资本参与公路建设、养护、运营和管理"。

另外，国家高速公路网和农村公路建设成为公路基础设施建设的重点内容。国家先后颁布《国家高速公路网规划》《国家公路运输枢纽布局规划》《农村公路建设规划》和《关于"十二五"农村公路建设的指导意见》，针对构建"首都连接省会、省会彼此相通、连接主要地市、服务全国城乡"的高速公路网和形成较高服务水平的农村公路网络的建设目标，提出了布局方案、重点任务和相应措施。

表 5-4 为大陆公路基础设施部分政策情况。

表 5-4　大陆公路基础设施部分政策情况

政策文件名称 及颁布时间	政策重点
《农村公路建设规划》（2005）	● 执行期：2005～2020 年。 ● 目标：到 2010 年，基本实现全国所有具备条件的乡（镇）通沥青（水泥）路，全国农村公路里程达到 310 万公里；到 2020 年，具备条件的乡（镇）和建制村通沥青（水泥）路，全国农村公路里程达 370 万公里。 ● 建设重点：推进农村公路"通畅工程"和"通达工程"。 ● 措施：明确各级政府职责、权限和义务，分工协调；确保国家和省（区、市）级人民政府对农村公路建设较为稳定的投资来源，形成政府为主、农村社区为辅、社会各界共同参与等多渠道的农村公路投资新机制。
《国家高速公路网规划》（2005）	● 执行期：2005～2010 年。 ● 目标：连接所有目前城镇人口超过 20 万的中等及以上城市，形成高效的运输网络。到 2007 年底，建成 4.2 万公里，占总里程的近一半。全面建成"五纵七横"国道主干线系统。到 2010 年，基本贯通"7918"中的"五射两纵七横"14 条路。 ● 布局方案：采用放射线与纵横网格相结合的布局方案，由 7 条首都放射线、9 条南北纵线和 18 条东西横线组成，简称为"7918"网，总规模约 8.5 万公里，其中主线 6.8 万公里，地区环线、联络线等其他路线约 1.7 万公里。
《国家公路运输枢纽布局规划》（2007）	● 目标：覆盖直辖市、省会城市、计划单列市、特大城市及重要城市节点，覆盖主要港口、大中型枢纽机场及重要的铁路枢纽，覆盖重要的国家开放口岸、国家级经济技术开发区、AAAA 级旅游景点城市以及区域性的客货集散地，构建国家公路运输网络。 ● 布局方案：运输枢纽总数为 179 个，其中 12 个为组合枢纽，共计 196 个城市。 ● 建设重点：集装箱中转站、现代物流园区（中心）、公路快速货运站场、信息服务系统等。
《公路水路交通"十一五"发展规划》（2007）	● 目标：到 2010 年，国家高速公路网骨架基本形成，国省干线公路技术等级进一步提高。到 2007 年底，贯通"五纵七横"12 条国道主干线；到 2010 年，基本建成西部开发 8 条省际公路通道。加快国家高速公路网建设，重点建设规划中的"五射两纵七横"共 14 条路线。 ● 加大国省干线公路改造建设力度，国省干线公路技术等级、质量和服务水平进一步提高。 ● 农村公路交通条件得到明显改善。全面实施并基本完成农村公路"通达工程"建设任务，加快推进"通畅工程"建设。 ● 加快城乡公路运输站场体系建设，国家公路运输枢纽建设取得显著进展。

政策文件名称及颁布时间	政策重点
《关于印发公路水路交通结构调整指导意见》（2008）	● 国家高速公路网：东部沿海地区加强联网络、省界断头路建设；中部地区加强承东启西、连南接北的高速公路通道建设；西部地区强化省际公路通道、通往周边国家通道、通江达海等通道建设；建设服务于沿海主要港口集装箱港区的高速公路等。 ● 农村公路建设：加强农村公路"通达工程"和"通畅工程"建设等。 ● 国省干线公路改造：提高国省干线中二级及以上公路比重，提升路网整体通行能力。加强与高速公路、农村公路衔接的国省干线路段改造等。 ● 货运站场有序发展：发展为快速货物运输、集装箱运输以及危险品、大件、保鲜等专项或特种运输服务的专业货运站场，并逐步向物流园区（中心）发展等。 ● 公路安全等配套设施的建设：加强干线公路危桥、安全隐患路段改造力度，逐步增加山区公路安保设施的设置等。
《关于"十二五"农村公路建设的指导意见》（2011）	● 执行期：2011～2015 年。 ● 目标：提高通达深度和通畅程度，增强网络覆盖能力，到"十二五"末，农村公路总里程达到 390 万公里；提高建设管理能力，改善工程质量状况，到"十二五"末，使用政府投资的农村公路项目质量监督覆盖率达到 100%，工程实体总体合格率稳定在 95%以上，县道、乡道建设项目优良率稳定在 85%以上。 ● 建设重点：西部地区重点实施乡（镇）、建制村通沥青（水泥）路的通达、通畅工程；东中部地区重点实施县道、乡道改造和县、乡、村连通工程。
《交通运输"十二五"发展规划》（2011）	● 执行期：2011～2015 年。 ● 目标：公路网规模进一步扩大，技术质量明显提升。公路总里程达到 450 万公里；国家高速公路网基本建成，高速公路总里程达到 10.8 万公里，覆盖 90%以上的 20 万以上城镇人口城市；二级及以上公路里程达到 65 万公里；国省道总体技术状况达到良等水平；农村公路总里程达到 390 万公里。 ● 建设重点：完善公路网规划，加快形成高速公路网，强化国省道改造，推进农村公路建设，加快公路运输站场建设，加强口岸公路等专项建设等。

资料来源：本研究整理。

2. 铁路基础设施政策

铁路作为国民经济大动脉、国家重要基础设施和大众化交通工具，在经济社会发展中的地位和作用至关重要。为积极推进铁路建设，国务院和原铁道部制定并颁布了多项铁路规划。

2004年，国务院通过了《中长期铁路网规划》，提出"到2020年，全国铁路营业里程达到10万公里，运输能力满足国民经济和社会发展需要"的发展目标。该规划还提出"在路网总规模扩大的同时，突出繁忙干线实现客货分线，提高路网质量，扩大运输能力，形成功能完善、点线协调的客货运输网络"。2006年，原铁道部根据《中长期铁路网规划》，制定出台了《铁路"十一五"规划》，要求尽快提高运输能力和技术装备水平，注重与其他运输方式的有机衔接，共同形成布局合理、便捷通畅、高效安全的综合运输体系。

随着经济社会的快速发展、运输需求的不断增长和资源环境约束的日益加剧，原中期规划在路网规模、路网结构和路网布局上均不能适应经济社会发展需要。为此，2008年，原铁道部又颁布了《中长期铁路网规划（2008年调整）》。新的调整规划提出，将规划铁路里程由原定的10万公里增加到12万公里以上，规划建设新线由1.6万公里调整为4.1万公里，新增中俄、中蒙等对外铁路通道，完善东北、西北、西南地区进出境国际铁路通道，对煤运通道进行补充完善。

进入"十二五"时期，铁路发展面临着转变发展方式、提高发展质量的新要求。2012年，《国家铁路"十二五"发展规划》颁布，提出初步形成便捷、安全、经济、高效、绿色的铁路运输网络的发展目标。该规划就建设发达、完善的铁路网方面提出主要任务：发展高速铁路，基本建成快速铁路网；建设大能力通道，完善区际干线网；建设以西部为重点的开发性铁路，优化路网布局；加强国际通道建设，逐步实现与周边国家互联互通；强化枢纽及配套设施建设，提高运输效率。

此外，为鼓励民间资本投资进入铁路基础设施建设领域，2012年，原铁道部下发《关于鼓励和引导民间资本投资公路水路交通运输领域的实施意见》，明确提出"鼓励民间资本参与公路建设、养护、运营和管理，鼓励民间资本参与港口码头、航道等水运基础设施建设、养护、运营和管理，鼓励民间资本参与综合运输枢纽、物流园区、运输站场等建设、运营和管理"。

表5-5为大陆铁路基础设施部分政策情况。

表 5-5　大陆铁路基础设施部分政策情况

政策名称及颁布时间	政策重点
《中长期铁路网规划》（2004）	● 执行期：2003～2020 年。 ● 目标：到 2020 年，全国铁路营业里程达到 10 万公里，主要繁忙干线实现客货分线，复线率和电化率均达到 50%，运输能力满足国民经济和社会发展需要，主要技术装备达到或接近国际先进水平。 ● 方案：以扩大西部路网规模为主，形成西部铁路网骨架，完善中东部铁路网结构。规划建设新线约 1.6 万公里；加强既有路网技术改造和枢纽建设，提高路网既有通道能力。规划既有线增建二线 1.3 万公里，既有线电气化 1.6 万公里。
《铁路"十一五"规划》（2006）	● 执行期：2006～2010 年。 ● 目标：建设新线 17000 公里，建设既有线复线 8000 公里；既有线电气化改造 15000 公里。2010 年全国铁路营业里程达到 9 万公里以上，复线率、电化率均达到 45%以上。 ● 重点任务：强化煤炭运输通道，加强港口和口岸后方通道建设，建设集装箱运输系统，提升线路基础设施技术水平，加快通信信号技术现代化等。
《中长期铁路网规划（2008 年调整）》（2008）	● 执行期：2008～2020 年。 ● 目标：到 2020 年，全国铁路营业里程达到 12 万公里以上，复线率和电化率分别达到 50%和 60%以上，主要繁忙干线实现客货分线，基本形成布局合理、结构清晰、功能完善、衔接顺畅的铁路网络。 ● 重点任务：以扩大西部路网规模为主，形成西部铁路网骨架，完善中东部铁路网结构，提高对地区经济发展的适应能力。规划建设新线约 4.1 万公里；加强既有路网技术改造和枢纽建设，提高路网既有通道能力。规划既有线增建二线 1.9 万公里，既有线电气化 2.5 万公里。
《国家铁路"十二五"发展规划》（2012）	● 执行期：2012～2015 年。 ● 目标：到 2015 年，全国铁路营业里程达 12 万公里左右，其中西部地区铁路 5 万公里左右，复线率和电化率分别达 50%和 60%左右。初步形成便捷、安全、经济、高效、绿色的铁路运输网络，基本适应经济社会发展的需要。 ● 重点任务：建成快速铁路网，发展高速铁路，推进区际干线、煤运通道、西部铁路建设，提高通信信号现代化水平，强化基础设施设备现代化水平，推进信息基础设施建设。

资料来源：本研究整理。

3. 水运基础设施政策

加强水运基础设施建设，对于加快内河航运和远洋运输的发展、构建综合运输体系具有重要意义。2007 年，原交通部出台的《公路水路交通"十一五"发展规划》分别对沿海港口建设和内河航道建设的目标及重点任务给予明确规定。同年，针对沿海港口集疏运通道不畅、出海深水航道不足、码头结构不尽合理、内河航道仍然比较薄弱、高等级航道少等结构性问题，《关于印发公路水路交通结构调整指导意见》明确了沿海港口和内河水运结构的重点调整内容。《交通运输"十二五"发展规划》围绕建设现代化港口体系和内河航道体系，提出了推进沿海港口建设和内河水运基础设施建设的重点任务。此外，《关于鼓励和引导民间资本投资公路水路交通运输领域的实施意见》明确提出"鼓励民间资本参与港口码头、航道等水运基础设施建设、养护、运营和管理"。

在港口和内河航道建设方面，原交通部制定的《全国沿海港口布局规划》（2006 年）和《全国内河航道与港口布局规划》（2007 年）分别提出了全国沿海港口及内河港口的功能定位、布局方案和实施方案，以及"沿海港口形成环渤海、长江三角洲、东南沿海、珠江三角洲和西南沿海 5 个规模化、集约化、现代化的港口群体""与航道发展相适应，形成布局合理、功能完善、专业化和高效的内河港口体系"的发展目标、相应布局方案和措施。《全国内河航道与港口布局规划》还提出"在水资源较为丰富的长江水系、珠江水系、京杭运河与淮河水系、黑龙江和松辽水系及其他水系，形成长江干线、西江航运干线、京杭运河、长江三角洲高等级航道网、珠江三角洲高等级航道网、18 条主要干支流高等级航道"的建设目标及实施重点。

此后，《长江三角洲地区现代化公路水路交通规划纲要》《长江干线航道发展规划》《长江三角洲高等级航道网规划》《珠江三角洲高等级航道网规划》《西部地区内河航运发展规划纲要》《长江干线航道总体规划纲要》等一批交通发展规划先后出台。在这些规划的指导下，长江干线、西江航运干线、京杭运河以及长三角、珠三角的"两横一纵两网"国家高等级内河航道发展格局及五大内河水运体系已基本形成，逐步实现了以长江干线和京杭大运河为主轴，干支通畅、江海直达和水陆联运的格局。

为进一步加强内河水运建设，发挥水运的优势与潜力，2011 年，国务院颁布了《关于加快长江等内河水运发展的意见》，提出建成畅通、高效、平安、绿色的现代化内河水运体系的目标，将建设畅通的高等级航道、提升航道及设施的养护与管理水平作为重点工作任务。为落实《关于加快长江等内河水运发展的意见》，交通运输部还会同沿江七省二市共同制定了《"十二五"期长江黄金水道建设总体推进方案》，把加快长江黄金水道建设作为流域经济社会发展的重要任务。

表 5-6 为大陆水运基础设施部分政策情况。

表 5-6　大陆水运基础设施部分政策情况

政策文件名称及颁布时间	政策重点
《公路水路交通"十一五"发展规划》（2007）	● 执行期：2007～2010 年。 ● 目标：到 2010 年，沿海港口分层次布局进一步完善，煤炭、原油、液化天然气（LNG）、铁矿石、集装箱等运输体系大型专业化码头布局基本形成。到 2010 年，全国内河高等级航道建设取得明显进展。 ● 建设重点：上海、天津、大连等国际航运中心及其他沿海主要港口建设；集装箱干线港规模化港区基本形成；改善长江口、珠江口出海航道及主要港口航道的通航条件；系统治理长江干线上中下游航道，西江航运干线、京杭运河、珠江三角洲高等级航道网、长江三角洲高等级航道网建设；航电结合、梯级开发建设，嘉陵江、湘江航电枢纽全线渠化；内河主要港口机械化、规模化和集约化建设等。
《全国沿海港口布局规划》（2006）	● 目标：形成环渤海、长江三角洲、东南沿海、珠江三角洲、西南沿海 5 个规模化、集约化、现代化的港口群。港口群内起重要作用的综合性、大型港口的主体地位更加突出，增强为腹地经济服务的能力。港口群内部和港口群之间港口分工合理、优势互补、相互协作、竞争有序。 ● 布局方案：全国沿海港口划分为环渤海、长江三角洲、东南沿海、珠江三角洲和西南沿海 5 个港口群体，强化群体内综合性、大型港口的主体作用，形成煤炭、石油、铁矿石、集装箱、粮食、商品汽车、陆岛滚装和旅客运输 8 个运输系统的布局。
《全国内河航道与港口布局规划》（2007）	● 执行期：2006～2025 年。 ● 目标：用 20 年左右时间，建成干支衔接、沟通海洋的高等级航道，与航道发展相适应，形成布局合理、功能完善、专业化和高效的港口体系。 ● 布局方案：两横一纵两网十八线（简称 2-1-2-18）和 28 个主要港口布局。 ● 措施：建立长期稳定的建设资金渠道，鼓励多种形式发展内河高等级航道，加强与相关行业的协调，加强港口规划，指导港口建设等。
《关于印发公路水路交通结构调整指导意见》（2008）	● 沿海港口结构调整重点：发挥主要港口带动作用，拓展港口功能，完善专业化运输系统，发展公用码头，全面推进港口改造，提高港口航道等级和通航能力。 ● 内河水运结构调整重点：全面建设国家高等级航道，加快发展长江黄金水道，加快航电结合和梯级开发进程，加强内河主要港口建设。

政策文件名称及颁布时间	政策重点
《关于加快长江等内河水运发展的意见》（2011）	● 执行期：2008～2020年。 ● 目标：2020年，全国内河水运货运量达到30亿吨以上，建成1.9万公里国家高等级航道，长江干线航道得到系统治理，成为综合运输体系的骨干、对外开放的通道和优势产业集聚的依托；长江等内河主要港口和部分地区重要港口建成规模化、专业化、现代化港区。 ● 重点任务：建设畅通的高等级航道；建设以长江干线为主，铁路、公路、航空、管道共同组成的沿江运输大通道；促进高等级公路、铁路与内河港口的无缝衔接；依托内河主要港口，科学规划建设物流园区和海关特殊监管区域。 ● 措施：加强规划指导，加大资金投入，完善法律法规，保护岸线资源等。
《"十二五"期长江黄金水道建设总体推进方案》（2011）	● 执行期：2011～2015年。 ● 目标：到2015年，实现长江干线航道基本完成《长江干线航道总体规划纲要》提出的2020年主要建设任务；长江主要支流等其他高等级航道建设取得显著进展；上海国际航运中心基础设施进一步完善，重庆长江上游航运中心、武汉长江中游航运中心建设取得重大进展；主要港口建成一批规模化、专业化港区；长江干线数字航道系统初步建成。 ● 重点任务：加快推进长江干线航道系统治理；加快推进长江流域主要支流高等级航道建设，着力提高高等级航道"干支直达、区域成网"水平；加快上海国际航运中心、重庆长江上游航运中心、武汉长江中游航运中心建设，发展主要港口规模化港区等。 ● 措施：加强规划指导，加大资金投入，完善法律法规，强化科技支撑等。
《交通运输"十二五"发展规划》（2011）	● 执行期：2011～2015年。 ● 目标：沿海港口布局进一步完善，形成布局合理、保障有力、服务高效、安全环保、管理先进的现代化港口体系，港口码头结构进一步优化，深水泊位达到2214个，能力适应度（港口通过能力/实际完成吞吐量）达到1.1。内河航道通航条件显著改善，"两横一纵两网十八线"1.9万公里高等级航道70%达到规划标准，高等级航道里程达到1.3万公里。 ● 建设重点：优化港口布局，推进主要货类运输系统码头建设，加强港口公共基础设施建设，促进港口结构调整，实施长江干线航道系统治理，加快以高等级航道为重点的内河航道建设，发展规模化港区等。

资料来源：本研究整理。

4. 民航基础设施政策

机场是航空运输的重要基础设施。为解决民用机场存在的总量不足、体系结构和功能定位不尽合理等问题，2008 年，原民航总局发布了《全国民用机场布局规划》，提出通过加强政策引导、拓宽融资渠道、保障资金投入、依靠技术进步、抓好机场集疏运系统建设等措施，实现"至 2020 年，民航运输机场总数达到 244 个，形成五大区域机场群，形成功能完善的枢纽、干线、支线机场网络体系，大、中、小层次清晰的机场结构，航空运输整体发展能力和国际竞争力显著增强"的建设目标。

2011 年，《交通运输"十二五"发展规划》提出了"初步建成布局合理、功能完善、层次分明、安全高效的机场体系，运输机场数量达到 230 个以上，大型机场容量饱和问题得到缓解"的民航基础设施建设目标，以及优化机场布局的主要建设任务和重点机场建设项目。

此外，为鼓励和引导民间资本投资民航货运业，2010 年，《民航局关于鼓励和引导民间投资健康发展的若干意见》明确指出，鼓励民间资本投资民用运输机场、通用航空、航空货运和地面保障服务等基础设施项目。

5. 综合交通运输网络政策

在交通基础设施建设取得长足发展的同时，积极推进国家和区域综合交通网及综合交通运输体系发展、实现各类交通基础设施之间的衔接与整合也成为交通基础设施政策的重点内容。

2007 年，国家发展改革委编制出台了《综合交通网中长期发展规划》。该规划是新中国成立以来第一个全国性的综合衔接铁路、公路、水路、民航及管道各运输方式的总体空间布局规划。该规划重点解决三个问题，即交通运输总量问题、交通运输结构问题、交通运输衔接问题，明确了重点建设的综合运输大通道、国际区域运输通道和全国性综合交通枢纽的具体内容。

"十二五"时期是大陆构建综合交通运输体系的关键时期。2011 年出台的《交通运输"十二五"发展规划》专门提出构建综合交通运输体系的要求，即"按照适度超前原则，统筹各种运输方式发展，基本建成国家快速铁路网和高速公路网，初步形成网络设施配套衔接、技术装备先进适用、运输服务安全高效的综合交通运输体系"。该规划还列出了铁路、公路、沿海港口、内河水运、民航、综合枢纽等方面的重点建设内容，提出了"加强各运输方式的规划衔接、优化综合运输基础设施网络布局、加快综合运输枢纽建设、拓展港口的现代物流功能、推进公路货运枢纽向物流园区转型、推进农村物流设施和服务体系建设"等具体建设任务。

根据《中华人民共和国国民经济和社会发展第十二个五年规划纲要》，并与《综合交通网中长期发展规划》等衔接，国务院于 2012 年发布《"十二五"综合交通运输体系规划》。该规划依据初步形成以"五纵五横"为主骨架的综合交通运输网络的总体目标和各种运输方式的具体建设目标，提出了"以连通县城、通达建制村的普通公路为基础，以铁路、国家高速公路为骨干，与水路、民航和管道共同组成覆盖全国的综合交通网络，发挥运输的整体优势和集约效能"的基础设施建设主要任务。

此外，交通运输部还先后编制出台了区域交通基础设施规划，如《长江三角洲地区现代化公路水路交通规划纲要》《泛珠江三角洲区域合作公路水路交通基础设施规划纲要》《促进中部地区崛起公路水路交通发展规划纲要》《振兴东北老工业基地公路水路交通发展规划纲要》《环渤海地区现代化公路水路交通基础设施规划纲要》等，专门对各区域公路交通、沿海港口、内河水运等方面的布局方案、建设重点和保障措施提出指导性意见和具体要求，推动区域交通基础设施的统筹规划、相互衔接和协调发展。

表 5-7 为大陆综合交通运输网络建设的部分政策情况。

表 5-7　大陆综合交通运输网络建设的部分政策情况

政策文件名称 及颁布时间	政策重点
《综合交通网中长期发展规划》（2007）	● 执行期：2006～2020 年。 ● 目标：到 2020 年基本建成各种运输方式布局合理、结构完善、便捷通畅、安全可靠的现代化综合交通网。 ● 布局方案：综合交通网骨架由"五纵五横"综合运输大通道和国际区域运输通道组成；根据全国性综合交通枢纽位于综合运输大通道的重要交会点的基本定位，规划全国性综合交通枢纽（节点城市）42 个。 ● 重点任务：2010 年以前重点实施"五纵五横"综合运输通道中的重要路段；高速公路网力争贯通"五射两纵七横"14 条路；提高长江、珠江水系骨干航道通航等级；大力增加民航区域间干线航路容量；建立能力适应、结构合理、衔接顺畅的国际区域运输体系；做好主要节点城市综合交通枢纽建设布局。2010 年以后的 10 年，全面建成"五纵五横"综合运输大通道和与之相衔接的综合交通枢纽，初步形成现代化综合交通网。 ● 措施：强化通道资源管理、深化交通体制改革、加大公益性交通投资等。

政策文件名称及颁布时间	政策重点
《交通运输"十二五"发展规划》（2011）	<ul><li>执行期：2011～2015 年。</li><li>目标：初步形成便捷、安全、经济、高效的综合运输体系。</li><li>主要任务：强化基础设施优化衔接、促进现代物流发展等。</li><li>措施：加强规划指导、加大资金投入、完善法律法规、强化科技支撑等。</li></ul>
《"十二五"综合交通运输体系规划》（2012）	<ul><li>执行期：2011～2015 年。</li><li>目标：初步形成以"五纵五横"为主骨架的综合交通运输网络，总里程达 490 万公里。</li><li>重点任务：完善区际交通网络、建设城际快速网络、推进农村交通建设、发展综合交通枢纽、衔接内地港澳交通等。</li><li>措施：深化体制改革、加强法制建设、推动科技创新、拓宽融资渠道、健全标准体系等。</li></ul>

资料来源：本研究整理。

（二）物流园区（中心）政策

现代物流业的发展在一定程度上依赖于各类物流园区（中心）的建设和发展。目前，大陆缺乏专门的物流园区（中心）规划，相关内容大多体现在行业物流规划和保税物流园区（中心）管理政策当中。

1. 物流园区政策

自 2001 年起，各经济中心城市积极进行物流园区的规划，建设了工业生产、商贸流通、港口等不同类型的物流园区。然而，由于物流园区建设主要依赖地方政府的推动，国家层面出台的相关规范政策较少，造成物流园区的盲目发展。为此，2009 年 3 月出台的《物流业调整和振兴规划》中将物流园区作为九大重点工程之一，强调要加强对物流园区、物流中心的统筹规划，并提出"在重要物流节点城市、制造业基地和综合交通枢纽，在土地利用总体规划、城市总体规划确定的城镇建设用地范围内，按照符合城市发展规划、城乡规划的要求，充分利用已有运输场站、仓储基地等基础设施，统筹规划建设一批以布局集中、用地节约、产业集聚、功能集成、经营集约为特征的物流园区，完善专业化物流组织服务，实现长途运输与短途运输的合理衔接，优化城市配送，提高物流运作的规模效益，节约土地占用，缓解城市交通压力。物流园区建设要严格按规划进行，充分发挥铁路运输优势，综合利用已有、规划和在建的物流基础设施，完善配套设施，防止盲目投资和重复建设"。

2. 专业化配送中心政策

随着物流专业化发展趋势日益显著，建设专业化和特色化的物流中心也成为物流政策关注的重要内容。《关于 2011 年开展农产品现代流通综合试点有关问题的通知》《关于促进物流业健康发展政策措施的意见》《全国药品流通行业发展规划纲要（2011～2015）》《商贸物流发展专项规划》等政策，分别提出要加强农产品物流配送中心、农资物流配送中心、药品物流园区和配送中心、商贸物流等基础设施的建设，并给予资金支持。

3. 保税物流园区（中心）政策

鉴于保税物流园区（中心）具有的政策和功能优势及其对区域经济发展的带动作用，中央政府积极推进保税物流园区（中心）的建设步伐。自 2005 年开始，陆续出台了《中华人民共和国海关对保税物流中心（A 型）的暂行管理办法》《中华人民共和国海关对保税物流中心（B 型）的暂行管理办法》《中华人民共和国海关对保税物流园区的管理办法》以及《国务院关于设立洋山保税港区的批复》等一系列政策文件，对保税物流园区（中心）和保税港区的具体位置、用地面积、相关基础设施建设等方面做出了具体规定。

然而，随着保税物流园区（中心）和保税港区的快速发展，种类过多、功能单一、重申请设立轻建设发展等问题凸显。针对这些问题，2012 年，国务院《关于促进海关特殊监管区域科学发展的指导意见》提出，要推进特殊监管区域整合优化，加快形成管理规范、通关便捷、用地集约、产业集聚、绩效突出、协调发展的格局。

表 5-8 为涉及海关特殊监管区的基础设施主要政策情况。

表 5-8 涉及海关特殊监管区的基础设施部分政策情况

政策文件名称及颁布时间	政策重点
《中华人民共和国海关对保税物流中心（A 型）的暂行管理办法》（2005）	● 公用型物流中心的仓储面积，东部地区不低于 2 万平方米，中西部地区不低于 5000 平方米。 ● 自用型物流中心的仓储面积（含堆场），东部地区不低于 4000 平方米，中西部地区不低于 2000 平方米。
《中华人民共和国海关对保税物流中心（B 型）的暂行管理办法》（2005）	● 物流中心仓储面积，东部地区不低于 10 万平方米，中西部地区不低于 5 万平方米。 ● 选址在靠近海港、空港、陆路交通枢纽及内陆国际物流需求量较大，交通便利，设有海关机构且便于海关集中监管的地方。

政策文件名称及颁布时间	政策重点
《国务院关于设立洋山保税港区的批复》(2005)	● 洋山保税港区由规划中的小洋山港口区域、东海大桥和与之相接的陆上特定区域组成。其中,小洋山港口区域面积 214 平方公里。 ● 洋山保税港区实行封闭管理,港区和陆地区域参照出口加工区的标准建设隔离监管设施,东海大桥必须与陆地区域相连。 ● 上海市和浙江省人民政府要严格按照土地利用总体规划确定具体位置,严格控制规划用地面积,依法履行用地报批手续,并拟定洋山保税港区建设实施方案。
《中华人民共和国海关对保税物流园区的管理办法》(2010)	● 园区内设立仓库、堆场、查验场和必要的业务指挥调度操作场所,不得建立工业生产加工场所和商业性消费设施。 ● 园区的基础设施建设项目所需的设备、物资等从境外进入园区,海关予以办理免税手续。
《关于促进海关特殊监管区域科学发展的指导意见》(2012)	● 稳步推进整合工作。实行总量控制,坚持按需设立,适度控制增量,整合优化存量。 ● 强化分类指导。统筹考虑各地区经济环境、产业基础、贸易结构、资源布局、发展规划等实际情况,加强分类指导,因地制宜地推进规划、建设和发展。 ● 严格建设和验收。严格按照国务院批准的四至范围和规划用地性质进行规划建设,由海关总署及相关部门实施联合验收。 ● 健全退出机制。明确首期验收土地面积比例和验收期限。

资料来源:作者整理。

五、物流配套环境政策

(一)海关通关政策

现代化、高效率的海关制度对于降低国际物流成本、提高国际物流效率具有重要作用。1998 年,国家海关总署颁布了《关于建立现代海关制度的决定》,勾勒出现代海关制度的基本框架,提出了建立现代海关制度两步走发展战略:用 5 年时间,在全国海关初步建立起现代海关制度的基本框架;然后再用 5 年左右的时间,到 2010 年前,建成比较完善的现代海关制度。2004 年 4 月,中国海关正式启动实施《现代海关制度第二步发展战略规划》,以建立健全风险管理机制为中心环节,以提升海关智能化水平为主要目标。"十二五"时期,海关工作呈现新的阶段性特征。2011 年,《海关贯彻落实国家"十二五"规划纲要的意见》颁布,提出着力转变海关职能实现方式,推进海关大监管体系建设。为充分落实不同时期海关建设发展的目标,海关总署先后出台一系列政策,主要包括海关通关、口岸管理与电子口岸建设和保税监管三个方面。

1. 通关改革政策

为落实海关总署《关于建立现代海关制度的决定》,推动现代海关制度基本框架的建立,海关以通关作业为突破口,重点开展海关通关改革。

2001 年,国务院办公厅下发《关于做好口岸电子执法系统推广工作的通知》,推进全国"电子口岸"建设,构筑口岸统一信息平台,有效地支持了集"便捷通关""快速通关""计算机联网监管"和"无纸通关"于一体的"大通关"信息化。

同年,国务院又下发了《关于进一步提高口岸工作效率的通知》,建立了海关总署牵头、公安部等七部门参加的口岸工作联络协调机制,开始了口岸物流"大通关"的全面推动工作。各级海关与口岸管理部门结合实际情况,制定了大通关工作的具体措施,分步推进大通关的实施。

2004 年,由国家发展改革委等九部委联合下发的《关于促进我国现代物流业发展的意见》明确指出,简化通关程序,优化口岸通关作业流程,完善口岸快速通关改革,推行物流企业与口岸通关监管部门信息联网,对进出口货物实施"提前报检、提前报关、货到验放"的通关新模式,提高信息化应用和管理水平。

2006 年,海关总署发布了《关于决定实施跨关区"属地申报,口岸验放"通关模式的公告》,提出实施跨关区"属地申报,口岸验放"的通关模式。在这一政策指导下,各地方政府之间纷纷签订区域通关模式改革和区域通关合作的协议,如《沿海部分省市与中部六省口岸大通关合作框架协议》《东北内蒙古四省区口岸大通关合作框架协议》《口岸大通关合作框架协议》《长三角区域大通关建设协作备忘录》等,进一步推广和完善区域通关管理模式。

2. 口岸建设政策

为适应国家对外开放和发展的要求,2006 年的《国家"十一五"口岸发展规划》提出,要加强对口岸工作的指导、协调和管理,使口岸布局更趋合理,建立健全口岸开放的准入退出机制、口岸部际联络协调机制,加强口岸"大通关"信息平台建设,实现口岸法规健全、管理规范、布局合理、严密高效、关系融洽、环境优化、口岸整体效能明显提高的发展目标。

2012 年，国务院下发《国家口岸发展规划（2011～2015）》，提出"到 2015 年，口岸发展取得明显进展。口岸管理更加规范，口岸布局更加优化，口岸设施更加完善，口岸运行更加高效，口岸国际合作更加深化"的发展目标，并重点推动口岸"大通关"体系建设，支持以地方政府为主导的电子口岸建设，不断提升口岸信息化管理水平。

随着经济全球化和区域经济一体化对电子口岸建设提出新挑战，电子口岸建设进入关键阶段。《海关贯彻落实国家"十二五"规划纲要的意见》明确指出，要加强对电子口岸建设的指导和服务，推动电子口岸在中央、地方两个层面协调发展。积极借鉴国际先进理念，探索"单一窗口"建设方式，使通关作业核心系统可用率达到 99.9%，通关作业核心骨干网可用率达到 99.9%。

根据《海关贯彻落实国家"十二五"规划纲要的意见》，《电子口岸发展"十二五"规划》提出，到 2015 年基本实现网络化协同口岸监管模式，基本实现"大通关""一站式"服务体系和基本形成与电子口岸发展相适应的技术支撑体系。该规划还布置了中央电子口岸建设和电子口岸配套基础设施建设的重点任务。

3. 保税监管政策

在经济全球化进程中，海关特殊监管区日益成为促进对外贸易、提高区域竞争力的重要载体。大陆出台多项政策，重点推进各类海关特殊监管区域和保税监管场所的建设、功能整合及优惠政策叠加，逐步建立保税监管体系，促进海关特殊监管区域的整合发展。

海关总署先后出台《中华人民共和国海关对保税仓库及所存货物的管理规定》《关于保税区及保税物流园区贸易管理有关问题的通知》《中华人民共和国海关对保税物流中心（A 型）的暂行管理办法》《中华人民共和国海关对保税物流中心（B 型）的暂行管理办法》《中华人民共和国海关对保税物流园区的管理办法》《中华人民共和国海关保税港区管理暂行办法》等多项政策，对保税港区、保税物流中心和保税物流园区的设立建设、经营管理、企业审批、服务监管等方面予以规范。

2011 年，《海关贯彻落实国家"十二五"规划纲要的意见》颁布，将推进海关特殊监管区域整合发展作为"十二五"时期海关重点改革项目和重大工程，提出"在设立审核环节规范增量，以整合优化、转型发展方式引导存量，规范统一海关特殊监管区域账册管理以及信息化管理平台建设，研究制订统一规范的海关特殊监管区域法规及监管办法,改进评估考核工作,完善准入退出机制"等具体措施。

针对海关特殊监管区在发展中存在种类过多、功能单一、重申请设立轻建设发展等问题,2012年国务院颁布《关于促进海关特殊监管区域科学发展的指导意见》,提出"稳步推进特殊监管区域整合优化,完善政策和功能,促进加工贸易向产业链高端延伸,鼓励加工贸易企业向特殊监管区域集中,发挥特殊监管区域的辐射带动作用"的发展目标,以及"稳步推进整合工作,强化分类指导,整合现有类型,统一新设类型,健全建设、验收、退出和监管等管理体系"等具体措施。

(二)物流信息化政策

信息化已经成为现代物流的核心特征。推动物流信息化发展,有利于加快物流运作和管理方式的转变,提高物流运作效率和产业链协同效率,提高企业和产业国际竞争力。为此,政府颁布了一系列政策,全面推进物流系统和物流重点领域信息化建设。在国务院和国家发展改革委等部门出台的《关于促进我国现代物流业发展的意见》《物流业调整和振兴规划》和《关于促进物流业健康发展政策措施的意见》等物流规划和指导意见中,都突出强调了物流信息化的重要性和紧迫性,并把物流信息化作为物流业发展的主要任务。

为系统推进全国物流信息化工作,2006年中共中央办公厅、国务院办公厅印发了《2006~2020年国家信息化发展战略》,提出加快包括物流业在内的服务业信息化建设。2013年国家工业和信息化部组织编制了《关于推进物流信息化工作的指导意见》。该意见提出到"十二五"末期,初步建立起与国家现代物流体系相适应和协调发展的物流信息化体系的目标,以及提高全社会物流信息资源开发利用水平,提高政府部门物流服务和监管的信息化水平,提高物流行业和物流企业的信息化水平,提高企业物流信息化和供应链管理水平等多项任务。

政府在系统推进物流信息化的同时,注重突破重点、突出关键,率先实现物流重点领域的信息化。铁路、公路、水运、航空、邮政等行业相关规划和指导意见都提出了信息化建设的要求或具体措施。如《公路水路交通信息化"十一五"发展规划》《公路水路交通信息化"十二五"发展规划》等政策先后颁布,以全面提升交通运输运行效率、安全性能和服务水平,推动运输业产业升级和结构优化。

（三）物流标准化政策

物流标准化是实现物流业规范化发展的基础，也是实现物流快速发展的重要保障。随着大陆物流的快速发展，物流标准化建设工作愈加受到重视，《全国物流标准 2005～2010 年发展规划》《全国物流标准专项规划》等一系列物流标准专项规划的出台，推动了物流标准化工作组织管理、重要标准的制修订以及标准的宣贯落实等方面工作的有序进行。全国物流标准化委员会、全国物流信息管理标准化技术委员会、全国物流标准化技术委员会及冷链、仓储、港口等多个标准化技术管理组织机构先后成立，物流标准管理及制定组织结构逐步完善，形成了物流标准化协调机制。目前，已基本形成物流国家标准、行业标准和地方标准三个层级，内容涵盖基础性标准、公用类标准、专业类标准和标准化指导性文件四大部分的物流标准体系。

1. 物流标准规划和政策

2004 年出台的《关于促进我国现代物流业发展的意见》将物流标准化列为国家扶持和发展现代物流业的基础性工作，明确提出要建立和完善物流技术标准体系；2009 年的《物流业调整和振兴规划》将完善物流标准化体系及物流标准和技术推广工程分别作为十大重点任务之一和九项重点工程之一。在这些政策指导下，国家标准委、国家发展改革委等有关部门先后出台《全国物流标准2005～2010 年发展规划》《全国物流标准专项规划》和《标准化事业发展"十二五"规划》，逐步推进物流标准体系建设。

2005 年，国家标准化管理委员会印发了《全国物流标准 2005～2010 年发展规划》。该规划以"物流指标体系表"为中心，提出了大陆物流标准 2005～2010 年发展规划的工作目标、重点任务、主要措施和具体标准项目。该规划的出台成为各部门、行业编制物流标准中长期规划的主要依据，标志着物流标准工作步入了一个逐步有序化的进程。

2010 年 6 月，国家标准化管理委员会、国家发展改革委等 11 个部门联合印发了《全国物流标准专项规划》。该规划建立了由通用基础性物流、公共性物流、专业性物流构成的新的物流标准体系框架，提出了物流技术、物流信息、物流服务、道路运输等 13 个重点物流领域共 137 项物流标准项目[1]。2011 年 12 月，国家标准委发布实施了《标准化事业发展"十二五"规划》，将物流服务作

---

[1] 中国物流与采购网. 第七期"物流标准化动态". http://www.chinawuliu.com.cn/cflp/newss/content/201012/38_8480.html，2010-12-27.

为生产性服务业标准体系建设的重点之一。

此外，国家邮政局也颁布实施了多项邮政业的规划和行业标准，积极构建邮政快递服务标准体系。2008年，国家邮政局成立了全国邮政业标准化技术委员会，编制发布了《邮政业标准化2008～2010年发展规划》，对标准体系的范围、主要目标和工作任务予以明确。为进一步完善邮政业标准体系，2011年9月，国家邮政局发布了《邮政业标准化"十二五"发展规划》，提出建立健全标准化"三大体系"，即完善邮政业标准体系、健全邮政业标准实施监督体系、夯实邮政业标准化工作运行体系，以增强邮政业标准化的科学性、导向性与时效性，为实现邮政业"十二五"发展目标提供技术支撑和服务保障。

表5-9为大陆物流标准化部分政策情况。

表5-9　大陆物流标准化部分政策情况

政策文件名称及颁布时间	政策重点
《全国物流标准2005～2010年发展规划》（2005）	● 执行期：2005～2010年。 ● 目标：梳理整合现有分散的涉及物流活动的标准；基本解决物流有关部门之间标准相互交叉重复、不协调的问题；形成一个以新制修订的物流标准为核心的、具有推动物流行业创新发展作用的物流标准体系表。建立由物流通用基础标准、物流技术标准、物流信息标准、物流管理标准和物流服务标准五个部分组成的框架体系。 ● 主要任务：协调、解决在制定物流标准时的一致性，与国际标准接轨。 ● 重点项目：通用基础类标准、物流技术类标准、物流信息类标准、物流管理类标准、物流服务类标准。
《全国物流标准2009～2011年专项规划》（2010）	● 执行期：2009～2011年。 ● 目标：通过3年的努力，建立和完善重点突出、结构合理、层次分明、科学适用、基本满足物流业发展需要的物流标准体系；在加快专业类物流标准制定、加强基础性研究、强化标准宣贯实施等方面取得阶段性成果。 ● 重点领域及主要任务：重点推进通用基础性物流标准、公共性物流标准、专业性物流标准制定实施。

政策文件名称及颁布时间	政策重点
《标准化事业发展"十二五"规划》（2010）	● 制修订第三方物流、物流供应链、物流公共服务平台、物流设施设备、冷链服务、物流园区、电子商务、货运代理、仓储等公共性物流，邮政快递、汽车、医药、农产品、大宗矿产品和重要工业品等专业性物流的管理、技术、服务和信息标准。
《邮政业标准化2008～2010 年发展规划》（2008）	● 执行期：2008～2010 年。 ● 目标：力争到 2010 年底，建立健全邮政业标准体系，形成邮政业标准化工作长效机制。 ● 主要任务：建立和完善邮政业标准化体系，加大邮政业基本业务标准制修订力度，加强快递服务等增值业务标准研制力度，建设邮政业标准化信息共享平台等。
《邮政业标准化"十二五"发展规划》（2011）	● 执行期：2011～2015 年。 ● 目标：2015 年底，完善标准体系，研制 30 余项基础通用类、邮政普遍服务类、快递服务类国家标准和行业标准；提升标准实施水平，形成市场导向和政府推动相结合，运转流畅、行之有效的标准实施体系；推进企业标准化工作，引导各类企业着力建立和完善符合自身发展实际的企业标准体系。 ● 主要任务：完善标准体系，研制通用基础性标准，制修订邮政普遍服务相关标准，拓展研制快递服务标准，提升标准实施力度，推进企业标准化工作，参与国际标准化工作等。

资料来源：本研究整理。

2. 基础性物流的国家标准

在各项物流标准规划的推动下，多项基础性物流的国家标准得以制定、修订、发布或实施。国家基础性物流标准内容主要涵盖物流服务、物流操作、物流信息化、物流管理等多个方面。

表 5-10 为大陆部分基础性物流的国家标准颁布情况。

表 5-10　大陆部分基础性物流的国家标准颁布情况

类别	标准名称
物流服务类国家标准	《物流术语》（2006）、《第三方物流服务质量要求》（2009）、《多式联运服务质量要求》（2009）、《物流服务分类与编码》（2011）、《口岸物流服务质量规范》（2012）等

类别	标准名称
仓储、装卸、搬运设备相关国家标准	《仓储负责质量要求》（2007）、《通用仓库等级》（2008）、《工业货架规格尺寸与额定荷载》（2010）、《运输与仓储业务数据交换应用规范》（2011）、《通用仓库及库区规划设计参数》（2012）等
	《系列1集装箱角件》（2006）、《港口连续装卸设备安全规程第1部分：连续装卸机械》（2006）、《系列1集装箱分类、尺寸和额定质量》（2008）、《系列1集装箱装卸和栓固》（2008）、《港口连续装卸设备安全规程第2部分：气力卸船机》（2008）、《港口连续装卸设备安全规程第1部分：散粮筒仓系统》（2009）、《港口连续装卸设备安全规程第3部分：带式输送机、埋刮板输送机和斗式提升机》（2009）、《供应链监控用集装箱电子箱封应用技术规范》（2009）、《船用集装箱紧固件》（2010）、《港口装卸术语》（2010）、《统计集装箱量的换算单位》（2010）、《集装箱正面吊运起重机技术条件》（2011）等
	《联运通用平托盘性能要求》（1996）、《联运通用平托盘试验方法》（1996）、《联运通用平托盘主要尺寸及公差》（2007）、《连续搬运设备安全规范专用规则》（2009）、《道路车辆装载物固定装置安全性第2部分：合成纤维栓紧带总成》（2009）、《航空集装器转运验收规范》（2010）、《组合式塑料托盘》（2011）等
物流信息化相关国家标准	《物流管理信息系统应用开发指南》（2009）、《物流信息分类与代码》（2009）、《物流公共信息平台应用开发指南第1部分：基础术语》（2008）、《物流公共信息平台应用开发指南第2部分：体系架构》（2008）、《物流公共信息平台应用开发指南第7部分：平台服务管理》（2010）、《物流公共信息平台应用开发指南第8部分：软件开发管理》（2011）等
	《EAN.UCC系统128条码》（2002）、《基于ebXML的商业报文第1部分：贸易项目》（2010）、《用于ebXML的商业报文第3部分：订单》（2010）、《货物运输常用残损代码》（2010）、《物流作业货物分类和代码》（2012）等
	《电子交易规范》（2003）、《第三方电子商务服务平台服务及服务等级划分规范第3部分：现代物流服务平台》（2010）、《物流网络信息系统风险与防范》（2010）、《物流管理信息系统功能与设计要求》（2011）等
物流管理国家标准	《物流企业分类与评估指标》（2005）、《企业物流成本构成与计算》（2006）、《物流中心分类与基本要求》（2009）、《物流中心作业通用规范》（2008）、《物流园区分类与基本要求》（2008）、《社会物流统计指标体系》（2009）、《运输通道物流绩效评估与监控规范》（2012）等

资料来源：根据历年《中国国家标准批准发布公告》整理。

3. 专业性物流的国家标准

专业性物流国家标准主要涉及农产品、冷链、危险品、国际货运、快递、出版物等领域。近年来，汽车物流和应急物流两个领域的国家标准也开始制定，对各专业领域的物流服务、物流技术和物流操作等起到规范作用。

表 5-11 为大陆部分专业性物流国家标准颁布情况。

表 5-11　大陆部分专业性物流的国家标准颁布情况

类别	标准名称
农产品物流国家标准	《辣根贮藏技术》（1998）、《农作物种子贮藏》（2008）、《芒果贮藏导则》（2009）、《芦笋贮藏指南》（2009）、《主要切花产品包装、运输、贮藏》（2009）、《水果和蔬菜气调贮藏技术和规范》（2009）、《洋葱贮藏指南》（2010）、《马铃薯通风贮藏指南》（2010）、《新鲜蔬菜贮藏与运输准则》（2010）、《枣贮藏技术规程》（2011）、《桃贮藏技术规程》（2011）、《杏贮藏技术规程》（2011）等
	《粮油机械产品包装通用技术条件》（2010）、《粮油储藏平房仓气密性要求》（2010）、《粮食包装麻袋》（2010）、《粮食包装小麦粉袋》（2010）、《粮油名词术语粮油仓储设备与设施》（2011）、《粮油储藏平房仓隔热技术规范》（2011）、《粮油储藏通风自动控制系统基本要求》（2011）等
冷链物流国家标准	《杏冷藏》（1998）、《黄瓜贮藏和冷藏运输》（2001）、《花椰菜冷藏和冷藏运输指南》（2006）、《苹果冷藏技术》（2008）、《鲜食葡萄冷藏技术》（2008）、《大蒜冷藏》（2010）、《根菜类贮藏和冷藏运输》（2010）、《早熟马铃薯预冷和冷藏运输指南》（2010）、《甜瓜冷藏和冷藏运输》（2010）、《结球生菜预冷和冷藏运输指南》（2010）、《结球甘蓝预冷和冷藏运输指南》（2010）等
	《肉和肉制品物流规范》（2008）、《冷冻食品物流包装、标志、运输和储存》（2011）、《冷藏食品物流包装、标志、运输和储运》（2009）、《冷库安全规程》（2011）、《活鱼运输技术规范》（2011）、《水产品航空运输包装通用要求》（2011）、《冷链物流分类与基本要求》（2012）、《畜禽肉冷链运输管理技术规范》（2012）、《易腐食品机动车辆冷藏运输要求》（2012）、《药品冷链物流运作规范》（2012）、《食品冷链物流追溯管理要求》（2012）等
危险货物物流国家标准	《危险货物品名表》（2005）、《危险货物分类和品名编号》（2005）、《危险化学品有机过氧化物包装规范》（2011）、《危险货物例外数量及包装要求》（2012）、《危险货物有限数量及包装要求》（2012）等
	《危险货物运输爆炸品认可、分项程序及配装要求》（2013）、《危险货物运输爆炸品认可、分项试验方法和判据》（2005）、《道路运输危险货物车辆标志》（2005）、《道路运输液体危险货物罐式车辆第 1 部分：金属常压罐技术要求》（2006）、《道路运输液体危险货物罐式车辆第 2 部分：非金属常压罐技术要求》（2008）、《危险货物运输包装类别划分方法》（2008）、《危险货物运输包装通用技术条件》（2009）、《公路运输危险货物包装检验安全规范》（2009）、《水路运输危险货物包装检验安全规范》（2009）、《铁路运输危险货物包装检验安全规范》（2009）、《空运运输危险货物包装检验安全规范》（2009）、《放射性物质运输包装质量保证》（2009）等

类别	标准名称
货运代理物流国家标准	《国际货运代理作业规范》（2008）、《国际货运代理业务统计导则》（2008）、《国际货运代理通用交易条件》（2008）、《国际货运代理服务质量要求》（2008）、《企业资质和等级评价指标》（2008）、《国际货运代理单证标识符编码规则》（2010）、《国际货运代理信息交换规范》（2010）、《国际货运代理业务数据元》（2010）、《国际货运代理系列单证单证数据项》（2012）等
快递物流	《快递服务第 1 部分：基本术语》（2011）、《快递服务第 2 部分：组织要求》（2011）、《快递服务第 3 部分：服务环节》（2011）等
医药和药品物流国家标准	《药品批发企业物流服务能力评估指标》（2012）等
出版物物流国家标准	《出版物物流接口作业规范》（2009）、《出版物物流退货作业规范》（2012）等

资料来源：根据历年《中国国家标准批准发布公告》整理。

第六章 台湾物流政策现状

台湾 20 世纪 90 年代之前的物流发展政策多与交通运输和农产运销关系密切，20 世纪 90 年代中期以来，开始陆续出台现代物流意义上的相关政策。台湾物流政策以各类计划与行动方案为主要形式，对构建台湾地区整体高效的物流体系起到了积极的促进作用。本章首先对台湾物流政策的发展沿革进行回顾，然后根据本书提出的物流政策体系框架，对 20 世纪 90 年代中期以后台湾出台的主要物流政策进行系统梳理。

第一节 台湾物流政策的发展沿革

台湾的物流发展与交通运输发展具有延续性和关联性，且均基于满足整体经济发展的需求。自 1949 年迄今，台湾的经济发展可大致分为"经济重建时期""以农业为主的经济时期""工业化与出口扩张时期""开放与自由化经济时期"以及"全球化与两岸经贸往来时期"共五个阶段。由于物流的发展与每一时期经济活动的需求特性相关，所以探讨物流政策的发展仍然以 1949 年迄今为讨论的范畴。60 多年中，台湾物流政策的发展可划分为"农产运销与基础建设时期"（1949～1970 年）、"制造物流与国际运输发展时期"（1971～1990 年）、"全球运筹与物流专业化时期"（1991～2009 年）、"两岸物流正常化与供应链整合时期"（2010 年迄今）共四个阶段。

一、农产运销与基础建设时期（1949～1970 年）

1950 年以前，台湾交通运输系统百废待兴。其中，港口设施处于复建时期，涉及沉船捞修、码头修建、仓库重建、港湾疏浚、船渠修复等，至 1952 年才大致恢复旧貌。铁路方面，1949年3月成立台湾铁路管理局，开始展开铁路轨道重建工作。公路方面，1946年8月，台湾省公路局成立，展开公路复原重建工作。民用航空方面，1949年指定台北松山机场为国际机场，成立台北航空站，并辟台南为辅助机场；此后，一切民航复原与建设均从这两座机场开始。大约至1950年初，台湾逐渐对在二次世界大战中遭到破坏的交通运输系统完成复原。此时的经济活动以农业为主，台湾实施一系列的土地改革，改进农业生产技术，提升农业生产效率。

1952年至20世纪60年代为"以农业为主的经济时期"。这一时期，台湾以稳定经济与拓展基础建设为目标，开始推动经济建设计划，施行进口替代政策，减少进口，节省外汇支出。政策主轴为"以农业培养工业，工业发展农业"，出口农产品及农业加工品，所赚取的外汇用于购买工业所需的机器设备及原料，以投入工业生产。1962年，台湾工业产值首次超越农业产值，经济政策逐渐由过去的进口替代转为采取外销导向的出口扩张，积极推动劳力密集型轻工业产品的出口。此时，台湾还成立了加工出口区，以吸引外资，促进生产与出口。

综上所述，在20世纪50年代，台湾经济以进口为导向，由于外汇短缺，采取以农业培养工业，再以工业发展农业的策略；60年代，则以劳力密集型工业产品出口扩张策略为主。同时，逐步建立各种规章制度以改善投资环境、消除各种经济发展限制因素。这一时期的物流发展重点基本上是满足台湾地区基本民生物资配送与解决农产品产销问题，可分为"交通运输基础建设"与"农产运销"两大方面。

交通运输基础建设方面，这一时期的政策以建立基本系统供给为主。在公路建设方面，1950年开始，台湾公路进入改善及新建阶段，重大公路工程包括中部东西横贯公路、麦克阿瑟公路和西螺大桥的新建，以及西部纵贯线省道加铺柏油路面和台东花莲公路的改善贯通等。1959年，公路局研究拟订台湾公路十年建设计划，自1961年至1970年，分两阶段改善全省公路系统。总体而言，当时公路建设着重于路宽、路面质量的提升，而不是追求总里程数的增加。在铁路方面，至1960年，台湾先后完成数条铁路新线的建设，包括新竹竹东内湾线、林边枋寮线、潭子神冈线、丰原东势线和瑞芳深澳线等。在空运方面，这一阶段需求不高，主要国际机场为台北松山国际机场，岛内及离岛机场仍维持较小规模，以提供基本空运服务为主。在海运方面，随着农产品与轻工业产品外销需求的增长，海运港口建设相对较为积极。由于台湾是海岛型经济，进出口贸易与经济发展息息相关，而进出口货物绝大部分均经由港口，因此发展经济的最大关键在于适时扩充港口、提高运能。自 20 世纪 50 年代开始，台湾就不断努力增建码头并提高装卸效率，强化港口的竞争力。从港口装卸效率来看，50 年代港口作业仍处于人力作业时期，60 年代积极推动机械化，70 年代起进入全面机械化时期。

在农产运销方面，这一时期台湾地区的产业结构以农业为主，对内需要调节供需、促进生产并解决谷贱伤农的问题，对外则必须解决大宗物资的进出口问题，因此台湾特别重视建立农产运销体系与作业制度。农产运销是指将农产品从生产者转移至消费者这一过程中的种种活动，包括集货、分级、包装、加工、运输、储藏以及销售等作业。台湾早期对农产运销便相当重视，然而，因为生产结构及产品特性不同，使得生产者与消费者直接交易并不容易。在这一时期，台湾的农产运销属于"传统运销通路"。其流程为：生产者在产地将果菜卖给贩运商，然后再运送到消费地批发市场，经由零批商转手给零售商，再卖给消费者；或生产者委托消费地的行口商（零批商）进行贩卖。

二、制造物流与国际运输发展时期（1971～1990 年）

20 世纪 70 年代，台湾经济进入以工业为主的时代。在第二次石油危机时，台湾积极推动建设，再次以进口扩张台湾经济。20 世纪 80 年代，台湾从岛外引进高科技产业，成立了新竹科学园区，积极发展信息、光电、通信等科技产业，主要发展战略性工业。此时，最重要的交通运输政策在于支持制造业产品的生产与外销，在基础建设方面推动的"十大建设"中，六项建设与交通运输有关。

20 世纪 70 年代，中山高速公路在 1971 年 8 月正式动工，至 1978 年 10 月底全线通车，标志着台湾公路现代化的开始。中山高速公路的建设是台湾首次大规模投入经费于公路建设，对当时及以后的经济发展产生了极大影响。高速公路通车后不到 10 年，就出现容量不足的情形，可见需求远高于预测。

在铁路方面，1973 年着手进行北回铁路新建，1979 年底完工通车。同时，为使台铁列车能由宜兰线经北回铁路至台东，1978 年开始推动东部干线拓宽工程建设，至 1985 年完工通车。南回铁路则自 1980 年动工，至 1992 年完工通车。至此，环岛铁路全线贯通。除了推动环岛铁路网建设之外，铁路现代化进程不断加快，如 1974 年开始推动电气化工程建设，1979 年完成西部干线全面电气化工程。此外，还有都会区铁路地下化、平交道立体化、导入自动闭塞（ABS）及中心行车控制（CTC）号志装置、列车自动警告及停车装置（ATW/ATS）、列车动力电气化等工程完成。到20世纪90年代初期，铁路运输在提高行车效率、增加运能、降低行车成本方面均有显著改善。

在航空运输方面，1971年由于台北松山国际机场已逐渐不敷使用，又无法扩建，遂展开新机场建设规划，择定桃园着手筹建中正国际机场。机场于1979年正式启航营运，这是当时亚洲最现代化的国际机场。在航空货运方面，以往航空货运由公营的台北航空货运站负责营运管理，到了90年代，台北航空货运站担负起台湾高速成长的航空货运服务的重任。随着高新科技产业以及高价值养殖业的发展，桃园国际机场的货运量日益增加，成为全球航空货运成长较为快速的机场之一，并于90年代兴建第二航厦。

在海运方面，这一时期台湾各主要港口努力提高装卸效率，已完全实现计算机化控制，装卸效率在全球港口名列前茅。经过多年的发展，到了20世纪90年代，基隆港、台中港、高雄港、花莲港等国际商港的硬件建设已趋成熟，且货运量随着产业发展而快速增长。

20世纪80年代，台湾实施多项经济自由化政策，包括推动金融和贸易自由化、公营事业民营化、开放对大陆的投资与贸易等。在这一背景下，运输与物流政策也逐渐放松，包括航空市场的"开放天空"政策、高速公路市场开放进入与退出管制等。

由于这一时期的物流发展重点在于满足工业生产产品的制造与外销以及消费性产品的进口需求，因此，称之为"制造物流与国际运输发展时期"。随着"十大建设"的推动与完成，台湾的产业结构进入以制造业为主的工业化时期，经济活动以生产、制造、外销为主，经济长期持续增长。同时，由于产业结构以制造业生产外销为主，致使国际海、空运输高速增长，也促进了国际贸易、货运承揽（货代）、报关、仓储等行业的繁荣。

此外，这一时期台湾地区的农产运销也得到快速发展。1973年，台湾通过农民组织（即农会）开办果菜共同运销，目的在于缩短运销过程、降低运销成本、提高农民所得，以期对中间商产生制衡作用。共同运销的流程是：农民将果菜自行包装处理后，委托农会或农业合作社送至各地批发市场批售，然后经由承销商、零售商再卖给消费者。其目的是希望通过农会"共选共计"（共同选别、统一计价）的方式，提升运销效率。自推动农民团体果菜合作运销之后，果菜共同运销量逐年增长。

20世纪80年代，台湾农产品直销通路发生较大变化，其中一个原因在于超市的发展。1981年，台北农产运销公司成立超市，引发岛内外资金相继投入超市领域。另一原因则是鉴于共同运销虽可解决产地到批发阶段的问题，但因传统零售摊贩规模小，无法降低运销价差，因此积极促使农民团体成立配送处理中心，成立农会超市等直销点，将产品在产地整理包装后直接送至消费地。此时，包括民间超市、农会超市、量贩店、物流中心、大消费户等在内的农民团体直销通路逐渐成熟。目前，台湾共有304家农会、1200多个服务据点，经营58家生鲜超市与103家购物中心，整体农产运销体系已经相当成熟。

三、全球运筹与物流专业化时期（1991~2009年）

（一）农产运销政策的进展

在这一时期，随着相关计划的陆续出台，农产运销政策也进入另一精致化阶段。如2007年推动《建立现代化农粮物流体系》计划，2008年推动《建构现代化农粮产品营销体系》计划，2009年推动《建立效率与服务之农产运销体系》计划。以《建立效率与服务之农产运销体系》计划为例，其目标在于：（1）改善批发市场交易设施，建立产地与市场间供需机制；（2）充实运销设施，推动农产运销现代化；（3）充实加工设施，发展多元化农产加工品，提高附加价值等。

（二）交通运输建设进展

进入20世纪90年代，相关交通运输建设逐渐向系统化、精致化、智能化发展。在公路方面，台湾陆续推动西部走廊高速、快速公路网的形成，包括西滨快速公路及第二高速公路、西部走廊十二条东西向快速道路。在连接台湾西部及东部地区的公路系统方面，北宜高速公路自1991年动工，北起台北南港，止于宜兰苏澳，全线于2006年6月通车，将台北—宜兰两地交通时间大幅缩短到40分钟以内。目前，台湾正在进行台9线苏花公路山区路段（台9线苏澳至崇德）的改善工程。完工后，台湾的公路运输系统将大致完备。发展至此，可以看出，台湾公路建设经历了从抢通复原、改善路面质量、高速化、路网系统化，到兼顾公平、环境保护的现代化历程。

在铁路方面，这一时期，台北及高雄都会区大众运输系统的兴建是一重要发展决策。另外，从1999年开始施工、2007年1月通车营运的高速铁路也极具代表性。其中，台湾高速铁路是台湾第一个采取由民间兴建、营运，并于特许营运期满后移转给行政主管部门的建设—经营—转让（BOT）模式的公共工程。台湾高铁实际营运后，对于台湾城际运输需求的影响极为深远。它不仅改变了社会经济活动形态，甚至改变了城市与区域发展。

在空运方面，桃园国际机场第二航厦自 2000 年启用后，各项建设均因两岸直航迟无进展而停摆，这一推迟严重影响了台湾的机场建设。在航空货运方面，1995 年行政主管部门核定《发展台湾成为亚太营运中心计划》，确定推动台北航空货运站民营化，二期航空货运站由民间投资、兴建及营运。在此背景下，原台北航空货运站于 1999 年改成"华储股份有限公司"，并于 2000 年完全民营化。2002 年，长荣空运仓储公司成立；2006 年，远雄航空自贸港公司成立。至此，机场空运物流进入另一竞争时代。

在海运方面，这一时期的硬件建设以台北港及高雄港洲际货柜中心的建设最为重要。但是，随着产业结构改变、部分产业外移，以及受经济不景气影响，高雄港装卸量的增长不如东亚地区邻近港口，全球排名也从第三名逐步下滑。目前，高雄港是台湾最大的国际商港，也是世界主要货柜（集装箱）港；基隆港亦为重要货柜港之一；台中港为货物（柜）进出中部的门户；花莲港则担负着东部对外运输责任，并兼具发展观光游憩港的功能。

为有效发挥各国际商港相辅相成的功能，近年来，交通主管部门对各国际商港的发展进行分工与定位。根据规划，发展台中港为中部地区的国际门户，是主要能源、重工、石化原料进口港，自由贸易港区，制造、加工出口及物流中心，并兼具观光及亲水性港口；高雄港为欧、亚、美全球贸易及航路枢纽，航线网遍及 5 大洲，许多货柜航商在高雄港均承租专用货柜码头营运，希望发展高雄港成为海运转运中心；基隆港则为高价值货品进出港，同时建设海运信息通信端口，整合各国际商港的通信系统，发挥多港一体功能，并设置自由贸易港区，提升高价值货品加工运转利基；台湾东部地区拥有美丽的海岸景观，花莲港为地方资源型港口，担负东部地区产业输运任务，并结合海洋观光资源，发展观光游憩产业，带动花莲观光产业，以使花莲港发展成为货、客兼具的多功能港口；台北港则是台湾北部地区另一新建的国际商港，由于其港区作业后线与腹地发展空间较大，未来有望成为台湾北部另一重要港口，并逐步取代基隆港。

（三）物流相关政策的进展

自 20 世纪 90 年代开始，随着贸易障碍的减少，专业分工、跨国（地区）生产的情形日益普遍，两岸经贸快速成长，中国大陆逐渐取代美、日成为中国台湾主要的贸易伙伴。同时，由于消费者需求形态的改变，单一的运输、货代、报关、仓储等服务已无法满足竞争与需求，传统的货物运输服务也逐渐发生质变，逐渐转型为专业物流服务，以"物流"发展为目的或对象的相关政策逐步出台。在这一时期，台湾从面对国际发展、寻求战略定位，发展到满足一般商业与消费需求，提出多项物流政策。

早在 90 年代初期，交通主管部门便有发展"空运转运中心"的计划，同时，也着手规划高雄深水港建设，希望将高雄港发展成为"海运转运中心"。1995年 1 月，行政主管部门通过《发展台湾成为亚太营运中心计划》，计划期间为 1995 年 1 月到 2005 年 12 月。其目标是建立自由化、国际化的基础，健全营运相关制度，以巩固台湾在亚太的地位。该计划涵盖了空运中心与海运中心的发展，目标是以大陆为腹地，发展台湾成为环太平洋地区的经济枢纽，借助规章与行政措施的修改，深化台湾经济自由化与国际化的程度，追求持续推动健全的投资营利相关制度的建立，扩大各营运中心的规模，并提升产业效率。

交通主管部门为发展台湾地区为海运转运中心，提出设置"境外航运中心"，并于 1995 年制定《"境外航运中心"设置作业办法》。其目标是吸引大陆经台湾输往第三地的物流量，其内容是对航线、适用船舶、航行方式、货物与申请许可等五项规定作出修订。该办法的执行，促进了两岸货运的便捷化并节省了航行时间。

有关方面于 2000 年再提出《全球运筹发展计划》，计划期间为 2000 年 10月到 2001 年 12 月。其目标是消除企业发展全球运筹管理过程中所遭遇的相关问题，使台湾成为全球供应链的重要环节，以及运用台湾制造优势，发展高附加价值转运服务。该计划希望整合台湾在制造、对外投资、仓储、海空运输、企业网络、金融服务等方面的实力，进一步提升人员、货物、资金、信息流通的便利，彰显企业快速接单、组装、出货的能力与弹性，使国际公司能以台湾为贸易与采购的据点。该计划由经济主管部门原推动的 AB 计划与 CDE 计划整合而来。其中，AB 计划是依据 1999 年台湾行政主管部门核定的《推动信息业电子化计划》制定的。该计划旨在建立示范性的全球运筹信息共同交换平台，进一步强化台湾电子运筹全球竞争实力，达到"台湾接单，全球获利"的目标；

并借此推动全球布局，建立竞争利基，全力提升台湾的物流、信息流、金流效率，协助企业整合跨区域资源，发展高附加价值转运服务。

在这一时期，为建立"全球运筹中心"，避免台商及在台国际公司转移至大陆，台湾通过税收优惠政策，鼓励企业在台设立营运总部。2001 年 11 月，台湾当局通过了修正的《促进产业升级条例》。该条例明确多项租税减免措施，包括岛外企业在台设置物流配销中心可免征营利事业所得税，以及总部设在台湾的公司其岛外关系企业管理的投资收益及处分利益等免征营利事业所得税等。

以上计划显示出，台湾对于物流业长远发展的定位与愿景仍是基于善用优越区位，使台湾发展成为亚太地区经济活动枢纽的基本战略思考。然而，不论是《发展台湾成为亚太营运中心计划》，还是《全球运筹发展计划》，几乎都因为两岸未直航而无法顺利推动。

2002 年 1 月，经济主管部门提出一个推动企业营运总部行动方案。该方案隶属于《"挑战 2008"计划》，称为《营运总部计划》。计划目标为投资全球运筹基础建设，使台湾成为台商及国际企业设置区域营运总部的最佳地区，由短期到长期的计划分别是规划自由港区、奖励企业营运总部、建设海空联港、无障碍通关与产业全球运筹电子化等。2002 年 4 月，行政主管部门通过该方案，给予在台设立营运总部的企业，其岛外子公司汇回台湾的权利金、研发管理服务费、投资收益等免缴营利事业所得税的优惠。6 月初，行政主管部门核定《企业营运总部租税奖励实施办法》。依照规定，为鼓励公司运用全球资源，进行国际营运布局，在台湾岛内设立一定规模且具重大经济效益的营运总部，对岛外关系企业提供管理服务或研究开发的所得、自岛外关系企业获取的权利金所得，以及投资岛外关系企业取得的投资收益及处分利益等，可免征营利事业所得税。

2002 年，为落实《营运总部计划》，行政主管部门进一步推出《自由贸易港区推动方案》。其目标是促进人员与货物的自由往来，通过"境内关外"的特区，免除区内关税、营业税、货物税与相关税费，实现货物的高度自主管理，吸引国际企业来台投资。计划成果是分别在基隆港、高雄港、台中港与台北港以及桃园航空货运园区，成立了 4 个海港与 1 个空港的自由贸易园区。港区的设置落实了贸易自由化与吸引产业投资的目标，进而提升了地区竞争力，并促进了经济发展。

《营运总部计划》下的另一项分计划《全球商业链整合及物流运筹 e 化计划》由经济主管部门主导、负责，计划期自 2003 年至 2006 年。该计划目标为整合运筹服务相关标准化信息，进而推动台湾物流服务提供业者与国际物流商业链的接轨，其成效是辅导业者应用全球货况追踪、在线询报价、虚拟仓储与运筹调度系统等。

在这一时期，体现物流真正受到重视的另一项成果是每年正式出版的《台湾物流年鉴》。该年鉴系统地反映了台湾物流产业现况、物流政策、物流相关重大议题与未来产业发展趋势等。

此外，这一时期物流专业化发展迅速，企业将物流活动委托第三方专业物流业者的现象也愈加普遍。鉴于此，台湾于 2004 年推出《流通服务业发展纲领及行动方案》，2006 年配合全球运筹管理模式以及提升航空货运作业环境，推动成立桃园航空自由贸易港区，由远翔取得航空自贸港区的经营权。同时，桃园国际机场亦结合桃园县规划航天相关产业，积极发展航空城等。

台湾当局还于 2008 年 7 月通过《服务业发展方案》，将物流服务业列为七项推动发展的重点服务业之一。其发展愿景为："充分利用两岸直航契机，发展台湾成为东亚区域转运中心；配合台湾制造业全球发展，布建全球物流服务网络。"物流发展的主要策略与具体措施包括强化台湾的国际分工能力、规划建置港区运筹储运腹地、提升物流效率、发展差异化策略等。

2008 年也是两岸直航取得突破性进展的一年。6 月，海峡两岸签署了周末包机以及大陆居民来台旅游两项协议；11 月，双方签署了包括《海峡两岸空运协议》《海峡两岸海运协议》《海峡两岸邮政协议》在内的多项协议，正式开启两岸间全面直航的序幕。2009 年 4 月，再签署了《海峡两岸空运补充协议》，双方在平日包机的基础上，达成定期航班的安排，并正式于 2009 年 8 月 31 日启动两岸定期航班营运，空运直航由平日常态化包机改为定期航班，正式进入两岸海、空航运正常化时代。2010 年 6 月，两岸签署《海峡两岸经济合作框架协议》（简称 ECFA）作为规范两岸经济合作的架构协议。

长久以来，两岸经贸发展的障碍在于无法直航，2009 年，两岸实现了期待已久的海、空运直航，对于航运业者以及物流业者都是一个可以突破困境的契机。直航对台湾物流业的影响，表面上是成本与时间的节省、航线网络的拓展，更深一层的意义在于两岸产业分工、产业供应链配置最适化的实践，其对物流需求与物流服务的影响更为深远。

四、两岸物流正常化与供应链整合时期（2010 年迄今）

两岸实现直航以后，台湾行政主管部门评估认为，面对这一全新的局面，为持续强化台湾全球运筹能力，使企业在现有利基下掌握优势，促进物流软硬件实力的发展，整合关、港、贸相关系统的联系合作，促进产业供应链的串联相接，不仅是物流产业发展政策中强化全球布局的重要策略，也是提升台湾经贸竞争力的重要核心。于是，2010 年提出《国际物流服务业发展行动计划》，规划 2010 年至 2013 年的台湾运筹物流推动方向，通过发展台湾产业在国际既有的据点，以创造更有策略布局的产业供应链实力。

为应对海空国际物流市场的竞争，2010 年交通主管部门对机场及港口营运体制进行变革，在机场方面将原桃园国际航空站经由公司化转型为桃园国际机场公司；在港口方面则成立台湾港口公司，希望借以增加经营弹性、提升营运效益。

此外，经济主管部门于 2011 年推动《产业运筹服务化推动计划》，以促进产业升级与创新、加强物流网络发展与整合、提升物流服务业的能力与质量为方向，强化岛内产业供应链管理力与价值链竞争力，并推动产业全球运筹营运流程外包服务（ Business Process Outsourcing, BPO ）。辅导重点除弹性应用 ECFA 的降税/免税利基与国际物流中心、自贸港区的税则、地域优势外，还包括存货降低策略与运输网络优化，协助降低产业产品/零组件国际拓展的成本，以及提高产品/零组件/资金的周转速度等。

财政主管部门也在 2011 年提出《关港贸单一窗口计划》。ECFA 实施后两岸贸易信息交换及业务合作，目前以产地证明为优先文件，有效利用信息通信技术，整合海关、贸易签审及航港等边境管理机关资源，使业者数据得以于一处输入后，于各相关机关使用，以避免重复输入数据及可能的错误。

而经济主管部门则于 2010 年提出推动两岸相互承认优质企业（AEO），这一认证制度必须相互承认才能扩大效益，使合法的优良业者享有通关优惠；实行"预报货物信息制度"，海关提前取得信息进行风险分析，侦测高风险货柜及货物，加速查缉效率；全面运用 X 光货柜检查仪，提高查缉绩效并降低人工开箱查验成本；运用无线射频识别技术（RFID）电子封条押运系统，保障货柜安全。

五、小结

回顾台湾过去近 60 年的发展，20 世纪 90 年代以前的发展政策多与交通运输和农产运销关系密切，90 年代以后才是真正的物流发展政策。从 1995 年的《发展台湾成为亚太营运中心计划》、2000 年的《全球运筹发展计划》乃至 2002 年的《自由贸易港区推动方案》，其核心逻辑皆建立在希望善用台湾的区位，逐步促使台湾成为亚太地区经济活动枢纽之一的基础上。目前，全球经济重心东移，东亚进入新的经贸整合阶段。区域经济整合与两岸间的经贸合作，不但带来经贸区块的重组，而且也诱发了国际运筹供应链竞合的新模式。台湾在此经贸结构与商业模式的重整中，要以更为积极的企业运筹方式，打造区域物流加值的核心实力，使台湾的产业优质实力与国际经贸进一步联结发展。

审视过去一系列计划方案的实施成果，其的确为台湾产业带来增值升级，使台湾企业走出了一条投资国际、营运全球的新路，并在亚太地区渐次布局。不过，未来在亚太区域经贸持续整合之下，台湾必须能够持续创造运筹物流的新模式，才能够强化国际营运的核心实力，加速强化企业"立足台湾、运筹全球"的优质实力。回顾台湾物流政策发展沿革，可以发现，仍有以下几点可再加探讨：

物流政策可再进一步整合。物流涉及部门较多，相关政策的推行涉及跨部门的权责。面对国际经贸跨域整合的趋势，必须建立行政高层的协调机制，强化各项计划的政策成效，跨越各部门的范畴，以更为综合性的计划，建立国际物流服务业政策的跨部门推动机制；配合后 ECFA 的发展，让台湾企业整合东亚资源，特别是可以通过国际物流整合串联，结合岛外台商打造国际供应链的品牌通路，进而迈向以全球为目标的运筹帷幄。

公私部门应再进行全面性合作。在全球经贸整合、台湾民间业者国际物流业务不断增加的同时，主管部门也应多与民间业者配合，以建立协同一致的发展步调。特别是目前亚太经合组织（APEC）正推动以"供应链联结"为贸易便捷化的主轴，台湾仍需要公私部门的齐力合作，以规划、执行、检查、反应（PDCA：plan, do, check, act）的循环反馈机制，创造新的产业商机，掌握新的物流运筹模式，并提升物流服务业的竞争力。

物流基础设施应再强化，使台湾成为国际重要枢纽。台湾的交通硬件建设以及物流软件建设原本已能全面支持经济的发展，但面对东亚邻近地区的竞争及全球运筹模式的调整，从全球供应链枢纽的地位检视台湾的物流基础设施，仍有可加强之处。后续不论在硬件建设上还是软件改善上，都需要继续加强规划，尤应讲求设施之间的协调配合及发展潜力，以进一步实现"双营运中心"的理念，让台商有能力走出去，也能让岛外企业有意愿走进来。政策蓝图的勾勒须以前瞻性思维，创新物流发展规划，运用ECFA实施后的新契机，促进台湾物流能力显著提升，成为国际企业营运总部。

第二节　台湾主要物流政策梳理

台湾物流政策秉承"物畅其流"的理念，通过对物流现代化与国际化的推动，大幅度提升了岛内整体物流体系的营运效能与服务质量，不仅使岛内制造商、物流中心及销售商之间的物流顺畅便捷，而且使岛内产业与国际营运伙伴之间的供需配送具备高效能的营运体系与高水平的服务质量。下面根据本书提出的物流政策体系框架，对台湾20世纪90年代中期以来的物流政策进行梳理。

一、物流宏观指导政策

台湾对物流发展高度重视，行政主管部门先后颁布了多个宏观经济政策及物流专项指导政策，从经济战略层面对台湾物流的发展定位及发展方向进行规划，引导台湾物流业向专业化与国际化发展。

（一）《发展台湾成为亚太营运中心计划》

台湾行政主管部门于 1995 年推出了《发展台湾成为亚太营运中心计划》。该计划是台湾 20 世纪末至 21 世纪初最重要的经济发展长期计划，较全面、完整地从国际经济战略的高度考虑和规划了台湾在新世纪国际经济格局中的地位，以及如何保持台湾经济持续发展的问题。该计划试图通过对台湾总体经济环境的改造，加速推动台湾经济的自由化、国际化，与亚太地区各国（地区）建立全方位的经贸关系，使岛内外人员、商品、劳务、资金及资讯能更便捷地流通，提高台湾在亚太地区及海峡两岸的经济地位，顺应国际经贸格局的变化和跨国公司的发展趋势，推动岛内企业和跨国企业以台湾为营运据点，从事亚太及大陆投资和开发经营活动。[①]

该计划提出建立包括制造业中心、海运转运中心、空运中心、电信中心、金融中心和媒体中心在内的六大功能中心，其中与物流直接相关的是海运转运中心和空运中心。海运转运中心的目标是建立台湾的东亚地区海运转运中心地位，利用海运航线后勤网络，建立以台湾为核心的区域性产业垂直分工的新经济体系，加速高附加值产业的发展。其工作重点为：以"境外航运中心"带动海运中心的发展；以港际整合应对国际竞争；以航港体制改革巩固海运中心基础。空运中心的目标是建立台湾的东亚地区航空转运中心的地位，利用便捷的航空客货运后勤网络，促进高附加值产业的发展及经济转型。其工作重点为：将中正机场的功能由终点型改建为轴心型，使其具有更强的"扩散性"功能；以整合航空快递业带动航空货运转运中心的发展；以机场为核心，规划建设航空城，扩大空运中心向纵深发展并提高效益。

海运转运中心和空运中心的建设作为重要战略列入台湾 20 世纪最重要的经济发展规划，凸显了物流在台湾经济发展中的重要战略地位。海运转运中心和空运中心的建设对于改善岛内的投资和经营环境、吸引国际跨国公司来台投资、推动岛内产业升级、开拓亚太市场发挥了积极作用。

（二）《全球运筹发展计划》

21 世纪初，面对网络时代的来临及高科技产业的发展，为应对企业产销及配送体制面临的颠覆性变革的挑战，台湾行政主管部门于 2000 年推出《全球运筹发展计划》，旨在将台湾建设成一个全球运筹中心，以使世界各国或地区的经贸活动都能快速、便捷地在此运筹中心完成。该计划由《发展台湾成为亚太营运中心计划》发展演化而来，将视野由亚太地区扩展至全球，进一步强调全球运筹对新时期台湾经济发展的重要作用。

该计划以过去《发展台湾成为亚太营运中心计划》在海运及空运中心建设中累积的成果为基础，充分利用台湾地区既有的良好地理位置和制造业相关优势，整合、协助企业将台湾作为"全球运筹管理"的据点。其目标是"消除企业发展全球运筹管理过程中所遭遇的问题，使台湾成为国际供应链的重要环节，并运用台湾制造优势，发展高附加价值转运服务"。其策略是"健全全球运筹管理相关的电子商务、实体物流及基础建设环境"。其中，健全实体物流及基础建

---

① 曹小衡. 台湾"亚太营运中心计划"的背景与前景[J]. 台湾研究，1996（4）：43-49.

设环境方面的措施包括:(1)改善货物通关作业环境;(2)促进物流效率;(3)提供适用土地;(4)营利事业所得税的课征;(5)简化商品检验程序;(6)改善岛内物流配送系统;(7)加强岛内全球运筹人才培育;(8)改善基础设施。

与《发展台湾成为亚太营运中心计划》相比,《全球运筹发展计划》更加强调物流在经济发展中的重要作用,其三大策略中的两大方面全部围绕物流进行规划。计划执行后,简化了通关作业,改善了土地用地措施,促进了电子商务的发展,大大提升了物流在台湾经济发展中的战略地位。

(三)《营运总部计划》

进入 21 世纪后,全球化、数字化潮流不断发展,台湾面临一个全新的经济格局与竞争模式。为应对严峻挑战,2002 年,台湾当局有关方面推出台湾地区经济 6 年计划——《"挑战 2008"计划》,希望集中资源,重点发展具有潜力的重要领域,突破限制,以坚实的竞争力迈入现代化经济地区行列。该计划执行期为 2002~2008 年,由"投资人才""研发创新""全球运筹通路"与"生活环境"四项主轴计划构成,并选定十大重点落实推动。其中第 7 分项《营运总部计划》与物流直接相关。

《营运总部计划》以"投资全球运筹基础设施,使台湾成为台商及跨国企业设置区域营运总部的最佳地区"为主要目标,并以"完整的软硬件构面强化台湾产业经营环境,提供整合性的作业平台,并有效率地处理物流与信息流等界面问题,进而争取企业来台设立营运总部"为基本策略。《营运总部计划》主要包括"规划自由贸易港区""奖励企业在台筹设营运总部""建设台北港""推动桃园航空货运园区""简化通关签审作业程序""划设贸易无纸化之环境""建置航港信息系统""协助产业进行全球运筹作业电子化"等计划方向。

《营运总部计划》的核心在于构建适合全球运筹的物流基础设施和高效便捷的通关环境,促进企业在台建立营运总部。其中,自由贸易港区政策 2002年 1 月被列为《全球运筹发展计划》的主轴,并于 2002 年 5 月被列入《营运总部计划》。在此计划下,台湾自由贸易港区建设取得了重要进展,基隆港自由贸易港区、高雄港自由贸易港区、台北港自由贸易港区、台中港自由贸易港区和桃园航空自由贸易港区于 2004~2006 年正式营运。同时,海空联港建设以及无障碍通关都取得了积极的进展。

(四)《流通服务业发展纲领及行动方案》

为适应台湾产业结构逐渐向以服务业为主导的形态转变,面对知识经济的快速发展和提升人民生活质量的要求，台湾行政主管部门于 2004 年 11 月出台《服务业发展纲领及行动方案》，以推动台湾整体服务业的发展。《服务业发展纲领及行动方案》确定 12 项服务行业为优先推动的策略性服务业，其中，流通服务业（指物流业与批发零售业）与其他服务业相比，由于具有较高的年产值与就业人口数，被列为 12 项策略性服务业之一进行重点推动。这一推动计划就是《流通服务业发展纲领及行动方案》。

《流通服务业发展纲领及行动方案》以"发展台湾成为世界级供应链"为愿景，推动流通服务业向自由化、国际化、制度化、效率化、网络化和整合化方向发展。其目标在于活络市场机能，促进产业发展；加强运输基础建设，健全营运环境；整合通关签审作业，提升货物通关效率；推动信息化及标准化作业，强化产业竞争力；配合产业发展，提供辅导及奖励措施。其主要理念为：放松市场管制，探讨费率自由化，以建构自由开放的经营环境；健全国际物流管理机制，有效整合政商资源，以促进产业发展；改善运输基础设施、整合货物通关签审作业，以提升流通效率；运用科技推动货物运输智能化管理，强化信息整合应用；研订相关措施，积极辅导产业发展，以提升产业竞争力；推动货物运输安全相关机制，建立符合国际规范的数据标准，推动与国际接轨。

此外，在《流通服务业发展纲领及行动方案》中，还制定了与物流高度相关的《推动物流联盟旗舰计划》，以及"建构无缝国际复合运输通路"主轴措施。《推动物流联盟旗舰计划》希望以策略联盟为手段，扶植成功数个本地大型物流运筹联盟，扩大台湾物流行业的经营规模及服务范围，达到调整台湾物流运筹产业结构、集中整合产业能量、与岛外大型物流业者相抗衡的目的。"建构无缝国际复合运输通路"主轴措施从与国际接轨和整合的观点出发，提出通过加强陆、海、空运输软硬件设施基础建设，检讨修订相关规定，强化资源协调整合及改善货物通关流程等相关措施，建构台湾完善的复合运输网络，提高运输服务附加价值和作业效率，促进货畅其流。

（五）《服务业发展方案》

2008 年，国际金融危机对台湾经济造成重创，暴露出台湾经济过于偏重出口，且信息通信产业（ICT 产业）比重过高的弊端，台湾产业结构亟需调整。为此，2009 年 7 月，台湾行政主管部门推出《服务业发展方案》，选择包括物流业在内的七大新兴服务业进行重点推动，希望通过发展高附加值的服务业来改善经济结构，拉动经济增长和提高就业水平。《服务业发展方案》的执行期为

2009～2012 年。

《服务业发展方案》提出，台湾物流业的发展愿景为"充分利用两岸直航契机，发展台湾成为东亚区域转运中心；配合台湾制造业发展，布建全球物流服务网络"。物流业的发展目标是"到 2012 年，物流业整体营收达到 1.1618 万亿元新台币，就业人数达到 22.2 万人"。

《服务业发展方案》还提出三大物流业发展策略：一是强化台湾国际分工能力。具体包括收集全球台商发货属性、流量、流向等资讯，协助业者布建两岸/全球运筹服务网络；协助业者发展国际型运筹服务及资讯科技运用，提供奖励与协助，鼓励业者相互结盟、整合及强化运用，成立或提升为大规模、国际型或利基型运筹服务公司；推动国际运筹认证，并设计人才认证的奖励机制。二是规划建置港区运筹储运腹地。具体包括：研议建置具备仓储、深层次加工、全球维修功能及农产品冷藏与冷冻设备的物流园区；检讨港区土地使用分区管制规定，增加物流用地使用弹性，吸引厂商投资开发综合物流园区。三是提升物流效率。具体包括积极研议货物快速通关流程，提升国际关务及航港数据交换效率。

（六）《国际物流服务业发展行动计划》

随着全球经济重心东移，世界经贸结构与商业模式重新调整的新趋势逐步显现，各国或地区都将物流运筹的发展战略作为经济发展战略中的重要一环。同时，受两岸签署《海峡两岸经济合作框架协议》（ECFA）的影响，台湾正处于全面经贸改革升级的关键时期，需要大力发展国际物流，以创造区域性的供应链网络，推动国际贸易的发展。在此背景下，台湾行政主管部门于 2010 年颁布了《国际物流服务业发展行动计划》，旨在持续提升台湾全球运筹能力，发展物流的软、硬件实力，整合关、港、贸相关系统的联系与合作，从而促进产业供应链的串联，进而提升台湾国际物流服务业的整体实力。该计划以"服务业推动小组"为跨部门横向联系机制，汇总各相关部门所提措施及执行事项，推动期为 2010 年至 2013 年，共计 4 年。

该计划着眼于物流业的长远发展，并兼顾国际运筹及供应链的联结。其目标为：发展国际物流的核心实力，进行关、港、贸等跨部门整合，以强化在台企业的全球运筹能力；充分运用两岸经济互动与直航契机，建立物流运筹配套政策，积极推动台湾与亚太地区产业供应链的串接合作；根据 ECFA，积极布建全球运筹服务网络，创造台湾经贸发展的黄金 10 年；于 2020 年，将台湾打造成为亚太区域物流加值及供应链资源整合的重要据点。

该计划的策略主轴从四个方向展开，分别是奠定台湾物流业的基础实力、促进物流链各环节的相关合作、打造国际一流的软硬件基础设施、开创亚太供应链的物流新机，以提升台湾在亚太地区海空运领域的枢纽地位。其核心内容包括提升通关效率、完善基础设施建设、强化物流服务和促进跨境发展与合作。

（七）《自由经济示范区规划方案》

21世纪以来，亚太地区经济一体化快速发展，以东盟为核心的"10+1""10+3"加速推进；与此同时，近年来，中日韩自由贸易区、跨太平洋伙伴关系协议（TPP）及区域全面经济伙伴关系协定（RCEP）等也在加快推动。为顺应区域经济一体化潮流、积累经济自由化经验、进一步通过经济贸易自由化融入区域经济并为台湾经济增长注入新的动力，台湾行政主管部门于2013年4月颁布了《自由经济示范区规划方案》。

《自由经济示范区规划方案》启动了台湾的新一波重大经济自由化进程。该规划方案以"自由化""国际化"与"前瞻性"为核心理念。在自由化、国际化方面，提倡大幅度放松对物流、人流、金流、资讯流及知识流的各项限制，打造便利的经商环境，落实市场开放。在前瞻性方面，指出未来台湾的发展方向以"高附加价值的高端服务业为主，促进服务业发展的制造业为辅"，优先发展具有发展潜力、示范功能的前瞻性产业。

该方案将"智慧运筹"产业作为具有利基和前瞻性的示范产业列入四大发展重点之一。方案提出"智慧运筹"产业的营运模式：一是经由运筹业者提供最佳服务，可以协助企业提升效能及降低成本，进而可以扩大转口/转运服务、国际物流配销服务、检测维修服务以及贸易货品浅层加工等营运模式的服务能量。二是配合建立创新性关务管理机制，可以扩大"前店后厂"的产业活动范围。货品可于示范区外进行重整、加工、制造或组装等较深层次的加工，充分发挥台湾在高附加值产业制造方面的优势；另外，可以再扩大整合示范区与邻近园区的资源，以提升整体效益。具体推动措施包括推动整合云端电子（e）化服务、发展各项服务模式、扩大企业营运利基，以及活络跨区连接及整合作业流程。

该方案分两阶段推动。第一阶段是将台湾已设立的"台北港、台中港、基隆港、高雄港、苏澳港"及"桃园国际航空城"的"五海一空"6个自由贸易港区直接升级为"自由经济示范区"，发挥其"境内关外"的核心作用，通过"前店后厂"的模式，结合临近县市的各类产业园区，于北、中、南地区同步推动，以发挥各地资源及产业特色，扩大经济效益。第二阶段则待《自由经济示范区特别条例》通过后推动，届时将向岛内各县市开放申请。

《自由经济示范区规划方案》的出台，有望推动台湾物流业向高端化方向发展，进一步完善物流基础设施与配套环境功能，促进台湾产业转型升级。

表 6-1 为台湾物流宏观指导部分政策情况。

表 6-1　台湾物流宏观指导部分政策情况

政策文件名称 及颁布时间	政策重点
《发展台湾成为亚太营运中心计划》（1995）	● 第一阶段：1995～1997 年，计划重点在于加快经济整体环境的改善，厚植发展营运中心的条件，并在既有基础上先推动立即可行的小规模专业营运中心。 ● 第二阶段：1997～2000 年，计划重点在于扩大各专业营运中心的规模，并进行全面性的经济结构调整。 ● 第三阶段：自 2000 年开始，计划重点在于通过经济的全面自由化，配合大型建设的完成，巩固亚太营运中心的地位，拓展台湾经济领域。 ● 与物流相关的计划包括建设"海运转运中心"和"空运中心"。
《全球运筹发展计划》（2000）	● 执行期：相关行政机关应完成的行政命令及行政措施的修正，应于 1 年内（2000 年）完成，其余的政策修正及硬件建设部分，依具体推动措施所定的预定进度办理。 ● 目标：消除企业发展全球运筹管理过程中所遭遇的相关问题，使台湾成为国际供应链的重要环节。运用台湾制造优势，发展高附加价值转运服务。 ● 策略：健全全球运筹管理相关之电子商务、实体物流及基础建设环境。
《营运总部计划》（2002）	● 执行期：2002～2008 年。 ● 目标：投资全球运筹基础设施，使台湾成为台商及跨国企业设置区域营运总部的最佳地区。 ● 基本策略：完整的软硬件构面强化台湾产业经营环境，提供整合性的作业平台，并有效率地处理物流与信息流等界面问题，进而争取企业来台设立营运总部。
《流通服务业发展纲领及行动方案》（2004）	● 执行期：2004～2008 年。 ● 发展愿景：发展台湾成为世界级供应链。 ● 目标：活络市场机能，促进产业发展；加强运输基础建设，健全营运环境；整合通关签审作业，提升货物通关效率；推动信息化及标准化作业，强化产业竞争力；配合产业发展，提供辅导及奖励措施。 ● 包括《推动物流联盟旗舰计划》以及"推动设立商业发展研究院"和"建构无缝国际复合运输通路"两项主轴措施。

政策文件名称 及颁布时间	政策重点
《服务业发展方案》（2009）	● 执行期：2009～2012年。 ● 发展愿景：充分利用两岸直航契机，发展台湾成为东亚区域转运中心；配合台湾制造业发展，布建全球物流服务网络。 ● 目标：到2012年，物流业整体营收达到1.1618万亿元新台币，就业人数达到22.2万人。 ● 策略：包括强化台湾国际分工能力、规划建置港区运筹储运腹地、提升物流效率三大策略。
《国际物流服务业发展行动计划》（2010）	● 执行期：2010～2013年。 ● 目标：2020年打造台湾成为亚太区域物流加值及供应链资源整合的重要据点。 ● 主轴策略：奠定台湾物流业的基础实力，促进物流链各环节的相关合作，打造国际一流的软硬件基础设施，开创亚太供应链的物流新机。
《自由经济示范区规划方案》（2013）	● 执行期：第一阶段2013年4～9月，待《自由经济示范区特别条例》通过后，即开始第二阶段的示范区推动工作。 ● 目标：让台湾加速走向贸易自由岛。健全台湾产业体制，加速经济转型升级。 ● 核心理念：自由化，国际化，前瞻性。 ● 发展重点：智慧运筹、国际医疗、农业加值、产业合作四个方面。 ● 具体措施：促进人员、商品与资金自由移动，开放市场与国际接轨，打造友善租税环境等九项措施。

资料来源：本研究整理。

二、物流行业政策

与大陆物流行业政策类似，台湾有关物流行业发展的政策内容一部分包含在其物流宏观指导政策之中，另外一部分以专门的物流行业政策形式颁布实施。这些政策通过推动物流业开放与民营化、提升物流业信息化水平、鼓励与推动物流企业策略联盟、支持物流业向外拓展等，促进了台湾物流产业发展。

（一）《发展台湾成为亚太营运中心计划》中涉及物流行业的相关内容

该计划中与物流行业发展有关的政策内容主要集中在航空转运中心建设部分，台湾希望通过实施扩大航空运输业的对外开放，推进航空货运站的民营化，以及辅导国际航空货运业者及相关服务业发展整合性快递运输服务等措施，促使台湾早日成为亚太地区的航空转运中心。

具体政策内容包括：（1）扩大开放包括运输业在内的岛内专业服务市场，减少岛外来台设置据点或提供服务的限制。（2）提供国际快递货运业者专用空间，并准许其引进高效率设备自主作业，吸引业者在台设置转运中心。（3）贯彻航空货运集散业务自由化政策，推动桃园地勤服务民营化，并适时开放第二家地勤业务。（4）推动航空货运站公司化和民营化，将航空货运站改组为公司，并逐步将其民营化。（5）辅导岛内业者发展整合性快递运输服务，鼓励国际航空货运业者及相关服务业进行垂直整合，以合资方式自行发展或与跨国企业合作发展整合。

（二）《全球商业链整合及物流运筹e化计划》

《全球商业链整合及物流运筹e化计划》是2002年《营运总部计划》中关于物流业发展的专项子计划，列在《营运总部计划》中"协助产业进行全球运筹作业电子化"发展方向之下，推动期为2003～2006年。

该计划的愿景为"全面提升台湾物流服务业的资讯化及电子化应用能力。通过辅导建立物流协同共用平台、促成物流联盟成形、协助提升企业间电子化能力，使物流业提高资讯交换效率、货物能见度、物流服务附加价值和降低企业营运成本，强化物流服务业及制造业的全球竞争力"。

该计划的推动策略包括五大方面，即基础环境研究、标准制定、产业辅导、人才培训、e化宣传。具体如表6-2所示。

表6-2　《全球商业链整合及物流运筹e化计划》的推动策略

推动策略	具体内容
基础环境研究	● 对物流业发展趋势进行调查与研究，制定相关发展战略与规划，研究和引进物流技术。
标准制定	● 建立一套岛内物流产业共通的信息标准及电子资料交换统一的格式。
产业辅导	● 从建置协同共用平台、推动物流策略联盟成形以及提升企业间体系e化能力三个方面，对物流行业进行电子化专案辅导。
人才培训	● 培育岛内物流高级经营策划人才及中级营运管理人才，建立国际及岛内人才认证机制。
e化宣传	● 通过产业宣传推广活动，有效扩散物流e化成果。

资料来源：台湾经济主管部门. 台湾物流年鉴（2005）.

计划的进度安排如表 6-3 所示。

表 6-3 《全球商业链整合及物流运筹 e 化计划》的进度安排

年份	推动重点
2003	● 基础环境的建置。主要提升物流运筹服务业者的资讯应用能力，完成交换信息标准、无线射频识别技术（RFID）等资讯交换应用基础研订。
2004	● 鼓励岛内物流服务业者投入物流运筹服务体系的电子化应用。 ● 规划及推动岛内物流业者扩大经营规模，朝大型化、国际级的物流业发展，鼓励进行策略联盟，以提高服务的附加价值。 ● 在原有国际商业合作基础上，将岛内已完成的物流运筹 e 化成果，尝试与岛外商业链整合，建立国际资讯流往来的示范应用。
2005	● 透过策略联盟扩大岛内物流业者的业务经营范畴，进一步辅导本土业者大型化，通过策略联盟模式进行垂直或水平整合。 ● 从业务互补、流程整并、资讯分享三方面促进岛内物流业者扩大经营规模，提高岛内物流服务的附加价值，以期与岛外大型物流业者相抗衡。
2006	● 扩大落实前三年推动成效并朝向商家对消费者（B2C）全球物流的规划迈进。 ● 开发满足零星订单的物流运作机制，研发寻找最佳运送路径，以达到保证时间、全球配送的目标。

资料来源：台湾经济主管部门. 台湾物流年鉴（2005）.

（三）《流通服务业发展纲领及行动方案》与《新兴重要策略性产业属于国际物流事业部分奖励办法》中涉及物流行业的相关内容

2004 年颁布的《流通服务业发展纲领及行动方案》中，有 6 项发展策略和措施与物流业直接相关，具体如表 6-4 所示。

表 6-4 《流通服务业发展纲领及行动方案》中与物流业直接相关的发展策略与具体措施

发展策略	具体措施
放松市场管制	● 货运航权自由化。客货运航权分离，积极扩展货运航权。 ● 建立货运业者合理经营的监管制度。应对货运业发展需求，检讨修正货运业种类；检讨修订货物运输市场进出门槛条件。 ● 费率自由化。检讨修订货物运输经济管制的必要性。
调整现行管理机制	● 放宽物流运筹业者申请特许证照的弹性。各主管部门设立为物流运筹业者服务的单一窗口。
提升报关效率	● 推动报关业跨关区报关，研议报关业可一处登记营业，全岛提供报关服务。

发展策略	具体措施
建构咨询整合系统	● 辅助业者提升资讯作业能力（建构资讯标准交换机制与共同平台）。协助相关业者（如仓储、报关、承揽、运输等）提升电子化应用能力，推动整合商家对商家（B2B）物流运筹交换环境；运用示范性资讯应用开发计划，鼓励业者导入电子化应用，并建制标准化资讯整合平台。 ● 推动物流业 RFID 相关应用。
建立共同标准与标示格式	● 整合航空货运业资讯流与物流。推动航空货运物流条码（Bar Code）全面标准化。 ● 发展物流效率评估指标。
研议租税减免奖励措施	● 研订国际海运业的奖励措施。 ● 对投资流通运输服务业者提供租税奖励。 ● 鼓励业者建立货物追踪系统。

资料来源：本研究整理。

此外，《流通服务业发展纲领及行动方案》还制定了一个与物流业发展直接相关的旗舰计划，即《推动物流联盟旗舰计划》。该计划执行期间为 2005～2008 年，计划的愿景、目标及策略如表 6-5 所示。

为落实《流通服务业发展纲领及行动方案》中所提出的"对投资流通运输服务业者提供租税奖励"措施，2007 年配套出台了《新兴重要策略性产业属于国际物流事业部分奖励办法》。该办法规定，从事"加值并货与物流配销服务"或"售后维护服务"的国际物流事业，其投资计划经项目核准并达到奖励门槛者，比照新兴重要策略性产业，适用《促进产业升级条例》中的股东 20%投资抵减或 5 年免征营利事业所得税的优惠措施。

表 6-5　《推动物流联盟旗舰计划》的愿景、目标及策略

计划组成	具体内容
计划愿景	● 扶植岛内数个大型物流运筹联盟成形，以策略联盟为手段，调整岛内物流运筹产业结构，鼓励业者进行核心业务互补结盟、流程整并、信息分享，以扩大经营规模，与岛外大型物业者相抗衡。
计划目标	● 2005～2008 四年内推动岛内物流业形成 6 个以上策略联盟，通过示范案例带动岛内产业整并及策略联盟风潮，以提升岛内物流效率及水准，扩大进出口、转运产值，使岛内广大的制造业、批发业、零售业及国际对台从事采购、贸易及转运业者得以享受便捷、无接缝式全流程服务。

计划组成	具体内容
计划策略	● 鼓励水平或垂直策略联盟整合或跨产业策略联盟服务。 ● 推动岛内大型物流业者全球布局、建立全球据点。 ● 推动技术研发应用及创新加值服务。 ● 建立顾问咨询辅导机制。 ● 推动标杆管理模式及多点知识整合示范。

资料来源：本研究整理。

（四）《优质企业认证及管理办法》中涉及物流行业的相关内容

2009 年，台湾行政主管部门推出《建构优质经贸网络计划》，提出建立优质企业（AEO）认证及管理机制，对从事国际运输物流与贸易相关业务的业者，包括制造业、进出口业、报关业、仓储业、货运承揽业、运输业等进行人员、作业、设施、信息管理等供应链安全认证。合格业者将具备 AEO 资格，享有货物进出口通关及相关优惠。

随后，台湾财政主管部门制定了配套的《优质企业认证及管理办法》。该办法规定，符合一定条件的报关业、仓储业、货运承揽业、运输业等供应链者可申请成为安全认证优质企业，并对申请企业的资格条件、合格企业可享受的一系列海关通关优惠措施进行了明确规定。

（五）《物流利基化与供应链服务推动行动计划》

随着制造产业外移，台湾进出口物流量大幅下滑，给台湾物流发展带来挑战。同时，国际企业（包括台商）全球布局，持续将生产外包到低成本国家或地区，同时将产品销售不断地扩展到新兴国家。其中，大量运送、拆并、加工、配销、回收和维修业务，给国际物流业带来前所未有的商机。2009 年，台湾经济主管部门推出《物流利基化与供应链服务推动行动计划》，目的是通过有针对性的产业辅导策略，提升台湾物流业的国际竞争力，以面对挑战和掌握商机。

该计划的执行期为 2009～2012 年，计划目标是推动台湾物流产业发展国际级供应链管理服务，强化国际交流合作，促成物流商机，协助台湾企业运筹亚洲、布局全球。计划还提出规模大型化、范畴国际化、发展利基化和服务创新化四个方面的推动策略。推动策略的具体内容如表6-6所示。

表 6-6 　《物流利基化与供应链服务推动行动计划》的推动策略

推动策略	策略具体内容
规模大型化	● 计划辅导物流联盟或供应链管理服务专案，推动物流业进行垂直或水平整合，通过业务合作、股权参与、股权转换、合资发展或企业并购等多种联盟方式，达成核心业务互补、流程整并与改善、资讯整合，扩大全球服务据点与加值服务项目，成为全流程、整合性国际物流或供应链管理服务业。
范畴国际化	● 计划辅导物流联盟或供应链管理服务专案、利基化物流 e 化或创新物流专案、物流资讯共用平台深化专案，鼓励物流业者进一步发展两岸合作关系，加速切入或延伸岛外市场，并通过资讯化串联，建立大型化、国际化、全流程物流服务典范。
发展利基化	● 计划辅导利基化物流 e 化或创新物流专案，推动物流体系成员发展符合产业特性与其物流需求之特殊专业度高、服务加值性大的利基市场，提供整合加值服务，以满足企业客户需求。
服务创新化	● 计划辅导利基化物流 e 化或创新物流专案，鼓励体系成员规划发展具创新化、差异化、加值化的物流服务。 ● 计划辅导物流资讯共用平台深化专案，鼓励物流业者深化应用物流资讯共用平台，导入多项 e 化应用加值服务。

资料来源：本研究整理。

（六）《国际物流服务业发展行动计划》中涉及物流行业的相关内容

在 2010 年《国际物流服务业发展行动计划》所制定的策略与具体措施中，均包含物流行业发展相关内容。与物流行业直接相关的策略为"奠定台湾物流业的基础实力"。该策略提出，要促进物流各相关行业的规模化、流通系统的标准化和物流管理功能的高度化，培植物流业专业人员，以支持、配合物流业的发展成长。特别是要运用中国大陆世界工厂及超大型市场的商机，培植台湾综合型的物流企业，使业者升级为国际级物流企业，以支援台湾产业的向外拓展。在该计划所制定的四大具体措施中，与物流行业直接相关的措施如表 6-7 所示。

表 6-7   《国际物流服务业发展行动计划》中与物流行业直接相关的推动措施

措施	主要内容
强化物流服务	● 物流网络发展与整合。辅导物流业者强化仓储转运能量与建构完整进出口物流网络；辅导岛内物流业者承接外商物流业务；向业者提供物流相关规定变动的即时资讯。 ● 依据 2010 世界银行物流绩效指标（LPI）评比，提升台湾物流服务业的能力与品质。提升公路运输服务业、铁路运输服务业、货运承揽业、仓储运送业、报关行等物流服务业的服务能力与品质。 ● 国际物流人才培训。培训物流服务业从业人员。 ● 促进产业升级与创新。支援业者进行转型升级，建立产业示范体系；研议疏通物流业者融资渠道，提供融资优惠，促进规模化发展；发展物流新颖模式，提升国际竞争力。
促进跨境发展与合作	● 针对 ECFA 签署后衍生的产业需求，辅导物流业者朝规模化与利基型发展，全力争取后 ECFA 商机。 ● 辅导中大型物流业者朝规模化及供应链管理服务发展，扩大全球服务项目与服务据点。

资料来源：本研究整理。

三、行业物流政策

台湾当局先后颁布了多项行业物流相关政策，这些政策以计划形式为主，主要通过推动台湾产业物流与国际接轨、物流业支援制造业和流通业运筹模式构建等，来提升台湾各类产业供应链的物流运作效率以及产业的国际竞争力。

（一）《产业物流发展暨国际接轨推动计划》

依据《自动化领域科技发展中程纲要》《科技发展自动化领域策略规划》，以及《2005 年产业科技策略会议》项下的《RFID 应用及产业发展策略》等，台湾经济主管部门委托"工研院"执行《产业物流发展暨国际接轨推动计划》。

该计划执行期为 2004～2008 年。计划针对台湾具有优势的特定产业链，通过全球性议题及 RFID 应用，由跨国（地区）合作的先导系统测试、标准研议修订等基磐建构，提升台湾产业物流全球化系统效能，以带动 RFID、物流及相关产业价值链的需求与发展，促进产业物流的发展与国际接轨。

该计划提出三大工作主轴：第一，供应链安全推动方面，在符合国际规范与标准的前提下，完成供应链在内陆运送流程的不同环节的示范辅导与先导测试，实现产业物流与国际接轨并触发台湾安全物流产业发展的契机。第二，RFID应用整合方面，完成特定产业供应链中产品的 RFID 示范应用推动，通过效率化产业物流来带动台湾 RFID 产业价值链的发展。第三，产业物流 Hub 建设方面，推动与辅导产业物流 Hub 建置，协助产业构建物流运筹协同与共用环境，促成产业物流网络效率化，提高产业物流运筹服务效率及与国际接轨，以扩大产品国际市场及服务版图。

整个执行期内，累计成功推动 6 个产业物流中心（Hub）建置（如表 6-8所示），开发了物流 Hub 创新应用模式，协助产业上下游共同降低库存水准平均达 30%；在汽车产业成功推动成品车不二次落地模式；成功推动汽车耗材产业的共储共配模式，促成盛江与嘉美公司同业整合进行物流配送。此外，累计带动 987 家厂商加入联盟运作，促进厂商投资新台币 9 亿元，提升产值达新台币 18 亿元，强化了整体产业竞争力。

表 6-8　产业物流 Hub 系统建置概况

产业物流 Hub 名称	领导厂商	物流 Hub 应用与商业模式
电子产业联盟 Hub	台湾双发	原物料保税、直送及第三方物流（3PL）混合模式
汽车产业物流 Hub	裕隆汽车	原物料集管与直送、成车集管销售前检测与不二次落地模式
汽车耗材产业供应链运筹系统	盛江流通	成品共储共配模式
集成电路（IC）产业国际物流 Hub	普诚科技	成品转运与直送混合模式
汽车售后维修产业全球运筹联盟 Hub	帝宝工业	成品外销跨国运筹与行销模式
半导体产业联盟 Hub	日月光	原物料供应商管理库存（VMI）进行准时制（JIT）生产模式

资料来源：本研究整理。

（二）《供销与物流整合技术发展计划》

台湾经济主管部门于 2004 年推动《商业电子化中程纲要计划》，旨在协助岛内商业服务业者通过 e 化科技应用，创造差异化的竞争优势，有效推升传统产业转型升级及知识服务型产业发展。《供销与物流整合技术发展计划》作为其中的一个分项计划，于 2005 年推动。计划执行期为 2005～2008 年，旨在强化物流与流通的联结关系，以构建高附加价值的商业服务体系。

《供销与物流整合技术发展计划》的推动愿景为"健全产业科技创新体系，通过科技研发与市场需求的结合，推动台湾特色产业与台湾品牌的加值与转型升级，带动营运模式创新。发展流通与物流之自主核心技术，加强高效率产业供销链协同整合，以推动商业科技创新与应用，强化运筹效能，带动特色产业与品牌的价值创造，开拓行销通路的国际化布局，加速国际接轨"。

《供销与物流整合技术发展计划》的主要工作内容为，选取某个行业作为标的，促进产业供销链协同整合技术增值与扩散，以通过物流促进商流的思维来推动物流业者与上下游业者进行整合。在整个执行期内，成功建立茶产业、家电流通业、居家生活产业、冷链业等产业的创新营运模式标杆示范，并完成9项本土化流通与物流商业关键应用技术，技术移转厂商及应用业者达60多家，如关贸网络、台湾福曼莎、侨泰物流、思腾顾问、统一企业、天仁茗茶等。

（三）《物流基磐整合与效率化推动计划》

为提升制造业与流通业营运效能，强化产业供应链优势，验证物流新服务模式与基磐，达成物流业发展与促进商机的双重目标，台湾经济主管部门于2009年开始推动《物流基磐整合与效率化推动计划》，推动期为2009～2012年。

该计划的愿景为推动与促成供应商、行销商、物流商组成运筹联盟，整合商流、物流、资讯流、金流等运作。主要策略为：掌握相关规定与环境脉动，整合技术、3PL、资讯服务业者、园区能力、通关等物流基磐，以流通与制造业者的营运优化和国际营运布局需求为主轴，通过辅导场域的手段，推动业者建立效率化物流活动的运筹模式与整合系统，提升产业全球运筹与布局的竞争力。

计划的主要目标为"推动半导体产业根留台湾、全球运筹服务模式，掌握全球半导体供应链；推广供应商型流通运筹整合模式，支援品牌发展与岛外通路营运布局；强化企业的产业运筹知识与服务能力，支援产业政策与企业布局"。

计划主要内容包括三项：一是物流支援制造的营运运筹模式推动计划。以工业园区（或产业群聚）厂商供应链为目标，推动物流支援制造的营运模式，促进厂商供应链物流整合与效率化，强化和创新产业运筹的物流基磐整合与3PL物流服务模式。二是物流支援流通的营运运筹模式推动计划。与业者合作发展现代化流通行销物流整合模式与系统，协助供应商提升其行销管理、物流运筹及资讯技术的整合运作竞争力，落实由点、线至面的流通业强化策略，并奠定供应商型台商在岛外流通竞争力基础。三是产业运筹知识服务推动计划。掌握产业发展动态与岛外布局议题，建立产业运筹知识服务机制，提供资讯/知识/技术基础服务，提升运筹与物流推动的基础及岛内业者的服务能力。

在整个执行期内，取得了诸多推动成果。其中，物流支援制造营运模式方面，通过与制造供应链厂商合作，以中心制造厂零组件与原材料运筹需求效能来驱动供应链的整合及物流服务效能提升；支援大陆台商电脑、通信、消费类电子产品三大科技产业（3C）生产的采购运筹模式的推动；生产供应链供需整合与物流模式分析等。物流支援流通营运模式方面，推动商品供销链运筹模式的整合与强化；推进商品供销链运筹及物流架构的整合，以强化供应商对通路销售/库存情报的掌握能力；台湾商品中国大陆流通运筹服务模式的构建；非连锁体系宠物产业商品订购调度与运筹模式的构建。产业运筹知识服务方面，完成 250 家业者在资讯/知识/技术汇集与加值方面的调查与分析；完成 104 家企业发展历程与动态的分析；完成 12005 家物流企业相关据点的归集与建立。

（四）《产业运筹服务化推动计划》

为达到全球布局、本土运筹的目标，在建构产业运筹整合过程中充分取得提升库存成本效益、减少成品材料库存、缩短生产周期时间、缩短采购周期时间及提升供应商交货准确率等实质成效，经济主管部门于 2011 年开始推动《产业运筹服务化推动计划》，执行期为 2011～2014 年。

该计划的愿景为"推动潜力产业优化具竞争优势之营运与供应链管理模式，辅导运筹服务业者（国际物流业者）发展产业营运之运筹服务支持模式，推动台湾成为潜力产业之成品/零组件制造基地与全球运筹中心。除协助岛内企业、台商建构具竞争力之运筹模式与高效之国际物流网络外，亦可支持台湾产品MIT（Made in Taiwan）品牌发展，增加两岸互动和国际物流量与物流额"。

《产业运筹服务化推动计划》有两个层面的目标。一是产业全球运筹，具体包括：推动产业全球运筹，巩固台湾制造、品牌优势；推动全球运筹服务，扩大台湾岛内物流业者商机；推动物流业配合台商岛外布局模式，辅导台商岛外布局。二是产业价值制造，具体包括：协助产业建立具有成本优势的自有品牌供应链、协助物流业建立全球供应链运筹服务能量、建立可与国际接轨的运筹环境、提高产业与物流业国际化程度四个方面。

该计划将运筹模式分为三部分：原物料/零组件供应运筹、成品行销运筹、3PL 服务运筹。其中，原物料/零组件供应运筹针对来源差异，又分成台材外用运筹模式、外材经台（加值）销陆运筹模式；成品行销运筹针对目的不同，又分成品牌行销运筹模式、成品全球发货运筹模式；3PL 服务运筹针对服务价值不同，又分成物流专业机能、经营外包（BPO）加值服务机能。

该计划的推动产业包括：ECFA 早收产业，如自行车、汽车零组件、家电业等；台湾具备关键零组件/成品优势的产业，如医材、马达、电子产业等；台湾具备品牌行销优势的传统产业，如休闲食品、餐饮、服饰/鞋等。辅导标的物流业者包括国际物流储运商和运输承揽商。针对上述推动产业与辅导标的，该计划以营运效能最大化、风险最小化为目标，掌握企业国际化的运筹战略，分析相关环境条件，规划具有成本效益优势的国际运筹模式，并聚焦供应链伙伴的关系/资讯，建构协同整合运作系统，促其朝着降低库存资产、提升预测准确度、扩大销售网、降低贩售费用、减少机会损失、降低物流资产、降低物流成本等方向发展，进行技术、系统与流程的优化或发展。

（五）《台湾产业结构优化——三业四化行动计划》中涉及低温物流的相关政策

为促进台湾产业结构优化，行政主管部门于 2012 年推行《台湾产业结构优化——三业四化行动计划》，即台湾全部产业均朝"制造业服务化、服务业科技化与国际化、传统产业特色化"方向进行转型。三业四化的推动分为两个阶段：第一阶段是选取亮点示范推动，第二阶段为扩大范围推动台湾全产业转型。

在第一阶段"选取亮点示范推动"的过程中，经济主管部门提出了五个亮点产业，物流产业以发展"服务业科技化"形式被纳入其中。计划指出，为满足未来支援台湾商品流通于全球市场的服务需求，物流产业必须提升软硬件设备，以及累积应用高阶（新）低温设备服务经验，才能快速获得新市场服务商机。因此，作为服务业国际化亮点产业，物流产业服务科技化以低温物流为突破，推动策略包括：（1）导入低温设备，打造高品质低温物流服务；（2）应用云端资讯平台，打造全程溯源保鲜资讯管控机制；（3）服务潜力市场，争取曝光与创造商机。

为配合推动物流业科技化，2013 年实施《低温物流国际化发展推动计划》，主要内容包括：一是规划低温物流国际化营运模式与实施方案；二是发展低温物流国际化与规模化管理技术；三是运作低温物流联盟，推动国际低温物流服务商机。

台湾行业物流部分政策情况如表6-9 所示。

表 6-9 台湾行业物流部分政策情况

政策文件名称 与颁布时间	政策重点
《产业物流发展暨国际接轨推动计划》（2004）	● 执行期：2004～2008 年。 ● 目标：针对台湾具有优势的特定产业链，通过全球性议题及 RFID 应用，由跨国（地区）合作的先导系统测试、标准研议修订等基磐建构，提升台湾产业物流全球化系统效能，以带动 RFID、物流及相关产业价值链的需求与发展，促进产业物流的发展与国际接轨。 ● 三大工作主轴：供应链安全的推动、RFID 应用的推动、产业物流 Hub 的推动。
《供销与物流整合技术发展计划》（2005）	● 执行期：2005～2008 年。 ● 目标：强化物流与流通的联结关系，以构建高附加价值的商业服务体系。 ● 主要工作内容：选取某个行业为标的，以通过物流促进商流的思维来推动物流业者与上下游业者进行整合。
《物流基磐整合与效率化推动计划》（2009）	● 执行期：2009～2012 年。 ● 目标：以流通与制造业者的营运优化与国际营运布局需求为主轴，通过辅导场域的手段，推动业者建立效率化物流运筹模式与整合系统，提升产业全球运筹与布局的竞争力。 ● 与物流相关的主要内容：物流支援制造的营运运筹模式推动计划；物流支援流通的营运运筹模式推动计划。
《产业运筹服务化推动计划》（2011）	● 执行期：2011 年至今。 ● 目标一：产业全球运筹。包括：推动产业全球运筹，巩固台湾制造、品牌优势；推动全球运筹服务，扩大台湾物流业者商机；推动物流业配合台商岛外布局模式，辅导台商岛外布局。 ● 目标二：产业价值制造。包括：协助产业建立具成本优势的自有品牌供应链；协助物流业建立全球供应链运筹服务能量；建立可与国际接轨的运筹环境；提高产业与物流业国际化程度。
《台湾产业结构优化——三业四化行动计划》（2012）	● 执行期：2012 年至今。 ● 目标：使台湾全部产业朝"制造业服务化、服务业科技化与国际化、传统产业特色化"方向进行转型，实现产业结构优化。 ● 两个阶段：第一阶段选取亮点产业进行示范推动，第二阶段扩大范围推动台湾全产业转型。 ● 与物流相关的内容：物流产业以发展"服务业科技化"形式被纳入第一阶段亮点产业。

资料来源：本研究整理。

四、物流基础设施政策

台湾物流基础设施政策大致可以分为三种类型：一是经济发展纲领中包含

的物流基础设施建设计划，如在《爱台 12 建设》《"黄金十年"愿景》等政策中，通过旗舰计划，逐步有重点地推进台湾物流基础设施建设；二是在物流宏观指导政策中涉及物流基础设施建设，如《全球运筹发展计划》的"基础设施面"、《流通服务业发展纲领及行动方案》的"建构无缝国际复合运输通路"主轴措施等；三是鼓励和支持物流基础设施建设的专门政策或相关规定，如《民间机构参与交通建设免纳营利事业所得税办法》《物流用地及专区辅导设置计划》《推动大型物流中心设置计划》等。

（一）《发展台湾成为亚太营运中心计划》中涉及物流基础设施建设的相关内容

台湾行政主管部门 1995 年推出的《发展台湾成为亚太营运中心计划》中，与物流基础设施发展有关的政策内容主要集中在海运转运中心建设和空运转运中心建设部分。规划重点包括：（1）海运转运中心方面，短期内积极推动兴建高雄港第五货柜中心，并在港区内（第二、三货柜中心后方，第五货柜中心后方或加工出口区）增建大型附加价值作业设施；规划推动高雄港中、长期整体建设，大幅扩充高雄港转运能量；发展环岛海运系统，强化基隆港及台中港的辅助功能。（2）空运转运中心方面，短期内以发展快递货物转运中心为重点，快速发展亚太快递货运市场，并逐步扩大货物转运的规模及业务范围；配合货物及旅客转运中心的发展，结合机场建设与都市计划，培养居民共同体意识，将中正机场（桃园国际机场）及周边地区发展成为航空城。

（二）《全球运筹发展计划》中涉及物流基础设施的相关内容

《全球运筹发展计划》中，物流面和基础面均涉及物流基础设施建设，主要内容见表 6-10。

表 6-10 《全球运筹发展计划》中涉及物流基础设施建设的推动策略

推动策略	具体措施与执行事项
海、空港基础设施的整合、改善	● 整合空港、海港联运规划。延伸高雄机场跑道长度，改善空运货物环境，并整合海空运复合运送系统，以扩大高雄港（海港、空港）运输。 ● 兴建高雄港区联络道路。 ● 扩充机场货运作业能量。增建中正机场货机停机坪，加速推动《中正机场五年发展计划》。 ● 改善港口与机场联络道路基础设施。改善机场货运联外交通，加速兴建完成台线高架专用道路或其他替代道路，并拓宽改善相关道路。

推动策略	具体措施与执行事项
物流基础设施用地的获取	● 规划协助业者取得物流用地的辅导机制。 ● 修正"《都市计划法台湾省施行细则》"。(1)放宽工业区准工业(仓储业)生产行为进驻的规定。(2)提供业者租用公有或公营事业土地,以协助业者解决土地问题。(3)修正《工商综合区开发设置管理办法》及订定《仓储设施于工业用地容许使用审核及管理作业规定》。 ● 研究由相关主管部门推动设置物流专区的可行性。评选适当用地设置物流专区,必要时可以配合农地释出方案,选定适当农址变更使用。 ● 加速工业区更新,规划提供工业区内物流用地。 ● 加速桃园航空城货运园区开发。(1)采取建设—经营—转让(BOT)方式开发或与加工出口区管理处合作开发,区内产业应以与运筹相关的产业为主;(2)研议规划扩大开发桃园航空城货运园区。

资料来源:台湾行政主管部门. 全球运筹发展计划(2000).

(三)《营运总部计划》和《全岛运输骨干整建计划》中涉及物流基础设施的相关内容

2002 年颁布的《"挑战 2008"计划》中,《营运总部计划》和《全岛运输骨干整建计划》两个分项计划均包含物流基础设施建设的相关内容,如表 6-11 所示。

表 6-11 《营运总部计划》和《全岛运输骨干整建计划》中涉及物流基础设施建设的内容

计划名称	具体措施与执行事项
《营运总部计划》	● 建设自由贸易港区:推动《自由贸易港区设置管理条例》及《自由贸易港区申请设置办法》制定,对自由贸易港区的设置、营运作出规定。 ● 建设海空联港:在北部,建设台北港为深水港,以加强北部地区海运运输能量,在桃园航空货物园区发展运筹加值功能。在中部,拟配合中部地区产业发展、两岸关系之演变,规划中部国际机场。在南部,结合发展高雄经贸物流园区为全球运筹管理中心,建设高雄海空港基础设施,加强高雄港与高雄机场的整合界面,开发高雄港为外海货柜中心,兴建高雄小港机场仓储转运专区。
《全岛运输骨干整建计划》	● 推动"东部铁路改善""东部直线铁路"等计划,建构东部轨道运输路网。 ● 建构高快速公路基本路网、改善高速公路交流道联络道系统、建置高速公路整体路网交通管理系统等 6 项高快速路网延伸及扩建计划。

资料来源:台湾行政主管部门."挑战 2008"计划(2002).

（四）《物流用地及专区辅导设置计划》

由于早期台湾物流产业定义不明，相关规定界定模糊，使得物流产业设施质量不高，并缺乏整体性的规划。大量物流业者为降低用地取得成本，违规使用农业区或保护区设置仓储设施，且仓储设施面积多小于1公顷，质量不高。另外，受土地征收市价化以及民间业者开发政策影响，物流业者也难以在新规划的工业区内获得土地。为此，台湾经济主管部门于2003年提出《物流用地及专区辅导设置计划》，以引导物流业者进入用地合规体系，提升仓储设施质量，以及获得所需合规土地。

该计划属于物流业者用地辅导的4年推动计划，执行期为2004年1月至2007年12月。计划确定了5项执行目标，分别为：（1）引导物流业者进入用地合规体系。（2）改善物流业经营所需的环境。通过辅导物流业者取得仓储设施防火标章认证，使其能够获得商业火险保费优惠，并提高仓储设施建筑消防安全等级，降低经营风险，增加岛内外接单机会。（3）建构专业物流体系，健全产业供应链。（4）推动物流专用区的设立。（5）扩展物流产业版图，以达到全球运筹发展。

（五）《促进物流产业发展计划》

《促进物流产业发展计划》是2004～2007年期间《物流用地及专区辅导设置计划》的延续。该计划属于4年辅导计划，执行期为2008～2011年。

该计划以"改善物流经营环境，强化物流发展基磐"为愿景。其主要内容包括两个方面：一是实施物流仓储用地辅导作业。通过提出为仓储物流相关规定松绑的修正草案、推动民间物流仓储用地变更辅导、提供物流业者用地咨询与实质诊断服务、择优邀请大型业者办理基磐设施选址座谈、分享产业选址之实务案例等途径，协助台湾物流业者获得适用的土地，并期望使小型物流业者借由用地整合朝向中型规模、中型物流业者朝向大型化方向努力，进而提升物流产业竞争力，达成永续经营管理目标。二是实施物流仓储设施防火标章辅导作业。由专业人士组成辅导团队，协助物流业者取得建筑物防火标章认证，为物流业者提供消防安全咨询与实质诊断服务。

（六）《流通服务业发展纲领及行动方案》之"建构无缝国际复合运输通路"

"建构无缝国际复合运输通路"是《流通服务业发展纲领及行动方案》的主轴措施之一。主要内容包括陆、海、空运输软硬件设施基础建设，相关规定检讨修订，强化资源协调整合及改善货物通关流程等相关措施。

（七）《爱台 12 建设》中涉及物流基础设施的相关内容

为促进区域协调发展、建构产业创新环境、打造城乡崭新风貌、加速智慧资本积累以及重视环境永续发展等，2009 年台湾行政主管部门推出《爱台 12 建设》，优先投资于有利于增强台湾竞争力的建设。其中三项建设涉及物流基础设施：（1）便捷交通网，主要包括北中南都市铁路立体化及捷运化、东部铁路提速、电气化与双轨化，台铁支线改善及整建计划，高速公路与快速公路系统整合等；（2）高雄港市再造，主要包括推动高雄地区产业再生、办理高雄港市再造整体规划方案、拟定台湾地区主要港口因应两岸直航发展策略、办理高雄港洲际货柜中心第一期工程以及建构便捷联外通道五大重点项目；（3）桃园国际航空城计划，包括推动《国际机场园区发展条例》及成立"国际机场园区股份有限公司"、优先实施《国际机场园区纲要计划》、规划桃园国际航空城发展、整建桃园国际机场航厦、建构完善的航空城联外交通建设以及协助推动航空城岛内外招商六大重点项目。

《桃园航空城计划》为《爱台 12 建设》中建立海空枢纽施政主轴的首要旗舰计划，与台湾地区竞争力提升及其产业转型升级密切相关。因桃园航空城核心计划内容复杂、规模庞大，由交通主管部门设立专门计划并由相关部门重点推动。计划主要构成如表 6-12。

表 6-12 《桃园航空城计划》主要内容

主要计划	具体内容
先期计划	● 迁移军用基地；经营体制转换；法制作业完备；提升旅运容量；改善联外交通，新增轨道服务；高铁站区配套；地方开发准备。
未来工作规划	● 都市计划、用地取得、开发建设、产业规划与招商。
财务计划	● 机场园区区段征收："民航局"主办，以民航作业基金为财务主体。 ● 附近地区区段征收："桃园县政府"主办，以桃园县实施平均地权基金为财务主体。 ● 机场园区实施计划：机场公司投资兴建第三航厦及第三跑道等，以机场公司营业基金为财务主体。
产业招商规划	● 第一层：机场专用区。提升机场的基础技能，扩充旅客所需商业设施；扩充货物处理所需设施。 ● 第二层：机场园区。增加机场功能，扩充商务交流与商业设施；招揽航空物流业者群聚进驻；扶植加值物流产业发展。 ● 第三层：航空城（附近地区）。提升创造需求之机能，招揽有空运需求制造业者进驻；强化国际商务功能，招揽岛内外企业进驻；规划大型商业设施与观光休憩设施。
联外运输系统	● 包括高铁、桃园国际机场联外捷运及航空城捷运线。

资料来源：台湾交通主管部门. 桃园航空城计划（2012）.

（八）《国际物流服务业发展行动计划》中涉及物流基础设施的相关内容

在《国际物流服务业发展行动计划》中，第三条策略与物流基础设施直接相关。该策略内容为"打造国际一流的软硬件基础建设，强化国际连结之交通基础建设，让台湾运输设施升级，成为亚太地区供应链流向的必经据点；此外，将通过交通部门行政组织之改造，促使国际港湾及机场之运筹功能充分发挥；并建构岛内外运输模式的合作网络，以促进铁公路及海空运功能之无缝接轨"。

《国际物流服务业发展行动计划》主要采取港埠建设再造、强化海空港之国际连结、航港体制改革、强化自由贸易港区发展四个方面的措施推动物流基础设施发展，如表 6-13 所示。

表 6-13 《国际物流服务业发展行动计划》中与物流基础设施相关的推动措施

推动措施	具体内容
强化空港物流	● 扩建改善航厦，强化软件服务。 ● 办理桃园国际机场园区纲要计划。
港埠建设再造	● 推动《高雄港前镇商港区土地开发计划》，拓展港埠营运腹地。 ● 兴建"省道 7 号高雄段"，强化港口联外道路。 ● 规划海港及周边产业整体发展，进行中部设置传统产业物流及发货中心之可行性研究。
强化自由贸易港区发展	● 提升港区营运效能。 ● 强化港区制度功能，规划自由港区之土地配置。 ● 积极推动招商。 ● 建立跨境特区合作机制，促使绿色通道对接。

资料来源：台湾行政主管部门. 国际物流服务业发展行动计划（2010）.

（九）《"黄金十年"愿景》中涉及物流基础设施的相关内容

为全面推动台湾的软硬件基础设施建设，2012 年，台湾行政主管部门发布了《"黄金十年"愿景》，提出"便捷生活"和"海空枢纽"施政主轴，在《爱台 12 建设》基础上，就进一步推动物流基础设施建设，重点提出了三个方面的措施。

一是便捷交通。包括建构铁、公路复合运输服务系统；改善东部铁、公路，推动"花东线铁路瓶颈路段双轨化暨全线电气化""南回线电气化""台 9 线苏花公路山区路段改善"及"台 9 线南回公路后续改善"；完成西滨快速路网，形成第三条纵贯南北快速公路，健全 12 条东西向快速公路。

二是提升国际门户之国际竞争力。包括以桃园为核心，持续推动航空城计划，完成桃园国际机场第三期航厦建设，带动松山、高雄及其他两岸直航机场的发展；扩展桃园国际机场腹地，取得第三跑道及自由贸易港区之用地；以高雄港为旗舰港，推动洲际货柜中心建设，整体带动台湾国际商港群的国际运筹产业发展。

三是提升自由贸易港区经营效能，主要通过自由贸易港区结合"前店后厂"运筹策略，串连既有实体园区，扩大加工腹地，创造供应链与物流加值综效。

（十）《推动大型物流中心设置计划》

为引导民间开发能量，促进民间参与公共建设机制，推动大型物流中心设置，台湾经济主管部门提出《推动大型物流中心设置计划》。该计划执行期为2012～2015 年。

该计划的目标包括两部分：一是整合物流服务资源，强化物流发展基磐，通过本计划搜集相关闲置合规土地及协助排除的位于各部门主管限制（或禁止）地区的变更农地土地信息，积极促进产业投资效益，并协助解决物流业用地不足困境。二是引导民间开发能量，促进民间参与大型物流中心建设。

该计划的主要内容包括四个方面：一是岛内闲置的公（私）有土地或厂房信息搜集及提供，并定时更新所搜集的相关信息。二是协助物流业者购地前进行先期评估，并至少辅导完成 8 案业者先期评估作业，完成提供土地需求信息等辅导咨询作业，及至少辅导 1 案符合《促进民间参与公共建设法》中的"大型物流中心"规模业者投入资源办理申请。三是建置计划信息网页。四是协助相关部门研议制定、松绑物流用地规定及办理本计划的其他临时交办事项。

（十一）其他物流基础设施鼓励和支持政策

台湾较早采取 BOT 模式兴建物流基础设施，为继续鼓励民间资本参与物流基础设施建设，台湾早在 1994 年颁布《奖励民间参与交通建设条例》后，相继颁布了《民间机构参与交通建设免纳营利事业所得税办法》《民间机构参与交通建设适用投资抵减办法》《奖励民间参与交通建设使用公用土地租金优惠办法》和《奖励民间参与交通建设区段征收取得土地处理办法》等政策。2002 年又对其中部分规定进行修订，为民间机构投资物流基础设施提供了各种贷款优惠、税收减免和土地取得上的优惠。

五、物流配套环境政策

（一）海关通关政策

海关通关政策一直是台湾物流发展的重点之一。在 2000 年颁布的《全球运筹发展计划》中，明确将改善货物通关作业环境作为建设全球运筹中心的要点。随着全球化竞争的日益激烈，2002 年台湾推出《营运总部计划》，提出"规划自由贸易港区""建设贸易无纸化环境""简化通关签审作业程序"等优化物流海关通关环境的重点发展方向。在宏观政策的指导下，各主管部门相继颁布了具体的物流海关通关政策。

1. 《全球运筹发展计划》中涉及海关通关政策的内容

为消除企业发展在全球运筹管理中所遭遇的相关问题，使台湾成为国际供应链的重要环节，《全球运筹发展计划》将改善货物通关作业环境作为重要的推动措施。其具体措施如表 6-14 所示。

表 6-14　《全球运筹发展计划》中改善货物通关作业环境的具体措施

具体措施	执行事项	应增修规定及其他事项	预定进度
建立运筹业者经营环境	1.检讨运筹业者无法替在岛内无营业据点的公司提供发货服务之限制。	检讨修正《运输工具进出口通关办法》。	2000 年 12 月完成。
	2.建立物流中心公平竞争及便利的作业环境。	检讨《物流中心货物通关办法》中有关资本额限制，研议弹性保证金与责任保险办法。	2000 年 12 月完成。
提升货物在不同管制区域流通效率	1.整合空港、海港联运。	规划延伸高雄机场跑道长度，改善空运货物环境，并整合海空运复合运送系统，以扩大高雄港（海港、空港）运输。	2000 年 12 月完成。
	2.整合跨关区关务作业。	1.制定《转口货物关务作业要点》取代《海空联运转运暂行作业要点》。	2000 年 9 月完成。
		2.各关区关务作业及系统整合。	2000 年 3 月完成窗体作业整合及计算机系统整合。
	3.取消货物流通须押运的限制。	1.降低押运比例。	2000 年 3 月完成《押运制度改进方案研究》。

具体措施	执行事项	应增修规定及其他事项	预定进度
		2.推动港区内船舶驳转作业。	2000 年 9 月完成第一阶段作业，2002 年 6 月完成第二阶段作业。
		3.兴建高雄港区联络道路。	2005 年 12 月完成联络道路建设。
		4.短期：采取分级管理制度，对优良厂商准予免押运改以抽查方式代替。长期：修正海关管理货柜办法，研究以保证保险（Bond）、银行保证或押金方式来取代押运。	2000 年 12 月完成，2000 年 6 月提出具体实施方案。
机场通关作业时间配合业者需求	研究海关作业配合业者需求采取二班制。		2000 年 12 月提出具体实施方案。
健全保税货物作业环境	1.简化保税货物通关程序以及保税货物在不同保税区域间流通时的限制。	研究整合各保税区间货物申报作业。	2000 年 12 月提出具体改善措施。
	2.放宽管制区外自主管理保税仓库须为自有土地及建筑物的限制。	修订《保税仓库设立及管理办法》第 12 条。	2000 年 9 月完成。

资料来源：台湾行政主管部门. 全球运筹发展计划（2000）.

2. 《无障碍通关计划》

台湾"国际贸易局"于 2001 年 11 月发布《贸易便捷化/无纸化计划》，拟以 4 年时间完成贸易无纸化的准备与建置。2002 年 5 月底《贸易便捷化/无纸化计划》改名为《贸易便捷化/网络化计划》，并与《改善货物通关及保税作业环境计划》以及《航港信息系统建置计划》合并列为《营运总部计划》中的"无障碍通关"项下的三个子计划。

一是《贸易便捷化/网络化计划》。该子计划由台湾"国际贸易局"推动实施，预定目标于 2005 年达成贸易管理、货物通关、国际运输等环节贸易无纸化，同时配合货物通关、产地审查及流程简化，降低厂商的贸易成本并减少行政管制作业成本。计划的推动构架共分为四个层面，分别为塑造数字贸易环境、建置签审通关服务窗口、网络介接辅导推广、建立国际接轨机制。计划指出，方案的执行应着重从贸易便捷化整体规划报告、贸易咨询处理中心营运评估分析、先导系统建置规划、民间使用者推广规划、行政部门贸易文件与流程简化五个方面入手，缩短进口广义通关平均时间，节省贸易处理成本，从而达到作业自动化、信息整合化、信息透明化及环境全球化的策略目标。

二是《改善货物通关及保税作业环境计划》。该子计划由台湾"关税总局"推动实施。计划的短期目标在于推动单一窗口示范建设，规划推动检验与保管整合作业，提升通关作业无纸化比例。长期目标在于实现海关联机系统再造。计划执行内容主要包括三个方面：（1）建置网际网络报关作业环境及海关应用服务提供商（Application Service Provider，简称 ASP）报关软件服务中心，实现通过互联网直接向海关联系报关；（2）建置海关通关电子闸门；（3）建置通关作业实地备援系统，提供全年无休每天 24 小时不中断的通关服务。

三是《航港信息系统建置计划》。该子计划由台湾交通主管部门推动实施，主要包括以下执行要点：（1）航港整体策略规划；（2）航港自动化作业流程统一及简化；（3）航港电子化作业数据交换标准制定；（4）标准与规定配合措施；（5）航港应用系统规划与开发。通过该计划，以期达到"2003 年完成港行内部作业自动化、电子化；2004 年与通关、贸易及金流网络整合联机；2005 年达成航港与贸易无纸化、便捷化"的阶段性目标。

《无障碍通关计划》的执行，使台湾在贸易便捷化方面取得重大进步。随着国际贸易的发展与变迁，除"便捷"外，"安全"问题也日益重要，贸易安全与便捷的发展成为经贸政策的重要方面。

3.《自由贸易港区推动方案》

为突破海关在保税区域间作业的瓶颈，有关方面提出建设和发展自由贸易港区，并将其作为台湾海空港运作面自由化制度修正的试点。2002 年，在《全球运筹发展计划》的指导下，台湾有关方面颁布了《自由贸易港区推动方案》。2002 年 5 月《营运总部计划》将发展自由贸易港区作为计划重点，凸显了自由贸易港区建设的重要性。

自由贸易港区位于港口或机场等管制区或毗邻地区，划设"境内关外"区域，通过缩减关税领域、放松行政管制，并规范事业单位建构货物控管、计算机联机通关及账务处理的自主管理系统，以"信息传送代替文件申请""科技代替人工控管"的方式，让业者能在便捷的人流、物流环境下，达成运用全球资源、快速响应市场需求的目标，进而提升企业竞争力。

该方案提出，将已有的台湾国际海空港管制范围及毗邻国际海空港地区划设为自由贸易港区的优先推动对象，通过调整相关行政规则，吸收先进国家（地区）的推动发展经验，建设具有"商品流通、商务人士进出、深层次加工"三种功能的自由贸易港区。

另外，台湾还协助业者解决各项营运议题，并实施多项推动策略，赋予了自由贸易港区更灵活、多元的功能。自由贸易港区建设的推动策略如表 6-15 所示。

表 6-15　自由贸易港区建设的推动策略

推动策略	具体内容
便捷人货流通	● 在货物流通中，规定以"通报"代替"通关"，采用"跨关区报关"作业模式，引进"按月报关"制度。在区内货物可存储无期限、可区内流通交易，并制定货物跨区运送的控管机制，提升海空联运的关务效率。 ● 便捷商务人士入境，并且制定《大陆地区人民来台从事商务活动许可办法》，规定大陆人民可通过自由贸易港区事业代为申请，来台从事相关商务活动。
降低营运成本	● 在劳动条件方面，放宽自由贸易港区事业雇用外劳比例，最高可达40%；针对缺工问题，由劳委会职业训练局设立单一窗口；提出配套措施，达成自由贸易港区事业进驻条件合理化。 ● 在租税方面，针对不同贸易情况，自由贸易港区采取以下优惠措施：由课税区运入的供营运的货物、机器、设备，可申请减免或退还关税、货物税及烟酒税等；自由贸易港区事业货物经加工、制造等运往课税区，按出区时价值扣除附加价值课征关税；运往岛外或课税区的货物及由课税区或保税区运入的货物，免收推广贸易服务费；保税区货物进出自由贸易港区，免征营业税。 ● 针对一些特殊情况，自由贸易港区对有关营利事业还推行免征所得税、营业税税率为零的政策。
强化营运自由度	● 将自由贸易港区事业主体分为申设主体和营运主体两种类型；放宽检测货物的免税范围；放宽委托加工条件；提供港区事业办理年度存货盘点的务实做法；放宽货物标示规定。 ● 港区事业允许以先行通关完税方式进储岛外货物；港区事业可以进储未开放大陆物品。
提升服务效能	● 推动"单一窗口"行政管理；简化账册管理；简化车辆出入区管制；简化港区事业筹设审查流程。

资料来源：根据台湾《自由贸易港区推动方案》（2002）整理。

4. 《建构优质经贸网络计划》

2009 年台湾有关方面制定推出了《建构优质经贸网络计划》。该计划在《无障碍通关计划》已有成果上进行了推广，并从"便捷化"和"安全化"两大方面推动台湾经贸进一步发展。该计划定位为动态性计划，包含以下三个子计划：

一是贸易便捷计划。该子计划由经济主管部门主导，主要内容包括业务程序整合与作业简化和进出口程序便捷化两个方面。在业务程序整合与作业简化过程中实施的措施包括：松绑经贸规定，营造台湾在国际间有力的竞争环境；持续简化进出口管理作业流程与相关文件，强化贸易流程的便捷性；建立台湾经贸信息核心组件文档库，从而深化各项业务的电子化作业。在进出口程序便捷化方面，执行重点在于建立 AEO 通关便捷机制和风险管理与厂商分级管理制度。

二是贸易安全计划。该子计划由财政主管部门主导，主要措施包括：（1）建立进出口商品管理机制，参加主要国际标准化组织活动，修订台湾相关规定，遵循国际安全标准；（2）检讨台湾现行风险管理机制，建立国际海关合作，加强关务风险管理；（3）加强现代化查验技术的应用，整合保安管控制度，建立货物移动的无缝式监控机制，实现安全空管方法的改善。

三是智慧环境计划。该子计划由交通主管部门主导，主要措施包括：（1）以积极性的产业支持服务代替消极性的管理，提升单一窗口功能，并以政府对政府（G2G）、企业对政府（B2G）间的业务处理为主轴，建置单一窗口；（2）通过持续带动多项经贸体系的基础建设以及建置完善智慧化与行动化的通关系统，强化安全供应链的基础建设。

另外，《建构优质经贸网络计划》还提出通过建立国际相互承认与合作机制、强化国际电子文件的安全查核、相关规定与国际接轨等措施，在台湾建立国际化的合作机制。《建构优质经贸网络计划》加速了贸易、通关及港口作业实效，为台湾运筹产业发展创造了空间。

台湾海关通关部分政策情况如表 6-16 所示。

表 6-16 台湾海关通关部分政策情况

政策文件名称及颁布时间	政策重点
《全球运筹发展计划》（2000）	● 执行期：相关行政机关应完成行政命令及行政措施之修正，应于1年内（2000年）完成，其余修正及硬件建设部分依具体推动措施所定的预定进度办理。 ● 改善货物通关作业环境的措施：建立运筹业者经营环境，提升货物在不同管制区域流通效率，机场通关作业时间配合业者需求，健全保税货物作业环境。
《无障碍通关计划》（2002）	● 执行期：2002～2005年。 ● 目标：到2005年，实现贸易无纸化，全面简化贸易程序，便利厂商资料一次输入全程使用。 ● 贸易便捷化网络化计划：建设通关服务窗口，完成文件标准化、标准信息建置引导，实现签审机关与便捷网之间的电子介接。 ● 完善货物通关及保税作业环境计划：建置通关电子闸门、通关签审信息交换系统等。 ● 航港信息系统建置计划：建置航港单一窗口服务平台和电子支付暨电子发票系统，改造航政监理流程，导入凭证验证功能等。
《自由贸易港区推动方案》（2002）	● 执行期：2002年至今。 ● 目标：延伸全球运筹发展计划既有成果，持续推动自由化、国际化工作；迎接亚太邻近国家积极设置自由贸易港区之挑战；松绑现行转口、加工再出口管制作业；促进高附加价值贸易活动之发展；活络港口、机场相关范围营运效益。 ● 推动做法：先将现有国际海空港管制范围及毗邻国际海空港地区划设为自由贸易港区的优先推动对象；调整相关行政规则，借以规范自由贸易港区的营运、管理及制定相关罚则；搜集先进国家推动自由港及自由贸易区发展经验，并研究可供借鉴之处。
《建构优质经贸网络计划》（2009）	● 执行期：2009～2012年。 ● 目标：增强边界管制的整合效益，提升运筹作业效率，构建优质的经贸环境，逐步达成"便捷通关、安全把关"。 ● 贸易便捷计划：深化进口管理；完善出口管理模式。 ● 贸易安全计划：预报货物资讯；建置优质企业认证及管理机制；确保货物安全转移；查验技术现代化。 ● 智慧环境计划：海关港口贸易单一窗口化；建置台湾经贸信息核心组件文件库；安全智慧化海港和空港。

资料来源：本研究整理。

（二）物流信息化与标准化政策

台湾十分重视物流信息化的发展，在《全球运筹发展计划》《营运总部计划》等计划中，均提出了物流信息化的具体要求，明确了各阶段的发展目标及任务。同时，有关部门也陆续颁布了具体的信息化政策，为贸易发展、产业发展、技术推广等提供有力支持。

1.《推动信息业电子化计划》

1999 年 6 月，台湾行政主管部门通过《产业自动化及电子化推动方案》，并由经济主管部门研拟《推动信息业电子化计划》。《推动信息业电子化计划》作为《产业自动化及电子化推动方案》的标杆计划，自 1999 年 7 月 1 日起实施，至 2001 年 12 月 31 日完成。该计划强化了信息业企业间产品供应链的电子化作业能力，以信息业为推动标杆，规划了完整的推动计划，建立供应链体系 20～30 个，解决了台湾地区推动产业电子化环境面与制度面的瓶颈。

《推动信息业电子化计划》根据对象的不同，分为 A、B 两类计划。A 计划由国际信息产品采购商结合台湾信息业的重要厂商、电子化服务业者共同提出。A 计划的实施使台湾共建立了 3 个国际性电子化供应链体系，有效地同国际采购体系实现了接轨，促使台湾信息产品供应商实现了转型，提早加入了国际买家体系，确保了台湾信息产业在电子化接单方面的优势。同时，国际性电子化供应链体系的有效运作，一方面为国际厂商与台湾中心厂之间进行正确信息交换提供了保障；另一方面提升了物流作业效率，节省了成本，带动了台湾采购金额的增长。B 计划由台湾信息产品或关键零组件的供应链主导厂商结合其供货商组成的供应链体系提出。计划中导入 RN（Rosetta Net）国际标准作为跨体系数据交换的共通应用标准，解决了 B2B 跨体系中多对多电子数据交换的问题。B 计划的实施使台湾共建立了 15 个地区性电子化供应链体系，使信息产业企业对企业的电子化作业观念与实际运作得到落实，大幅提升了厂商的营运效益和产业整体竞争力。

A、B 计划从策略面、形象面、环境面与产业面四个方面推动了台湾产业电子化发展，主要体现为：（1）策略面。促进国际主要采购商与台湾信息主导厂商建立企业间供应链体系和电子商务关系，增强信息业竞争力；以资助台湾岛内信息产品或关键零组件的供应链主导厂商的机制，带动零组件供货商共同参与各供应链体系，进一步提升中小企业的电子化作业能力；协商制定国际开放式标准与技术，解决中心厂与供货商之间 B2B 跨体系联机问题；扶植台湾地区信息相关业者制定中小企业电子化解决方案。（2）形象面。提升台湾整体 e 化形象，提升国际能见度。（3）环境面。构建台湾产业 e 化基础环境，强化制定国际产业标准的能力。（4）产业面。A 计划构建 3 个国际性电子化供应链体系，B 计划构建 15 个台湾地区电子化供应链体系。

2.《产业电子化 CDE 计划》

2001 年，为进一步扩大《推动信息业电子化计划》中电子供应链的应用范围，保持台湾信息业的竞争优势，促使台湾成为高附加价值全球运筹中心，台湾经济主管部门结合产学研各界力量推出《产业电子化 CDE 计划》。

在既有电子化供应链体系基础上，《产业电子化 CDE 计划》坚持示范性信息应用开发计划补助方式，进一步整合物流和金流，协助信息电子及半导体产业优先解决跨国（地区）性的金流、物流及协同设计的需求。计划提出两方面推动策略：（1）鼓励信息电子及半导体产业领导厂商引领金流、物流电子化服务应用或协同研发设计，加速金流、物流与信息流的整合；（2）鼓励金流、物流及信息服务业者积极投入建构符合产业应用需求的电子化服务，加速企业间电子商务应用环境的发展。同时，明确了"辅导产业导入金流、物流电子化服务或研发设计协同作业，增进研发设计能力"等目标。

其中，C（Cash）计划以电子化供应链上的交易信息为基础，推动全球收付款、销对账、多行账户整合、在线融资等业务的发展。计划的实施促成了多种金融商品、多行融资机制、多国金流运作三种创新金流模式的形成，从而满足了信息大厂台湾接单、全球生产、全球交货所产生的金流服务需求。D（Delivery）计划串连了岛外买主、台湾原料供货商、中心制造厂商及物流服务业者的整体物流环境，共同解决了台湾内外复杂的运送及通关作业问题，建立了产业间信息透明的物流电子化网络。E（Engineering）计划主要工作在于提升企业跨地区跨时区的研发设计能力，建立与客户、供货商、技术设计伙伴产品开发的协同设计互动模式，并借由信息技术及流程变革的应用，缩短新产品上市与量产时间，发挥产业合作综效，带动厂商朝价值链创新与产品研发的方向发展。

D 计划作为物流方面的推动计划，着重于从国际品牌大厂和岛内中心厂的角度来看本身物流方面的需求，用专案补助的机制来协助厂商实现物流电子化以增进物流效率，并希望能同时推动产业物流的信息流相关标准的建立。由于计划覆盖面广，运作环境复杂，以及参与商之间物流信息透明的需求，相关业者于 2001 年 10 月开始筹组了产业电子化 D 计划的用户组（Users Group）。2002年 4 月，在此基础上加入了应用服务提供商，并每月举行用户组会议，陆续完成组织架构及运作机制细节规划，协助落实标准推动工作，并对 D 计划推动范畴内的相关环境、规定方面待改善事项提出建议，最终成立信息业全球运筹 e 化联盟。信息业全球运筹 e 化联盟不仅制定了 D 计划中与作业相关的共同规格以及将共同规格导入验收作业的执行准则，而且在推广 D 计划成果方面做出了巨大贡献。联盟通过举办公开说明会、鼓励并协助岛内软件业参与开发、参加物流信息国际标准制定、鼓励产学研各界协同合作等措施，推动 D 计划实施，快速提升了台湾地区物流业的电子化能力。

3.《产业全球运筹电子化深化计划》

2003 年，台湾在《营运总部计划》中下设《产业全球运筹电子化深化计划》，继续辅导台湾地区重点产业领导厂商，建构体系同步运作的全球运筹管理电子化神经网络与决策支持系统，强化企业全球运筹管理能力并提升体系整体运作效能，以期达成"台湾接单，全球制造配送，台湾成为企业全球营运决策枢纽"的计划愿景。

《产业全球运筹电子化深化计划》筛选重点产业进行推动，以布局全球或具全球运筹需求的产业为先，重点在于强化企业"全球采购、全球制造、全球配送"等运筹管理能力，从而进一步设置企业营运总部，促进企业的转型，提高附加价值。具体推动策略包括以下方面：（1）鼓励产业中具备全球运筹管理需求与能力的产业链体系中心厂向价值链两端延伸，进行电子化整合应用，提升供应链体系整体竞争力；鼓励 e 化基础较佳且具一定规模及影响力的外围和零组件供货商，同步导入金流、物流及设计流等电子化基础应用，强化整体供应链运作效率并惠及上游原物料供货商。（2）提早投入相关解决方案的研究发展，鼓励台湾信息服务业者联合系统应用单位共同参与提案。（3）解决跨体系或跨产业信息交换鼓励标准及信息共享平台架构的普及应用。

经过 2003 年到 2006 年底三年的执行，辅导了纺织业、机械业、通路业、物流业、车辆业等多个产业建立全球 e 化标杆。在物流业方面，促成 11 家物流业者与资服厂商联合提案，建构产业基础建设，提升物流业 e 化水平与竞争优势。主要表现为：建立了 Rosetta Net 国际标准物流模式，建置并推广了全球货况追踪系统（SIG）及物流服务供应商（LSP）与各航商的信息交换平台（e-Service Center），通过集线器对集线器（Hub to Hub）联机构架，解决了以往复杂的联机方式，提高了信息交换的流畅性。总体来说，该计划的实施促使了各体系间进行合作与协同服务，实现了产业和国际系统衔接的整合，提升了台湾物流业的运筹能力和行业竞争力。

4.《物流业 e 化辅导计划》

随着物流业由传统零散作业到信息化整合作业的转型，台湾加强了物流业 e 化的辅导和建设。在《台湾信息通信发展方案》以及《营运总部计划》中，都突出强调物流信息化建设的重要性，并将物流 e 化列为推动的工作重点之一。

2001 年 12 月，台湾行政主管部门通过《台湾信息通信发展方案》。有关部门在该方案的指导下颁布了《物流业 e 化辅导计划》。计划目的是通过促进产业上、中、下游企业应用商业电子化，并配合不同产业特性、市场规模，提供多元化的应用方案，使各企业朝向最适的电子商务（e-Business）应用架构发展；实现物流业 e 化效益，提升商业流通效率，以建置知识型流通产业环境，强化产业竞争力；结合形成"物流 e 化体系"，带动台湾地区流通、制造、营销等领域朝跨产业电子化合作应用的方向发展，创造完整的商业营运综效。

在建立具有示范性物流业 e 化应用案例的过程中，计划主要运用提供辅导专用款项，举办研讨会、高峰论坛与成果发表会，发行成果汇编与 e 企业简讯，建立物流业 e 化规划及信息服务厂商电子数据库，建置物流业 e 化服务资源网络，汇整研究物流业 e 化商业模型六项措施，通过"累积及加值物流 e 化智识库，发挥推广乘数效果""整合物流 e 化专家智囊团队，审查与辅导相辅相成""善用物流 e 化服务网络，强化互动之辅导综效"三方面的改进，实现物流业产、销、储、运及技术的整合，推动物流业电子化发展。经过 2002 年到 2003 年两年的执行，共辅导 20 个体系，带动 592 家企业成功导入物流 e 化应用。

5.《全球商业链整合及物流运筹 e 化计划》

为使台湾物流业者具备整合性、高附加价值及高效率的服务能力，建构台湾物流的数字环境，并成就台湾成为"全球运筹中心"的愿景，台湾不仅积极推动物流产业电子化辅导，而且鼓励业者建立水平及垂直的物流联盟合作关系，以提升企业竞争优势并完善快速成长转型的机制。2003 年，台湾经济主管部门颁布《全球商业链整合及物流运筹 e 化计划》，协助物流业者强化企业服务能力，促使供应链、需求链信息交换更为紧密与实时，扩大经营范围及提升经营效率。

为了促使物流产业提高信息交换效率、提高货物能见度、提高物流服务附加价值、降低企业营运成本、拥有建立物流产业三高一低的全球竞争力，该计划自颁布以来，分别从基础环境、标准制定、产业辅导、人才培训、e 化推广五个方面进行政策的推动。同时，针对不同规模的物流业者，拟定了短、中期辅导策略。针对中小型物流业者，通过辅导建置协同共享平台与其他物流业者进行联机，以节省中小型物流业者 e 化建置成本；针对规模较大且具备基础 e 化能力的物流业者，辅导其加强与上下游体系的合作；期望岛内物流业者扩大经营规模，以策略联盟为手段，调整岛内物流产业结构，鼓励业者进行核心业务互补结盟、流程整并、信息分享，以扩大经营规模及服务范围，集中整合产业能量，并与岛外大型物流业者相抗衡。

该计划为 4 年推动计划。第一年提升物流业者的信息应用能力；第二年鼓励台湾地区物流业者投入体系的电子化应用，并与岛外物流平台建立合作；第三年辅导物流业策略联盟示范案例；第四年持续推动物流业策略联盟。通过逐步推动，实现了建置物流基磐环境、构建协同共享平台、形成策略联盟、人才培养及推广、提升物流服务业信息化及电子化应用能力的总体目标。

6.《物流资讯网计划》

在经贸全球化与自由化的影响下，台湾兴起以知识为驱动力的新经济模式——知识经济。台湾为满足知识经济发展的需要，颁布《知识经济发展方案》，通过资讯和知识的应用，促进新兴产业发展。

在物流业方面，为贯彻《知识经济发展方案》，台湾有关方面于 2003 年颁布实施了《物流资讯网计划》。《物流资讯网计划》既是物流产业知识的专项计划，也是《物流产业知识化计划》的第一年计划，其目标在于促进物流产业知识的流通与应用，以缩短物流业者的信息取得时间及降低成本，并提供加值的信息与知识内容，以期符合产业实务应用所需。

物流资讯网主要包括知识库、资料库及物流动态三个方面内容，具有三大特色：一是产业导向，通过完整且多层次的物流产业分类架构的建立，提供物流专业知识内容的分类基础；二是内容的整合性，基本上物流信息网的价值不在于创造专业知识内容，而在于通过专业知识内容的整合与加值来服务产业界；三是友善的查询接口，各知识库与数据库皆为用户设计了适合于不同查询目的的操作接口，而接口操作的便利性与流畅感也是该网站的优点。

物流资讯网的建置整合了物流产业相关领域资讯，提供了更具附加价值的产业资讯，为岛内物流产业提供了一个良好而专业的知识内容分享环境。

7.《Auto-ID 基磐与应用整合计划》

RFID 技术的应用推广是台湾物流信息化发展的重要方面。鉴于自动识别（Auto-ID）有可能演变为未来趋势，2003 年台湾有关方面在《物流及流通应用整合发展计划》下实施《RFID 嵌入载具容器发展计划》，成立了 RFID 载具容器规范小组，并对 RFID 运用于载具容器上的相关议题进行了探讨。

由于 2003 年《RFID 嵌入载具容器发展计划》执行成果显著，2004 年台湾经济主管部门颁布了《产业物流发展暨国际接轨推动计划》。其中，《Auto-ID 基磐与应用整合计划》继续推动了 RFID 的应用，提高了 RFID 在台湾产业中的应用效益，加快了产业发展，使其产业在国际上更有竞争实力。

《Auto-ID 基磐与应用整合计划》覆盖面较广，其重点主要包括以下八个方面：（1）通过举办 RFID 应用论坛与国际研讨会，实现 RFID 技术的推广宣传；（2）推动电信规定开放超高频（UHF）频段，完善电信规定环境；（3）推动成立 RFID 研发与产业应用联盟；（4）深入研究 RFID 商业应用模式；（5）进行 RFID 应用于产品、载具容器等的可行性测试；（6）协助厂商进行 RFID 产业应用的可行性评估与规划辅导；（7）针对业界 RFID 应用需求，实施 RFID 先导性实地测试辅导；（8）建立 RFID 先导性物流追踪测试系统。其中，RFID 先导性物流追踪测试系统辅导是针对 RFID 物流应用需求，由工研院联合提案厂商共同合作构建的。台湾地区信息化程度不断提升，通关信息也日趋电子化、自动化，但物品信息仍未实现跟随着物品在市场的移动随时精准记录，进而造成时间的延迟或人力成本的额外付出。为此，辅导计划提出将带有物品信息的 RFID 标签附着于物品上，并通过企业、工研院等联合执行及测试，验证了 RFID 电子卷标应用于货柜和国际货物追踪的可行性，便于实现实体物流与信息流同步化。

台湾物流信息化和标准化部分政策情况如表 6-17 所示。

表 6-17　台湾物流信息化和标准化部分政策情况

政策文件名称 与颁布时间	政策重点
《推动信息业电子化计划》（又称《信息业电子化 AB 计划》）（1999）	● 执行期：1999～2001 年。 ● 从策略面、形象面、环境面与产业面四个方面推动台湾产业电子化发展。 ● A 计划：构建 3 个国际性电子化供应链体系。 ● B 计划：构建 15 个台湾地区电子化供应链体系。

政策文件名称与颁布时间	政策重点
《产业电子化 CDE 计划》（2001）	<ul><li>执行期：2001～2003 年。</li><li>目标：进一步整合物流和金流，协助信息电子及半导体产业优先解决跨国（地区）性的金流、物流及协同设计的需求。</li><li>C 计划：以电子化供应链上的交易信息为基础，推动全球收付款、销对账、多行账户整合、在线融资等业务的发展。</li><li>D 计划：串连了岛外买主、台湾原料供货商、中心制造厂商及物流服务业者的整体物流环境，共同解决台湾内外复杂的运送及通关作业问题，建立了产业间信息透明的物流电子化网络。</li><li>E 计划：建立与客户、供货商、技术设计伙伴产品开发的协同设计互动模式，并借由信息技术及流程变革的应用，缩短新产品上市与量产时间，发挥产业合作综效，带动厂商朝价值链创新与产品研发的方向发展。</li></ul>
《产业全球运筹电子化深化计划》（2003）	<ul><li>执行期：2003～2006 年。</li><li>目标：辅导推动 20 个体系电子化标杆，通过前瞻性的信息应用架构，带动产业上下游之信息应用整合，并借由全球采购、全球制造、全球配送等运作模式，建构全球运筹管理之产业示范应用。</li><li>在物流业方面，计划促成 11 家物流业者与资服厂商联合提案，建构产业基础建设，提升物流业 e 化水平与竞争优势。</li></ul>
《物流业 e 化辅导计划》（2002）	<ul><li>执行期：2002～2003 年。</li><li>目标：通过促进产业上、中、下游企业应用商业电子化，并配合不同产业特性、市场规模，提供多元化的应用方案，使各企业朝向最适的 e-Business 应用架构发展；实现物流业 e 化效益，提高商业流通效率，以建置知识型流通产业环境，强化产业竞争力；结合形成"物流 e 化体系"，带动台湾地区流通、制造、营销等领域朝跨产业电子化合作应用方向发展，创造完整的商业营运综效。</li></ul>
《全球商业链整合及物流运筹 e 化计划》（2003）	<ul><li>执行期：2003～2006 年。</li><li>目标：全面提升物流服务业之信息化及电子化应用能力。通过辅导建立物流协同共享平台、促进物流联盟成形、协助提升企业间电子化能力，使物流产业提高信息交换效率、提高货物能见度、提高物流服务附加价值、降低企业营运成本，以强化物流服务业的服务效能及水平，建立物流产业三高一低的全球竞争力。</li></ul>
《物流资讯网计划》（2003）	<ul><li>执行期：2003 年。</li><li>目标：促进物流产业知识的流通与应用，以缩短物流业者的信息取得时间及降低成本，并提供加值的信息与知识内容，以期符合产业实务应用所需。</li><li>物流资讯网主要包括知识库、资料库及物流动态。</li></ul>
《Auto-ID 基磐与应用整合计划》（2004）	<ul><li>执行期：2004 年。</li><li>目标：推动 RFID 的应用，提高 RFID 在台湾产业中的应用效益，加快产业发展，使产业在国际上更有竞争力。</li><li>物流方面的重点：建立 RFID 先导性物流追踪测试系统。</li></ul>

资料来源：本研究整理。

第七章 两岸物流合作及政策现状

1992 年，海峡两岸海协会和海基会达成了"海峡两岸均坚持一个中国原则"的共识，这对于两岸建立基本互信、开展对话协商、改善和发展两岸关系发挥了不可替代的重要作用。随着两岸"三通"政策及《海峡两岸经济合作框架协议》（ECFA）的逐步推行，两岸间的投资与经贸往来日益密切，经济合作领域不断拓展，物流领域合作加快推进，已逐渐形成了全方位、宽领域、深层次的合作格局。

第一节 两岸经贸发展现状

两岸经济有着较强的互补性。台湾具有资金、技术、管理、经营等方面的优势，劳动生产率较高，服务业相对发达。大陆具有劳动力资源丰富、经济持续高增长、市场容量及潜力巨大、区域梯次发展、腹地广阔等优势。近些年，在两岸投资带动下，两岸经贸快速成长。

一、两岸投资的发展历程与现状

（一）台商投资大陆的发展历程与现状

1987 年，台湾开放民众赴大陆探亲，使得两岸长期互不往来的局面开始松动，部分台商开始尝试性地前往大陆投资。1988 年 7 月，大陆公布《关于鼓励台湾同胞投资的规定》，明确规定对台商之优惠措施可以比照外商，以及台商可适用涉外经济法规。1989 年，大陆承认台资在大陆沿海地区的土地开发经营权，以及对公司股票、债券、不动产的购买权，从此正式开启了台商投资大陆的大门。

1992 年之前，台商投资大陆的数量少、规模小，投资形式以合资与合作为主，大部分集中在广东沿海、福建及江浙一带。到 1991 年，投资项目仅有 1735 项，合同金额 13.9 亿美元。台商投资大陆的第一个高潮出现在 1992～1996 年间，投资项目数累计 31656 个，合同金额累计 318.9 亿美元。

1997 年 5 月，台湾颁布新版《企业对大陆地区投资审查办法》，将重大基础建设列为禁止类项目。这一政策限制了台湾企业来大陆投资，导致接下来的几年台商赴大陆投资的项目数和合同金额都没有明显的增长。

进入 21 世纪，台商投资大陆出现了第二个高潮。面对加入世界贸易组织（WTO）的客观条件以及岛内的压力，台湾调整了投资政策，简化了对大陆的投资审查标准，放宽了投资上限，把上市、上柜公司赴大陆投资占总资产的比重由 20% 放宽到 40%。此外，还允许台湾企业不必通过第三地进行间接投资，而是可以直接投资祖国大陆。

2010 年，两岸签署《海峡两岸经济合作框架协议》（Economic Cooperation Framework Agreement，简称 ECFA）后，在经济、贸易和投资等领域的合作得到了进一步加强。截至 2012 年底，大陆累计批准台资项目 88001 个，实际利用台资 570.5 亿美元。[1]2000～2012 年台商投资大陆情况如表 7-1 所示。

表 7-1　2000～2012 年台商投资大陆情况

年份	项目数		实际使用台资金额	
	个数	同比（%）	金额（亿美元）	同比（%）
2000	3108	24.4	23.0	-11.7
2001	4214	35.6	29.8	29.8
2002	4853	15.2	39.7	33.3
2003	4495	-7.4	33.8	-14.9
2004	4002	-11.0	31.2	-7.7
2005	3907	-2.4	21.6	-31.0
2006	3752	-4.0	21.4	-0.7
2007	3299	-12.1	17.7	-20.4
2008	2360	-28.5	19.0	7.0
2009	2555	8.3	18.8	-1.0
2010	3072	20.2	24.8	31.7
2011	2639	-14.1	21.8	-11.81
2012	2229	-15.5	28.5	30.4

资料来源：商务部台港澳司 "台商投资大陆统计表（2000～2009 年）"、2010～2012 年 "1～12 月大陆与台湾贸易、投资情况"。

---

[1] 商务部台港澳司. 2012 年 1～12 月大陆与台湾贸易、投资情况. 2013-01-30.

1991 年至 2009 年，台商对大陆投资分布的地区主要为东部沿海地区，主要省份投资比例如图 7-1 所示。按照投资产业的分布看，各个主要产业投资比例如图 7-2 所示。

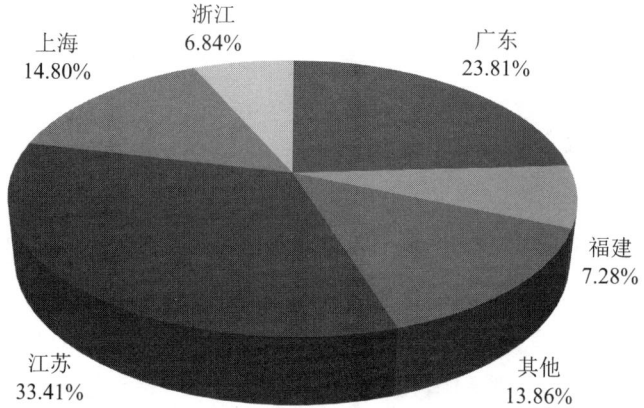

图 7-1　1991 年至 2009 年 7 月台商投资大陆主要省份的投资比例

资料来源：根据台湾经济主管部门每月"核准侨外投资、陆资来台投资、岛外投资、对大陆投资统计新闻稿"整理。

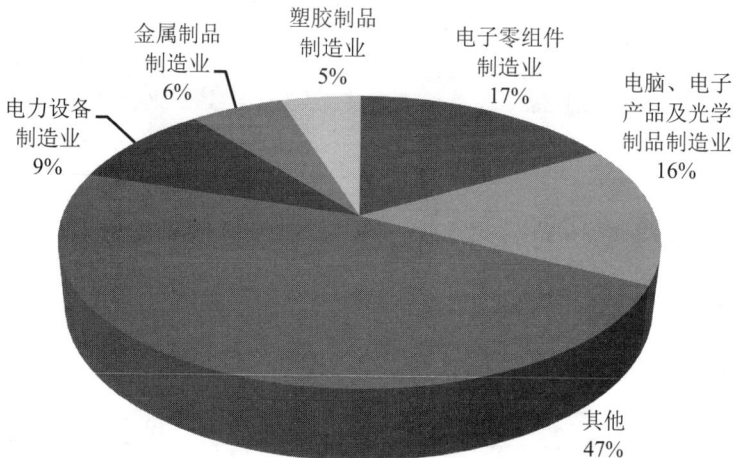

图 7-2　1991 年至 2009 年 7 月台商投资大陆主要产业的投资比例

资料来源：根据台湾经济主管部门每月"核准侨外投资、陆资来台投资、岛外投资、对大陆投资统计新闻稿"整理。

近年来，在大陆投资的台商一直进行着地域上的扩张以及产业方面的转型，呈现从南向北、从东向西、从沿海到内地的逐渐转移的趋势，只是转移的程度与速度各地有所不同。台湾有关部门2011年公布的统计数据显示，台商对大陆投资区域由东南沿海向西部地区转移的情况显著，2007年至2009年台商在四川和重庆的投资额年均约1.5亿美元，2010年增加到8.2亿美元，2011年提升至13.8亿美元。[1]

（二）大陆赴台投资的发展历程与现状

2009年6月30日，台湾公布《大陆地区人民来台投资许可办法》《大陆地区之营利事业在台设立分公司或办事处许可办法》，开放大陆资金赴台投资，两岸由单向投资过渡到双向投资。与此同时，台湾出台了人员进出、求学、就医、金融业务往来和不动产投资等方面的配套政策。2010年11月23日，国家发展改革委发布了《大陆企业赴台湾地区投资管理办法》，大陆企业赴台投资进入正式实施阶段，两岸逐步实现双方各种生产要素的流动。

两岸政策的相继出台，提升了大陆企业赴台投资的意愿，许多企业加紧赴台投资的行动或准备。大陆企业赴台投资包括中国移动斥资40亿港元收购台湾第三大移动通信运营商——台湾远传电信12%的股权；吉利汽车、奇瑞汽车分别与台湾裕隆集团、台湾胜荣汽车工业有限公司就引进汽车车型本地销售达成协议。中国国际航空公司、全聚德等大陆多个行业业者也就设立台湾分公司或与台湾业者合作加快了向相关主管部门申报投资许可的进度。[2]

就开放大陆企业赴台投资项目而言，第一阶段共开放192个项目，分别为制造业64项、服务业117项、公共建设11项，但不包含独占和寡占行业、高科技敏感产业、电力、无线电等项目。作为直接投资的一种方式，大陆企业可在台湾开设分公司或办事处。设立分公司或办事处应依据《大陆地区之营利事业在台设立分公司或办事处许可办法》。[3]

2010年5月20日，台湾方面又开放了银行、证券、期货等12个项目。随着ECFA的签订，台湾更多的项目开始向陆资开放。自2011年3月7日起，第二阶段开放了42项业别项目，包括制造业25项、服务业8项以及公共建设（非

---

① 2011年"核准对大陆地区投资概况分析". 2012-01-20.

② 根据《台湾开放大陆资本赴台投资业别项目》《大陆地区人民来台投资许可办法》和《大陆地区之营利事业在台设立分公司或办事处许可办法》整理。

③ 同上。

承揽）9项。2012年3月，台湾新增开放陆资赴台投资项目161项，包括制造业115项、服务业23项及公共建设23项，农业仍未开放。至此，制造业部分已开放204项，开放幅度由原来的42%大幅放宽至97%；服务业部分已开放161项，开放幅度达51%；公共建设（非承揽）部分对陆资共计开放43项，开放幅度达到51%。

2012年3月19日，台湾公布并实施第三阶段开放大陆资金赴台投资的相关规定，在此前分别于2009年6月和2011年3月两阶段已开放247项的基础上，新增开放161个产业项目，使台对大陆开放项目占总投资项目比重提高至67%。

自台湾开放陆资入台投资以来，截至2012年底，台湾核准陆资入台投资案342件，投资金额约5.03亿美元。2012年增长最快，投资件数较2011年增加35.29%，投资金额增长650.11%。①已有126家大陆企业赴台设立了公司或代表机构，投资金额达3.16亿美元，涵盖批发零售、物流、通信、餐饮、塑胶制品、旅游、金融等多个行业。交通银行、中国银行分别以新台币15亿元、12亿元赴台申设分行，中国远洋、中国海运和招商局合资成立的政龙投资以新台币40.5亿元参股高雄港高明码头。这三大关键投资案占整体陆资赴台投资比重逾七成。2009～2012年陆资入台投资项目数和投资总金额如表7-2所示。

表7-2　2009～2012年陆资入台投资项目情况

年份	项目数（个）	投资金额（亿美元）
2009	23	0.375
2010	79	0.943
2011	102	0.437
2012	138	3.281

资料来源：台湾经济主管部门。

二、两岸贸易的发展历程与现状

两岸间投资规模的不断扩大，直接推动了两岸间贸易的繁荣。尤其是在经济全球化背景下，大陆政策的不断推动和台湾工商界的积极参与，使得两岸贸

---

① 台湾经济主管部门每月发布的"核准侨外投资、陆资来台投资、岛外投资、对大陆投资统计新闻稿"。

易经历了从封闭到开放、从对峙到合作的过程。

两岸的经贸交流从 1979 年开始，至今已经历 30 多年的发展。其间经历了从单一的商品贸易到投资和贸易并举的转变，经历了从小额投资到大规模投资、从小额贸易到大规模贸易的发展，贸易额从 1979 年的 0.8 亿美元激增到 2012 年的 1689.6 亿美元。目前，大陆已成为台湾最大的出口市场、第一大贸易伙伴和贸易顺差最大来源地，台湾是大陆的第五大进口来源地、第七大贸易伙伴。2000 年到 2012 年两岸贸易统计如表 7-3 所示。

表 7-3 2000~2012 年大陆对台贸易统计

年份	总额		大陆对台出口额		大陆对台进口额		贸易差额（亿美元）
	金额（亿美元）	同比（%）	金额（亿美元）	同比（%）	金额（亿美元）	同比（%）	
2000	305.3	30.1	50.4	27.6	254.9	30.6	-204.5
2001	323.4	5.9	50	-0.8	273.4	7.2	-223.4
2002	446.7	38.1	65.9	31.7	380.8	39.3	-314.9
2003	583.6	30.7	90	36.7	493.6	29.7	-403.6
2004	783.2	34.2	135.5	50.4	647.8	31.2	-512.3
2005	912.3	16.5	165.5	22.2	746.8	15.3	-581.3
2006	1078.4	18.2	207.4	25.3	871.1	16.6	-663.7
2007	1244.8	15.4	234.6	13.1	1010.2	16	-775.6
2008	1292.2	3.8	258.8	10.3	1033.4	2.3	-774.6
2009	1062.3	-17.8	205.1	-20.8	857.2	17	-652.1
2010	1453.7	36.9	296.8	44.8	1156.9	35	-860.1
2011	1600.3	10.1	351.1	18.3	1249.2	7.9	-898.1
2012	1689.6	5.6	367.8	4.8	1321.8	5.8	-954

资料来源：商务部台港澳司"两岸贸易统计表（2000~2009 年）"、2010~2012 年"1~12 月大陆与台湾贸易、投资情况"。

进入 21 世纪后，以 2010 年 6 月 29 日 ECFA 的签署为分界点，两岸经济贸易发展大体上经历了以下两个阶段。

（一）迅速发展阶段（2002~2009 年）

2001 年底和 2002 年，中国和中国台北先后加入世界贸易组织（WTO），这为两岸经贸的发展提供了新的发展机遇，两岸经贸迅速发展。大陆市场进一步开放，出口限制也逐渐减少；台湾地区也逐渐扩大开放大陆产品项目。在双方都扩大开放的双重作用下，两岸的经贸出现了高位发展的态势。

2008 年 12 月 15 日，两岸空运直航、海运直航与直接通邮启动。2009 年，以大陆企业赴台投资正式启动和两岸正式开通空运定期航班为标志，两岸期盼30 年之久的"三通"全面实现。这不仅使得两岸"间接中转"变"直接通航"，而且也使两岸经济关系的发展取得重大进展。两岸经济合作由"间接、单向"发展为"直接、双向"，为深化两岸经贸合作开创了新的契机。

（二）深化发展阶段（2010 年至今）

从 2010 年至今，两岸经贸进入深化发展阶段。ECFA 的实施将逐步消除两岸贸易壁垒，两岸间进出口限制将逐步减少。ECFA 的实施是继两岸实现"三通"后，两岸经贸发展进程中的又一重要里程碑。2012 年，大陆与台湾贸易额为 1689.6 亿美元，占大陆对外贸易总额的 4.4%，同比上升 5.6%。其中，大陆对台湾出口为 367.8 亿美元，同比上升 4.8%；自台湾进口为 1321.8 亿美元，同比上升 5.8%。其中，2012 年两岸机电产品贸易额达 1207 亿美元，同比增长 11.5%，占两岸贸易总额的 70% 以上。台湾对大陆的贸易依存度已经由 1979 年的 0.25% 上升到 2012 年的 35.65%。

第二节　两岸物流合作政策现状

两岸投资与经贸交流的加强，尤其是两岸"三通"协议的实施、ECFA 的签署和大陆区域物流政策的对接，为两岸物流产业间的合作奠定了基础。

一、两岸"三通"协议

两岸"三通"是指台湾海峡两岸之间双向的直接通邮、通商与通航，而不是局部或间接的"三通"。从 1979 年全国人大常委会发表《告台湾同胞书》提出两岸"三通"，到 2008 年两岸海运直航、空运直航、直接通邮全面启动，直接"三通"终于基本实现。两岸"三通"的实现为两岸经贸关系的发展带来了更为广阔的空间，注入了新的活力，对两岸物流业的发展也产生了重大影响。两岸"三通"发展历程及相关协议见表 7-4。

表 7-4　两岸"三通"发展历程及相关协议

时间	事件
1979.1	全国人大发布《告台湾同胞书》，提出了结束两岸军事对峙、开放两岸"三通"、扩大两岸交流等方针。
1979	1979 年后，大陆正式开办对台平信、挂号信函、电报和电话业务，大陆对台产品开放市场，并给予免税、减税等优惠措施。
1985 年起	大陆制定和颁布了推动两岸"三通"的 7 个法规。
1985.7	台湾当局有条件地放宽从大陆进口货物的限制，放松中小企业向大陆投资。
1987.10	台湾当局宣布开放单向的大陆探亲。
1988.4	台湾实施《对大陆通信办法》，同意民众向大陆投寄信函。
1988.7	国务院颁布《关于鼓励台湾同胞投资的规定》。
1989.6	台湾当局通过《简化对大陆通信办法》。
1989.6~1989.10	两岸邮件总包互相直封并经中国香港转运，台湾方面通过第三地开通对大陆电报和电话业务。
1990.3	颁布《中国大陆与台湾间民用航空运输不定期飞行的申请和批准程序的暂行规定》。
1989~1996	两岸民航界互为客货销售代理和开办"一票到底""行李直挂"等业务，签署多项协议，开展涉及票务、商务、机务、航务、服务等方面的合作。
1992	台湾当局允许台湾同胞经第三地对大陆间接投资和进行技术合作。
1993.4	海协会与海基会签署《两岸挂号函件查询、补偿事宜协议》，两岸邮政部门正式互办挂号函件业务。
1994.3	全国人大常委会通过了《台湾同胞投资保护法》。
1996	中国电信与台湾电信建立两岸直接电信业务关系。
1996.8	原交通部与原外经贸部先后公布《台湾海峡两岸间航运管理办法》与《台湾海峡两岸间货物运输代理管理办法》，规范了两岸海上直航的基本事项。
1997.1	海峡两岸航运交流协会与台湾海峡两岸航运协会签署《台湾海峡两岸航运协会与海峡两岸航运交流协会会谈纪要》，试点直航（福州、厦门至高雄）。
1998.3	两岸定期集装箱班轮航线开通，运输两岸货物的船舶经第三地换单不换船航行于两岸港口。
1999~2000	先后建成中美、亚欧、亚太海底光缆，建立了两岸直达通信路由。
1999.12	国务院制定《台湾同胞投资保护法实施细则》，各地方人大和政府也结合本地实际，制定了相应的地方性法规和行政规章，形成和完善了保护台胞合法权益的法律法规体系。
2000.12	原外经贸部颁布了《对台湾地区贸易管理办法》。
2001.1	台湾当局制定《试办金门马祖与大陆地区通航实施办法》，促进金门、马祖、澎湖与福建沿海实现直航。

时间	事件
2002～2003	2002 年，大陆的商业银行与台湾地区银行的境外业务分行（OBU）正式开办通汇及信用证相关业务；2003 年，大陆的商业银行与台湾地区的外汇指定银行（DBU）也开通了通汇及信用证相关业务。
2003.2	台湾 6 家航空公司包机经停港澳，实施台商春节包机。
2005	两岸航空公司参与春节包机，航班实现双向对飞。
2006	海峡两岸航空运输交流委员会与台北市航空运输商业同业公会达成共识并做出框架性安排，春节包机扩大到节日包机。
2008.6	海协会与海基会在北京签署《海峡两岸包机会谈纪要》。7 月 4 日，两岸周末包机正式实施。
2008.11	海协会与海基会在台北签署《海峡两岸空运协议》《海峡两岸海运协议》《海峡两岸邮政协议》。
2008.12	两岸"三通"，即海运直航、空运直航、直接通邮正式启动。

资料来源：本研究整理。

两岸"三通"涉及的主要政策内容见表 7-5。

表 7–5　两岸"三通"物流合作方面的主要政策

政策文件名称与颁布时间	主要内容
《台湾海峡两岸间航运管理办法》（1996.8）	● 本办法适用于中国大陆港口与台湾地区港口之间的海上直达客货运输。 ● 对两岸间航运的市场准入、申请经营的申报材料、船舶管理、经营管理和检查与处罚等给予了详细的说明。
《台湾海峡两岸间货物运输代理管理办法》（1996.8）	● 本办法适用于对从事代理台湾海峡两岸间直达航海货物运输业务的管理。 ● 对两岸间航运代理的市场准入、申请经营的申报材料、经营管理和检查与处罚等给予了详细的说明。
《关于促进台湾海峡两岸海上直航政策措施及实施事项的公告》（2007.7）	● 鼓励台湾相关企业直接投资参与大陆码头、公路建设和经营。 ● 台湾相关航运和道路运输企业可以直接在大陆设立独资船务、集装箱运输服务、货物仓储、集装箱场站、国际船舶管理、无船承运、道路货运和汽车维修企业，以及合资国际船舶代理、道路客运公司。 ● 从事福建沿海与金门、马祖、澎湖海上直接通航的台湾客运公司可以在福建相关口岸设立办事机构，从事相关票务业务。 ● 为台湾船员和潜水员培训、发证提供方便，免收考试、发证费。 ● 支持、鼓励两岸民间专业组织在两岸海上搜救、打捞方面开展技术交流与合作。

政策文件名称 与颁布时间	主要内容
《海峡两岸空运协议》(2008.11)	● 空中航路：开通台湾海峡北线空中双向直达航路，建立两岸航（空）管部门的直接交接程序。 ● 承运人：两岸资本在两岸登记注册的航空公司，经许可，可以从事两岸间航空客货运输业务。 ● 货运包机：开通两岸货运直航包机，运载两岸货物。双方同意各自指定二或三家航空公司经营货运包机业务。台湾方面同意开放桃园、高雄小港，大陆方面同意开放上海（浦东）、广州作为货运包机航点。双方每月共飞60个往返班次，每方30个往返班次。 ● 客运包机：确定了相应的航点、班次，利用客运包机运送双方邮件等。
《海峡两岸海运协议》(2008.11)	● 经营资格：两岸资本并在两岸登记的船舶，经许可，可以从事两岸间客货直接运输。 ● 直航港口：相互开放主要对外开放港口作为直航港口。大陆方面现阶段开放上海、宁波、秦皇岛、厦门等63个港口，台湾方面开放基隆（含台北）、高雄（含安平）、台中、花莲等11个港口。 ● 船舶识别：两岸登记船舶自进入对方港口至出港期间，船舶悬挂公司旗，船艉及主桅暂不挂旗。 ● 运力安排：双方按照平等参与、有序竞争原则，根据市场需求，合理安排运力。 ● 税收互免：对航运公司参与两岸船舶运输在对方取得的运输收入，相互免征营业税及所得税。
《海峡两岸邮政协议》(2008.11)	● 业务范围：开办两岸直接平常和挂号函件（包括信函、明信片、邮简、印刷品、新闻纸、杂志、盲人文件）、小包、包裹、特快专递（快捷邮件）、邮政汇兑等业务。 ● 封发局：大陆方面邮件封发局为北京、上海、广州、福州、厦门、西安、南京、成都；台湾方面邮件封发局为台北、高雄、基隆、金门、马祖。 ● 邮件运输：双方同意通过空运或海运直航方式将邮件总包运送至对方邮件处理中心。
《海峡两岸空运补充协议》(2009.4)	● 飞行航路：在台湾海峡北线航路的基础上开通南线和第二条北线双向直达航路，并继续磋商开通其他更便捷的新航路。 ● 货运承运人：每条航线双方各指定两家航空公司承运。 ● 货运航点：大陆方面同意上海（浦东）、广州航点可经营定期航班；台湾方面同意桃园、高雄航点可经营定期航班。

政策文件名称 与颁布时间	主要内容
《海峡两岸空运补充协议》（2009.4）	● 班次：货运定期航班和包机班次总量为每周共 28 个往返班次，每方每周 14 个往返班次。其中广州每方每周 7 个往返班次，上海（浦东）每方每周 7 个往返班次。 ● 代表机构：两岸航空公司可在对方区域通航地点设立代表机构，并自行或指定经批准的代理人销售航空运输凭证、从事广告促销及运行保障（运务）等与两岸航空运输有关的业务。 ● 互免税费：在互惠的基础上，磋商对两岸航空公司与经营活动有关的设备和物品，相互免征关税、检验费和其他类似税费。
《交通运输部关于海峡两岸海上直航发展政策措施的公告》（2012.10）	● 增加直航港口：大陆方面增加烟台港蓬莱港区、深圳港大铲湾港区为两岸海运直航港口（港区）。至此，大陆方面共有 72 个直航港口（港区）。 ● 加强两岸搜救合作：双方建立海上搜救联系机制。现阶段，大陆方面指定中国海上搜救中心为两岸搜救联系窗口。 ● 加强两岸海运市场监管：进一步加大对未经批准擅自从事两岸运输、为不具备两岸运输资质的船舶提供船舶代理或港口装卸服务等违法行为的打击力度，对外国企业、经营组织和自然人非法从事两岸运输行为严肃查处。 ● 维护两岸集装箱运输市场秩序：为保护公平竞争，从根本上遏制"零运价""负运价"等恶性杀价竞争行为，决定建立并实施两岸集装箱班轮运价备案制度。

资料来源：本研究整理。

二、海峡两岸经济合作框架协议（ECFA）

2010 年，ECFA 签署。该协议涵盖两岸间主要的经济活动，包括货物贸易及服务贸易的市场开放、原产地规则、早期收获计划、贸易救济、争端解决、投资和经济合作等，为两岸经济关系正常化、制度化和自由化提供了重要的保障机制，标志着两岸经贸关系日趋紧密，大陆市场对台湾开放程度大幅提高，两岸物流业的合作与融合进一步加深。

ECFA 签署后，根据《附件一：货物贸易早期收获产品清单及降税安排》，"早收清单"内的产品要在协议实施的第三年实现全部免税。"早收清单"于 2011 年 1 月 1 日正式实施，执行第 1 阶段，76 个项目降税；2012 年 1 月 1 日，执行第 2 阶段，降税项目大幅提高到 526 项，双方 94.5%的产品税项全部免税，适用范围进一步扩大；2013 年 1 月 1 日，进行第 3 次降税，"早收清单"里面所列出的产品全部实现零关税。至此，"早收清单"中大陆输往台湾的 267 项产品、台湾输往大陆的 539 项产品全部实现零关税。

随着"早收清单"效益的逐步显现，越来越多的台湾业者前往开拓大陆市场。如台湾精密机械产品进入大陆的数量飙升，上纬公司在大陆多处设厂。关税降低使两岸货物贸易、生产要素的流通更加自由顺畅，促进了两岸生产要素、资金的重组，企业优势互补，以"低成本、高速度"共同面对国际竞争。

"早收清单"的实施，大大降低了物流、贸易救济和投资的成本，促进了两岸贸易的快速增长。作为两岸经贸往来的重要基础，两岸物流方面的合作不断深化。福州保税港区管委会和台湾港务股份有限公司台中分公司（台中自贸区）签订相关协议，将以福州保税港区和台中自贸港区为基地，共建海峡汽车国际运营中心，常态化推动两岸汽车产业合作。2011 年 10 月，海峡两岸关系协会与台湾海峡交流基金会公布了关于推进两岸投保协议协商和加强两岸产业合作两项共同意见，确定大陆方面由商务部牵头组织推动两岸冷链物流产业合作试点，选定在厦门和天津两个城市开展试点，同时在政府和民间建立了多层次的工作交流机制。截至 2012 年，两岸签订了 15 项意向书，选取了 13 家企业作为试点，在天津的就占了 9 家。①

2012 年 8 月，海协会与海基会依据 ECFA 有关规定，签署了《海峡两岸海关合作协议》。该协议签署的重点包括优质企业的相互承认、应用无线射频识别技术（RFID）于跨境货柜监管、打击走私、相互通报海关规定、海关保税区的交流与合作及人员互访交流等。目标为促进双方海关程序的简化及协调，提高通关效率，便利 ECFA 的执行；便利两岸人员及货物的往来，促进两岸贸易便利与安全。未来两岸相互承认的优质企业，凡完税价格金额在 1 亿元新台币以上者，可享免审免验、快速通关待遇，从而可以大幅降低厂商营运成本。另外，应用电子封条技术也可让货物移动更快速，对增加两岸物流量有积极作用。

三、大陆出台的两岸物流合作政策

随着两岸直航的实现和 ECFA 等协议的签署，大陆各级政府也在政策上予以相应的支持。有关部门发布专门文件对从事两岸直航业务的企业资质、两岸

---

① 国际商报. 冷链物流合作惠及两岸. 2013-03-12.

海上直航管理、船舶管理予以规范，并对从事两岸直航业务在大陆取得收入的台湾公司给予税收优惠。除此之外，中央和各级地方政府还出台了相关的区域物流政策，极大地推动了两岸物流产业间的合作。

（一）国家区域发展规划中有关两岸物流合作的政策

随着两岸经贸、物流的发展，国家逐渐将两岸物流的发展纳入到区域发展规划中，并制定了相应的两岸物流合作的政策。2009 年 5 月，国务院出台《国务院关于支持福建省加快建设海峡西岸经济区的若干意见》。2011 年，国家发展改革委批准《海峡西岸经济发展规划》和《平潭综合实验区总体发展规划》。2012 年，国家发展改革委批准《福建省海洋经济发展规划》。这些区域发展规划包含了有关两岸物流发展政策。国家部分区域发展规划中有关两岸物流合作的政策见表 7-6。

表 7-6　国家部分区域发展规划中有关两岸物流合作的政策

政策文件名称 与颁布时间	政策重点
《海峡西岸 经济发展规 划》（2011.3）	● 东部沿海临港产业发展区，发挥沿海港口优势，引导产业集聚，大力发展高技术产业和现代服务业，发展和壮大化工、装备制造、能源和港口物流业。 ● 建设两岸经贸合作的紧密区域，建立两岸物流业合作基地，提出积极承接台湾现代服务业转移，加强两岸物流企业、项目对接，合作建设物流配送或专业配送中心。加快海峡西岸国际采购和区域物流中心建设，推动两岸物流产业标准化和网络化建设。 ● 建设两岸直接往来的综合枢纽，把海峡西岸经济区建设成为两岸交流交往、直接"三通"的主要通道和平台。完善港口功能，构建服务两岸的货运枢纽。构建服务两岸的信息枢纽，支持福州、厦门邮政物流中心建设，做大做强对台邮政和物流业务。 ● 加快发展现代物流业。在厦门、福州、泉州、温州、汕头等中心城市、交通枢纽和港口，规划建设一批现代物流园区、综合性现代物流中心。加快保税区、保税港区、保税物流园区建设和整合发展，完善保税物流监管体系，积极推进两岸港区发展保税仓储、贸易采购、配送中转等国际物流。引导传统运输、仓储企业向第三方物流企业转型。加强沿海主要港口、交通枢纽和国际机场等物流节点多式联运物流设施建设，加快发展公铁海空联运，完善海峡两岸及跨境物流网络，加快形成东南沿海大型国际物流通道口。

政策文件名称 与颁布时间	政策重点
《平潭综合实验区总体发展规划》（2011.11）	● 规划期：2011～2020年。 ● 发展定位：突出平潭综合实验区的先行先试功能，创新体制机制，推进两岸更紧密合作，发挥平潭综合实验区在两岸交流合作和对外开放中的先行作用；成为两岸交流合作的先行区、体制机制改革创新的示范区、两岸同胞共同生活的宜居区、海峡西岸科学发展的先导区。 ● 发展布局：海坛岛作为平潭综合实验区的核心区域，要建成港口经贸区，重点发展保税加工、保税物流、港口物流业等；支持平潭综合实验区加强与国内其他地区尤其是台商投资相对集中地区的合作，鼓励这些地区的台资企业在平潭设立区域营销总部、物流分拨中心。 ● 基础设施：加快推进平潭与内地的交通通道建设，推动对台通道建设，建立以平潭为节点的两岸往来快速便捷的综合交通体系，将平潭建设成为两岸交流交往、直接"三通"的重要通道。 ● 产业发展：以承接台湾现代服务业转移为基础，加快发展现代物流业、商贸流通业；积极发展保税物流、保税加工和转口贸易，支持发展低温保鲜物流和第三方物流；吸引台湾企业和大型跨国企业在平潭设立营运总部，重点发展临港物流加工增值区，建设两岸商贸物流中转基地。 ● 改革开放：要构建全方位开放格局，在突出对台合作的前提下，全面推进与国际经济的对接和融合，积极参与全球经济分工合作。积极引进境内外企业到平潭创业投资，大力吸引世界500强企业和全球行业龙头企业投资，设立区域物流、营运和研发中心。 ● 保障措施：在税收政策方面，对注册在平潭的航运企业从事平潭至台湾的两岸航运业务取得的收入，免征营业税；注册在平潭的符合规定条件的现代物流企业享受现行试点物流企业按差额征收营业税的政策。方便两岸直接往来政策方面，支持设立平潭水运口岸，并在东澳和金井湾设立两岸快捷客货滚装码头，列为对台海上客货直航点，构建两岸直接往来快捷通道。
《福建省海洋经济发展规划》（2012.9）	● 执行期：2010～2015年。 ● 总体要求和发展目标：强调深化闽台海洋开发合作，充分利用闽台"五缘"独特优势，积极探索闽台共同开发台湾海峡海洋资源的新途径、新方式，构筑闽台海洋开发、控制、管理密切合作机制，建成两岸海洋经济深度合作先行区。 ● 空间布局：承接长三角、珠三角和台湾等地区的产业转移，环三都澳区域、闽江口区域、湄洲湾区域、泉州湾区域、厦门湾区域要重点发展物流等现代临港产业。

政策文件名称 与颁布时间	政策重点
《福建省海洋经济发展规划》（2012.9）	● 着力构建竞争力强的现代海洋产业体系：发展壮大以港口群为依托的现代临港产业，厦门港要着力发展国际集装箱干线运输，强化对台贸易集散服务功能；以厦门、福州、湄洲湾三大港口为依托，加快优化集装箱运输和煤炭、矿石、油品、木材等大宗散杂货运输以及对台滚装客货运输系统。 ● 着力推进海洋经济的开放与合作：实施互利共赢的开放战略，围绕发展大港口、大物流、大产业，扩大海洋经济领域的对内合作与对外开放，突出加强闽台合作，推动形成海洋经济大开放、大合作的新局面。

资料来源：本研究整理。

（二）福建省各级政府出台的两岸物流合作政策

福建作为祖国大陆距离台湾最近的省份，2010 年以来出台多项政策，促进两岸物流合作。福建省出台的两岸物流合作政策见表 7-7。

表 7-7　福建省出台的两岸物流合作政策

政策文件名称 与颁布时间	政策重点
《福建省物流业调整和振兴实施方案》（2010）	● 执行期：2009~2012 年。 ● 主要任务：加强闽台物流合作，提出了加强与台湾物流业合作、两岸货运包机、两岸集装箱班轮航线、两岸物流信息网络衔接、两岸大通关合作机制、海关保税物流中心、农产品物流加工保税区、对台通邮基础设施建设等方面的政策。
《福建省促进现代物流业发展条例》（2010）	● 鼓励台湾企业来闽投资建设、经营物流基础设施，设立地区总部、配套基地、采购中心、物流中心、营运中心和研发中心。 ● 鼓励台湾企业以独资、合资、合作等形式，依托临港工业和台资企业集中区建设物流配送或专业配送中心，依托沿海对台贸易市场和主要批发市场以及海峡两岸（福建）农业合作试验区建设商品货物集散中心。 ● 支持在台商投资区和台资企业集中区设立海关保税物流中心。 ● 鼓励、支持本省物流企业与台湾物流企业开展运输、代理、包装、配送等物流环节的分工与协作，引进先进的物流管理技术、人才和资金，扩大经营范围，参与国际竞争。 ● 鼓励、支持本省物流企业赴台湾设立办事机构及营业性机构。省人民政府有关部门应当简化物流企业赴台投资的审批手续，提供优质服务。 ● 鼓励、支持闽台物流行业协会、物流企业和教育科研机构加强沟通交流，建立联系协商机制，在物流标准化建设、科技研发、教育培训、人才交流等方面开展合作。

政策文件名称 与颁布时间	政策重点
《福建省"十二五"现代物流业发展专项规划》（2011.10）	● 空间布局：建设福建沿海物流发展带，积极推动福建沿海一线物流率先发展，形成南北两翼对接长三角和珠三角的桥头堡、连接台湾的前沿平台；在环三都澳、闽江口、平潭综合实验区等十区域内与台湾相关产业对接，建设石化、机电、汽车、水产品、船舶、光电等产品闽台物流枢纽；平潭综合实验区推动平潭口岸对外开放，与台湾开辟双向航线，开展货运直航等业务，形成与台湾多点多线、客货并进、海空并举的格局。 ● 构建开放型物流发展新格局：加强两岸物流基础设施建设、强化企业、协会间的交流合作；推进海关特殊监管区域交流合作；全面实施 ECFA 及后续协议，设立台湾产品的境外加工区，推动泉州台商投资区设立海关特殊监管区。
《福建省经济贸易委员会关于推进现代物流业发展行动方案（2012～2015）》（2012）	● 至 2015 年，重点推动泉州台商投资区临港物流园区、东山东海岸对台合作物流配送中心、福建八方物流闽台冷链物流合作项目等。

资料来源：本研究整理。

福建省一些主要城市也陆续出台物流业发展相关规划，制定了有关两岸物流合作的政策。2010 年 12 月，福州市颁布《加快现代物流业发展的若干意见》，提出要构建海峡西岸经济区省会中心城市坚强的物流保障体系，重点扶持榕台物流合作项目、物流公共信息平台、物流业与制造业联动发展项目、冷链物流项目，以及物联网、电子商务物流等创新物流项目。2012 年 5 月，厦门市人民政府办公厅出台《关于推进两岸冷链物流产业合作试点工作的实施意见》，提出引进台湾冷链物流产业先进技术和运营管理模式，发挥对台"先行先试"的作用，进一步优化便捷通道和促进两岸冷链物流融合，成为大陆对台进出口商品集散中心之一。

四、台湾出台的两岸物流合作政策

台湾行政主管部门于 2010 年颁布《国际物流服务业发展行动计划》，认为建构台湾与大陆的物流产业合作已成为当局的重要工作之一。该计划提出，在航空货运方面，利用台湾地理位置及航网优势，争取进出大陆的转运货源，并协助争取航空业者在大陆的延远航权；在海运方面，鼓励航商增辟与大陆二线港口的航线；针对两岸经济特区，打造海运快递专区及海峡两岸快捷走廊，建立两岸关务信息交换与合作的对接等机制。

台湾经济主管部门于 2011 年开始推动《产业运筹服务化推动计划》，该计划将 ECFA 早收产业纳入重点推动产业范畴，希望促进两岸供应链重新分工，拓展台湾货品在大陆的销路。

台湾行政主管部门 2013 年 4 月颁布《自由经济示范区规划方案》，在"智慧运筹"产业的具体推动策略方面提出，与大陆建立供应链关系，构建区域间商品、人、物流的整合运作机制，促成区域连结及产业增值。

第三节　两岸物流合作现状

随着两岸经贸交流的加强、两岸直航的实行和 ECFA 的签署，两岸物流基础设施对接项目建设进程不断加快，两岸交通运输领域的交流合作不断深化，有力促进了两岸直航企业转型升级和交流合作。

一、两岸物流通道建设状况

在未实现直航之前，两岸货物运输路线常因货物属地不同而存在不同的运送方式。

2008 年 12 月，两岸海运直航、空运直航以及直接通邮协议正式实施。海运直航方面，大陆和台湾分别开放 63 个和 11 个直航港口。空运直航方面，货运包机大陆开放上海浦东和广州，台湾开放桃园和高雄作为货运包机航点，双方每月共飞 60 个往返班次；客运包机大陆和台湾分别开放 16 个和 8 个航点，客运包机双方每周共飞 108 个往返班次；另外，双方同意利用客运包机运送双方邮件。2009 年 4 月，两岸签署《海峡两岸空运补充协议》，同意可增加定期及不定期航班，将客运航班由原先的每周 108 班增至 270 班，货运定期航班和包机班次由每月 60 班增至每周 28 班，大陆航点也增加到 27 个。

截止到 2012 年底，两岸直航港口扩大至 85 个，其中大陆和台湾分别开放了 72 个和 13 个港口，集装箱航线达到 29 条。2012 年，两岸海上货运量完成

6250 万吨，承担了两岸 99%以上的货运量。与直航前的 2008 年相比，2012 年的货运量、集装箱运量分别增长了 10%、49%。上海、天津、大连、青岛、厦门、泉州、舟山、台州、虎门 9 个大陆沿海港口和太仓、安庆、城陵矶 3 个内河港口，与高雄、基隆、台中、花莲 4 个台湾港口签署战略合作协议。双方重点优化两岸间客货运输与物流服务，构建信息共享平台，加强人员和企业的交流与互访，努力实现货运"无缝衔接"，促进两岸港口码头和物流园区的合作开发，为深化两岸产业和经贸合作构建坚实的基础性服务平台。空运方面，截止到 2012 年 8 月，大陆和台湾分别开放了 41 个和 9 个直航航点，空运航班已达每周 558 班。

两岸"三通"协议使得两岸"间接中转"变为"直接通航"，两岸往来更加便利，包括客货运、集装箱运输在内的两岸海运能力和空运能力均明显提升，为两岸经贸发展和各领域的交流合作创造了有利条件，对增进两岸民众福祉和促进两岸关系和平发展发挥了重要的纽带作用。随着海峡两岸经济稳步发展，台湾地区与大陆的经贸交往越来越频繁，一个完整的两岸直航物流体系正在形成。

二、两岸物流园区建设状况

近年来，大陆沿海省份不断加快保税物流园区和物流信息平台、电子口岸建设，积极寻求与台湾物流园区的合作机会，增强物流资源整合能力，极大提升了物流服务水平。

2009 年，福建泉州围头对台保税物流园区在晋江正式奠基。该园区内设台货专用堆场，主要为从事保税区对台贸易货物运输的船舶服务；保税区仓储货物经关区内其他口岸转口台湾，可享受保税区转口贸易的优惠与便利。

2010 年 5 月，福州保税港正式获国务院批复成立，成为继上海、天津、大连等试点之后，国家批准成立的第 14 个保税港区。该港区是大陆距台湾最近的保税港区，具有先天的对台优势。同年，福州保税港区与台湾基隆自由贸易港区签订《两区对接协议》，成为大陆首个与台湾自由贸易港对接的保税港区。两区成功对接，将福州保税物流港区与台湾基隆港的地缘优势、区位优势、港口优势和政策、功能优势紧密地结合起来，有利于提升两个港口的口岸增值能力和区域经济综合竞争力，有利于加速推进榕台两地产业对接。

2010 年，福建省电子口岸信息平台相继在全省各地市开通运营，业务涵盖海运、空运、物流园区、信息增值服务等多个领域，拥有申报、监督、查询、物流服务等功能，实现了电子政务类查验申报和物流监管信息网络化的同步运行。该平台也实现了与台湾关贸网络平台的成功对接，成为大陆首个与台湾口岸信息平台对接的地方电子口岸信息平台。

以福建为主体的海峡西岸经济区积极打造区域物流合作的基础设施平台，在加紧做好福州、厦门、泉州等沿海城市规划的同时，努力建设海峡两岸农产品物流中心、泉州闽台五金机电物流中心、漳州国际粮食物流园区、厦门对外图书交流中心与台湾合作打造的大陆简体图书物流中心、闽台产业界合作投资的专业物流集散中心等基础设施。

广西北部湾地区作为连接中国与东盟的海上枢纽，正在成为台湾商品通往东盟的港口物流平台。台湾与东盟往来的货物在广西北部湾港口进行转口贸易，可以享受到零关税的优惠政策。这一政策优势，使得广西与台湾之间的经贸合作与物流合作逐步升温。2010年，台资企业先行在广西投资建设物流园区，从事农产品冷链物流业务。与此同时，广西为了吸引更多的台商投资，仅在北部湾经济区就规划了6个台湾"专属"工业园区，以加强广西与台湾在北部湾物流、港航业等方面的合作。

三、两岸物流产业合作状况

随着两岸物流通道建设和物流园区建设的逐步展开，尤其是ECFA带来的两岸经贸往来的日益频繁，两岸物流合作领域不断拓宽，在农产品物流、冷链物流等多个领域实现突破。

（一）两岸物流合作在多层面展开

ECFA给予直航航运公司免税优惠，有效降低了两岸物流公司的经营成本，在为两岸物流企业带来巨大实惠的同时，也推动了两岸物流运输业的合作。例如，2001年，台湾大荣货运以独资方式在大陆的华东、华北、华南、华中、东北、西南、云南等区域的中心城市成立七大物流公司。虽然在大陆市场积极布局多年且投入庞大资金，但各分公司在2008年之前大都处于亏损状态。两岸直航后，大荣货运引进嘉里物流入股大荣货运，将大荣货运改组为嘉里大荣公司。借助两岸货运直航以及ECFA给两岸物流带来的商机，凭借嘉里物流与大荣货运业务上的互补，双方均顺利实现了合作结盟共创双赢的预期。

进入大陆市场的台资物流企业大都以先设点经营为主，然后再将点与点串连，提供连成一线的市场服务。但是，对于需要提供区域物流服务的物流企业而言，采用与大陆物流企业结盟的方式则是通常的做法。例如，阳明海运股份有限公司与中国外运股份有限公司于 2011 年签署合作意向书，双方在已有的船代、货代、场站、长江驳运、澳洲线集装箱运输等多项合作基础上，继续推动互惠合作，启动多个领域的合作，包括船代、货代、场站等传统领域，以及国内物流领域、亚洲区域内航线、内贸市场及沿海航运、长江水运、珠三角地区水运五大方面。此外，台湾阳明海运集团与大陆的华荣海运、中远集团、中海集团均已开展两岸航运联营，合作内容包括以大陆港口为起点的对外航线、全球性及区域性的国际航线、双方舱位互租等业务。

两岸物流企业间的合作在多个领域不断深化，并逐步形成较为固定的模式，详见表 7-8 所示。

表 7-8　两岸物流产业合作模式

大陆 ＼ 台湾	运输业	港埠仓储业	物流辅助业	
			货运代理	物流信息
运输业	1. CKYH（中远、川崎汽船、阳明海运、韩进海运）联盟（1996 年） 2. 扬子江快运（2002 年）	中国远洋集团/高雄第六货柜中心		
港埠仓储业	长荣海运/宁波港（1994 年）	高雄港/大连港（2011 年）		
物流辅助业 货运代理	1. 阳明海运/中国外运（2011 年） 2. 新竹货运/海程邦达（2008 年）		好好物流/中国外运	博联资讯/龙飞运输集团（2009 年）
物流辅助业 物流信息		关贸网络/中国大连港集团（2011 年）		关贸网络/福建电子口岸公司（2011 年）

资料来源：张志清. ECFA 签署后两岸物流产业运筹中心规划及发展策略. 台湾有关方面委托的专案研究报告，2012.

（二）两岸农产品物流合作顺利推进

2011 年，大陆对台湾农产品进出口总额为 18.6 亿美元，同比增长 32.5%。台湾对大陆的累计贸易顺差为 11.5 亿美元，比 2010 年同期（9.1 亿美元）增长 26.2%。台湾在大陆农产品出口市场中排名第 11 位（占比 2.5%），在大陆农产品进口市场中排名第 29 位（占比 0.4%）[①]。2002～2011 年大陆对台农产品贸易额情况及增长情况如表 7-9 所示。

表 7-9　2002～2011 年大陆对台农产品贸易额及增长情况

年份	出口额（万美元）	同比（%）	进口额（万美元）	同比（%）	进出口额（万美元）	同比（%）
2002	29084	76.5	8295	0.7	37380	51.2
2003	27167	-6.6	10490	26.5	37657	0.7
2004	30506	12.3	11635	10.9	42142	11.9
2005	36012	18.0	14469	24.3	50481	19.8
2006	41656	15.7	15181	4.9	56837	12.6
2007	61195	46.9	18669	23.0	79863	40.5
2008	73610	20.3	18265	-2.2	91875	15.0
2009	79750	8.3	18367	0.6	98117	6.8
2010	115894	45.3	24677	34.4	140570	43.3
2011	150710	30.0	35606	44.3	186316	32.5

资料来源：中国食品土畜进出口商会. 大陆与台湾农产品贸易概况. 2012-03-31.

随着两岸农产品贸易的快速增长，大陆采取了一系列便捷通关措施，有效提高了台湾农产品的通关效率。例如，2009 年，深圳检验检疫局在确保进口台湾农产品质量安全的基础上，设立"台湾农产品报检优先窗口"和"台湾农产品查货专用台位"等，以提高台湾农产品验放效率。2009 年，天津海关对有保质保鲜特殊要求的易腐类进口农产品采用专用快速通道，台湾农产品通关从申报到打税单只需 30 分钟。2012 年，泉州海关以"预约通关""船边验放"等便利措施，为台湾农产品进口提供"绿色快速通道"，同时实行"提前报关"，有力地支持台湾农产品进口。

截至 2012 年底，大陆共设有 9 个海峡两岸农业合作实验区和约 20 个国家级台湾农民创业园，为两岸农业合作交流提供了高效平台。大陆还先后设立了

[①] 中国食品土畜进出口商会. 大陆与台湾农产品贸易概况. 2012-03-31.

6 个海峡两岸交易物流中心，其中泉州、上海、青岛三处为农产品交易物流中心。海峡两岸（上海）农产品交易物流中心于 2012 年 4 月正式开业，该中心拥有国际先进的水果催熟库、多功能分级冷库，具有交易展示、物流配套、政府监管和商务服务四大功能。此外，重庆拟投资 10 亿元建设重庆市海峡两岸农产品交易物流中心，主要建设农产品深加工区、物流配送区、冻库冷藏区等。

（三）两岸冷链物流合作日益升温

随着 ECFA 的实施，两岸农产品经贸往来日益频繁，农产品物流得以快速发展，为两岸冷链物流合作提供了难得的发展机遇，冷链物流随之成为两岸物流合作的重点领域。

2011 年初，两岸经济合作委员会建立两岸产业合作机制，大陆方面由商务部牵头组织推动两岸冷链物流产业合作试点。2011 年 8 月，商务部、国台办正式确定天津和厦门为"两岸食品物流产业合作试点城市"，同时在政府和民间建立了多层次的工作交流机制。其中，天津规划在天津滨海新区设置冷链物流园区，辐射东北、华北及西北地区；厦门则与台中港以点对点方式合作，建立快速通关与检疫的两岸冷链通道。台湾方面成立了两岸冷链物流企业联盟，已有100 多家企业参加。

两岸物流业充分利用 ECFA 提供的各项优惠措施，在冷链物流标准制定、系统管理、技术研发、设备制造、公共信息平台等多方面展开对接，共同构建两岸冷链物流网络。2011 年底，两岸航空冷链业务中转试点——厦门万翔冷链物流中心正式开工建设。中心建成后将成为大陆首家航空冷链业务中转库，为客户提供集食品、果蔬、药材等冷链物品检验检疫、报关、通关、仓储、分拣、集拼、中转快运、信息化处理、城际运输、城市配送等一体化的专业冷链物流服务。2012 年 6 月，两岸低温/冷链物流产业合作会议在台北召开，厦门海峡食品物流产业园与航空冷链物流仓储中心两个项目在会上签约，总投资额超过3.5 亿元。2012 年 11 月，由两岸冷链物流产业合作工作组主办的"2012 年海峡物流节两岸冷链物流产业合作会议"在厦门举行。来自大陆与台湾的 150 多家企业参加了会议，推动了两岸冷链物流行业在"产业联动、区域合作、技术创新、成果共享"四大领域的合作。截至 2012 年，两岸冷链物流业已签订 15 项合作意向书，选取 13 家企业作为合作试点。

比较篇

第八章 两岸物流宏观指导政策比较

发展现代物流对于优化资源配置、改善投资环境、增强综合国力和企业竞争能力、提高经济运行质量与效益、实现可持续发展战略，具有非常重要而深远的意义。大陆和台湾都从经济发展的战略层面，制定物流宏观指导政策，以促进整体物流系统的健康发展。本章首先分析大陆和台湾物流宏观指导政策的特点，然后对两岸政策的异同进行比较。

第一节 大陆物流宏观指导政策的特点

大陆物流宏观指导政策多由国务院或国务院多部委联合颁布，主要关注物流产业定位、物流产业竞争力、物流市场环境与管理体制，以及物流信息化与标准化、人才培养等基础性问题。政策目标集中于促进物流产业的健康发展，提高全社会物流运行效率，构建社会化、专业化、信息化的现代物流服务体系。政策方案中反复提及大力发展第三方物流、完善物流基础设施的规划与建设等重点措施，大量使用法律、行政以及经济性政策工具。

一、政策问题

大陆现代物流的发展起步较晚，与发达国家和地区相比有较大差距。20世纪90年代末期，中央政府认识到加快大陆现代物流发展，对于优化资源配置、调整经济结构、改善投资环境、增强综合国力和企业竞争能力、提高经济运行质量与效益，以及推进大陆经济体制与经济增长方式的根本性转变所具有的重要而深远意义，不断出台物流政策，以解决物流发展中的深层次问题。

（一）物流产业定位问题

由于大陆引入现代物流的理念较晚，最初在产业政策层面并没有明确物流产业的定位。2001年《关于加快我国现代物流发展的若干意见》首次对现代物流做出明确界定。2004年国家发展改革委等九部委联合发布的《关于促进我国现代物流业发展的意见》对物流企业进行了明确界定。2006年"十一五"规划纲要提出"大力发展现代物流业"，物流产业地位首次在国家规划层面得到确立。2009年出台的《物流业调整和振兴规划》，明确提出物流业是融合运输业、仓储业、货代业和信息业等的复合型服务产业，并将发展物流业上升到国家战略层面，使物流业在国民经济中的地位得到显著提升。2011年发布的《关于促进物流业健康发展政策措施的意见》，更是要求从国民经济行业分类、产业统计、工商注册、土地使用及税目设立等方面明确物流业类别，以进一步确定物流业的产业地位。产业定位的逐步确立，对于制定物流产业政策、引领物流产业的健康发展起到了重要的推动作用。

（二）物流产业竞争力问题

产业发展的核心问题是提高产业竞争力。尽管大陆的现代物流发展速度较快，但物流运行效率偏低、物流产业竞争力不高等问题依然十分突出。为此，大陆物流宏观指导政策不断提出，通过加强物流基础设施的规划与建设、积极发展第三方物流、发展专业化的物流服务体系、促进物流企业兼并重组、推进物流市场对外开放等手段，提高物流产业的竞争力。

（三）物流市场环境问题

大陆物流宏观指导政策始终强调要营造有利于物流业发展的良好环境，并提出调整行政管理方式、整顿规范市场秩序、加强收费管理、完善物流企业税收管理等多项措施改善物流市场环境。尤其是2011年发布的《关于促进物流业健康发展政策措施的意见》，更是针对企业税收负担重、车辆通行费过高、土地使用税过高等物流市场环境中存在的突出问题，提出非常具体的指导意见。

（四）物流产业的管理体制问题

由于现代物流是一个新兴的复合性产业，涉及运输、仓储、货代、联运、制造、贸易、信息等行业，政策上关联许多部门，2004年《关于促进我国现代物流业发展的意见》提出建立全国现代物流工作协调机制。2005年，《关于建立全国现代物流工作部际联席会议制度的通知》则明确提出，建立由国家发展改革委牵头，由国家发展改革委、商务部、原铁道部、原交通部、原信息产业部、原民航总局、公安部、财政部、海关总署、工商总局、税务总局、质检总局、国家标准委、中国物流与采购联合会、中国交通运输协会共 15 个部门和单位组成的全国现代物流工作部际联席会议制度。联席会议制度的建立，从管理体制上为全面推进现代物流工作提供了保障。

（五）物流发展的基础性问题

现代物流的发展离不开物流信息化、标准化以及专业人才等基础性工作的保障。为提高大陆物流从业人员素质、物流信息化和标准化水平，近几年大陆出台的物流政策还着重强调了要加强基础性工作，建立和完善物流技术标准化体系，提高物流信息化水平，以为现代物流发展提供支撑和保障。

二、政策目标

大陆物流宏观指导政策主要是以指导意见的形式出台，所制定的物流发展目标相对较为宏观。例如，2001 年《关于加快我国现代物流发展的若干意见》提出，发展现代物流的总体目标是"积极采用先进的物流管理技术和装备，加快建立全国、区域、城镇、企业等多种层次的，符合市场经济规律、与国际通行规则接轨的，物畅其流、快捷准时、经济合理、用户满意的社会化、专业化现代物流服务网络体系"。"十二五"规划纲要提出要加快建立社会化、专业化、信息化的现代物流服务体系。

作为应对金融危机的十大产业振兴规划之一的《物流业调整和振兴规划》是大陆首个物流业规划。该规划是一个三年期的规划，其主要目标体现在三个方面：一是积极应对国际金融危机影响，改善物流企业经营困难的状况，保持产业的稳定发展；二是进一步提高物流的社会化、专业化水平，扩大物流业规模；三是提高物流整体运行效率。该目标既包括方向性目标，又包含具体量化目标。该规划对于帮助物流业顺利度过危机、促进物流业平稳较快发展和产业调整升级起到了重要的引导作用。

从总体上看，大陆宏观物流政策的主要目标是通过制定和完善相关配套政策措施，有效解决物流业发展中的问题，促进物流产业的健康发展，提高物流产业的竞争力，提高全社会物流运行效率，加快建设社会化、专业化、信息化的现代物流服务体系。大陆部分物流宏观政策的目标如表 8-1 所示。

表 8-1　大陆部分物流宏观指导政策目标

政策文件名称	政策目标
《关于加快我国现代物流发展的若干意见》	● 积极采用先进的物流管理技术和装备，加快建立全国、区域、城镇、企业等多种层次的，符合市场经济规律、与国际通行规则接轨的，物畅其流、快捷准时、经济合理、用户满意的社会化、专业化现代物流服务网络体系。
《关于促进我国现代物流业发展的意见》	● 进一步推进我国现代物流业的发展，在全国范围内尽快形成物畅其流、快捷准时、经济合理、用户满意的社会化、专业化的现代物流服务体系。
《物流业调整和振兴规划》	● 力争在 2009 年改善物流企业经营困难的状况，保持产业的稳定发展。到 2011 年，培育一批具有国际竞争力的大型综合物流企业集团，初步建立起布局合理、技术先进、节能环保、便捷高效、安全有序并具有一定国际竞争力的现代物流服务体系，物流服务能力进一步增强；物流的社会化、专业化水平明显提高，第三方物流的比重有所增加，物流业规模进一步扩大，物流业增加值年均递增 10% 以上；物流整体运行效率显著提高，全社会物流总费用与 GDP 的比率比目前的水平有所下降。

资料来源：本研究整理。

三、政策方案

在大陆历年来颁布的物流宏观指导政策中，中央政府制定了很多任务并采取了多种措施来解决物流发展中的深层次问题，以达到物流政策的总体性目标。总体看来，一些核心任务与重点措施在历年的物流政策中反复被强调。

（一）大力发展第三方物流

社会化、专业化的第三方物流是社会化分工和现代物流发展的方向。因此，中央政府颁布了一系列物流政策：一是鼓励生产和商贸企业按照分工协作的原则，剥离或外包物流功能，整合物流资源，促进企业内部物流社会化。二是鼓励现有运输、仓储、货代、联运、快递企业的功能整合和服务延伸，加快向现代物流企业转型；同时，鼓励中小物流企业加强信息沟通，创新物流服务模式，鼓励物流企业通过参股、控股、兼并、联合、合资、合作等多种形式进行资产重组，培育一批服务水平高、国际竞争力强的大型现代物流企业。三是推动物流企业与生产、商贸企业互动发展，促进供应链各环节的有机结合。

（二）完善物流基础设施的规划与建设

完善的物流基础设施对于提升物流效率、改善物流发展环境乃至促进国民经济发展都具有重要作用。大陆物流宏观政策始终强调合理规划、建设与整合物流基础设施，形成配套的综合运输网络、完善的仓储配送设施、先进的信息网络平台，为现代物流发展提供重要的物质基础条件。

如《关于加快我国现代物流发展的若干意见》提出，"应重视对物流基础设施的规划，特别要加强对中心城市、交通枢纽、物资集散和口岸地区大型物流基础设施的统筹规划"。《物流业调整和振兴规划》提出，"按照全国货物的主要流向及物流发展的需要，通过规划引导，加强交通运输设施建设，完善综合运输网络布局，促进各种运输方式的衔接和配套"。"在重点地区和综合交通枢纽，建设一批多式联运中转转运设施；在重要物流节点城市、制造业基地和综合交通枢纽，建设一批布局集中的物流园区；在大中城市周边和制造业基地，建设一批现代化的配送中心"。

（三）强化重点物流领域的发展

近年来颁布的物流宏观指导政策，强调对以下重点物流领域进行优先发展：一是优先发展农产品物流。发展粮食、棉花现代物流，推广散粮运输和棉花大包运输，加强农产品质量标准体系建设，发展农产品冷链物流，完善农资和农村日用消费品连锁经营网络，建立农村物流体系。二是加强石油、煤炭、重要矿产品的物流基础设施建设，建立石油、煤炭、重要矿产品物流体系。三是发展城市配送，提高包括食品、食盐、烟草和出版物配送在内的城市统一配送体系的物流配送效率，同时大力发展邮政物流，加快建立快递物流体系，方便生产生活。四是推动医药物流、化学危险品物流及汽车和零配件等制造业的专业物流的发展。五是鼓励发展回收物流、废弃物物流，推动绿色物流发展，加强应急物流体系的建设等，提高应对战争、灾害、重大疫情等突发性事件的能力。

（四）实施物流领域的对外开放

现代物流业是一个开放性、国际化的产业，应用与借鉴国际先进物流理论研究成果和市场实践经验，是加快现代物流发展的有效途径。大陆制定了一系列物流宏观指导政策，推动物流业"引进来"和"走出去"。一是加快物流领域对外开放步伐，鼓励国外大型物流企业根据中国法律、法规的有关规定到中国大陆设立物流企业。希望通过利用国外的资金、设备、技术和智力，学习借鉴国际现代物流企业先进的经营理念和管理模式，从而在大陆加快建立符合国际规则的物流服务体系和企业运行机制。二是鼓励大陆物流企业走向国际市场，加速实现国内外物流市场服务一体化。

（五）加强物流信息化和标准化的建设

信息网络技术是构成现代物流体系的重要组成部分，也是提高物流服务效率的重要技术保障。大陆颁布一系列物流宏观指导政策，强调从以下方面进行物流信息化和标准化的建设。一是鼓励行业物流公共信息平台建设，建立全国性公路运输信息网络和航空货运公共信息系统，以及其他运输与服务方式的信息网络，推动区域物流信息平台建设，鼓励城市间物流平台的信息共享，构建商务、金融、税务、海关、邮政、检验检疫、公路运输、铁路运输、航空运输和工商管理等政府部门的物流管理与服务公共信息平台。二是制定物流标准。2001 年的《关于加快我国现代物流发展的若干意见》首次提出借鉴国际先进经验，加快制定物流服务相应技术标准。2004 年的《关于促进我国现代物流业发展的意见》提出构建包含物流基础设施、技术装备、管理流程与信息网络在内的现代物流技术标准化体系。2009 年的《物流业调整和振兴规划》提出加快制定、修订物流通用基础类、物流技术类、物流信息类、物流管理类、物流服务类等标准，完善物流标准化体系。三是积极推进企业物流管理信息化，促进信息技术的广泛应用，加快物流管理、技术和服务标准的推广。

四、政策工具

为了顺利解决政策问题、实现政策目标，中央政府推出一系列政策工具，以促进政策任务与措施的进一步落实，推进现代物流健康发展。总体来说，大陆物流宏观指导政策工具主要包括以下三个方面：

一是法律性政策工具。主要包括废除不符合国家法律的地方性规定，为物流发展创造宽松的外部环境；清理物流行政法规，加强物流立法研究，完善物流的法律法规体系。

二是行政性政策工具。主要包括加强对滥用行政权力阻碍跨地区、跨行业物流服务等不正当行政干预的制约，打破地区封锁和行业垄断经营；依法破除企业在跨地区经营中遇到的包含工商登记、办理证照、城市配送交通管制等方面在内的行政性障碍；规范企业登记注册前置性审批，放宽对物流企业资质的行政许可和审批条件；改革铁路货运、水路货运、民航货运及联运的代理审批制度；加强收费管理，取消不符合国家规定的各种收费项目。

三是经济性政策工具。主要包括税收优惠、财政补贴、政府投资、金融扶持等。其中，税收优惠主要包括合理确定物流企业营业税计征基数，完善物流企业营业税差额纳税试点办法并加以推广；允许符合条件的物流企业统一缴纳所得税；完善大宗商品仓储设施用地的土地使用税政策；对剥离物流资产和业务的制造企业给予税收优惠等。财政补贴主要包括对符合条件的实行主辅分离、辅业改制的企业进行财政补贴；对剥离物流资产和业务的制造企业进行财政补贴；对重大物流基础设施项目，以投资补助或贷款贴息等方式给予财政补贴等。政府投资主要包括对重大物流基础设施项目安排预算内建设投资，以资本金注入的方式给予支持等。金融扶持主要包括引导银行业金融机构加大对物流企业的信贷支持力度，完善融资机制，支持符合条件的物流企业上市和发行企业债券等。

大陆物流宏观指导政策工具的部分内容如表 8-2 所示。

表 8-2　大陆物流宏观指导政策工具的部分内容

类别	政策文件名称	政策内容
法律性政策工具	《关于加快我国现代物流发展的若干意见》	● 政府部门应为现代物流发展提供政策法规保障，推进物流发展市场化进程。
	《关于促进我国现代物流业发展的意见》	● 废除各类不符合国家法律、法规规定的由部门或地方制定的地区封锁、行业垄断、市场分割的有关规定，为物流企业的经营和发展创造宽松的外部环境。
	《物流业调整和振兴规划》	● 清理有关物流的行政法规，加强对物流领域的立法研究，完善物流的法律法规体系，促进物流业健康发展。
	《关于促进物流业健康发展政策措施的意见》	● 抓紧修订完善道路大型物件运输管理办法和超限运输车辆行驶公路规定，规范道路交通管理和超限治理行为。
行政性政策工具	《关于加快我国现代物流发展的若干意见》	● 政府有关部门要转变职能，强化服务意识。积极帮助解决物流企业在跨地区经营中遇到的工商登记、办理证照、统一纳税、城市配送交通管制、进出口货物查验通关等方面的实际困难，逐步建立起与国际接轨的物流服务及管理体系。 ● 打破地区封锁和行业垄断经营行为，加强对不正当行政干预和不规范经营行为的制约，创造公平、公正、公开的市场环境。

类别	政策文件名称	政策内容
行政性政策工具	《关于促进我国现代物流业发展的意见》	● 规范企业登记注册前置性审批。工商行政管理部门在为物流企业办理登记注册时，除国家法律、行政法规和国务院发布决定规定外，其他前置性审批事项一律取消。 ● 改革货运代理行政性管理。取消经营国内铁路货运代理、水路货运代理和联运代理的行政性审批，加强对货运代理经营资质和经营行为的监督检查。取消国际货运代理企业经营资格审批，加强后续监督和管理。 ● 改革民航货运销售代理审批制度，由原民航总局会同有关部门制定新的民航货运代理管理办法。 ● 对危险品等特种货物的运输代理严格按照国家有关规定办理。 ● 加强收费管理，全面清理向货运车辆收取的行政事业性收费、政府性集资、政府性基金、罚款项目，取消不符合国家规定的各种收费项目，对违规行为依法予以严处。
	《物流业调整和振兴规划》	● 打破行业垄断，消除地区封锁，依法制止和查处滥用行政权力阻碍或限制跨地区、跨行业物流服务的行为，逐步建立统一开放、竞争有序的全国物流服务市场。
	《关于促进物流业健康发展政策措施的意见》（国九条）	● 加大对高速公路收费的监管力度。撤并不合理的收费站点，逐步降低偏高的高速公路收费标准，对已出让经营权的繁忙路段，应根据政府财力状况逐步回购经营权。 ● 按照依法、高效、环保的原则，研究制定城市配送管理办法，确定城市配送车辆的标准环保车型，全面禁止将客运车辆改装为货运车辆，促进符合条件的物流企业加快规模化发展。 ● 结合制（修）订相关法律、行政法规，在规范管理的前提下适当放宽对物流企业资质的行政许可和审批条件，改进资质审批管理方式。要破除地区封锁和体制、机制障碍，鼓励物流企业开展跨区域网络化经营。进一步规范交通、公安、环保、质检、消防等方面的审批手续，缩短审批时间，提高审批效率。对于法律未规定或国务院未批准必须由法人机构申请的资质，物流企业总部统一申请获得后，其非法人分支机构可向所在地有关部门备案获得。物流企业总部统一办理工商登记注册和经营审批手续后，其非法人分支机构可持总部出具的文件，直接到所在地工商行政管理机关申请登记注册，免予办理工商登记核转手续。

类别	政策文件名称	政策内容
经济性政策工具	《关于促进我国现代物流业发展的意见》	● 合理确定物流企业营业税计征基数，具体办法由国家税务总局制定。 ● 允许符合条件的物流企业统一缴纳所得税。物流企业在省、自治区、直辖市范围内设立的跨区域分支机构，凡在总部领导下统一经营、统一核算，不设银行结算账户、不编制财务报表和账簿，并与总部微机联网、实行统一规范管理的企业，其企业所得税由总部统一缴纳。 ● 积极拓宽融资渠道。支持物流企业利用境内外资本市场融资或募集资金发展社会化、专业化的物流企业。对资产质量好、经营管理好、具有成长潜力的物流企业要支持鼓励上市。各类金融机构应对效益好、有市场的物流企业给予重点支持。 ● 对实行主辅分离、辅业改制的企业，符合有关条件的可享受政府扶持。扶持政策参照国务院八部门联合下发的《国有大中型企业主辅分离、辅业改制、分流安置富余人员的实施办法》。
	《物流业调整和振兴规划》	● 对列入国家和地方规划的物流基础设施建设项目，鼓励其通过银行贷款、股票上市、发行债券、增资扩股、企业兼并、中外合资等途径筹集建设资金。银行业金融机构要积极给予信贷支持。 ● 对涉及全国性、区域性重大物流基础设施项目，中央和地方政府可适当安排中央和地方预算内建设投资以给予支持，由企业进行市场化运作。
	《关于促进物流业健康发展政策措施的意见》	● 有关部门要抓紧完善物流企业营业税差额纳税试点办法，进一步扩大试点范围，并在总结试点经验、完善相关配套措施的基础上全面推广。 ● 要结合增值税改革试点，尽快研究解决仓储、配送和货运代理等环节与运输环节营业税税率不统一的问题。 ● 研究完善大宗商品仓储设施用地的土地使用税政策，既要促进物流企业集约使用土地，又要满足大宗商品实际物流需要。 ● 制造企业剥离物流资产和业务，可享受税收、资产处置、人员安置等相关扶持政策。

资料来源：本研究整理。

五、政策制定与执行

大陆宏观物流政策的制定主要体现了两个特点：一是由国务院制定物流产业政策，体现了大陆对物流产业发展的高度重视。作为最高国家权力机关的执行机关和最高国家行政机关，国务院出台的国家"十一五"规划纲要、"十二五"规划纲要、《关于促进物流业健康发展政策措施的意见》以及《物流业调整和振兴规划》等一批物流领域高层级、纲领性文件，对于大陆物流的发展起到了重要的推动作用。二是部分物流宏观指导政策由国务院多部委联合发布，反映出多部门综合协调管理机制的进一步强化。促进现代物流业发展是一项跨行业、跨地区、跨部门的综合性工作，涉及面非常广，因此，物流宏观指导政策由多部委联合发布。例如，2001年的《关于加快我国现代物流发展的若干意见》是由原国家经济贸易委员会、原铁道部、原交通部、原信息产业部、原对外贸易经济合作部以及原民航总局共六个部门联合制定的，2004年的《关于促进我国现代物流业发展的意见》是由国家发展改革委、商务部、公安部、原铁道部、原交通部、海关总署、税务总局、原民航总局、工商总局共九个部门联合制定的。

由于物流宏观指导政策是从国家战略层面对全社会物流系统和物流产业发展方向及思路进行全局性、战略性的指导，因此，物流政策的执行需要各地政府和各有关部门协同配合，形成合力。国务院及各部委出台的物流宏观指导政策属于一般性、指导性的意见和规划，下发到各省、自治区、直辖市人民政府以及国务院各部委和各直属机构，具体实施时再由国务院相关部委和直属机构以及各地方政府根据政策精神，进一步制定相应的实施细则，以保证政策方案的贯彻实施和政策目标的顺利实现。例如，《物流业调整和振兴规划》明确指出，国务院各有关部门要按照《规划》的工作分工，尽快制定和完善各项配套政策措施，明确政策措施的实施范围和进度，并加强指导和监督，确保实现物流业调整和振兴目标。有关部门要适时开展《规划》的后评价工作，及时提出评价意见。各地区要按照《规划》确定的目标、任务和政策措施，结合当地实际抓紧制订具体工作方案，细化落实，确保取得实效。各省、自治区、直辖市要将具体工作方案和实施过程中出现的新情况、新问题及时报送国家发展改革委和交通运输部、商务部等有关部门。

为了有效指导物流业的健康发展，保证政策的科学制定和顺利执行，大陆的物流管理体制不断进行改革。一是各管理领域的改革。按照精简、统一、高效的原则和决策、执行、监督相协调的要求，不断深化铁路、公路、水运、民航、邮政、货代等领域的体制改革，建立政企分开、决策科学、权责对等、分工合理、执行顺畅、监督有力的物流管理体系，完善政府的公共服务职能。二是加强综合组织协调，建立全国现代物流工作部际联席会议制度。2004 年国家发展改革委等九部委联合发布了《关于促进我国现代物流业发展的意见》，提出"建立由国家发展改革委牵头，商务部等有关部门和协会参加的全国现代物流工作协调机制。主要职能是提出现代物流发展政策、协调全国现代物流发展规划、研究解决发展中的重大问题，组织推动现代物流业发展等"。2005 年，《关于建立全国现代物流工作部际联席会议制度的通知》颁布，由国家发展改革委牵头，国家发展改革委、商务部等 15 个部门和单位组成的全国现代物流工作部际联席会议制度正式建立。

第二节　台湾物流宏观指导政策的特点

台湾物流宏观指导政策多由台湾行政主管部门颁布，主要关注物流发展定位、提升全球物流运作效率、物流产业政策管制等问题。政策目标常细化为具体的量化目标。政策措施主要包括放松市场管制、完善物流基础设施的建设与衔接、提升货物通关效率、促进两岸物流及国际物流发展等。政策工具涵盖强制、行政与经济性三大类工具。政策执行多采取设立专门的"计划推动小组"、多部门共同分工协作的执行方式。

一、政策问题

台湾现代物流发展比大陆起步早，然而由于整体经济形势的影响，台湾现代物流发展仍面临诸多问题与挑战。20 世纪 90 年代中后期以来，台湾步入经济调整关键时期，深刻认识到发展现代物流对于应对国际经济形势的急剧变化、促进台湾经济持续稳定发展所起的重要作用，台湾制定了一系列物流宏观指导政策，着重解决物流发展中的重大问题。

（一）物流发展定位问题

物流产业发展在台湾的总体经济政策和经济发展中始终处于战略地位，物流发展的定位也始终紧紧围绕本地区的经济总体发展战略。自1995年推出《发展台湾成为亚太营运中心计划》以来，台湾经济总体发展战略从亚太区域性的视角，逐步拓展到全球运筹的视角。台湾的物流系统也从区域性物流中心的战略定位提升到全球运筹中心的战略定位。

《发展台湾成为亚太营运中心计划》提出建立"海运转运中心"与"空运转运中心"，将台湾发展成为亚太地区的集装箱转运和航空货运转运中心。面对网络时代的来临及高科技产业迅速发展的新趋势，2000年推出的《全球运筹发展计划》将视野由亚太地区扩展至全球，进一步强调全球运筹对新时期台湾经济发展的重要作用，促进台湾成为全球经济活动枢纽之一。此后，随着全球经济重心东移，世界经贸结构与商业模式重新调整，区域物流供应链在国际上越来越受到重视；两岸直航和《海峡两岸经济合作框架协议》的签署为台湾产业与全球供应链相连接提供了机会。台湾行政主管部门于2010年颁布《国际物流服务业发展行动计划》，提出打造台湾区域物流的核心实力，通过国际物流的发展使台湾掌控东亚供应链，促进台湾经济的持续增长。2013年4月又出台《自由经济示范区规划方案》，将"智慧运筹"产业作为具有利基和前瞻性的示范产业，列入四大发展重点之一，以引导台湾物流业向高附加值、高端化方向发展并促进台湾经济转型升级。

可以看出，台湾物流系统的建设与台湾历次经济转型发展密不可分，台湾物流系统在经济发展中的战略地位不断提升，现代物流业逐步发展成为台湾地区重要的支柱产业。

（二）提升全球物流运作效率问题

随着经济全球化及信息技术的发展，企业产销及配送体制面临着颠覆性变革，台湾地区的物流发展重点由岛内物流转向国际物流。如何提升物流的全球运筹效率，成为台湾物流政策关注的核心问题。该问题主要包括以下三个方面：

一是货物通关效率问题。货物通关效率不高将造成物流效率低下、营运成本高昂，从而影响国际物流发展，因此台湾在物流政策中始终强调将提升货物通关效率作为重点推动措施。如，1995年《发展台湾成为亚太营运中心计划》提出，简化海关作业并改善港口管理，实施自动化通关系统。2000年的《全球运筹发展计划》通过相关规定的整合与修订，力图提升货物在不同管制区域的流通效率。2002 年《营运总部计划》提出推动"无障碍通关",提高物流效率,促进台湾成为全球贸易最便捷的地区之一。2004 年的《流通服务业发展纲领及行动方案》提出,推动通关贸易便捷化,整合货物通关签审作业。2010 年的《国际物流服务业发展行动计划》提出,持续简化关务作业程序,使关务为经济发展助力。2013 年的《自由经济示范区规划方案》提出,大幅度放松对物流的各项限制,创新关务管理机制。

二是物流信息化与标准化问题。台湾为加强物流业竞争力,长期以来重视信息化设备及系统的投入,然而供应链上下游之间的信息交换系统的缺乏,使得信息化效益发挥有限。因此,如何运用信息技术推动物流管理,强化信息整合应用,建立现代化的信息交换网络,成为台湾物流政策重点关注的问题。物流标准化方面,除了台湾地区内部物流标准统一之外,台湾物流政策强调建立与国际接轨的统一物流标准,为全球物流的发展扫清障碍。

三是物流基础设施的衔接问题。面对新世纪全球运筹模式的调整,台湾物流基础设施的完善及无缝衔接程度尚无法达到全球供应链枢纽的要求,因此通过制定物流政策,积极推动物流基础设施的升级及衔接,为台湾地区的国际物流发展提供良好的物质基础。

(三)物流产业政策管制问题

由于台湾地区物流业主要由运输、仓储功能发展而来,许多规定仍根据传统海、陆、空等运输业经营模式制定。因此,在物流业不断向整合性服务、快速响应需求及国际化方向发展的趋势下,现行规定已经不能解决当下问题,局限了业者经营拓展。因此,台湾出台相关的配套规定及措施,必须针对全球运筹的趋势进行全面性整合。如在货物通关部分,货物由港口进入后改由机场再出口仍有待进一步放松管制;海运、空运间的计算机系统尚待整合;跨关区仍需两段式报关;承揽业提供他人专业发货服务,却不得申报为受货人;货物流通有押运及加封限制;机场(港口)通关无法配合业者 24 小时作业需求。为此,当局出台一系列物流指导政策放松管制,为物流业发展创造宽松的外部环境。

例如,根据《全球运筹发展计划》,积极推动"《电子签章法》"的制定工作,检讨修正《运输工具进出口通关办法》,检讨《物流中心货物通关办法》,修订《保税仓库设立及管理办法》。根据《营运总部计划》,颁布了《自由贸易港区设置管理条例》。

（四）物流产业管理体制问题

物流业的管理体制一直也是台湾在现代物流发展中迫切需要解决的问题。台湾地区传统的物流管理体制采取行政主管部门邀集相关部门成立小组的方式，已初步具备跨部门协调机制的特征。如《发展台湾成为亚太营运中心计划》提出成立常设性的"亚太营运中心计划推动小组"，并确定每一项核心措施的统筹负责单位，贯彻分层负责的精神，缩短决策及协调时间。再如《国际物流服务业发展行动计划》以行政主管部门"服务业推动小组"为跨部门的横向联系机制，负责整合各部门的权责业务。

这种由行政主管部门牵头成立小组的管理体制形式虽已初步具备跨部门协调机制的特征，但因缺乏事业主管机关的人力编制、预算编列、行政裁决及行政辅导等权责，跨部门协调管理机制的作用难以完全发挥，并导致政策推动工作受到阻碍。因此，《国际物流服务业发展行动计划》提出建立跨越各部门范畴的行政高层的协调机制，以更为整体性的上位计划来推动国际物流服务业政策的跨部门推动。此外，《国际物流服务业发展行动计划》还提出建立物流管理民间参与机制，提倡在国际物流事务方面进行公私合作，以规划、执行、检查、反应的循环回馈机制，建立协同一致的发展步调，掌握新的物流运作模式，提升物流服务业的国际竞争力。

二、政策目标

台湾多以"计划"的形式颁布物流政策，计划内容十分具体，既包含方向性规划，又包含执行分工与监督细则，同时政策目标常细化为具体的量化目标。例如，《发展台湾成为亚太营运中心计划》的总体目标是"促使物流、人流及信息流能够便捷地流通，进而吸引国际企业及本地企业在台湾设立营运中心，推动台湾经济自由化、国际化的进程"。从中可以看出，物流、人流与资金流的便捷畅通已经成为提升台湾地区的国际竞争力、保持台湾地区稳定发展的重要条件。

《营运总部计划》总体目标是通过加强物流基础建设、营造利于物流发展的市场环境、放松物流产业政策管制等措施，吸引本地及国际企业在台湾设置区域营运总部，进而推动台湾经济发展。该计划在物流方面分为四个方向性目标：一是建设海空联港，整合海空运输服务，以满足多式联运的运输需求；二是简化通关作业，使货物通关无障碍，与国际制度接轨；三是协助企业进行物流作业信息化改造，推动供应链信息化；四是规划建设自由贸易港区，提升货物流通效率，降低物流成本。该计划既包含总体目标，又包含方向性目标，在每一个方向性目标下还设有分年度的具体量化指标。

从总体上看，台湾地区宏观物流政策的主要目标是消除国际物流发展中遇到的政策管制、通关障碍、物流效率等方面存在的问题，希望通过加强物流基础设施建设、放松市场管制、推动信息化和标准化建设等措施，推动台湾地区的国际物流发展，使台湾成为国际供应链的重要环节，进而带动台湾经济的转型发展。台湾部分物流宏观指导政策的目标如表8-3所示。

表8-3　台湾部分物流宏观指导政策的目标

政策文件名称	政策目标
《发展台湾成为亚太营运中心计划》	● 进一步提升台湾经济自由化、国际化的程度，促使岛内外人员、货品、资金及信息能够便捷地流通，以充分发挥台湾在亚太地区以及两岸间的经济战略地位，吸引国际企业并鼓励本地企业以台湾作为投资及经营东亚市场，包括大陆市场的根据地，以凸显台湾在此地区经济整合中所扮演的关键角色。
《全球运筹发展计划》	● 消除企业在全球运筹管理过程中所遭遇的相关问题，使台湾成为国际供应链的重要环节；运用台湾制造优势，发展高附加价值转运服务。
《营运总部计划》	● 投资全球运筹基础建设，使台湾成为台商及国际企业设置区域营运总部的最佳地区。
《流通服务业发展纲领及行动方案》	● 以"货畅其流"为愿景，持续朝着自由化、国际化、制度化、效率化、网络化、整合化方向推动。
《国际物流服务业发展行动计划》	● 发展国际物流的核心实力，进行关、港、贸等跨部门整合，以强化在台企业的全球运筹能力。 ● 充分运用两岸经济互动与直航契机，建立物流运筹政策配套，积极推动台湾与亚太地区产业供应链的串接合作。 ● 根据《海峡两岸经济合作框架协议》(ECFA)，积极构建全球运筹服务网络，开展台湾经贸发展的黄金10年；于2020年，打造台湾成为亚太区域物流加值及供应链资源整合的重要据点。

资料来源：本研究整理。

三、政策方案

（一）放松市场管制

为解决台湾物流业发展中面临的政策管制问题，台湾在一系列物流宏观政策中，放松管制，为物流业发展创造宽松的外部环境。一是规划建设自由贸易港区，排除不必要的管制措施，放宽货物流通限制，使区内厂商能经由单一窗口自主管理，促使商品自由、快速流通，提升物流作业效率，降低物流成本。二是放宽人员、资金进出管制，构建开放的经营环境，促进贸易及投资自由化，进而吸引外资进入流通领域，促进物流业快速发展。三是针对经济全球化的新趋势，修订物流配套政策规定，构建合理的物流业经营监管体系，推动国际物流发展。

（二）完善物流基础设施的建设与衔接

台湾物流宏观指导政策始终强调物流基础设施的建设，为台湾建设亚太乃至全球营运中心提供良好的硬件环境。海运方面，增建港埠设施，推进环岛海运系统建设，发展海运转运中心，使台湾成为东亚地区货柜转口及高附加值物流服务的集中地。空运方面，增建机场及周边基础设施，兴建航空城，带动机场周边地区经济发展；发展航空货物转运中心，扩充面向东亚及北美地区的快速运输网络，为台湾地区的国际物流快速发展奠定物质基础。陆运方面，扩大快速路网，兴建港口与机场联结道路，使物流作业更加高效顺畅。

在台湾物流业发展重心由本地逐渐转向全球运筹后，台湾物流政策更加重视对于物流基础设施之间的无缝衔接以及多式联运基础设施的建设。一是重点建设海空联港，整合海空运输服务，使货物在各种运输方式间无缝对接。二是推动多式联运基础设施建设，发展复合型综合交通运输体系。例如，《国际物流服务业发展行动计划》从港埠建设再造、强化海空港的国际联结、航港体制改革、强化自由贸易港区发展四个方面，详细阐述物流基础设施的规划建设方案，重点强调整合构建由港口扩及腹地进而联结产业供应链的紧密衔接的基础设施系统。

（三）提升货物通关效率

货物通关效率直接影响物流效率与营运成本，货物通关效率不高阻碍了台湾地区的国际物流发展。为此，台湾制定了一系列物流宏观政策，以简化通关手续，建立现代化通关系统，提升货物通关效率，为国际物流业者提供良好的作业环境。其主要做法是：一是将现有各项通关作业程序及文件整合并简化，提升货物在不同管制区域内的流通效率，实现货物无障碍通关。二是建立健全现代化通关系统，重点规划建设航港信息系统及信息交换平台，推动贸易管理、货物通关、国际运输等环节无纸化进程。三是在贸易便捷化的基础上，通过现代化的查验技术及科学的优质企业认证及管理机制，保障通关贸易安全。

（四）促进两岸物流及国际物流的发展

《海峡两岸经济合作框架协议》的签署给台湾物流业带来了机遇，台湾颁布了一系列物流政策，促进台湾与大陆及台湾与世界之间的物流跨境发展。一是辅导物流业者向规模化与利基化发展，扩大全球服务项目与跨境服务据点；二是与民间团体积极合作，推动台湾物流标准与国际对接，推动跨区域物流发展；三是推动跨区域贸易的信息流、物流、资金流的整合服务，扩大信息及服务共享机制；四是通过两岸协商，发展与大陆之间的航线网络，构建与大陆海、空港的联盟，并通过东亚各国海空港进行物流网络的区域分工；五是建立两岸关务信息交换与对接机制，打造海峡两岸快捷走廊，提供跨海零时差的物流服务。

（五）强化物流信息化与标准化建设

信息网络技术是现代物流体系的重要组成部分，通过信息化建设可以推动物流高效化、经济化和智能化，进而提高物流服务效率、降低物流成本。因此台湾颁布一系列物流政策，从以下方面进行物流信息化建设：一是构建综合信息系统。应用无线射频识别技术（RFID）、全球定位系统（GPS）等先进技术，将商用运输系统、智能化货物与货车电子监控系统、公路电子收费系统、无纸化电子数据交换系统等已有或在建信息系统进行整合，构建综合信息系统，推动物流信息系统标准化建设。二是辅导工商企业进行信息化改造，以提升工商企业物流管理能力，提升供应链的整体运作效能，提升物流效率。三是提升物流企业信息化作业能力，制定国际物流信息交换标准，进而推动物流企业信息化与国际接轨。

物流标准化对降低物流成本、保证物流质量、提升物流效率具有重大作用，同时，与国际接轨的物流标准有助于推动国际物流发展。因此，台湾的物流宏观政策强调从以下方面进行物流标准化建设：一是制定标准托盘尺寸，鼓励物流企业在运输、仓储、装卸搬运和包装等作业中采用统一的标准化托盘。二是推动物流信息标准化建设，建立符合国际规范的数据标准，推动物流条码国际化、标准化，进而促进台湾地区国际物流发展。三是发展与国际接轨的多式联运标准化接口，建构无缝国际复合运输通路。

四、政策工具

为了顺利解决政策问题、达到政策目标，台湾采用了一系列政策工具，以促进政策任务与措施的进一步落实，推进现代物流的发展。总体来说，在台湾物流宏观指导政策中，政策工具主要包括以下三个方面：

一是强制性政策工具。在台湾地区物流宏观政策中，均涉及具有最高约束力及强制力的政策工具，主要包括：对物流政策的研究，如对"《电子签章法》"的研究拟定；增删修订与物流通关、信息化、标准化、电子商务等相关的规定，如修正《物流中心货物通关办法》《转口货物关务作业要点》等。通过对物流政策体系的完善，力图为台湾地区物流发展创造宽松、公平的外部环境。

二是行政性政策工具。台湾物流宏观政策中的行政性政策工具主要包括：依法放宽物流从业者申请证照的审批条件；设立为物流从业者提供服务的单一窗口；简化通关作业行政审批流程，促进货物通关效率提升；推进港口行政一体化，建立物流信息单一窗口合作平台；增修行政命令和措施，并随时与产业界保持密切联系，以随时检讨修正政策内容；建立国际物流政策民间参与机制，成立国际物流发展推动工作小组，扩展民间参与公共决策的渠道；放宽工业区准工业（仓储业）生产用地的进驻条件，向物流业者提供公有事业土地或工业区内物流用地，协助物流业者解决土地问题。

三是经济性政策工具。台湾采用的经济性政策工具主要包括：对在台湾设置物流总部的企业提供租税及土地取得权审批的优惠；对投资流通运输服务业者提供租税奖励；对于建立货况追踪系统的物流从业者，适用《促进产业升级条例》中有关购置自动化设备予以投资抵减的奖励；对于购买台湾本地船舶的海运从业者，予以五年内免征营利事业所得税的奖励；调整现行营利事业所得税的课征标准，检讨发货中心在岛内收入的认定标准，调整利润贡献度的比例。

台湾物流宏观指导政策工具的部分内容如表 8-4 所示。

表 8-4　台湾物流宏观指导政策工具的部分内容

类别	政策文件名称	政策内容
强制性政策工具	《发展台湾成为亚太营运中心计划》	● 制定台湾"《加入关税暨贸易总协定部分相关法律修正集合法》"。 ● 修正《货物通关自动化实施办法》第 15 条、16 条。 ● 修正《保税仓库设立及管理办法》第 14 条。 ● 修正"航政局"相关组织规定。
	《全球运筹发展计划》	● 通过制定政策确立电子签章、电子文件、电子契约的效力，积极推动"《电子签章法》"的制定工作，以确立电子签章及电子文件的约束效力。

类别	政策文件名称	政策内容
强制性政策工具	《全球运筹发展计划》	● 检讨修正《运输工具进出口通关办法》。 ● 建立物流中心公平竞争及便利的作业环境。检讨《物流中心货物通关办法》中有关资本额限制及研议改以弹性保证金与责任保险。 ● 制定《转口货物关务作业要点》取代《海空联运转运暂行作业要点》。 ● 放宽管制区外自主管理保税仓库须为自有土地及建筑物的限制。修订《保税仓库设立及管理办法》第12条。
	《流通服务业发展纲领及行动方案》	● 继续检讨评估《"境外航运中心"设置作业办法》，以扩大其实施功能。
行政性政策工具	《流通服务业发展纲领及行动方案》	● 放宽物流从业者申请特许证照的弹性。 ● 各主管部门设立为物流从业者提供服务的单一窗口。
	《全球运筹发展计划》	● 规划协助从业者取得物流用地的辅导机制，修正"《都市计划法台湾省施行细则》"，放宽工业区准工业（仓储业）生产行为进驻的规定。
	《国际物流服务业发展行动计划》	● 简化通关作业行政审批流程，促进货物通关效率提升。 ● 推进港口行政一体化，建立物流信息单一窗口合作平台。 ● 增修行政命令和措施，并随时与产业界保持密切联系，以随时检讨修正政策内容。 ● 建立国际物流政策民间参与机制，成立国际物流发展推动工作小组，扩展民间参与公共决策的渠道。
经济性政策工具	《全球运筹发展计划》	● 检讨现行营利事业所得税课征标准，检讨发货中心在岛内所得认定标准，并调整利润贡献度的比例。 ● 帮助业者租用公有或公营事业土地，以协助业者解决土地问题。
	《营运总部计划》	● 核定《推动企业营运总部行动方案》与《企业营运总部租税奖励实施办法》，提供营运总部自岛外关系企业获取的管理服务所得、研发服务所得、权利金所得、投资收益及处分利益免征营利事业所得税。 ● 对在台湾设置物流总部的企业提供租税及土地取得权审批的优惠。 ● 对于建立货况追踪系统的物流从业者，适用《促进产业升级条例》中有关购置自动化设备予以投资抵减的奖励。
	《流通服务业发展纲领及行动方案》	● 船舶运送业购买台湾本地新船，自开始提供营运服务之日起，连续五年内免征营利事业所得税。 ● 对投资流通运输服务业者提供租税奖励。

资料来源：本研究整理。

五、政策制定与执行

台湾宏观物流政策的制定主要体现两个特点：一是物流政策直接纳入由行政主管部门制定的宏观经济政策。行政主管部门是台湾制定重大宏观政策的主要部门，反映了台湾对物流发展的高度重视。例如，行政主管部门 1995 年推出的《发展台湾成为亚太营运中心计划》是台湾在 20 世纪末至本世纪初最重要的经济发展长期计划。作为该计划核心措施之一的"发展专业营运中心"中有两项涉及物流产业，分别为"海运转运中心"与"空运转运中心"。再如 2002 年推出的《"挑战 2008"计划》是台湾地区宏观经济六年计划，其中《营运总部计划》作为物流业发展纲领，以单独一个分项列出。二是物流政策由多个部门联合发布并实施，反映出台湾地区跨部门的协商机制的进一步强化。例如，《流通服务业发展纲领及行动方案》由经济、交通、财政、行政主管部门联合制定。再如，《全球运筹发展计划》的执行实施涉及经济、交通、财政、行政主管部门等多个相关部门。

关于政策执行，台湾物流宏观指导政策多采取设立专门的"计划推动小组"、多部门共同分工协作的执行方式，并成立专门的"服务中心"来负责与业界的沟通反馈，同时由各部门分管相关政策的宣传与解释。例如，《发展台湾成为亚太营运中心计划》提出在行政主管部门成立常设性的"亚太营运中心计划推动小组"，由相关负责人主持，负责重大政策的研拟、审议及沟通协调，指定推动总体经济调整及六大中心计划的统筹负责单位，在分工上由相关单位密切配合，由各项计划负责机关承担主要倡导工作，并由行政主管部门及新闻主管部门统筹规划相关事宜。

第三节　两岸物流宏观指导政策的异同分析

两岸物流宏观指导政策均表现出对物流发展问题的高度重视与关注，但受两岸物流发展环境、物流发展阶段、物流管理体制等诸多因素差异的影响，在政策问题关注重点、政策目标与政策方案制定、政策执行等方面也存在很多不同。

一、政策问题的异同点

两岸物流宏观指导政策问题的相同点之一在于对物流发展问题的关注度与重视程度都呈现逐步提高态势。从 20 世纪末至今,在大陆或台湾出台的宏观经济指导政策中,均有越来越多的涉及物流业的专门章节或内容,把推进现代物流的发展作为发展经济的重要组成部分,这些内容为后续专项物流政策的制定提供了指导思想和重要依据。两岸还推出了各种类型、各个层次的物流专项政策,以引导和推进现代物流业的发展。例如大陆的《物流业调整和振兴规划》,台湾的《全球运筹发展计划》《国际物流服务业发展行动计划》等,均是两岸专门针对物流业发展不同阶段中出现的不同问题颁布的专项政策规划,旨在综合引领和调控物流业发展,从而带动整体经济的稳定发展。

两岸物流宏观政策问题的相同点之二在于都关注物流产业的管理体制问题。两岸均认识到现代物流的复合性产业性质,传统分散性的管理体制已经阻碍了物流政策的执行与实施。因此,国家发展改革委牵头组织了全国现代物流工作部际联席会议制度,从管理体制上为全面推进现代物流工作提供了保障;台湾则先后提出建立跨部门协商机制、国际物流管理机制等,重在缩短决策及协调时间,快速解决物流发展中存在的问题。

两岸物流宏观政策问题的差异主要体现在大陆比较重视物流发展的产业定位及产业基础性问题,而台湾则更重视国际物流的发展及物流运作效率的提升问题。产生这种差异的主要原因是大陆物流业起步较晚,面临的问题较多,需要从明确物流产业定位的基础问题做起,才能对物流产业发展进行科学的规划;同时,大陆物流发展速度较快,现阶段面临的问题主要是物流产业竞争力不强、物流效率低下的问题,因此,应积极推进现代化物流体系的建设,提升物流产业竞争力。与大陆相比,台湾物流业起步较早,发展成熟度较高,现处于产业升级阶段,因此,更注重提升物流服务效率与国际化水平;而且,台湾经济对对外贸易的依赖性较强,所以物流政策重点是解决货物通关效率低下等影响国际物流发展的问题。

二、政策目标的异同点

两岸物流宏观政策目标的相同之处是都把将物流业发展壮大作为核心目标，强调信息化与标准化建设，最终达到物流成本降低与物流效率提高的目标。政策目标的内容均包含总体目标和阶段性目标。

两岸物流宏观政策目标的差异之一在于大陆物流政策目标重点强调发展专业化的现代物流，提升物流产业竞争力；而台湾物流政策目标则强调推动国际物流发展，提升台湾在国际供应链体系中的作用与地位。

两岸物流宏观政策目标的差异之二在于大陆颁布的物流政策多为指导意见形式，主要对物流业的发展做出方向性指导，没有明确量化目标，需要相关政策执行部门根据指导意见制定阶段性量化目标与总体量化目标；而台湾颁布的物流政策则多为计划形式，内容非常具体，同时政策目标常细化为具体的量化目标，且每一个计划均有明确的执行期限与反馈制度。

产生这种差异的主要原因是两岸所处环境及自身特点不同。大陆幅员辽阔，地区之间差异很大，针对不同地区的特点应有不同的物流政策执行细则与量化目标，因此中央政府颁布的宏观物流政策多为全局性、前瞻性的指导意见形式，需要地方政府机关根据指导意见制定政策执行细则与量化目标；而台湾因地区之间联系紧密，政策制定通常较为详细，在政策中有指定的政策实施的主办机关与协办机关，以及具体的量化目标。

三、政策方案的异同点

两岸物流宏观政策方案的相同点之一在于都注重为物流业发展创造良好的市场环境。为了促进良好的物流服务市场体系的形成和发展，两岸都通过物流相关政策的颁布以及法规的修订来规范物流行业的经营行为，致力于为物流业创造有序的市场竞争环境，以提高物流企业的市场竞争能力，促进物流业的健康发展。尤其在物流管理方式的改进、提升物流通关服务水平与降低市场准入条件等方面，两岸宏观物流指导政策中均有涉及。

两岸物流宏观政策方案的相同点之二在于都注重加强物流基础设施建设。物流基础设施是现代物流发展的重要物质基础，两岸物流政策均提出要在充分发挥市场机制的基础上，鼓励包括外资在内的各种主体参与物流基地或物流中心的建设，尽快形成配套的综合运输网络、完善的仓储配送设施等，以适应现代物流发展的需要。尤其在海空联运、海港联运、空港联运等基础设施建设的重要方面，两岸物流政策中均有涉及。

两岸物流宏观政策方案的相同点之三是都重视物流信息化和标准化的建设。大陆鼓励行业物流公共信息平台建设，强化物流标准的制定，积极推进企业物流管理信息化。台湾也积极构建综合信息系统，辅导工商企业进行信息化改造，提升信息化能力，同时制定国际物流信息交换标准，进而推动物流企业信息化与国际接轨。由此可见，信息化和标准化是现代物流发展的重要基础。

两岸物流宏观政策方案的不同点在于，大陆政策强调区域之间的协调与协作，而台湾政策更加突出基础设施的有效衔接以及物流运作的国际化。由于大陆的区域差异较大，因此，大陆的物流宏观政策更加强调区域之间的协调，如区域之间的大通关合作、区域物流一体化合作等；而台湾物流宏观政策则重点强调国际物流的发展，注重海空联港建设，强化无缝国际复合运输通路以及无障碍通关的建设。

四、政策工具的异同点

两岸物流宏观政策工具的相同点在于都采用包括完善物流法规体系等在内的法律性政策工具，包括税收优惠、财政补贴在内的大量经济性政策工具以及包括放宽物流企业资质审批条件等在内的行政性政策工具，以规范物流市场和扶持物流业的发展。

两岸物流宏观政策工具的不同点之一在于台湾的强制性工具非常明确、具体，具有很强的可操作性。例如，台湾的宏观物流指导政策中非常明确地提出需要建立的政策体系、需要修改的相关规定。而大陆的宏观物流指导政策中，更多地是提出加强物流立法研究、完善物流的法律法规体系等指导性意见。

两岸物流宏观政策工具的不同点之二在于台湾的行政性工具更加强调放松物流业的管制，提高行政服务水平。而大陆的行政性工具除了强调放松管制和提高行政服务水平之外，更加突出强调破除行政性障碍、打破地区封锁，从而为物流业和物流市场的发展创造良好的环境。

五、政策制定与执行的异同点

两岸物流宏观指导政策制定与执行的相同之处是物流政策都是由多个部门联合颁布与实施的。由于物流业是一个复合型产业，涉及多个行业与领域，因此多数物流政策规划都是由相关负责部门联合颁布并组织执行与实施的。

　　两岸物流宏观指导政策制定与执行的差异在于，台湾更加重视对政策实施效果的动态性追踪。台湾会根据计划历年实施情况对原计划内容进行补充或修改调整，同时还成立专门的反馈机构以保证与业界的及时沟通。而大陆由于物流政策多为宏观性指导政策，较少涉及量化指标，因此，对政策实施效果的跟踪与动态调整不多。

第九章　两岸物流行业政策比较

物流行业是一个国家或地区社会物流系统的核心组成部分，在保障国民经济顺畅高效运行以及提供就业岗位等方面发挥着重要作用。物流行业政策在两岸物流政策体系中均占据重要位置。本章首先按政策构成要素分别分析两岸物流行业政策的特点，然后对两岸物流行业政策的异同进行比较。

第一节　大陆物流行业政策的特点

大陆物流行业政策集中出台于 2000 年之后，数量多且形式多样。政策主题除关注物流行业的对外开放外，更加侧重于通过政策引导与规划，明确物流业发展方向，促进和加快物流行业的健康发展。政策对象多面向全体物流企业。政策目标集中于打造物流行业的核心竞争力。政策方案以原则性和方向性政策为主，并集中于鼓励物流企业兼并重组、支持企业扩大服务范围与服务种类、推动行业设备升级以及出台各种扶植政策等。政策工具中财政、税收、金融等经济性工具使用普遍，同时也大量使用放松行业管制、规范行业行政管理、行政引导等行政性工具。政策制定与执行过程中多部门参与特点突出，制定与执行程序不断趋于科学化。

一、政策问题

（一）物流行业发展方向的引导与规划问题

大陆物流行业起步较晚，行业中以中小企业为主，因此，企业平均规模与集中度低、专业服务能力不高、综合性第三方物流企业严重不足等问题一直十分突出。为此，中央政府在 2001 年《关于加快我国现代物流发展的若干意见》、

2004 年《关于促进我国现代物流业发展的意见》、2009 年《物流业调整和振兴规划》等物流宏观指导政策中，以及在 2011 年《关于快递企业兼并重组的指导意见》、2012 年《促进仓储业转型升级的指导意见》、2013 年《关于加快国际货运代理物流业健康发展的指导意见》等子行业发展的指导意见中，始终强调要引导大陆物流业向"规模化和专业化"两大方向发展，即一方面要大力加强企业间的联合与兼并重组，扩大资本规模，壮大运营网络，增强竞争实力，促进产业集中度提升，做大做强物流行业；另一方面要引导各类物流企业通过深入研究顾客需求、引进先进技术和管理、创新产品体系、延伸服务链条等渠道，向专业、精细、特色、创新方向发展。

（二）物流行业的对外开放问题

2001 年 12 月中国加入世界贸易组织，并承诺到 2005 年底实现物流服务业的全面对外开放。为此，2000～2006 年期间，政府陆续制定和出台了《外商投资铁路货物运输审批与管理暂行办法》《关于开展试点设立外商投资物流企业工作有关问题的通知》《外商投资道路运输业管理规定》《外商投资民用航空业规定》《外商投资国际海运业管理规定》《外商投资国际货物运输代理企业管理办法》《商务部关于进一步做好物流领域吸引外资工作的通知》等一系列政策，开放范围涵盖了所有的物流子行业，大幅放宽了外资物流企业进入大陆的门槛，允许或鼓励大型外资物流企业在大陆设立独资物流企业。

（三）物流行业的扶植问题

为尽快做大做强大陆物流行业，政府出台了一大批扶持政策，如《关于促进我国现代物流业发展的意见》《关于试点物流企业有关税收政策问题的通知》《关于促进物流业健康发展政策措施的意见》《营业税改征增值税试点方案》《关于鼓励和引导民间投资进入物流领域的实施意见》等，提出简化和减少行政审批、完善税收管理、规范道路收费、加大财政投入、拓宽融资渠道、提供土地支持、物流车辆便利通行、物流管理体制改革等一系列具体的政策措施，通过减少行政管理方面对物流业发展的制约，为物流行业发展创造宽松的环境，以及提供土地及财税方面的扶持，加大产业培育力度，促进物流行业的快速健康发展。

二、政策对象

大陆物流行业政策的对象主要分为四类：

第一类是面向大陆物流市场上的所有物流企业，如《关于加快我国现代物流发展的若干意见》《关于促进我国现代物流业发展的意见》《物流业调整和振兴规划》《关于促进物流业健康发展政策措施的意见》等。

第二类是只适用于部分地区的部分或全部物流企业。如《长江三角洲地区快递服务发展规划》《珠江三角洲地区快递服务发展规划》《京津冀地区快递服务发展规划》只针对三大地区的快递企业实施。财政部等颁布的《营业税改征增值税试点方案》只针对被列入试点地区的各类物流企业实施。该试点方案最初仅在上海市实施，后又扩充到北京等12个省市。交通运输部颁布的《甩挂运输试点工作实施方案》只选择了浙江、江苏等10个省市作为首批试点地区，并且每个地区只选择了1～3家具有较大资产规模、管理规范、社会信誉好、有稳定的甩挂运输业务需求、具备一定的站场设施和信息化基础条件，并拥有牵引车50辆、挂车100辆以上，通过试点能够取得良好经济效益和节能减排效果的项目（单位）作为试点。

第三类是只适用于某个具体物流子行业的全体企业。如《关于快递企业兼并重组的指导意见》《促进仓储业转型升级的指导意见》《关于加快国际货运代理物流业健康发展的指导意见》等，只适用于相关物流细分行业内的企业。

第四类是只适用于少数大、中型物流企业。如《关于试点物流企业有关税收政策问题的通知》只对列入试点企业名单的物流企业实施。这些企业通常需要具有一定经营规模、管理集约化并依法纳税。一般情况下，由各地税务机关向国家税务总局推荐参与试点。被推荐的企业经国家发展改革委、国家税务总局联合确认后，纳入试点物流企业名单，然后才能享受该优惠政策。该政策自2005年实施以来，截至2012年年末，共有8个批次的1331家物流企业纳入营业税差额纳税试点范围。

此外，《商务部关于进一步做好物流领域吸引外资工作的通知》《外商投资道路运输业管理规定》《外商投资民用航空业规定》等对外开放类政策适用于有意在大陆物流相关领域投资的外资公司、企业及其他经济组织或个人。《关于鼓励和引导民间投资进入物流领域的实施意见》主要针对大陆各类民营投资主体。

三、政策目标

大陆物流行业政策的目标主要体现在规划类政策以及指导意见类政策中。总体看，大陆物流行业政策的核心目标始终是通过市场调节和政府引导规划相结合，打造出一个具备社会化、专业化、信息化等现代物流服务能力的强大物流行业，为国民经济和社会发展提供有力支撑。大陆部分物流行业政策的目标如表 9-1 所示。

表 9-1　大陆部分物流行业政策的目标

政策文件名称	政策目标
《物流业调整和振兴规划》	● 到 2011 年，培育一批具有国际竞争力的大型综合物流企业集团，物流的社会化、专业化水平明显提高，第三方物流的比重有所增加，物流业规模进一步扩大，物流业增加值年均递增 10%以上。
《邮政业发展"十二五"规划》	● 做强国有邮政，做大快递企业。到 2015 年，中国邮政集团公司整体运营规模进入世界 500 强，培育出 5 个以上年业务收入超百亿、具有较强竞争力的大型快递企业。
《关于快递企业兼并重组的指导意见》	● "十二五"时期，通过兼并重组，快递产业集中度明显提高，培育出一批年收入超百亿、具有较强国际竞争力的大型快递企业，形成资本化运作、集约化运营和规模化发展的产业发展态势。
《关于促进仓储业转型升级的指导意见》	● 引导仓储企业由传统仓储中心向多功能、一体化的综合物流服务商转变。仓储企业机械化、自动化、标准化、信息化水平显著提高。
《关于加快国际货运代理物流业健康发展的指导意见》	● "十二五"期间，实现规模以上企业营业额年均增长 12%左右。通过并购重组、扶优选强，打造若干个主营业务突出、经营模式先进、海外网络健全、具有较强竞争力的大型国际物流企业。培育一批功能完善、设施完备、资源整合能力强的大中型物流商。推动形成一支品牌效应突出、业务优势明显的中小型专业货代商队伍。基本形成结构合理、业态多样、服务优质、竞争有序的国际货代物流市场。

资料来源：本研究整理。

四、政策方案

　　大陆物流行业政策有规划、指导意见、方案、办法、规定、通知等多种形式，不同形式政策之间的方案差别较大。从政策的架构看，规划类以及部分指导意见类政策的内容最为全面，通常包括指导思想、基本原则、发展目标、主要任务和保障措施等几大方面。方案、办法、规定、通知类政策的方案一般只包含具体的解决对策或政策措施。从政策内容的具体性和可操作性看，规划类以及指导意见类政策通常是方向性的和原则性的，具体实施时还需要地方或具体实施部门制定配套的细化政策。方案、办法、规定、通知类政策则一般十分具体，可以直接实施。总体看，大陆物流行业政策提出的物流行业发展核心任务与主要措施主要包括以下几个方面：

（一）鼓励企业通过兼并重组与合作方式做大做强

《关于加快我国现代物流发展的若干意见》提出，"鼓励物流企业之间加强联合，支持物流企业与运输、仓储、货代、联运、集装箱运输等企业结成合作联盟"。

《关于促进我国现代物流业发展的意见》提出，"鼓励交通运输、仓储配送、货运代理、多式联运企业通过兼并、联合等形式进行资产重组，发展具有一定规模的物流企业"。

《关于促进道路运输业又好又快发展的若干意见》提出，"引导运输企业以资产为纽带，通过并购、联合、参股等多种方式，实现规模化、集约化、网络化经营和特许连锁经营。扶持集约化程度高、网络覆盖面大、组织方式优的道路运输企业发展"。

《物流业调整和振兴规划》提出，"鼓励物流企业通过参股、控股、兼并、联合、合资、合作等多种形式进行资产重组，培育一批服务水平高、国际竞争力强的大型现代物流企业"。

《关于促进物流业健康发展政策措施的意见》提出，"支持大型优势物流企业通过兼并重组等方式，对分散的物流设施资源进行整合；鼓励中小物流企业加强联盟合作，创新合作方式和服务模式，优化资源配置，提高服务水平"。

《关于快递企业兼并重组的指导意见》提出，"支持企业通过兼并重组，扩大资本规模，壮大运营网络，增强竞争实力，促进产业集中度提升"，并指出了鼓励不同类型快递企业的兼并重组、鼓励特许经营型快递企业的兼并重组、鼓励快递企业利用资本市场开展兼并重组等六项工作重点。

《关于加快国际货运代理物流业健康发展的指导意见》提出，"对大中型货代物流企业，鼓励其通过内部资源整合和外部并购重组，做大规模，做强主业，加快向现代物流企业转型"。

《关于促进中国国际海运业平稳有序发展的通知》提出，要积极鼓励和支持有能力的企业开展兼并、重组和联营，优势互补，做大做强，发挥规模效益。

（二）支持物流企业扩大服务范围和开发新型服务种类

《物流业调整和振兴规划》提出，"鼓励中小物流企业加强信息沟通，创新物流服务模式，加强资源整合，满足多样性的物流需要"。

《关于促进仓储业转型升级的指导意见》提出，"鼓励仓储企业适应连锁经营、电子商务等现代流通方式发展要求，开展供应链库存管理、加工包装、分拣配送等供应链一体化服务。支持有条件的仓储企业规范开展质押监管等供应链融资监管服务"。

《关于加快国际货运代理物流业健康发展的指导意见》提出，"鼓励企业参与服务外包、工程物流、保税物流、国际采购等国际物流服务及多式联运、物流金融等高端服务，提高行业利润率和市场竞争力。鼓励企业开发新业态，支持企业引入经国际认证且成熟的运输服务方式"。

（三）推动物流行业的设备升级与新技术应用

《关于促进道路运输业又好又快发展的若干意见》提出，"发展厢式运输、甩挂运输和汽车列车，引导运输经营者购买、使用节能、环保、标准化的车辆。完善营运货运汽车推荐车型制度，推广应用先进成熟的节油型车辆，限制淘汰高耗老旧运输车辆"。

《关于促进物流业健康发展政策措施的意见》提出，"鼓励物流企业应用供应链管理技术和信息技术，不断提高物流信息资源的开发利用水平。调整完善物流企业申请高新技术企业的认定标准，具备条件的物流企业可以享受高新技术企业的相关政策"。

《关于促进甩挂运输发展的通知》提出，"通过完善政策和管理制度，为甩挂运输发展营造良好的发展环境；加大资金投入，完善枢纽站场设施；选择有条件的地区和企业，组织开展甩挂运输试点，探索和总结经验，发挥示范引导作用"。

《关于促进仓储业转型升级的指导意见》提出，"引导仓储企业推广应用新技术，大力推广集装技术和单元化装载技术，提高仓储作业效率。推广应用条形码、智能标签、无线射频识别等自动识别、标识技术和货物快速分拣技术。加强仓储技术装备的研发与推广，鼓励企业采用仓储配送、装卸搬运、分拣包装、条码印刷等专用技术设备"。"加强仓储企业信息化建设。支持仓储企业购置或自主开发仓储管理信息系统，有条件的仓储企业要积极应用物联网技术。支持仓储企业与连锁企业、电子商务企业、生产企业等建设信息对接系统，实现数据共用、资源共享，提高仓储企业的供应链服务水平"。"适应冷链物流快速发展的要求，指导企业对现有冷库进行技术改造，并利用先进技术建设现代化冷库，促进冷库由原来大批量、小品种、存期长向小批量、多品种、多流通形式转化。加强冷库系统管理，提高运作效率，鼓励节能减排"。

《关于加快国际货运代理物流业健康发展的指导意见》提出，"加强规划和引导，推动实体运营网络与无形信息网络的有机融合。鼓励行业信息技术的研发和集成创新，加快全球定位系统、地理信息系统、电子标签及物联网、云计算等高端信息技术的推广与应用。鼓励企业与供应商、信息服务商加强合作，加强信息安全保障"。

《关于促进中国国际海运业平稳有序发展的通知》提出，"积极引导国际航运企业加快拆解能耗高、污染重的老旧船舶，避免运力盲目发展"。

（四）对物流行业实施扶植政策

《关于促进物流业健康发展政策措施的意见》提出，"对符合条件的重点物流企业的运输、仓储、配送、信息设施给予必要的资金扶持。积极引导银行业金融机构加大对物流企业的信贷支持力度，加快推动适合物流企业特点的金融产品和服务方式创新，积极探索抵押或质押等多种贷款担保方式，进一步提高对物流企业的金融服务水平。完善融资机制，进一步拓宽融资渠道，积极支持符合条件的物流企业上市和发行企业债券"。

《营业税改征增值税试点方案》提出，将物流业率先纳入营业税改征增值税试点行业。这使得试点地区物流企业大量外包关联活动的重复征税问题得到明显的缓解，加快了部分物流企业设备更新升级和优化成本管理步伐。

《关于物流企业大宗商品仓储设施用地城镇土地使用税政策的通知》提出，对物流企业自有大宗商品仓储设施用地，减按所属土地等级适用税额标准的50%计征城镇土地使用税。

《关于鼓励和引导民间资本投资公路水路交通运输领域的实施意见》提出，鼓励民间资本投资从事道路运输、水路运输业务，引导民间资本投资经营公路货运中介服务、无船承运、船舶代理等运输辅助业务。

五、政策工具

大陆物流行业政策使用的政策工具主要有行政性和经济性工具两大类。行政性工具主要体现在政府放松行业审批、规范行业行政管理、行政引导等方面。例如，放松行业审批方面，放宽对物流企业资质的行政许可和审批条件，改进资质审批管理方式；为物流企业设立法人、非法人分支机构提供便利，鼓励物流企业开展跨区域网络化经营等。规范行业行政管理方面，规范道路交通管理和超限治理行为，构建运输业诚信体系和快递企业评级制度，制定物流企业分类标准和快递企业各种服务标准等。行政引导方面，鼓励传统物流企业转型升级，大力发展第三方物流业，鼓励大型物流企业重组兼并等。

经济性工具中，财政、税收、金融手段使用最为普遍，如对重点物流企业基础设施建设给予财政资金扶持，降低过路过桥收费，对纳入试点的物流企业采取营业税差额纳税办法，将交通运输业率先纳入营业税改征增值税方案，对仓储企业土地使用税减半征收，银行信贷政策向物流企业倾斜，扶持物流企业上市融资、发行债券等。大陆物流行业政策工具的部分内容如表9-2所示。

表9-2　大陆物流行业政策工具的部分内容

类别	政策文件名称	政策内容
行政性政策工具	《关于促进我国现代物流业发展的意见》	● 规范企业登记注册前置性审批。工商行政管理部门在为物流企业办理登记注册时，除国家法律、行政法规和国务院发布决定、规定外，其他前置性审批事项一律取消。 ● 改革货运代理行政性管理。取消经营国内铁路货运代理、水路货运代理和联运代理的行政性审批，加强对货代代理经营资质和经营行为的监督检查。取消国际货运代理企业经营资格审批，加强后续监督和管理。改革民航货运销售代理审批制度，由原民航总局会同有关部门制定新的民航货代理管理办法。对危险品等特种货物的运输代理严格按照国家有关规定办理。
	《关于促进物流业健康发展政策措施的意见》	● 在规范管理的前提下适当放宽对物流企业资质的行政许可和审批条件，改进资质审批管理方式。 ● 认真清理针对物流企业的资质审批项目，逐步减少行政审批。 ● 要破除地区封锁和体制、机制障碍，积极为物流企业设立法人、非法人分支机构提供便利，鼓励物流企业开展跨区域网络化经营。 ● 进一步规范交通、公安、环保、质检、消防等方面的审批手续，缩短审批时间，提高审批效率。 ● 对于法律未规定或国务院未批准必须由法人机构申请的资质，物流企业总部统一申请获得后，其非法人分支机构可向所在地有关部门备案获得。 ● 物流企业总部统一办理工商登记注册和经营审批手续后，其非法人分支机构可持总部出具的文件，直接到所在地工商行政管理机关申请登记注册，免予办理工商登记核转手续。

类别	政策文件名称	政策内容
经济性政策工具	《关于鼓励和引导民间资本投资公路水路交通运输领域的实施意见》	● 深化交通运输行政审批制度改革，全面清理整合涉及民间投资管理的交通运输行政审批事项。改进交通运输行政审批方式，优化审批流程。提高交通运输行政审批"一站式"服务水平，加快推进"网上审批"。 ● 进一步规范交通运输系统涉企收费行为，加大对涉企收费行为投诉的查处力度，坚决治理交通运输领域乱收费乱罚款。
	《关于促进我国现代物流业发展的意见》	● 支持物流企业利用境内外资本市场融资或募集资金发展社会化、专业化的物流企业。 ● 对资产质量好、经营管理好、具有成长潜力的物流企业要支持鼓励上市。 ● 各类金融机构应对效益好、有市场的物流企业给予重点支持。
	《甩挂运输试点工作实施方案》	● 落实对集装箱车辆、大吨位厢式货车的通行费优惠政策。对试点项目（单位）定期定线运行的甩挂运输车辆通行费推广月票或年票制，实行"大客户"优惠。 ● 对试点项目（单位）甩挂运输车辆更新、站场及信息系统建设等相关技术改造给予支持。
	《关于促进物流业健康发展政策措施的意见》	● 对符合条件的重点物流企业的运输、仓储、配送、信息设施给予必要的资金扶持。 ● 积极引导银行业金融机构加大对物流企业的信贷支持力度，加快推动适合物流企业特点的金融产品和服务方式创新，积极探索抵押或质押等多种贷款担保方式，进一步提高对物流企业的金融服务水平。 ● 完善融资机制，进一步拓宽融资渠道，积极支持符合条件的物流企业上市和发行企业债券。
	《营业税改征增值税试点方案》	● 在现行增值税 17%标准税率和 13%低税率基础上，新增 11%和 6%两档低税率。交通运输业适用 11%税率，其他部分现代服务业适用 6%税率。
	《关于物流企业大宗商品仓储设施用地城镇土地使用税政策的通知》	● 自 2012 年 1 月 1 日起至 2014 年 12 月 31 日止，对物流企业自有的（包括自用和出租）大宗商品仓储设施用地，减按所属土地等级适用税额标准的 50%计征城镇土地使用税。
	《关于试点物流企业有关税收政策问题的通知》	● 试点企业将承揽的运输、仓储业务分给其他单位并由其统一收取价款的，应以该企业取得的全部收入减去付给其他企业后的余额为营业额计算征收营业税。

资料来源：本研究整理。

六、政策制定与执行

（一）政策制定

大陆物流行业政策一般是由国务院及其所属的相关部委，以及地方政府及其相关部门，根据法定职权和规定程序，单独或者牵头会同有关部门组织制定并公布的，《邮政法》等少数法规由全国人大制定颁布。其中，涉及物流全行业发展的综合性政策一般由国务院或国家发展改革委牵头，会同各子行业管理部门联合制定，只涉及各子行业的文件由该行业的主管部门单独或会同有关部门制定。由于物流行业发展问题涉及面广，因此政策的制定主体通常包含多个部门，多部门联合出台是大陆物流行业发展政策的突出特点。

此外，大陆由于幅员广阔、不同地区之间差异较大，政府管理层级较多，加之物流行业涉及的行业部门众多，因此物流行业政策一般由国务院、国家发展改革委等部门先行出台一个方向性的上位政策，然后各相关部门或地方政府再出台配套的具体实施意见与方案，以落实国务院政策。例如，国务院颁布《关于促进物流业健康发展政策措施的意见》后，财政部又出台了落实该意见的《关于物流企业大宗商品仓储设施用地城镇土地使用税政策的通知》，商务部出台了《关于加快国际货运代理物流业健康发展的指导意见》等文件。大陆部分物流行业政策之间的关系如表9-3所示。

表 9-3　大陆部分物流行业政策之间的关系

上位政策	下位政策
国务院九部委《关于促进我国现代物流业发展的意见》	国家税务总局《关于试点物流企业有关税收政策问题的通知》 国家税务总局《关于物流企业缴纳企业所得税问题的通知》
国务院《物流业调整和振兴规划》	北京市政府《北京市物流业调整和振兴实施方案》 天津市政府《天津市贯彻落实国务院物流业调整和振兴规划的工作方案》 福建省政府《福建省物流业调整和振兴实施方案》 《重庆市人民政府关于认真贯彻国家物流业调整和振兴规划的实施意见》 ……
国务院《关于促进物流业健康发展政策措施的意见》	财政部《关于物流企业大宗商品仓储设施用地城镇土地使用税政策的通知》 国家发展改革委等《关于鼓励和引导民间投资进入物流领域的实施意见》 商务部《关于加快国际货运代理物流业健康发展的指导意见》

上位政策	下位政策
全国人大《邮政法》	交通运输部《快递业务经营许可管理办法》 国家邮政局《邮政普遍服务标准》 国家邮政局《快递业务经营许可条件审核规范》
国家邮政局《邮政业"十一五"规划》	国家邮政局《长江三角洲地区快递服务发展规划》 国家邮政局《珠江三角洲地区快递服务发展规划》 国家邮政局《京津冀地区快递服务发展规划》 国家邮政局《邮政业标准化2008～2010年发展规划》

资料来源：本研究整理。

（二）政策执行

大陆物流行业政策一般由政策制定部门负责执行，部分涉及多部门的政策会制定具体分工方案。如为贯彻落实《物流业振兴和调整规划》，牵头的国家发展改革委在广泛征求了交通运输部、原铁道部、商务部、财政部等32个部门和4个协会意见的基础上，牵头制订了《落实物流业调整和振兴规划部门分工方案》，对各项规划实施的工作分工和工作进度均做了具体安排。

试点执行是物流行业政策执行时经常采用的方式与手段。如物流业营改增政策，首先在上海地区试行，然后扩大到北京等其他8个省市，最后再推广到全国。采取试点的主要原因是物流行业政策影响面广，同时大陆各地物流行业发展情况不够均衡，所以政府在推行政策时都较为谨慎，希望通过试点总结经验与教训，不断改进政策。

近年来，执行部门还越来越重视政策执行之初的宣贯，宣传力度不断加大。如2004年出台的《关于在全国开展车辆超限超载治理工作的实施方案》中提出广泛开展宣传活动，从2004年5月中旬起，用1个月时间在全国范围内集中开展车辆超限超载治理宣传活动，围绕超限超载的危害、治理的意义与目的、治理标准与措施和工作安排以及道路交通安全法律法规等主要内容，多形式、多层次地开展宣传工作，使超限超载的危害性家喻户晓。2010年，北京市邮政管理局召开《京津冀地区快递服务发展规划》宣贯大会。市交通委员会、市规划委员会、市国家安全局等8个市政府相关委办局以及《北京日报》等6家新闻媒体和57家快递企业的相关负责人出席了大会。

第二节 台湾物流行业政策的特点

台湾物流行业政策主题主要集中于物流行业的放松管制问题、行业的信息化问题、行业的规模化与专业化发展、行业扶植问题。政策对象大多只针对部分物流企业。政策目标不仅强调打造台湾物流业强大的全球物流服务能力，为制造业全球布局发展提供支撑，而且强调物流业作为台湾的核心服务业之一，要成为台湾经济增长和就业的重要引擎。政策方案大多为明确和细化的直接执行方案。政策工具除税收奖励、政策性贷款、专项基金等经济性工具外，还大量使用独具特色的行政辅导工具。政策制定主体多为经济、行政主管部门，政策执行机制较为健全，注重政策宣贯与阶段性总结检讨。

一、政策问题

（一）物流行业放松管制问题

为适应台湾物流业向整合性服务、快速响应客户需求以及国际化方向发展的趋势，减少政策对业者经营拓展的限制，行政主管部门先后在《发展台湾成为亚太营运中心计划》《流通服务业发展纲领及行动方案》中，提出了航空货站民营化、开放航空物流市场、海运与航空货运市场费率自由化、放宽物流运筹业者申请特许证照的弹性等一系列政策松绑措施，希望通过优化台湾物流业发展的制度环境，达到提升台湾物流业的运作效率与能力，使台湾成为亚太物流中心乃至全球制造业供应链重要节点的目的。

（二）物流行业的信息化问题

在数字化和网络化时代来临的背景下，针对台湾物流业中小企业多、信息化水平普遍不高的现状，《全球商业链整合及物流运筹 e 化计划》《流通服务业发展纲领及行动方案》《物流利基化与供应链服务推动行动计划》等推出多项策略，希望通过建立物流产业共通的信息标准及电子资料交换统一格式、建置物流协同共用平台、辅导物流企业电子化专案等途径，使台湾物流行业提高信息交换效率，提高货物能见度、企业服务附加价值并降低企业营运成本，协助台湾制造业提升全球竞争力。

（三）物流行业的规模化与专业化发展问题

为适应台湾产业全球化布局的发展，以及提高物流业对台湾经济发展的贡献度，继续提升台湾物流业的全球竞争力，《全球商业链整合及物流运筹 e 化计划》《推动物流联盟旗舰计划》《物流利基化与供应链服务推动行动计划》以及《国际物流服务业发展行动计划》均提出，在大中型物流企业中大力推行物流联盟政策，扶持台湾大中型物流企业发展全球物流服务，培育台湾物流企业大型化、国际化的全球竞争力，与岛外大型物流业者相抗衡，为台湾工商企业及国际对台从事采购、贸易及转运业者提供便捷、无缝式全程服务。《物流利基化与供应链服务推动行动计划》以及《国际物流服务业发展行动计划》中还提出，鼓励与辅导中小型物流企业在特定领域发展专精服务。

（四）物流行业的扶植问题

为促进台湾物流行业发展，台湾还出台了《仓储设施于工业用地容许使用审核及管理作业规定》《新兴重要策略性产业属于国际物流事业部分奖励办法》《优质企业认证及管理办法》等扶持政策，从用地支持、租税奖励、通关优惠等方面，为物流行业发展提供扶持。

二、政策对象

台湾物流行业政策大多只适用于部分物流企业。如《发展台湾成为亚太营运中心计划》主要涉及航空货站、国际航空货运承揽业、国际航空货运、国际快递等国际航空物流企业。《全球商业链整合及物流运筹 e 化计划》《物流利基化与供应链服务推动行动计划》只适用于进入辅导专案的物流企业。《新兴重要策略性产业属于国际物流事业部分奖励办法》政策对象为符合一定条件的大中型国际物流服务企业。《推动物流联盟旗舰计划》只适用于大中型物流企业，要求提案企业"须为岛内中大型物流业者，且联盟规模须达年营业额八亿元以上，其成员必须具备电子化基础及全球物流发展能力"。《国际物流服务业发展行动计划》的适用对象为国际物流服务供应链上的台湾本土企业。《优质企业认证及管理办法》只适用于符合条件的报关业、承揽业、仓储业、运输业企业。

三、政策目标

20 世纪 90 年代至 2008 年期间，台湾的核心产业是信息通信产业（ICT 产业），物流行业主要被视作核心产业的支持辅助性部门来发展，因此该时期物流行业政策的主要目标是通过减少物流行业管制、提升行业信息化水平、发展物流企业联盟等手段，来加强物流行业的运作效率和能力，为信息通信产业提供优良的物流服务，以达到支持信息通信产业发展、强化信息通信产业全球竞争力的目的。

2008 年之后，一方面受信息通信产业全球化布局、台湾制造业已大量外移到大陆和东南亚地区的影响，另一方面制造业大量外移也使得服务业在促进台湾经济增长和解决就业方面的重要性日益提高，台湾当局对发展服务业的重视程度不断提高，其中，物流服务业被列为十大重点发展服务业之一。在此背景下，台湾物流行业政策的目标有所调整，物流发展重点聚焦于国际物流领域，希望从支持大型物流企业发展物流联盟，以及扶持中小型物流企业发展专业度高、附加值大的利基化物流服务两个方面入手，发展壮大台湾的国际物流服务业，实现配合台湾制造业全球布局发展，强化台湾地区的国际分工能力，以及使物流业成为台湾经济增长和就业的重要引擎的双重目标。台湾部分物流行业政策的目标如表 9-4 所示。

表 9-4　台湾部分物流行业政策的目标

政策文件名称	政策目标
《全球商业链整合及物流运筹 e 化计划》	● 辅导建立物流协同共用平台、促使物流联盟形成、协助提升企业间电子化能力，使物流产业提高资讯交换效率、提高货物能见度、提高物流服务附加价值、降低企业营运成本，以强化岛内物流服务业的服务效能及水准。
《推动物流联盟旗舰计划》	● 于 2005～2008 年四年内推动岛内物流业形成六个以上策略联盟，通过示范案例带动岛内产业整并及策略联盟之风潮，激发产业积极前进之动能，以提升岛内物流效率及水准，扩大进出口、转运产值，使岛内广大的制造业、批发业、零售业及国际对台从事采购、贸易及转运业者得以享受便捷、无接缝式全流程服务。预计至 2008 年完成六个示范案例，带动民间相对投资金额新台币 7.2 亿元，联盟业者营收成长新台币 42 亿元，扩增物流产业市场规模达新台币 8184 亿元。
《物流利基化与供应链服务推动行动计划》	● 推动台湾物流产业发展国际级供应链管理服务，强化国际交流合作，促成物流商机，协助台湾企业运筹亚洲、布局全球。

资料来源：本研究整理。

四、政策方案

台湾物流行业政策的形式以发展计划和行动方案等为主，政策方案的架构通常包括背景说明（计划缘起）、发展愿景及目标、发展策略与具体措施、计划进程与经费预算、预期效果、行政管理部门执行事项分工表等。从政策方案的架构可以看出，一方面，台湾物流行业政策的方案已明确到行政管理部门分工、进度安排以及经费支持程度，十分有利于后续的政策执行；另一方面，政策方案中还对政策效果进行了预估，也有利于后续的政策执行评估及检验政策的有效性。从政策方案的核心任务与措施看，台湾物流行业政策的核心任务与措施主要集中于以下几大方面。

（一）大力提升物流企业信息化能力

《全球商业链整合及物流运筹 e 化计划》《流通服务业发展纲领及行动方案》《物流利基化与供应链服务推动行动计划》提出，通过制定统一的资讯标准与信息共享、推动物流业者建置协同共享信息平台、辅导物流电子化专案等途径，以改善物流业者内部的信息化能力，并与岛内外供应链／需求链体系的上下游企业进行信息交换，以强化物流效率及服务水平。

（二）推动物流企业发展策略联盟

《发展台湾成为亚太营运中心计划》《全球商业链整合及物流运筹 e 化计划》《推动物流联盟旗舰计划》《物流利基化与供应链服务推动行动计划》《国际物流服务业发展行动计划》等政策均提出，大力推动物流企业发展垂直、水平整合或跨产业的策略联盟，联盟可采用业务合作、股权参与、股权转换、合资发展或企业并购等多种方式进行，以达到扩大物流企业经营规模或服务范围，提高物流服务的附加价值的目的。

（三）鼓励物流企业构建全球服务网络

《发展台湾成为亚太营运中心计划》《全球商业链整合及物流运筹 e 化计划》《推动物流联盟旗舰计划》《物流利基化与供应链服务推动行动计划》《国际物流服务业发展行动计划》等政策均提出，鼓励台湾物流企业向国际化方向发展，积极实施全球化布局，构建完整的进出口物流网络，扩大全球服务项目和服务据点，大力提升全球供应链服务能力，支援台湾产业的向外拓展。

（四）鼓励物流企业发展利基化与创新性服务

《物流利基化与供应链服务推动行动计划》《国际物流服务业发展行动计划》

等政策提出，鼓励物流企业，特别是中小物流企业积极发展特殊专业度高、服务加值性大的利基市场，发展利基专业化、差异化、加值化的物流服务能力，开发创新电子化模式与创新技术应用，建立利基化物流市场专业独特的竞争力，进一步深化其所属市场的服务及专业程度，为顾客提供更多、更高附加价值的服务。

（五）对物流企业实施扶植政策

《发展台湾成为亚太营运中心计划》提出，为国际快递货运业者提供专用空间，并准许其引进高效率设备自主作业，吸引业者在台设置转运中心。《新兴重要策略性产业属于国际物流事业部分奖励办法》提出，对从事国际海运和投资国际物流的企业实施租税奖励。《优质企业认证及管理办法》规定，符合一定条件的报关业、仓储业、货运承揽业、运输业等供应链者可申请成为安全认证优质企业。该办法还对申请企业的资格条件、合格企业可享受的一系列海关通关优惠措施做出了明确规定。此外，在《全球商业链整合及物流运筹 e 化计划》《物流利基化与供应链服务推动行动计划》等政策中，均对列入辅导示范专案的物流企业给予专项补助款。

五、政策工具

台湾物流行业政策的工具主要分为强制性工具、行政性工具和经济性工具三大类。其中，强制性工具主要是对不适应物流业发展的规定进行修正。

行政性工具包括行政规定、行政引导、行政辅导等多种形式。例如，行政规定方面，《发展台湾成为亚太营运中心计划》提出，依据货运服务之不同质量及成本，合理调整航空货运服务费率结构。行政引导方面，行政、经济主管部门引导企业提升自身信息化水平、加入物流协作信息平台、发展物流联盟，财政主管部门引导物流企业参加优质企业认证。行政辅导方面，经济主管部门在推动《全球商业链整合及物流运筹 e 化计划》《物流利基化与供应链服务推动行动计划》过程中，大量使用行政辅导工具，通过建立包括辅导要点拟定、确定辅导单位与资金支持、与辅导单位共同商定辅导内容和日程、辅导完毕后示范推广等在内的一套完整过程的辅导机制，以个案全程辅导方式，帮助物流企业设立物流标准、建立公共信息平台、发展物流企业联盟。

经济性工具主要包括税收奖励、政策性贷款、专项基金等。如对从事国际物流的企业实施投资抵减以及免税奖励，为物流企业提供"协助中小企业扎根专案贷款""流通服务业及餐饮业优惠贷款"及"促进服务业发展优惠贷款",为辅导专案提供补助款资助等。

台湾物流行业政策工具的部分内容如表 9-5 所示。

表 9-5　台湾物流行业政策工具的部分内容

类别	政策文件名称	政策内容
强制性政策工具	《发展台湾成为亚太营运中心计划》	● 制定台湾"《加入关税暨贸易总协议部分相关法律修正集合法》",推动运输业自由化。 ● 修正《航空货物集散站经营业管理规则》,贯彻航空货运集散业务自由化政策,促进航空货运承揽业水平整合,并鼓励国际化。
	《流通服务业发展纲领及行动方案》	● 检讨《公路法》中货运业种分类。 ● 修正《船务代理业管理规则》。
行政性政策工具	《发展台湾成为亚太营运中心计划》	依据货运服务之不同质量及成本,合理调整航空货运服务费率结构。
	《全球商业链整合及物流运筹 e 化计划》	● 从建置协同共用平台、推动物流策略联盟以及提升企业间体系电子化能力三个方面,对物流行业进行电子化专案辅导。
	《流通服务业发展纲领及行动方案》	● 检讨修订货物运输市场进出门槛条件。 ● 研议货物运输费率管制之妥适性。 ● 放宽物流运筹业者申请特许证照的弹性。 ● 各主管部门设立提供物流运筹业者服务的单一窗口。
	《推动物流联盟旗舰计划》	● 辅导完成 6 个物流联盟示范个案。
	《物流利基化与供应链服务推动行动计划》	● 辅导物流联盟或供应链管理服务示范项目。 ● 辅导物流利基化电子化服务示范项目。
	《优质企业认证及管理办法》	● 符合条件的报关业、仓储业、货运承揽业、运输业等供应链者可申请成为安全认证优质企业,并可享受最低文件审查及货物查验比率、免验及优先查验等优惠。
经济性政策工具	《发展台湾成为亚太营运中心计划》	提供专用空间予国际整合性航空货运业者(快递货运业者)设置转运中心。
	《流通服务业发展纲领及行动方案》	● 船舶运送业建购台湾本地新船,自开始营运提供服务之日起,连续五年内免征营利事业所得税。 ● 对投资流通运输服务业者提供租税奖励。 ● 研议物流业者建置货况追踪系统适用《促进产业升级条例》中有关购置自动化设备得予投资抵减的奖励。

类别	政策文件名称	政策内容
经济性政策工具	《新兴重要策略性产业属于国际物流事业部分奖励办法》	● 为符合条件的以国际物流业务为主的物流企业提供投资抵减以及五年租税减免。
	《物流利基化与供应链服务推动行动计划》	● 为列入示范专案的物流企业提供上限为新台币 30 万元的专项补助款。
	《协助中小企业扎根专案贷款》	● 符合条件的中小物流企业，购置（建）土地、厂房、营业场所与机器设备，每一申请人余额最高不得超过新台币 6000 万元，得分次申请。
	《流通服务业及餐饮业优惠贷款》	● 从事客运以外之运输或仓储企业，用于购置土地、建筑物、运输工具、机器设备、信息化软硬件设备，以及营运所需等，每一企业可申请上限为新台币 1 亿元的贷款。
	《促进服务业发展优惠贷款》	● 物流企业从事研发、人才培训、无形资产之投资，购置土地、营业场所、机器设备，营运所需等，每一申请计划可申请额度最高不超过新台币 1 亿元的贷款。

资料来源：本研究整理。

六、政策制定与执行

台湾物流行业政策的制定主体主要为行政、经济、财政、交通主管部门等行政机构，其中行政、经济主管部门负责制定物流全行业的中长期发展计划或行动方案，财政、交通主管部门负责制定涉及某些具体子行业的执行计划或行动方案。

台湾物流行业政策议题广泛来源于政策研究机构、行业协会以及企业界。由于台湾物流行业政策大多已是非常具体的行动方案，因此一般无需再制定细化配套方案。

台湾物流行业政策的执行效果较好，一是政策出台时一般已制定了明确的执行机制与执行方案。二是注重政策宣贯，由各项计划的负责机构承担主要宣导工作，通过建立专门的网站、借助新闻媒体等途径，充分传播计划的精神与内容，推动政策落实。如行政、经济主管部门等都建立了各项计划的专门网站。三是在政策执行过程中注重阶段性的评估检讨。大多数计划都实施定期或不定期的滚动检讨，一方面检讨政策执行进度与效果；另一方面也便于及时发现问题，及时调整政策，提高计划的弹性与执行效率。四是注重成果推广。例如，经济主管部门在推动《全球商业链整合及物流运筹 e 计划》以及《物流利基化与供应链服务推动计划》过程中，通过举办成果发布会以及出版案例集，充分推广物流成功案例及辅导成果，提高计划执行效果与效益。

第三节　两岸物流行业政策的异同分析

两岸物流行业政策在各项政策要素方面存在诸多异同点，这与物流行业本身的发展特点以及两岸的内外部经济环境、各自的经济特点与发展阶段、物流业管理体制等密切相关。

一、政策问题的异同点

两岸物流行业政策议题有较高的相似度。例如，两岸都关注物流行业发展方向的引导，且均集中于物流行业的规模化与专业化发展方面。另外，两岸都关注通过政策松绑改善物流业经营环境，以及出台财税、金融等扶植政策来促进物流业发展。这与两岸均面临经济全球化和区域经济整合的外部环境，且物流业均以中小企业为主有很大关系。

两岸物流行业政策议题的差异主要体现在大陆由于在 2001 年末加入世界贸易组织（WTO），需要修改和制定大批物流行业对外开放政策；台湾此时物流市场已基本实现对外开放，因此市场开放不在政策议题范围之内。另外，台湾更加关注物流业的信息化问题，大陆对物流行业信息化发展问题的关注度低于台湾。这与两岸物流业发展所处阶段不同以及经济特点不同有关。大陆物流业起步晚，产业处于全面快速发展阶段，内需庞大，所以政策方面高度关注物流业的规模发展问题；台湾物流业发展成熟度较高，产业已进入服务升级阶段，且经济严重依赖对外贸易，所以注重提升产业的信息化水平，希望通过信息化打造全球物流供应链，为外向型经济发展服务。

二、政策对象的异同点

两岸政策对象差异较大。大陆政策适用对象面较宽，多面向所有物流业者，或某一地区、某一细分行业的全体业者；台湾政策对象相对较窄，多数政策都只适用于具备特定条件的物流业者。这表明大陆物流行业政策的指导意义更大，台湾物流行业政策的政策重点较大陆更为细化。

三、政策目标的异同点

两岸物流行业政策目标的相同之处是都希望做大做强物流业，强调物流业要朝"规模化、专业化和信息化"方向发展。政策目标的内容均包含方向性和量化性两方面内容。

两岸政策目标的差异之一在于对物流业的定位不同，其原因主要是两岸产业结构不同。由于截至目前，大陆仍处于工业化发展阶段，制造业为核心产业，因此强调物流业作为基础的生产性服务业，为制造业提供支撑和保障作用。台湾在 2008 年之前强调物流业支援制造业的角色，但 2008 年后由于产业结构已进入服务经济时代，开始强调将物流业作为新兴服务业进行重点推动，使物流业本身成为经济成长和就业的重要引擎，而非仅仅扮演支援制造业角色。台湾政策对大陆的启示是政策目标要根据产业结构适时调整，政策的引导重点应不断变化。

两岸政策目标的差异之二在于虽然两岸都强调物流业朝"规模化、专业化和信息化"三个方向发展，但三个方向的侧重程度并不相同。大陆由于物流业平均规模过小，过于分散，行业发展还处于上规模阶段，因此更倾向"规模化"方向，多项政策目标量化到应培育的大型物流企业数量，单个大型物流企业应达到的收入规模、年增长率等，"专业化"和"信息化"强调较少，只是在 2013 年工业和信息化部颁布的《关于推进物流信息化工作的指导意见》以及商务部颁布的《关于加快国际货运代理物流业健康发展的指导意见》中才开始明显强调物流业的信息化与专业化发展问题。台湾的政策目标则一直将"信息化"和"专业化"作为物流业发展重点，强调物流业的服务水平和信息化水平应达到何种程度。

两岸政策目标的差异之三在于大陆幅员广阔，国际、国内物流业发展并重；台湾鉴于国际贸易是台湾经济的生命线，更强调将国际物流业的发展作为政策推动核心。

四、政策方案的异同点

两岸政策方案的核心任务与措施有较大的相似性。例如两岸都鼓励物流企业通过多种形式的物流联盟、兼并重组等手段做大规模，支持企业扩大服务范围，鼓励物流企业发展创新性服务，均出台大量放松管制、用地倾斜、财税优惠与补贴等方面的措施对物流行业的发展进行扶持和促进。不同之处在于台湾十分强调企业走出去，发展国际物流服务网络；大陆政策方面对物流企业国际化的关注度还不多。这与台湾经济国际化程度高、大陆经济内需比例高有较大关系。

两岸政策方案结构方面的差异较大。由于大陆物流行业政策的制定办法是国务院或国家发展改革委先出台宏观性指导政策，然后各部门或各地区再出台细化的配套政策，所以从内容上政策方案可分成两大类，即宏观指导政策的方案只给出原则性和方向性的规划，然后通过细化配套政策方案给出具体做法和措施。但实际中细化配套政策由于种种原因会迟迟难以出台，从而影响大陆物流行业政策的执行力度，削弱政策效果。台湾虽然专门的物流行业政策不多，但政策多为具体的计划或行动方案，政策方案的内容已经十分具体，除少数需制定细化政策外，绝大多数为直接执行方案，无需再制定配套方案，所以执行效果较好。

另外，无论是宏观物流政策，还是细化的配套政策，大陆都很少包含明确的执行方案内容[1]，再加上很多大陆物流行业政策是多部门联合发布的，具体执行方案的缺乏也在一定程度上影响了政策的效果。

五、政策工具的异同点

两岸政策工具的相似度较高，均大量使用放松行业审批、规范行业行政管理、行政引导等行政性管理工具，以及财政、税收、金融等经济性工具。差异主要在于大陆在物流行业政策方面还缺乏类似于台湾行政辅导这样的政策工具。另外，大陆物流行业政策法律性工具使用较少。

六、政策制定与执行的异同点

政策制定方面两岸的相同点是政策制定主体层级较高，大陆集中于中央政府相关部门，台湾集中于行政、经济主管部门等部门。不同之处在于大陆地方

---

① 大陆物流行业政策中制定明确执行方案的是《物流业调整和振兴规划》，2009 年国家发展改革委在交通运输部、原铁道部、商务部、财政部等 32 个部门和 4 个协会意见的基础上，牵头制订了《落实物流业调整和振兴规划部门分工方案》，对规划实施的工作分工和工作进度做了具体安排。

政府会参与一些地方细化配套政策的制定,台湾县市级行政管理部门参与较少。另外，大陆多部委联合出台物流政策的情形比较多见，台湾一般由某个行政管理部门单独出台政策。

政策执行方面的相同点是两岸针对物流政策的执行都建立了跨部门的协调机制，如大陆建立了以国家发展改革委为牵头部门的部际联席会议制度，负责政策落实的总协调；台湾由行政主管部门负责总协调，这与物流业的特点直接相关。不同之处在于大陆在政策执行中没有类似于台湾的滚动式检讨工作，政策执行总结也很少公开，从而不利于对政策实施效果进行评估和政策改进；台湾则有明确的检讨制度，政策执行情况公开公布，同时会针对政策实施过程中出现的问题进行政策调整，有利于政策的落实和政策的改进。

第十章　两岸行业物流政策比较

行业物流具有较强的专业性，其发展对于提升整个国家或地区的物流运作专业化水平以及促进相关行业发展有重要作用。本章首先介绍两岸行业物流政策的特点，然后按政策构成要素对两岸行业物流政策的特点进行分析，最后对两岸行业物流政策的异同进行对比。

第一节　大陆行业物流政策的特点

大陆行业物流政策主要关注农产品以及商贸流通领域物流体系的构建、物流业与制造业及网络零售业等行业的联动发展、药品物流发展等方面的问题。政策目标是构建完善的物流通道和基础设施网络布局，通过提高各行业运作效率来实现产业升级和结构优化。政策方案集中于完善行业物流网络布局与基础设施建设、鼓励物流外包、发展专业物流技术以及行业信息化与标准化建设等。政策工具主要包括法律性工具、行政性工具和经济性工具三个方面。政策制定有单一部委以及多部委联合制定两种形式。政策执行时广泛采用试点、示范等手段。

一、政策问题

（一）农产品物流体系构建问题

大陆人口众多，农产品产量巨大，农产品的有效流通涉及整个国民经济运行效率和质量以及农业现代化和农民的根本利益。但大陆农产品物流还处于较低水平，基础设施能力不足、物流技术装备落后等问题仍普遍存在。基于此，政府通过制定相关倾斜扶植政策，引导和支持农产品物流配送中心、粮食及生鲜农产品物流通道建设，加快鲜活农产品冷链物流系统发展等，推动农产品物流发展。

（二）物流业与其他产业联动发展问题

大陆行业物流政策对物流业与其他产业联动发展的关注主要集中于两个方面：一是制造业与物流业的联动发展，二是快递业与网络零售业的联动发展。

制造业在中国国民经济中占据重要地位，"十一五"时期以来，经济结构调整与产业转型升级成为中国经济发展的重点。加快制造企业由低成本竞争优势向价值链高端转移、加快推进新型工业化步伐、积极发展先进制造业和战略性新兴产业成为中国制造业的发展方向。与此同时，大陆物流企业开始由注重基础建设向全面提升服务能力转变，由注重发展数量向注重服务质量转变。因此，迫切要求制造企业与物流企业加强产业合理分工，扩大物流服务需求，提高制造业物流的运作效率和效益，实现制造业与物流业的有机融合与协同发展。

基于此，中央政府自 2007 年以来制定了一系列相关政策来推动制造业与物流业联动发展。通过制造业与物流业的联动发展，将制造业的物流业务与物流企业的物流运作联合起来，进行产业分工与合作。两业联动的推动，一方面促进了制造企业优化业务流程、降低物流成本、增强核心竞争力；另一方面推动了物流企业改进服务方式、提高服务能力并最终实现制造业和物流业的优化升级与共同发展。

近年来，随着大陆居民消费水平的提升和电子网络媒介的普及，网络零售业得以连年迅猛发展。网络零售业交易大量使用第三方物流服务，特别是递送环节大量外包给专业快递企业，因而，快递服务与网络零售相互依存、互为支撑。然而，大陆的快递服务与网络零售协调发展过程中，存在诸如运营配套、信息共享等一些衔接不顺畅、发展不协调的问题，影响了双方的合作与发展。基于上述背景，政府通过制定政策来促进快递服务与网络零售协同发展。

（三）商贸流通领域物流体系构建问题

鉴于大陆由于缺乏资金投入和相关政策支持，流通领域内的现代物流业仍处于较低的发展水平，网络布局不合理，集中度偏低，信息化、标准化、国际化程度不高，效率低、成本高等问题较为突出。为应对上述问题，并适应新形势下经济社会发展的需要，政府颁布多项商贸流通领域的物流政策和规划，旨在培育一批能够提供综合性一体化服务的物流龙头企业，逐步完善城乡一体化物流网络，增强商贸物流服务功能，最终形成贯通国内外市场的商贸物流网络，适应流通业发展和转变经济发展方式的需要。

（四）药品物流有序发展问题

药品是关系人民生命健康的特殊商品，药品物流发展事关国计民生。鉴于目前大陆药品物流产业存在基础设施陈旧、企业竞争力弱、市场信用缺失等突出问题，难以适应医药体制改革和市场发展的新要求，因而，加快推进医药现代物流发展，对从源头上整顿和规范药品生产流通秩序，实现药品生产和流通行业科学发展，保障居民用药安全、合理、方便，具有十分重要的意义。为此，政府自 2009 年以来陆续颁布一系列政策文件，从第三方药品配送、农村药品配送、药品物流网络完善等多个层面对药品物流的有序发展提出指导意见，积极推动药品物流的发展。

二、政策对象

大陆行业物流政策的对象主要分为三大类：

第一类是面向某个具体行业制定的行业物流发展规划或相关政策，政策对象为该行业内自营物流的企业以及为该行业服务的专业物流企业。如《粮食现代物流发展规划》和《粮食现代物流项目管理暂行办法》的政策对象是粮食流通及粮食物流企业，《商贸物流发展专项规划》和《关于加快我国流通领域现代物流发展的指导意见》的政策对象是商贸流通与商贸物流企业，《全国药品流通行业发展规划纲要（2011～2015）》的政策对象是药品流通与药品物流企业。

第二类政策适用对象为涉及联动的两个具体的行业。如《关于促进制造业与物流业联动发展的意见》的政策对象涉及制造业和物流业，《关于促进快递服务与网络零售协同发展的指导意见》的政策对象是快递服务业与网络零售业。

第三类只适用于某具体行业少数流通及物流企业。如《关于开展农超对接试点工作的通知》只针对列入试点企业名单的物流企业实施，通过对试点企业进行建设，到 2012 年，使鲜活农产品产地直接采购比例达到 50% 以上，减少流通环节，降低流通费用，并建立从产地到零售终端的鲜活农产品冷链系统。《关于实施"双百市场工程"的通知》只针对列入试点企业名单的大型农产品批发市场和大型农产品流通企业实施，由省级商务主管部门负责审核申报企业，并向商务部推荐，被纳入试点的物流企业才能享受具体的扶持政策及有关信息服务系统。

三、政策目标

大陆行业物流相关政策中，多数规划类、指导意见类和示范工作通知类政策均有明确的目标。总体而言，大陆行业物流政策的目标是通过构建完善的物流通道和基础设施网络布局，提高各产业的物流运作效率，促进这些产业的升级与结构优化。表 10-1 列示了大陆部分行业物流政策的目标。

表 10-1　大陆部分行业物流政策目标

政策文件名称	政策目标
《粮食现代物流发展规划》	● 到 2015 年，初步建成全国主要散粮物流通道和散粮物流节点，形成物流网络，基本实现主要跨省粮食物流通道的散储、散运、散装、散卸和整个流通环节的供应链管理，形成现代化的粮食物流体系，增强国家对粮食市场的应急调控能力。
《农产品冷链物流发展规划》	● 到 2015 年，建成一批效率高、规模大、技术新的跨区域冷链物流配送中心，冷链物流核心技术得到广泛推广，形成一批具有较强资源整合能力和国际竞争力的核心冷链物流企业，初步建成布局合理、设施先进、上下游衔接、功能完善、管理规范、标准健全的农产品冷链物流服务体系。 ● 肉类和水产品冷链物流水平显著提高，食品安全保障能力显著增强，果蔬冷链物流进一步加快发展。 ● 果蔬、肉类、水产品冷链流通率分别提高到 20%、30%、36%以上，冷藏运输率分别提高到 30%、50%、65%左右，流通环节产品腐损率分别降至 15%、8%、10%以下。
《关于加快我国流通领域现代物流发展的指导意见》	● 拟利用 5 年左右的时间，使流通领域现代物流总额稳定增长，流通业存货周转次数逐年提高，物流费用占 GDP 的比率逐年下降。 ● 培育出 10～20 家能够为流通企业提供综合性一体化服务、初步具有国际竞争力的物流企业。 ● 连锁企业生鲜物流配送能力和水平逐步提高，批发市场物流功能普遍增强。 ● 流通领域现代物流运行质量、控制能力和效益得到提高，组织化、集约化、国际化程度进一步增强，为生产和消费提供更好的物流环境。
《关于开展流通领域现代物流示范工作的通知》	● 拟用 3～5 年时间，开展包括示范城市、示范园区、示范企业和示范技术在内的流通领域现代物流示范工作。 ● 通过示范创建，在全国范围内形成 35～40 个示范城市、70 个左右示范园区、300 家左右示范企业和一批物流示范技术。 ● 在总结示范经验的基础上，逐步推广，带动大陆流通领域现代物流整体水平的提升。

政策文件名称	政策目标
《商贸物流发展专项规划》	● 到 2015 年，初步建立一套与商贸服务业发展相适应的高效通畅、协调配套、绿色环保的现代商贸物流服务体系，形成城市配送、城际配送、农村配送有效衔接，国内外市场相互贯通的商贸物流网络，引导和培育一批能够适应商贸服务业发展需要、具有较强国际竞争力的商贸物流服务主体，较好地满足城市供应、工业品下乡、农产品进城、进出口贸易等物流需求。 ● 规模以上连锁超市商品统一配送率达到 70%；农村"万村千乡"农家店商品统一配送率达到 60%，农资连锁经营企业商品配送率达到 80%以上；果蔬、肉类、水产品冷链运输率分别提高到 20%、30%、36%；立体仓库的总面积占仓库总面积的 40%。 ● 物流企业机械化、自动化、标准化、信息化水平显著提高。 ● 商品库存周转速度明显加快，流通环节物流费用占商品流通费用的比率显著下降。
《关于深化流通体制改革，加快流通产业发展的意见》	● 到 2020 年，基本建立起统一开放、竞争有序、安全高效、城乡一体的现代流通体系，流通产业现代化水平大幅提升，对国民经济、社会发展的贡献进一步增强。 ● 流通领域提高效率、降低成本效果显著，批发零售企业流动资产周转速度加快，全社会物流总费用与国内生产总值的比率明显降低。 ● 现代信息技术在流通领域得到广泛应用，电子商务、连锁经营和统一配送等成为主要流通方式，连锁化率达到 22%左右，商品统一配送率达到 75%左右，流通产业整合资源、优化配置的能力进一步增强。 ● 流通主体的竞争力明显提升，形成一批网络覆盖面广、主营业务突出、品牌知名度高、具有国际竞争力的大型流通企业。 ● 流通产业发展的政策、市场和法制环境更加优化，市场运行更加平稳规范，居民消费更加便捷安全，全国统一大市场基本形成。

资料来源：本研究整理。

四、政策方案

（一）完善行业物流网络布局

大陆行业物流政策将行业物流网络布局建设放在突出位置，将网络布局建设视为行业物流发展的基础与前提，强调构建独立化运作、专业化管理的行业物流网络。如，粮食物流政策旨在建设一批适应散装、散卸的全国主要粮食物流节点，完善集疏运网络，形成全国六大主要跨省散粮物流通道；商贸物流相关政策旨在建立一套与商贸服务业发展相适应的高效通畅、协调配套、绿色环保的现代商贸物流服务体系，在此基础上，形成城市配送、城际配送、农村配送有效衔接，国内外市场相互贯通的商贸物流网络。

（二）完善行业物流基础设施规划与建设

大陆行业物流政策强调物流基础设施的规划与建设。如，"双百市场工程"旨在引导农产品批发市场建设物流配送中心等基础设施，引导大型农产品流通企业或第三方物流企业建设生鲜农产品配送中心。

《关于深化流通体制改革，加快流通产业发展的意见》强调，依托交通枢纽、生产基地、中心城市和大型商品集散地，构建全国骨干流通网络，建设一批辐射带动能力强的商贸中心、专业市场以及全国性和区域性配送中心。

《商贸物流发展专项规划》提出加强商贸物流基础设施建设，在全国大中城市、商贸业聚集地、大型批发市场、进出口口岸，统筹规划建设和改造一批现代物流中心、配送中心。加强农副产品冷链物流建设，完善产地预冷、销地冷藏和保鲜运输、保鲜加工等设施。建设、改造一批仓储、分拣、流通加工、配送、信息服务等功能齐备的商贸物流园区，促进商贸物流产业适度集聚。加强仓储设施建设，推进传统仓储向现代物流配送中心转变，促进全社会物流设施资源利用效率的提高。

（三）鼓励物流外包和发展第三方物流

大陆行业物流政策强调推动各行业物流需求的社会化，鼓励各行业内企业整合优化业务流程，引导企业将整合后的部分或全部物流业务外包给专业物流企业。如《关于促进制造业与物流业联动发展的意见》提出"推动制造业物流需求社会化"；《关于加快我国流通领域现代物流发展的指导意见》提出，引导流通企业引入供应链管理思想，梳理企业运作流程，集中核心资源，剥离或外包物流功能，改变"大而全""小而全"的运作模式，将大量潜在的物流需求转化为有效的市场需求。发展第三方物流，支持有条件的连锁企业和第三方物流企业合作，完善配送供应链，改造和建设物流配送中心，提高连锁企业统一配送率。

（四）发展专业物流技术

《粮食现代物流发展规划》强调推广散粮运输与储存技术，要求加强粮食物流技术设备研发。《农产品冷链物流发展规划》提出实施冷库建设工程、低温配送处理中心建设工程、冷链运输车辆及制冷设备工程以及冷链物流全程监控与追溯系统工程，以提升农产品冷链物流专业运作水平。《关于推进现代物流技术应用和共同配送工作的指导意见》提出，大力推进物联网技术、无线射频识别技术（RFID）、全球卫星定位系统（GPS）实时监控等新技术在共同配送工作中的应用水平。《全国药品流通行业发展规划纲要（2011～2015）》提出，用现代科技手段改造传统的医药物流方式。鼓励积极探索使用无线射频、全球卫星定位、无线通信、温度传感等物联网技术，不断提高流通效率，降低流通成本。促进使用自动分拣、冷链物流等先进设备，加快传统仓储、配送设施改造升级。完善医疗用毒性药品、麻醉药品、精神药品、放射性药品和生物制品等特殊药品物流技术保障措施，确保质量安全。

（五）推动行业物流信息化与标准化建设

大陆行业物流政策强调信息化建设。如《关于深化流通体制改革，加快流通产业发展的意见》将"全面提升流通信息化水平"纳入七大任务之中。农产品物流相关政策还支持各相关企业建设温度监控和追溯体系，以实现农产品或商品在生产流通各环节的品质可控性和安全性。此外，大陆行业物流政策还致力于推动行业的信息共享和标准对接。如《关于促进快递服务与网络零售协同发展的指导意见》提出，要推进行业主管部门信息对接机制建设，加快快递服务与网络零售信息系统数据接口标准的制定工作，建立统一的信息交换标准等。《关于促进制造业与物流业联动发展的意见》提出，"支持制造企业建立面向上下游企业的物流管理信息系统，物流企业发展面向客户的信息服务平台，实现数据实时采集，建立物流信息系统对接和物流信息共享机制。建立和完善制造业物流标准体系，制定物流信息、工具器具和技术装备等领域的标准和规范"。

大陆行业物流相关政策也关注行业物流标准化推动工作。《全国物流标准专项规划》提出了包括粮食物流、冷链物流、医药物流、汽车和零部（配）件物流、邮政（含快递）物流、应急物流等重点行业的物流标准制修订任务。以冷链物流为例，2007年至今，冷链物流标准已基本形成了包括冷链物流国家标准、行业标准和地方标准三个层次，由11项国家标准和5项行业标准构成的标准化体系。

五、政策工具

总体来说，大陆行业物流政策工具主要包括法律性工具、行政性工具和经济性工具三个方面。其中，法律性政策工具主要包括起草和完善行业物流的法律法规体系，清理、废止阻碍行业物流发展和妨碍公平竞争的政策规定。行政性政策工具主要包括破除地方保护和地区封锁、简化行业物流企业审批手续、放宽和优先行业物流用地的审批等。经济性政策工具主要包括税收优惠、财政补贴、政府投资、金融扶持等。大陆行业物流政策工具的部分内容如表10-2所示。

表10-2　大陆行业物流政策工具的部分内容

类别	政策文件名称	政策内容
法律性政策工具	《粮食现代物流发展规划》	● 抓紧起草粮食现代物流的有关法律法规。
	《农产品冷链物流发展规划》	● 完善冷链物流的法律法规体系。
	《商贸物流发展专项规划》	● 加强对商贸物流领域的立法研究，制定适合商贸物流发展需要的法律法规。
	《全国药品流通行业发展规划纲要（2011～2015）》	● 推动修改、完善与药品流通有关的法律法规和部门规章，清理、废止阻碍药品流通行业改革发展和妨碍公平竞争的政策规定，健全市场机制。
行政性政策工具	《粮食现代物流发展规划》	● 对符合规划要求的散粮物流设施建设项目用地，依法优先审批。 ● 跨省（区、市）粮食物流项目要纳入国家和省级重点项目管理。
	《农产品冷链物流发展规划》	● 重点制定和推广一批农产品冷链物流操作示范和技术标准，建立以"危害分析和关键控制点"（HACCP）为基础的全程质量控制体系，积极推行质量安全认证和市场准入制度。 ● 对冷库建设新增用地，要在提高土地集约利用的基础上，合理安排用地。 ● 简化冷链物流企业设立时的前置审批手续，放宽对冷链运输车辆的城市交通管制。 ● 支持冷藏运输车辆跨区域加盟，在车辆审验、车辆管理等方面提供支持。
	《全国高效率鲜活农产品流通"绿色通道"建设实施方案》	● 加大"绿色通道"网络内公路收费站点的清理整顿力度。 ● 为整车并合法装载运输鲜活农产品的车辆提供便利。 ● 加强源头管理，确保鲜活农产品运输业户守法经营。
	《关于开展农超对接试点工作的通知》	● 落实农产品仓储设施建设用地按工业用地对待政策。 ● 鼓励地方政府安排相应资金，重点扶持发展鲜活农产品冷链系统建设，支持鲜活农产品"农超对接"经营。 ● 通过政策杠杆引导社会资金加大对鲜活农产品基础设施的投入。
	《商贸物流发展专项规划》	● 加强城乡物流服务体系的整体规划，通过地方立法和制定相关政策，解决干线运输、城市物流配送车辆通行难问题。 ● 加强商贸物流信用体系建设，增强企业信用意识和风险防范意识。

类别	政策文件名称	政策内容
行政性政策工具	《全国药品流通行业发展规划纲要（2011～2015）》	● 研究制订鼓励性政策措施，支持企业技术改造、科技创新，完善相关基础设施。在搞活流通、扩大消费的各项政策中，积极支持药品流通行业结构调整和药品供应保障体系建设。 ● 会同相关部门积极推动改革以药补医体制，完善药品定价、采购和医保支付机制，破除地方保护、地区封锁。
经济性政策工具	《粮食现代物流发展规划》	● 采取税收优惠、价格支持等政策措施，在全国范围内推行散粮集装箱和散粮专用火车运输。 ● 中央和地方政府要安排必要的投资，以资本金注入、投资补助、贴息等方式，对重要的粮食物流设施项目予以扶持。
	《农产品冷链物流发展规划》	● 集中资金重点支持经营规模大、带动作用强的大型冷链物流企业，鼓励冷链物流企业做强做大。 ● 兼顾农产品第三方冷链物流企业的特点，完善企业营业税差额纳税试点办法，扩大政策享受范围。 ● 对冷链物流企业的用水、用电、用气价格与工业企业基本实现同价。 ● 中央和地方政府可对大型冷藏保鲜设施、冷藏运输工具、产品质量认证及追溯、企业信息化等重要项目给予必要的引导和扶持。要多方面拓宽农产品冷链物流企业的融资渠道。银行业金融机构对符合条件的农产品冷链物流企业要加强融资支持，并做好配套金融服务。
	《关于开展制造业与物流业联动发展示范工作的通知》	● 各地物流工作牵头部门将示范企业列入重点扶持企业，优先享受有关优惠政策和资金支持。
	《商贸物流发展专项规划》	● 加大对重点商贸物流项目的财政资金支持力度，推动、引导商贸物流企业"走出去"，符合条件的企业可以申请对外经济技术合作专项资金支持。 ● 拓宽融资渠道，鼓励金融机构加大对商贸和物流企业的融资支持力度，按照企业需求，加强金融产品和服务方式创新，积极探索多种形式的抵押或质押贷款担保方式。
	《全国药品流通行业发展规划纲要（2011～2015）》	● 改善融资环境，鼓励企业利用产业基金、融资担保、信用保险、上市融资、应收账款和仓单质押等金融工具，多渠道筹集资金，加快改革发展步伐。有条件的地方应争取财政、土地、金融、专项资金等优惠政策，支持药品流通行业发展。

资料来源：本研究整理。

六、政策制定与执行

大陆行业物流政策的制定主体主要体现了两个特点：一是由某一个部委对其所管辖范围内的行业物流发展制定政策。如商务部《关于加快我国流通领域现代物流发展的指导意见》和《关于开展流通领域现代物流示范工作的通知》是由商务部发布的，《粮食现代物流发展规划》《粮食现代物流项目管理暂行办法》和《农产品冷链物流发展规划》是由国家发展改革委发布的。二是由多部委联合发布行业物流政策，体现了多部门综合协调管理的运作机制。如《商贸物流发展专项规划》由商务部、国家发展改革委、供销总社联合制定颁布，《关于促进制造业与物流业联动发展的意见》和《关于开展制造业与物流业联动发展示范工作的通知》是由全国现代物流工作部际联席会议办公室发布的。

关于政策执行，大陆行业物流相关政策多为宏观层面的方向性和引导性政策，在执行过程中，需要各部委或各省、自治区、直辖市人民政府结合部门或地区实际情况，制定具体的实施细则和组织协调机制，以保证政策方案的贯彻实施以及政策目标的实现。比如，《商贸物流发展专项规划》指出，各级商务主管部门、发展改革委、供销合作社要按照本规划确定的目标和任务，根据商贸物流发展特点，加强对商贸物流工作的规划指导和组织协调，运用财政、金融、税收、土地等手段支持商贸物流业发展。

分步、试点实施是大陆行业物流政策执行的又一个主要特点。大陆行业物流政策多采用企业示范推广的形式实施，以实现以点带面促进行业物流水平的整体提升。比如，大陆制造业与物流业联动的示范和试点工作，由国家发展改革委会同有关部门组织实施，制定相应的申报和评审办法，明确示范和试点单位的条件、程序和规则。具体而言，分为两个层次：第一个层次是选择部分已成功联动并具有一定规模和影响力的企业作为示范企业，总结经验，通过多种形式进行广泛宣传，在全国进行推广；第二个层次是选择一批不同行业、不同生产方式、不同区域的重点制造企业和物流企业作为联动发展试点企业，组织有关专家进行必要的指导，整合物流业务，组织实施企业流程再造，引导试点制造企业与有较强服务能力的物流企业结成供应链合作伙伴，形成联动发展试点组合。

流通领域政策也通过实施物流示范工程，带动流通领域现代物流整体水平提升。如《关于开展流通领域现代物流示范工作的通知》提出，通过示范创建、总结经验、逐步推广，带动大陆流通领域现代物流整体水平的提升。该文件将物流示范工作分为三个阶段进行：第一阶段，2009 年进行流通领域现代物流示范城市的评审认定工作；第二阶段，从 2010 年开始进行现代物流示范企业、示范园区和示范技术的评审认定工作；第三阶段，在认真总结的基础上，向全国推广示范经验。

第二节　台湾行业物流政策的特点

台湾物流行业政策关注产业物流运作效能提升以及产业物流与国际物流接轨等问题。政策目标大多以流通与制造业者的营运优化与国际营运布局需求为主轴，通过行业物流的发展，提升相关产业的运作效率，推动台湾优势产业的全球运筹与布局拓展，提高台湾产业的全球竞争力。政策方案以协助业者构建符合产业特点的物流运营模式、提升产业物流电子化水平、提供产业物流知识服务等手段为主。政策工具广泛采用行政性工具和经济性工具，政策制定以行政和经济主管部门为主，政策执行多采用委托专业研究机构进行研究分析、由专业研究机构选择标杆企业进行专案辅导的形式。

一、政策问题

（一）产业物流运作效能提升问题

为提升台湾产业物流的运作效能，台湾先后在《产业物流发展暨国际接轨推动计划》《供销与物流整合技术发展计划》《物流基磐整合与效率化推动计划》《产业运筹服务化推动计划》中，通过开发适合具体产业的创新物流运作模式、研发与扩散商业物流关键技术、强化不同产业供应链的信息化水平等途径，提升台湾产业物流的运作效能。

（二）产业物流与国际接轨问题

台湾是典型的海岛出口导向型经济体，为支援优势产业的国际化拓展，台湾在多项行业物流政策中均关注产业物流与国际接轨问题。如在《产业物流发展暨国际接轨推动计划》中提出，针对台湾具有优势的特定产业链，通过全球性议题及 RFID 应用，由国际合作的先导系统测试、标准研议修订等基磐建构，促进产业物流与国际接轨。在《供销与物流整合技术发展计划》中提出，发展流通与物流之自主核心技术，串连高效率产业供销链协同整合，开拓行销通路的国际化布局，加速与国际接轨。在《物流基磐整合与效率化推动计划》中提出，以流通与制造业者的营运优化和国际营运布局需求为主轴，通过辅导场域的手段，推动业者建立效率化物流活动的运筹模式与整合系统，提升产业全球运筹与布局的竞争力。在《产业运筹服务化推动计划》中提出，协助岛内企业、台商建构具竞争力的运筹模式与高效的国际物流网络。在《台湾产业结构优化——三业四化行动计划》中，将物流业作为"服务业科技化"的示范亮点产业，目标之一是导入各种先进低温设备，并应用云技术建立全程溯源保鲜追踪系统，以支援台湾农产品争取国际市场商机。

二、政策对象

台湾行业物流政策包括行业综合性政策以及行业细分性政策两大类。行业综合性政策的适用对象为全行业所有企业，如《产业物流发展暨国际接轨推动计划》政策对象包括全行业的企业。行业细分性政策只适用于某一个或多个具体行业的全体企业。台湾行业物流政策大多涉及两个产业的协同发展，其适用对象一般为政策所涉及的某个具体行业和物流业。如《供销与物流整合技术发展计划》政策对象包括流通业与物流业，《物流基磐整合与效率化推动计划》政策对象包括制造业、流通业和物流业。

此外，台湾行业物流政策在具体的实施过程中，均会选定某一个或几个相关企业作为示范对象，如在《供销与物流整合技术发展计划》推动中，政策辅导对象为和泰汽车、安利日用品、统昶行销等；在《物流基磐整合与效率化推动计划》推动中，政策示范对象包括日月光半导体有限公司、裕隆汽车、盛江流通等。

三、政策目标

台湾行业物流政策的核心目标包含两个方面：一方面是协助产业构建物流运筹协同与共用环境，促成产业物流网络效率化，强化产业物流运筹服务效率，提高产业营运效能；另一方面是推动产业物流运筹与国际接轨，提高台湾优势产业国际竞争力，扩大优势产业国际市场及服务版图。台湾部分行业物流政策的目标如表 10-3 所示。

表 10-3　台湾部分行业物流政策的目标

政策文件名称	政策目标
《产业物流发展暨国际接轨推动计划》	● 针对台湾具有优势的特定产业链，通过全球性议题及 RFID 应用，由国际合作的先导系统测试、标准研议修订等基磐建构，提升台湾产业物流全球化系统效能，以带动 RFID、物流及相关产业价值链的需求与发展，促进产业物流的发展与国际接轨。
《物流基磐整合与效率化推动计划》	● 以流通与制造业者的营运优化和国际营运布局需求为主轴，通过辅导场域的手段，推动业者建立效率化物流活动的运筹模式与整合系统，提升产业全球运筹与布局的竞争力。
《产业运筹服务化推动计划》	● 产业全球运筹目标：推动产业全球运筹，巩固台湾制造、品牌优势；推动全球运筹服务，扩大台湾岛内物流业者商机；推动物流业配合台商岛外布局模式，辅导台商岛外布局。 ● 产业价值制造目标：协助产业建立具成本优势的自有品牌供应链；协助物流业建立全球供应链运筹服务能量；建立可与国际接轨的运筹环境；提高产业与物流业国际化程度。

资料来源：本研究整理。

四、政策方案

（一）协助相关业者建构高效的产业物流运筹模式

为提升台湾产业的全球运筹能力，台湾行业物流政策强调物流业支援产业全球运筹模式的构建。如《产业物流发展暨国际接轨推动计划》通过开发物流货运集散中心（Hub）创新应用模式，协助产业上下游共同降低库存水准平均达 30%。《供销与物流整合技术发展计划》研究了生鲜、非酒精饮料、车辆零组件、茶产业等多个产业的物流运营模式，以帮助企业改进作业流程。《物流基磐整合与效率化推动计划》分析与开发了多个物流支援制造营运模式，以及物流支援流通营运模式，有效提升了产业全球运筹与布局的竞争力。《产业运筹服务化推动计划》通过辅导运筹服务业（国际物流业者）发展产业营运的运筹服务支持模式，着力推动台湾成为潜力产业的成品/零组件制造基地与全球运筹中心。

（二）协助行业内企业提升物流供应链信息化水平

如何借助科技提升物流服务水平和产业国际竞争力是台湾行业物流政策关注的重点问题，因此，台湾行业物流政策强调提升产业物流信息化水平。如，

《产业物流发展暨国际接轨推动计划》的三大工作主轴之一是完成特定产业供应链中产品之无线射频识别技术（RFID）示范应用推动，通过效率化产业物流来带动台湾 RFID 产业价值链的发展。《产业运筹服务化推动计划》通过协助产业构筑全球运筹信息管理平台，使其可以了解全球产销信息，有效掌握库存状况，支持生产排程与配销管理等运筹作业。在《台湾产业结构优化——三业四化行动计划》中提出，应用云端资讯平台，打造低温物流全程溯源保鲜资讯管控机制。

（三）提供产业物流相关知识服务

由于行业物流专业性强，台湾十分重视产业物流的理论研究与总结，以及产业发展动态的追踪，并将研究结果与数据资料提供给相关业者。如《供销与物流整合技术发展计划》对生鲜、非酒精饮料等多个产业的营运模式与供销架构进行了分析，并研究了如何创新这些产业的营运模式。《物流基磐整合与效率化推动计划》在产业物流知识服务方面，资讯/知识/技术汇集与加值已完成 250 家业者的调查与分析，产业动态企业历程掌握完成 104 家企业发展历程与动态的分析，汇整岛内物流总部与据点已完成 12005 家物流企业相关据点的归集与建立。《产业运筹服务化推动计划》研究并推出了八大产业供应链整合运筹模式，如岛外零组件准时制生产方式（JIT）供货与加值管理模式、国际集货集运共配模式等。

五、政策工具

台湾颁布的行业物流政策中，行政性工具和经济性工具均被广泛采用。行政性工具方面，台湾将行业物流纳入施政主轴，如《台湾产业结构优化——三业四化行动计划》被纳入《2013 年施政计划》。另外，在《产业物流发展暨国际接轨推动计划》《物流基磐整合与效率化推动计划》等政策中，大量使用行政辅导手段，辅导专案企业获取专业知识、导入高效物流运营模式。

经济性工具方面，主要通过财政性手段，对行业物流的发展给予资金支持。如《物流基磐整合与效率化推动计划》2012 年度计划中，共拨付新台币 4828.5 万元来推动物流支援制造业及供应商型流通整合模式，并广泛地扩散推动成果与物流知识。

六、政策制定与执行

关于政策的制定，台湾地区行业物流相关政策多数由一个主管部门制定，制定主体为行政或经济主管部门等。如《台湾产业结构优化——三业四化行动计划》是由行政主管部门制定颁布的，《物流基磐整合与效率化推动计划》《产业物流发展暨国际接轨推动计划》《产业运筹服务化推动计划》等均是由经济主管部门制定的。由于台湾行业物流政策已是非常具体的实施方案，因此一般没有再制定细化配套方案。

关于政策的执行，台湾地区行业物流相关政策多通过委托执行单位，选取标杆企业进行辅导作业的方式来推广实施。如《物流基磐整合与效率化推动计划》和《产业物流发展暨国际接轨推动计划》均委托"工研院"执行。此外，台湾行业物流政策在执行过程中注重实施成果的总结与推广，如经济主管部门负责推动的《物流基磐整合与效率化推动计划》《产业运筹服务化推动计划》等均每年进行计划成果汇总与发布，并撰写成功案例进行推广。

第三节　两岸行业物流政策的异同分析

基于上文的研究，本节将从政策问题、政策对象、政策目标、政策方案、政策工具以及政策制定与执行六大方面对大陆和台湾行业物流政策的异同进行比较分析。

一、政策问题的异同点

两岸行业物流政策问题的相同之处在于均关注制造业与物流业、商贸业与物流业的协同发展问题。两岸行业物流政策关注问题的侧重点存在差异。大陆行业物流政策多关注与支持各行业物流发展的物流网络的构建、物流基础设施的完善，以期建立畅通高效、安全便利的行业物流体系，解决行业物流经营规模小、环节多、成本高、损耗大的问题；台湾行业物流政策多关注产业物流效能提升，以及产业物流与国际接轨问题。产生这种差别的原因很多，主要在于两岸行业物流发展阶段的不同。大陆物流发展起步较晚，基础设施建设尚未完善，行业物流主体尚待培育；相比之下，台湾地区物流基础设施体系在20世纪70年代就已基本完成，因此，如何借助科技提高产业物流运作水平，以及通过产业物流与国际接轨来提升产业国际竞争力是台湾行业物流政策关注的重点。

二、政策对象的异同点

两岸行业物流政策对象的相同点在于都关注制造业和商贸业物流发展。差异在于大陆行业物流政策对象较为笼统，如制造业与物流业联动政策面向全体制造业，《商贸物流发展专项规划》面向整个商贸业；台湾行业物流政策的对象较大陆更为具体和细化，如制造业物流发展会特别关注台湾的信息通信产业，商贸业主要关注一些具台湾特色产业与台湾品牌产业。

三、政策目标的异同点

两岸行业物流政策目标的相同之处在于，均希望提升行业物流的专业化和信息化水平，且均强调要完善行业物流业者的网络布局规划。政策目标的内容均包含方向性和量化性两方面内容。两岸行业物流政策目标的不同之处在于大陆行业物流起步较晚，基础设施落后，所以政策目标重点关注完善行业物流基础设施建设和物流主体的培育，提升行业物流的整体运作效率；而台湾行业物流政策目标强调供应链上下游的整合，协助相关业者建构全球高效物流网络。

四、政策方案的异同点

两岸行业物流政策方案存在相同点。如两岸行业物流政策均强调要促进物流信息化水平提升和专业物流技术的推广应用。

两岸行业物流政策方案亦存在差异：

一是两岸行业物流的政策形式不尽相同。大陆颁布的行业物流政策多为规划或指导意见形式，只对行业物流的发展做出了方向性指导，并未制定实施细则，需要相关部委或地方政府结合自身实际情况制定政策执行的细则，但均缺少明确的执行方案内容；台湾颁布的行业物流政策多为计划形式，内容比较具体，既包括方向性规划又包括具体的实施细则以及量化指标，且每一个政策均有明确的执行期限。产生这种差异的原因主要是两岸经济环境的不同，大陆幅员辽阔，各区域存在较大差异，不能用统一的实施细则来推行政策，因此中央政府颁布的政策只能是方向性的指导意见；相比之下，台湾地域范围有限，且行业物流政策多为行业与技术的结合，较容易制定详尽的实施细则以及具体的量化指标。

二是大陆行业物流政策方案多集中于物流基础设施的建设、物流网络的完善、行业物流运作主体的培育等方面；台湾物流基础设施已于20世纪70年代基本建设完成，且台湾行业整体发展阶段和技术水平要领先于大陆，因而台湾行业政策方案多集中于产业物流营运模式的研究与提升、产业供应链的整合、产业专业知识服务等管理层面的软性措施方面。

五、政策工具的异同点

两岸行业物流政策工具的形式相似度较高，均大量使用行政性和经济性工具。但是，在政策工具的具体应用上存在差异。比如，大陆在行政性工具的运用方面，主要是制定一系列指导意见和工作通知，并按照行政系统、行政层次和行政区划来推进政策的实施；而台湾是将行业物流纳入施政主轴，大量使用行政辅导手段等。在经济性工具的运用方面，大陆广泛采用了财政资金支持、税收减免、贷款支持以及拓宽融资渠道等手段；而台湾经济性工具多为财政性资金支持手段。

六、政策制定与执行的异同点

政策制定方面两岸的相同点是政策颁布主体层级较高，政策议题主要来自相关主管部门、研究机构和行业协会。不同之处在于大陆行业物流政策多由政府相关部门或行业协会起草，而台湾行业物流政策方案的起草普遍借助研究机构进行；另外，部分大陆行业物流政策由多部委联合出台，而台湾的行业物流政策一般由某个主管部门单独出台推行。

两岸行业物流政策执行的相同点是均采取企业示范方式来推进相关政策的实施。大陆两业联动的示范和试点工作，由国家发展改革委会同有关部门组织实施，制定相应的申报和评审办法，明确示范和试点单位的条件、程序和规则；台湾地区物流支援制造营运模式的推动由"工研院"执行，以日月光半导体制造公司为合作厂商，共同推动加工出口区半导体产业物流支援制造营运模式，建立第三方物流（3PL）及供货商管理存货（VMI）支援区内生产制造的供应链整合模式。

两岸行业物流政策执行的关键不同点在于，台湾更加重视对政策实施效果的动态跟踪。以《物流基磐整合与效率化推动计划》下的《物流支援制造的营运模式推动计划》为例，台湾每年均对上一年各项计划成果与目标达成情形进行详细介绍与分析，并对政策的实施进行调整以达到预期的效果；而大陆缺乏对政策实施成果的统计、评估与调整。

第十一章　两岸物流基础设施政策比较

完善的物流基础设施是现代物流发展的要求，对提高物流效率、降低物流成本、改善物流条件、保证物流质量具有举足轻重的作用。物流基础设施建设在两岸均受到高度重视，物流基础设施政策是两岸物流政策体系的重要组成部分。在这些政策的推动下，两岸物流基础设施建设均取得了显著成就。本章首先按政策构成要素分别分析两岸物流基础设施政策的特点，然后对两岸物流基础设施政策的异同进行比较。

第一节　大陆物流基础设施政策的特点

大陆物流基础设施政策主要关注设施能力提升、设施布局优化等问题。政策的核心目标主要是通过政策引导规划，不断提升物流基础设施能力，逐步建设结构明确、布局合理、功能完善、衔接顺畅、运行高效的物流基础设施体系。政策方案以扩大基础设施的总量、强化物流园区和保税物流中心等专业基础设施建设、推进海港与空港物流功能拓展等为主。政策工具涵盖法律性、行政性以及经济性政策工具三大类。政策制定主体以国家发展改革委、交通运输部、原铁道部、民用航空局、海关总署等相关政府部门为主。

一、政策问题

（一）物流基础设施能力提升问题

"十五"以来，长期困扰大陆经济发展的物流基础设施落后的被动局面得到初步扭转。然而，随着国民经济和社会发展在不同层面呈现出不同特点，对物流基础设施也产生了多样化的需求。与此同时，国民经济持续快速增长对物流基础设施的需求不断增加、要求不断提高，需要物流基础设施给予有效支撑，因此，解决物流基础设施有效供给不足、发展不协调、可持续发展能力有待提高等问题是大陆物流基础设施政策一直关注的重点。《公路水路交通"十一五"发展规划》和《交通运输"十二五"发展规划》等综合交通规划，以及《国家高速公路网规划》《中长期铁路网规划》《全国内河航道与港口布局规划》《全国民用机场布局规划》等公路、水路、铁路、民航基础设施规划和指导意见中，始终强调以综合运输网络的建设和不断完善为核心，在总量、结构、质量等各个方面全面发展，不断提高物流基础设施能力。

（二）物流基础设施布局优化问题

由于受历史、自然条件以及经济发展等因素的影响，大陆交通运输体系的各区域及城乡之间存在较大发展差异。中、西部地区，特别是西部地区交通发展较为滞后，农村交通条件也较为落后，严重制约着中西部地区和农村经济发展。为此，在东部以及城市物流基础设施建设已有很大发展的情况下，政策重点开始逐渐向落后地区倾斜。如《中长期铁路网规划》提出，2020年前，以西部地区为重点，新建一批完善的路网布局和西部开发性新线。《"十二五"综合交通运输体系规划》要求加强中部地区东引西联通道建设，扩大西部地区基础设施路网规模，统筹城乡交通协调发展，加大农村公路建设力度。《农村公路建设规划》和《关于"十二五"农村公路建设的指导意见》等提出，在中央政府加大政策支持和投入的同时，明确各级地方政府的责任，加强领导与投入，联合社会各方共同参与，推进农村公路建设。

（三）物流基础设施建设的政策扶植问题

大陆物流基础设施建设规模大、周期长。物流基础设施建设规模的快速增长带来了巨大的资金缺口。为拓宽资金来源渠道，政府出台了一批政策，引导民间投资参与物流基础设施建设，如《关于鼓励和引导民间资本投资公路水路交通运输领域的实施意见》《民航局关于鼓励和引导民间投资健康发展的若干意见》等。同时，为鼓励企业从事物流基础设施建设，政府还提供了相应的税收、土地政策优惠。

二、政策对象

大陆物流基础设施的政策对象主要分为四类：

第一类是面向全国的涵盖公路、铁路、水路、航空、物流园区和综合交通运输体系在内的全部物流基础设施，如《综合交通网中长期发展规划》《交通运输"十二五"发展规划》等。

第二类是面向部分区域的部分或全部物流基础设施，如《长江三角洲、珠江三角洲、渤海湾三区域沿海港口建设规划》《长江三角洲地区现代化公路水路交通规划纲要》《泛珠江三角洲区域合作公路水路交通基础设施规划纲要》等。

第三类是针对某一类的物流基础设施，如《农村公路建设规划》《国家高速公路网规划》《关于加快长江等内河水运发展的意见》《铁路"十一五"规划》《全国民用机场布局规划》等。

第四类是针对各类投资于物流基础设施建设的民营主体，如《关于鼓励和引导民间资本投资公路水路交通运输领域的实施意见》《民航局关于鼓励和引导民间投资健康发展的若干意见》等。

三、政策目标

大陆物流基础设施政策中，交通基础设施规划以及部分指导意见类政策给出了明确的政策目标，即建设便捷、安全、经济、高效的综合运输体系；而物流园区等物流节点相关政策主要以规范管理和支持为主，虽没有给出明确的政策目标，但也能够体现出其政策意图。总的来看，自2000年以来，大陆物流基础设施政策的核心目标主要是通过政策引导规划，不断提升物流基础设施能力，逐步建设结构明确、布局合理、功能完善、衔接顺畅、运行高效的物流基础设施体系，为大陆现代物流业的发展，以及整个国民经济和社会发展提供有力支撑。大陆部分物流基础设施政策的目标如表11-1所示。

表11-1　大陆部分物流基础设施政策的目标

政策文件名称	政策目标
《中长期铁路网规划》	● 到2020年，全国铁路营业里程达到10万公里以上，复线率和电化率分别达到50%，运输能力满足国民经济和社会发展需要，主要技术装备达到或接近国际先进水平。
《国家高速公路网规划》	● 连接所有目前城镇人口超过20万的中等及以上城市，形成高效运输网络；连接省会城市，形成国家安全保障网络；连接各大经济区，形成省际高速公路网络；连接大中城市，形成城际高速公路网络；连接周边国家，形成国际高速公路通道；连接交通枢纽，形成高速集疏运公路网络。

政策文件名称	政策目标
《全国沿海港口布局规划》	● 逐步形成布局合理、层次分明、功能明确、节约资源、安全环保、便捷高效、衔接协调、市场有序的水路客、货运输系统，辐射、服务面覆盖全国范围，明显提升沿海港口的综合竞争力，基本适应国家经济、社会、贸易、国防等发展的需要。
《公路水路交通"十一五"发展规划》	● 到 2010 年，公路水路基础设施能力明显增强，网络结构基本合理，运行质量有较大改观。
《铁路"十一五"规划》	● 建设新线 1.7 万公里；建设既有线复线 8000 公里；既有线电气化改造 1.5 万公里。2010 年全国铁路营业里程达到 9 万公里以上，复线率、电化率均达到 45%以上，煤炭通道总能力达到 18 亿吨，西部路网总规模达到 3.5 万公里。
《综合交通网中长期发展规划》	● 到 2020 年基本建成各种运输方式布局合理、结构完善、便捷畅通、安全可靠的现代化综合交通网。
《全国内河航道与港口布局规划》	● 按照科学发展观的要求，与水资源开发利用和综合交通网发展相协调，合理开发和有效利用水运资源，用 20 年左右时间，建成干支衔接、沟通海洋的高等级航道，为船舶标准化、规范化创造基础条件；与航道发展相适应，形成布局合理、功能完善、专业化和高效的港口体系。
《中长期铁路网规划（2008 年调整）》	● 到 2020 年，全国铁路营业里程达到 12 万公里以上，复线率和电化率分别达到 50%和 60%以上，主要繁忙干线实现客货分线，基本形成布局合理、结构清晰、功能完善、衔接顺畅的铁路网络，运输能力满足国民经济和社会发展需要，主要技术装备达到或接近国际先进水平。
《交通运输"十二五"发展规划》	● 到 2015 年，基础设施网络更趋完善，结构更加合理，便捷、安全、经济、高效的综合运输体系初步形成，基本适应国民经济和社会发展的需要。公路网规模进一步扩大，技术质量明显提升；沿海港口布局进一步完善，服务功能明显拓展；内河航道通航条件显著改善；民用航空保障能力整体提高；运输枢纽建设取得明显进展。
《国家铁路"十二五"发展规划》	● 路网布局更加完善，技术装备先进适用，运输安全持续稳定，创新能力不断增强，信息化水平全面提高，运输能力和服务水平大幅提升，经营效益和职工收入同步增长。到 2015 年，全国铁路营业里程达 12 万公里左右，其中西部地区铁路 5 万公里左右，复线率和电化率分别达到 50%和 60%以上，初步形成便捷、安全、经济、高效、绿色的铁路运输网络，基本适应经济社会发展的需要。

资料来源：本研究整理。

四、政策方案

（一）扩大各类基础设施的总量和规模

为解决物流基础设施总量不足问题，大陆相关规划不断扩大公路、水路、航空等物流基础设施规模。如《公路水路交通"十一五"发展规划》提出到 2010年，公路网总里程达到 230 万公里，沿海港口深水泊位 1752 个。《交通运输"十二五"发展规划》提出进一步推进各类基础设施建设规模，到 2015 年，公路总里程达到 450 万公里，沿海港口深水泊位达到 2214 个。《中长期铁路网规划》提出到 2020 年，全国铁路营业里程达到 10 万公里。《中长期铁路网规划（2008年调整）》将 2020 年全国铁路营业里程规划目标由 10 万公里调整为 12 万公里以上，将规划建设新线由 1.6 万公里调整为 4.1 万公里。《国家铁路"十二五"发展规划》将 12 万公里的全国铁路营业里程规划目标由 2020 年提前到 2015年。

（二）加强中西部和农村交通基础设施建设

为引导交通基础设施的区域空间布局和促进城乡协调发展，相关规划建设重点不断向中西部和农村倾斜。如《国家公路运输枢纽布局规划》中部署建设国家公路运输枢纽 179 个，其中，中西部共计 118 个，约占总建设数量的 2/3。《中长期铁路网规划》和《中长期铁路网规划（2008 年调整）》以西部地区为重点，以扩大西部路网规模为主，规划到 2020 年西部铁路网建设总规模目标达到5 万公里以上。《交通运输"十二五"发展规划》将西部作为交通发展重点支持领域，实施区域差异化投资政策，加大对西部地区的投资倾斜力度。《公路水路交通"十一五"发展规划》《交通运输"十二五"发展规划》等规划中均提出改善农村公路交通条件，提高农村公路的通达深度、覆盖广度和技术标准的发展要求。

（三）强化专业化物流基础设施建设

《中长期铁路网规划》《铁路"十一五"规划》《国家铁路"十二五"发展规划》逐步对运煤铁路通道进行扩能改造，建设煤运新通道，不断提升铁路煤运通道运输能力。《全国沿海港口布局规划》提出煤炭、石油、铁矿石、集装箱、粮食、商品汽车、陆岛滚装等运输系统的布局。《关于促进物流业健康发展政策措施的意见》《全国药品流通行业发展规划纲要（2011～2015）》《商贸物流发展专项规划》等规划和政策，分别提出要加强农产品物流配送中心、农资物流配送中心、药品物流园区和配送中心建设。

（四）推进综合运输网络建设完善

围绕综合运输网络建设，《综合交通网中长期发展规划》《交通运输"十二五"发展规划》《"十二五"综合交通运输体系规划》重点从两个方面进行推进：一是建设以连通县城、通达建制村的普通公路为基础，以铁路、国家高速公路为骨干，与水路、民航和管道共同组成覆盖全国的综合交通网络。二是强化公路、水路、铁路、机场枢纽建设，加强与其他物流基础设施的无缝衔接，建立和完善能力匹配的配套设施系统。

（五）推动港、航物流功能拓展

大陆在物流基础设施规划中还积极鼓励港口、航运中心拓展物流功能。如《公路水路交通"十一五"发展规划》鼓励港口开发物流服务，倡导仓储、物流企业建立物流中心，把港口建成新的产业和物流园区，推进港口现代化步伐。《交通运输"十二五"发展规划》提出拓展货运枢纽的现代物流功能和大力拓展港口现代物流功能的发展要求。《"十二五"综合交通运输体系规划》提出加快上海国际航运中心、天津北方国际航运中心、大连东北亚国际航运中心建设，推进重庆长江上游航运中心和武汉长江中游航运中心建设，促进物流、信息、金融、保险、代理等现代航运服务业发展，加快内河主要港口规模化港区建设，发展专业、环保港区。

（六）对物流基础设施建设实施鼓励和支持政策

《关于鼓励和引导民间资本投资公路水路交通运输领域的实施意见》《民航局关于鼓励和引导民间投资健康发展的若干意见》等政策鼓励民间资本投入公路、水路、民航等基础设施建设。

《中华人民共和国企业所得税法》对企业投资交通基础设施建设项目提供税收优惠，明确规定，企业从事港口码头、机场、铁路、公路、城市公共交通、电力、水利等项目投资经营所得，自项目取得第一笔生产经营收入所属纳税年度起，给予"三免三减半"的优惠。

五、政策工具

为鼓励和规范物流基础设施建设，在政府颁布的物流基础设施政策中广泛采用了法律性政策工具、行政性政策工具以及经济性政策工具。

法律法规的建设为物流基础设施建设提供了良好的法律保障。如《国家铁路"十二五"发展规划》提出，建立健全铁路运输、铁路建设、铁路安全监管等方面的法规和规章，完善铁路行业管理制度体系，加强和规范行政执法。

行政性政策工具主要体现在政府对物流基础设施建设的规范管理方面。例如，强化各地方政府对各地物流基础设施建设的组织领导；对重点项目提供支持和引导；规范相关监管制度，加强监管力度。

经济性政策工具中的税收、财政和金融手段使用尤为普遍。如为物流基础设施建设用地和从事物流基础设施建设的企业提供税收优惠；国家和地方各级政府加大对物流基础设施建设的财政投入；鼓励民间资本以独资、控股、参股等方式投资建设物流基础设施，支持利用各种基金信托、国际金融组织和外国政府贷款、争取国内银行低息或贴息贷款等手段。

大陆物流基础设施政策工具的部分内容如表 11-2 所示。

表 11-2　大陆物流基础设施政策工具的部分内容

类型	政策文件名称	政策内容
法律性政策工具	《国家铁路"十二五"发展规划》	● 建立健全铁路运输、铁路建设、铁路安全监管等方面的法规和规章，完善铁路行业管理制度体系，加强和规范行政执法。争取国家加快研究出台铁路建设条例和铁路运输条例，健全铁路法律法规体系。
	《关于加快长江等内河水运发展的意见》	● 建立和完善内河水运发展有关法律法规体系，加快出台航道法，完善水运管理相关法规。
	《"十二五"综合交通运输体系规划》	● 研究修订铁路法、公路法、收费公路管理条例、铁路运输安全保护条例、海上交通安全法、水路运输管理条例、通用航空飞行管制条例，加快推动制定航道法、航空法、空域使用管理条例、国防交通法等法律法规。
	《交通运输"十二五"发展规划》	● 开展综合运输法规体系的研究制定，统筹考虑公路、水路、民航、邮政等方面的法律、行政法规项目，提出综合运输法规体系框架，推动立法工作的开展，研究、制定、出台一批交通运输法律法规。
行政性政策工具	《"十二五"综合交通运输体系规划》	● 深化管理体制改革，加快建立综合交通运输管理体制。建立跨区域、跨行业的综合交通运输规划、建设、运营管理新机制，提高综合交通运输体系发展的质量与水平。 ● 加强基础设施领域技术标准体系建设，修订基础设施建设领域的已有标准，制定港口吞吐能力、综合交通枢纽等建设标准体系。

类型	政策文件名称	政策内容
行政性政策工具	《交通运输"十二五"发展规划》	● 深化综合运输管理体制机制改革，落实各级交通运输管理部门职责，建立和完善促进综合运输发展的协调机制。 ● 全面推行依法行政，推进执法模式变革。完善行政许可网上办理系统，加快交通运输执法信息平台建设。完善行政执法机关的内部监督制约机制。
经济性政策工具	《国家铁路"十二五"发展规划》	● 争取中央基建投资对西部地区及西藏、新疆等重点区域国土开发、公益性铁路给予更多的投入。 ● 落实金融、税收、土地政策等方面的优惠政策。 ● 进一步加大融资政策研究，扩大铁路债券发行规模，丰富铁路债券品种。
	《关于加快长江等内河水运发展的意见》	● 国家将继续增加投资，加强航道、支持保障系统和中西部地区内河港口等基础设施建设。 ● 地方各级人民政府要积极安排财政性资金用于内河水运建设，并根据建设需要逐步扩大资金规模。 ● 鼓励和支持港航企业发行股票和企业债券，建设港口码头及物流园区。 ● 深化支持内河水运发展的金融政策研究，积极引导外资和民间资本投资内河水运基础设施建设和养护维护。
	《"十二五"综合交通运输体系规划》	● 探索综合交通运输体系发展的新型投融资模式，形成"国家投资、地方筹资、社会融资、利用外资"的投融资机制。 ● 加大各级政府财政性资金投入，支持西部干线铁路、普通国省干线公路、农村公路、内河航道、中西部支线机场、西部干线机场等基础设施建设和养护。 ● 支持用于交通基础设施建设和运输技术装备更新改造等的债券发行。 ● 鼓励包括民间资本在内的社会资本参与铁路、公路、水路、民航、管道等交通基础设施建设，形成多渠道、多层次、多元化的投入格局。 ● 加强监管，防范基础设施建设可能的债务风险。
	《交通运输"十二五"发展规划》	● 坚持"国家投资、地方筹资、社会融资、利用外资"的良好机制。 ● 争取更多的中央和地方财政性资金投入交通运输公益性事业，加强和规范现有交通建设专项资金和财政性资金的管理及使用，充分发挥国家投资的效率和效益。 ● 拓展融资渠道，利用好金融市场，继续发挥银行贷款等间接融资渠道的功能。 ● 鼓励民营和社会资本进入交通基础设施建设领域，加强和规范民营与社会资本投资项目管理。 ● 利用外商直接投资和国际金融组织贷款，促进交通基础设施建设。

资料来源：本研究整理。

六、政策制定与执行

大陆物流基础设施建设政策和规划的制定主体主要是国家发展改革委、交通运输部、原铁道部、民航局（原民航总局）、海关总署等相关政府部门。如《交通运输"十二五"发展规划》由交通运输部颁布，《全国沿海港口布局规划》由交通运输部与国家发展改革委联合组织编制，《国家铁路"十二五"发展规划》由原铁道部发布，《全国民用机场布局规划》由原民航总局制定颁布，《中华人民共和国海关对保税物流中心（A型）的暂行管理办法》《中华人民共和国海关对保税物流中心（B型）的暂行管理办法》《中华人民共和国海关对保税物流园区的管理办法》等保税物流园区政策则由海关总署制定。

关于政策执行，大陆物流基础设施建设一般由政策制定单位负责全国的规划管理工作，由各省（市、区）人民政府行政管理部门负责和具体实施本行政区内的物流基础设施的规划管理工作。《交通运输"十二五"发展规划》中规定"各级交通运输部门要切实编制好本地区、本部门的专项规划"，"规划实施过程中，要加强领导，明确权责，统筹做好重大建设项目的前期工作和进度安排"，"要积极开展交通运输专项规划的研究，制定国家公路网布局规划，推动各地开展本省（区、市）公路网系统规划工作"。此外，大陆还采取试点方式建设农产品配送中心、仓储、冷链系统等物流基础设施。

第二节　台湾物流基础设施政策的特点

台湾物流基础设施政策主要关注设施能力提升、设施的国际联结等问题。政策对象大多针对具体和明确的建设项目。政策目标集中于对内提供更快更有效的服务，对外与世界接轨。政策方案包括构建全岛便捷交通网、推动海港与空港建设、拓展海港与空港物流功能、构建完善的复合运输网络等。政策工具包括强制性工具、行政性工具和经济性工具。政策多数由行政主管部门编制颁布并下发，其中涉及物流基础设施建设的具体推动和执行计划则由交通主管部门主持制定并组织实施落实。政策执行多采取示范工作、行动专案小组等方式。

一、政策问题

（一）物流基础设施能力提升问题

进入 21 世纪以来，面临全球化的挑战与契机，为提升台湾整体竞争力，台湾集中资源，投资于增强发展潜力的重要建设，物流基础设施建设则是其中的重点内容之一。由于台湾物流基础设施建设相对比较完善，因此进一步整合物流基础设施、提升设施能力和运行效率、强化物流服务功能，成为物流基础设施建设的重点关注问题。如《新十大建设》《爱台 12 建设》《"黄金十年"愿景》等政策中，提出了建构台湾地区全岛便捷交通网，建构岛内外运输模式的合作网络，促进铁路、公路及海空运功能无缝接轨等内容，通过再强化物流相关基础设施，使物流能力明显提升。

（二）物流基础设施的国际联结问题

由于台湾岛内交通基础设施建设开始较早，从 20 世纪 70 年代"十大建设"开始，先后完成了陆上、航空、港埠等多种运输规划，至 20 世纪 80 年代末已经形成了较为完善的环岛交通体系。此后，打造台湾成为全球运筹中心和国际营运中心成为台湾当局一直谋求的目标，因此，20 世纪 90 年代以后，物流基础设施建设的重点逐步转向与国际接轨。台湾当局先后在《发展台湾成为亚太营运中心计划》《全球运筹发展计划》以及《国际物流服务业发展行动计划》等政策中提出，强化交通基础设施的国际联结，整合关、港、贸相关系统的联系合作，推动自由贸易港区和物流中心发展，通过打造国际一流的硬件基础设施，促进产业链的串联，创造优质的国际营运平台，为推动台湾成为国际物流枢纽、全球运筹中心和国际营运中心服务。

（三）物流基础设施建设的政策扶植问题

台湾早期的物流业属于传统的运输业，主要提供货物运输与仓储服务。随着经济发展，物流产业逐步转变为提供企业设计与管理物流流程、运输规划及仓储管理等专业物流服务。物流产业形态的变迁带来了用地需求的变化。由于仓储业用地大多属于早期工业区土地，而工业用地开发成本较高，使进入工业区的仓储企业承担了额外的成本负担，一些物流企业为降低用地取得成本转往设置于农业区或保护区。为此，台湾一方面修订《非都市土地使用管制规则》，废除了《仓储设施于工业用地容许使用审核及管理作业规定》，松绑物流土地使用限制，健全物流用地体制；另一方面，通过建立辅导机制，如推动《物流用地及专区辅导设置计划》《促进物流产业发展计划》《推动大型物流中心设置计划》等，帮助物流企业合理取得用地。

为鼓励民间投资参与基础设施建设，台湾出台了一批扶持政策，如《民间机构参与交通建设免纳营利事业所得税办法》《民间机构参与交通建设适用投资抵减办法》《奖励民间参与交通建设使用公用土地租金优惠办法》等提供土地及财税方面的扶持，为民间资本参与交通设施建设提供了便利条件。

二、政策对象

台湾物流基础设施政策对象大多针对具体和明确的建设项目。历次"建设计划"的政策对象均包括各类物流基础设施，各具体计划对象的侧重点有所不同。如《营运总部计划》包括 5 个自由贸易港区、台北港和桃园航空货运园区，《爱台 12 建设》的对象是台湾交通网、高雄港市和桃园国际航空城，《"黄金十年"愿景》的政策对象则进一步扩展为机场群、国际港群。

此外，还有部分物流基础设施政策适用对象是从事物流基础设施建设的企业或机构，如《奖励民间参与交通建设条例》《奖励民间参与交通建设使用公用土地租金优惠办法》等政策的对象是进行物流基础设施投资的民间机构；《物流用地及专区辅导设置计划》《促进物流产业发展计划》《推动大型物流中心设置计划》中的仓储用地和安全政策则主要针对特定的物流企业。

三、政策目标

台湾物流基础设施先后完成了陆上、航空、港埠等多种运输规划，到 20 世纪 80 年代已经形成了较为完善的环岛交通体系，并成为太平洋地区各国或地区海空联系的重要交通枢纽。随着台湾经济收入快速增加，在全球化、区域经济整合，特别是两岸经贸合作增加的经济发展形势下，台湾将强化物流基础设施建设、健全运筹通路作为提升产业和地区竞争力的重中之重。自 20 世纪 90 年代以来，台湾物流基础设施政策一直以"对内提供更快更有效的服务，对外与世界接轨"为目标，即对内形成覆盖全岛的便捷交通网，构建与国际接轨的复合运输网络；对外加速推动海空港门户整体开放，推动自由贸易港区和物流中心发展，创造优质的国际营运平台。台湾物流基础设施部分政策的目标如表 11-3 所示。

表 11-3　台湾物流基础设施部分政策的目标

政策文件名称	政策目标
《营运总部计划》和《全岛运输骨干整建计划》	● 投资全球运筹基础设施，使台湾成为台商及国际企业设置区域营运总部的最佳地区。主要包括规划自由贸易港区、建设台北港、推动桃园航空货运园区等计划方向。 ● 到 2008 年，达到"台湾西部城市到城市之间一个小时内可以畅通""同一生活圈内的各个乡镇中心可在半小时内到达"和"西部运输走廊一日生活圈"。
《流通服务业发展纲领及行动方案》之"建构无缝国际复合运输通路"	● 加强运输基础设施建设，健全营运环境。配合国际物流配送发展趋势的转变，从国际接轨与整合的角度，建构完善的复合运输网络，积极协助运输服务提高附加价值、提升作业效率及促进货畅其流的目标，达成复合无缝之运输境界。
《爱台 12 建设》	● 便捷交通网——以"人本、永续"为导向，辟创完整、舒适、便捷、安全的交通建设蓝图，逐步架构台湾地区全岛便捷交通网，达到建构优质旅行环境、健全物流环境、永续运输环境的目标。 ● 高雄港市再造——利用高雄港海运枢纽地理优势，联结东亚地区重要海港，吸引制造、运筹产业在高雄地区设立国际发货中心与运营总部，推展新兴产业，降低物流运输成本，发展高雄都会区为台湾南部经贸火车头。 ● 桃园国际航空城——以桃园机场为中心，规划发展"桃园航空城"，通过机场与周边的配合，导入企业化经营精神，推展衍生商业、加工制造及会展活动等，促进机场与周边地区共荣发展，带动区域产业及经济繁荣。
《国际物流服务业发展行动计划》	● 发展国际物流之核心实力，进行关、港、贸等跨部门整合，以强化在台企业之全球运筹能力；于 2020 年，打造台湾成为亚太区域物流加值及供应链资源整合之重要据点；打造国际一流的软硬件基础建设，强化国际联结之交通基础建设，让台湾运输设施升级，成为亚太地区供应链流向的必经据点。
《"黄金十年"愿景》	● 海空枢纽——发展海空枢纽，带动产业转型；以桃园国际机场为核心，发展为东亚空运枢纽，带动松山、高雄及其他国际与两岸直航机场之发展；以高雄港为旗舰，发展为亚太枢纽港，整体带动以台湾地区的国际港群为动力之国际运筹产业发展。

资料来源：本研究整理。

四、政策方案

（一）建构全岛便捷交通网

建设纵横交错的密集的高速、快速网络，提供便捷与快速的产销网络，有助于达成促使台湾成为"全球运筹中心"的目标。为此，台湾将持续推动覆盖全岛的便捷交通网建设作为物流基础设施政策的重点内容。如《全岛运输骨干整建计划》以兴建高速铁路、建构高速快速公路基本路网及推动东部铁路改善计划等为主轴，到 2008 年台湾运输骨干路网基本建成。在此之后，《爱台 12 建设》和《"黄金十年"愿景》进一步推进台湾铁路公路改善、铁路公路复合运输服务系统建构、西滨快速路网建设等措施，使全岛便捷交通网不断完善。

（二）推动海、空港建设

为打造海空国际门户，台湾不断推进海、空港整体建设，强化港埠、机场等各项基础设施，力图提升海、空港埠设施能力。如《发展台湾成为亚太营运中心计划》提出，推动兴建高雄港第五货柜中心，在港区内增建大型附加价值作业设施，推动高雄港中长期整体建设。《全球运筹发展计划》提出，进行桃园航空城货运园区开发。《营运总部计划》提出建设台北港。《爱台 12 建设》提出，建设高雄港洲际货柜中心第一期工程，建构便捷联外通道，整建桃园国际机场航厦，建构完善的航空城联外交通体系。

（三）拓展海港与空港物流功能

为持续强化台湾全球运筹能力，台湾重点完善海、空港物流功能的拓展。如《全球运筹发展计划》提出，推动在桃园航空城货运园区发展运筹相关产业。《营运总部计划》提出，通过《自由贸易港区设置管理条例》等政策推动自由贸易港区发展，于桃园航空货运园区发展运筹加值功能。《国际物流服务业发展行动计划》提出，积极拓展港埠营运腹地，规划海港及周边产业整体发展，研议中部设置传统产业物流及发货中心。《"黄金十年"愿景》主要通过自由贸易港区结合"前店后厂"运筹策略，串连既有实体园区，扩大加工腹地，创造供应链与物流加值的综合效果。

（四）建构完善的复合运输网络

随着国际物流配送发展趋势的转变，台湾货物运输的配送转向整合及复合式的发展。从国际接轨与整合的角度，建构完善的复合运输网络，实现积极协助运输服务提高附加价值、提升作业效率及促进货畅其流的目标，首先要求交通基础设施实现无缝接轨和国际联结的强化。因此，如《全球运筹发展计划》提出，兴建高雄港区联络道路，改善港口与机场联络道路基础设施。《流通服务业发展纲领及行动方案》将构建无缝国际复合运输通路作为主轴措施之一。《国际物流服务业发展行动计划》提出，强化港口联外道路，建构内外运输模式的合作网络，促进铁路公路及海空运功能之无缝接轨。

（五）对物流基础设施建设给予政策鼓励和支持

《民间机构参与交通建设免纳营利事业所得税办法》《民间机构参与交通建设适用投资抵减办法》《奖励民间参与交通建设使用公用土地租金优惠办法》等办法，主要是为了吸引、鼓励和支持民间资本投资物流基础设施建设。

"《都市计划法台湾省施行细则》"等政策不断放松对物流业用地的限制，推动物流仓储用地合规化。此外，为引导物流业者进入用地合规体系，经济主管部门还推动了 2004～2007 年的《物流用地及专区辅导设置计划》，此后又提出了 2008～2011 年的《促进物流产业发展计划》、2012～2015 年的《推动大型物流中心设置计划》，辅导物流业者申请用地合规化变更，辅导物流业者申请仓储设施防火标章，帮助企业办理物流用地手续及提升仓储设施水平。

五、政策工具

台湾物流基础设施建设政策工具大多体现为强制性工具、行政性工具和经济性工具。

强制性政策工具主要是健全仓储物流用地制度体系、规范仓储企业物流用地、解除物流产业用地管制。如"《都市计划法台湾省施行细则》"等政策就仓储企业进驻不同地区需符合的资质和建设标准做出具体规定。

行政性工具包括行政引导、行政辅导形式。行政引导方面，行政、经济主管部门引导海空港信息化建设和推动海空港体制改革。行政辅导方面，经济主管部门先后实施《物流用地及专区辅导设置计划》《促进物流产业发展计划》和《推动大型物流中心设置计划》，建立辅导机制，帮助物流企业合理取得用地，改善物流经营环境，推动物流专区设置。

经济性工具主要包括贷款补贴和税收减免等。如 1994 年《奖励民间参与交通建设条例》要求项目主管机关与金融机构洽谈，对于民间机构贷款期限超过 7 年的给予长期优惠贷款；《民间机构参与交通建设免纳营利事业所得税办法》《民间机构参与交通建设适用投资抵减办法》《奖励民间参与交通建设使用公用土地租金优惠办法》等政策则为进行物流基础建设投资的民间机构提供了各种税收减免和土地取得优惠。

台湾物流基础设施政策工具的部分内容如表 11-4 所示。

表 11-4　台湾物流基础设施政策工具的部分内容

类别	政策文件名称	政策内容
强制性政策工具	《全球运筹发展计划》	● 修正"《都市计划法台湾省施行细则》"。 ● 修正《工商综合区开发设置方针》及订定《仓储设施于工业用地容许使用审核及管理作业规定》。
	《爱台12建设》	● 推动《国际机场园区发展条例》。
	《"黄金十年"愿景》	● 松绑自由贸易港区相关政策。
行政性政策工具	《全球运筹发展计划》	● 规划协助业者取得物流用地之辅导机制。 ● 研究由台湾当局推动设置物流专区之可行性。评选适当用地设置物流专区，必要时得配合农地释出方案，选定适当农址变更使用。 ● 加速工业区更新，规划提供工业区内物流用地。
	《促进物流产业发展计划》	● 辅导物流业者申请用地合规化变更，辅导物流业者申请仓储设施防火标章。
	《"黄金十年"愿景》	● 取得第三跑道及自由贸易港区之用地。 ● 建立单一服务窗口，简化行政程序。 ● 推动海空港体制改革，增加经营弹性，提升经营管理能力与国际化。
经济性政策工具	《全球运筹发展计划》	● 采用建设—经营—转让（BOT）方式开发或与加工出口区管理处合作开发。
	《爱台12建设》	● 成立"公营国际机场园区股份有限公司"。
	《民间机构参与交通建设长期优惠贷款办法》	● 为符合条件的参与交通建设兴建或营运的民间机构提供不超过2个百分点的长期贷款利息补贴。
	《民间机构参与交通建设适用投资抵减办法》	● 为符合条件的参与交通建设购置自行使用之兴建、营运设备或技术的民间机构提供投资抵减。
	《民间机构参与交通建设免纳营利事业所得税办法》	● 符合条件参与交通建设的民间机构 5 年免纳营利事业所得税。
	《奖励民间参与交通建设使用公用土地租金优惠办法》	● 为符合条件的使用、开发、兴建、营运之公有土地的参与交通建设的民间机构提供土地租金优惠。

资料来源：本研究整理。

六、政策制定与执行

关于政策制定，台湾物流基础设施建设多以主轴措施形式包含在出台的战略性政策和年度规划当中，多数由行政主管部门编制颁布并下发，其中涉及物流基础设施建设的具体推动和执行计划则由交通主管部门主持制定并组织实施落实。如《流通服务业发展纲领及行动方案》由经济、交通、财政、行政主管部门联合制定颁布，《全球运筹发展计划》《营运总部计划》《爱台12建设》《"黄金十年"愿景》由行政主管部门颁布。

关于政策执行，台湾物流基础设施建设政策多采取示范工作、行动专案小组等方式，并注重在政策执行中的管制考核以保证政策执行的进展和效果。

一是以示范工作方式推进政策具体执行。如《流通服务业发展纲领及行动方案》中的《物流用地及专区辅导设置计划》和《促进物流产业发展计划》中的《物流仓储用地辅导作业》利用专案辅导机制推进物流企业用地合规化工作。试点工作由经济部门主办，通过对选定物流企业进行甄选、先期规划、可行性分析和具体辅导咨询业务，推动其物流用地合规化变更。另外，《物流用地及专区辅导设置计划》中还规定示范区和物流专区的用地合规化辅导工作由县市政府代办。

二是设置专案小组推进政策执行。如行政主管部门为统筹协调《桃园航空城计划》的规划、开发及招商等相关事宜，整合跨部门资源，加速计划推动，特设推动桃园航空城核心计划专案小组。小组任务主要包括用地取得，开发建设，产业规划和招商的规划、协调、咨询审议，计划工作执行情况的督导，其他有关计划相关事项的统筹协调等。专案小组根据任务不同又划分为用地取得分组、开发建设分组和产业规划及招商分组，各小组成员由相关机关指派适当层级人员兼任。

三是强化对政策执行的管制考核。在物流基础设施建设个案中，政策执行前期一般会要求各主管部门就建设目标、执行策略、资源需求、财务方案、营运管理、预期效益、风险管理等进行翔实的规划，并进行环境影响评价，出具项目可行性研究、综合规划报告，制作选择方案及替代方案的成本效益报告。在政策执行过程中，各主管部门在规定期限内完成计划执行绩效报告，陈报管考机关，据此进行滚动式检讨，并予以奖惩和实施合理考核。如《爱台12建设》《"黄金十年"愿景》中物流基础设施建设计划均采取此方式进行。

第三节　两岸物流基础设施政策的异同分析

两岸物流基础设施政策在各项政策要素方面存在诸多异同点，这与两岸各自的地理条件和经济环境以及两岸物流基础设施的发展阶段、发展水平密切相关。本节主要从政策问题、政策对象、政策目标、政策方案、政策工具以及政策制定与执行六大方面对大陆和台湾物流基础设施政策的异同进行比较分析。

一、政策问题的异同点

两岸物流基础设施政策议题有一定的相似性。例如，两岸都关注物流基础设施的能力提升问题，以及如何通过政策支持和规范物流基础设施建设问题。这与当前两岸在物流基础设施运行过程中所面临的瓶颈，以及建设过程中所遇到的税收、土地、管理约束等问题有关。

两岸物流基础设施政策议题的差异则体现在大陆更加注重物流基础设施的全面建设、结构和布局的优化，台湾则主要关注物流基础设施的国际联结问题。这与两岸物流基础设施发展所处阶段不同以及经济特点不同有关。一方面，大陆物流基础设施建设起步较晚，幅员辽阔，物流基础设施建设任务规模大，需求量大；另一方面，大陆经济的高速发展对物流基础设施的要求也在不断提升，所以政策更加侧重于物流基础设施的全面规划、布局结构优化和衔接调整。而台湾岛内物流基础设施建设相对完善，经济严重依赖对外贸易，物流业以发展全球物流供应链为重点，因此，为推动台湾成为国际物流枢纽、全球运筹中心和国际营运中心，台湾物流基础设施政策重点强调打造国际一流的硬件基础设施。

二、政策对象的异同点

两岸物流基础设施政策对象均包括公路、水路、铁路、港口、机场、自由贸易港区、物流园区（中心）、仓储等物流基础设施，以及从事物流基础设施建设的企业或机构。

两岸物流基础设施政策对象的差异主要体现为政策适用对象的范围不同。

大陆政策大多针对全国或区域的物流基础设施。如《国家高速公路网规划》《国家铁路"十二五"发展规划》《交通运输"十二五"发展规划》《长江三角洲地区现代化公路水路交通规划纲要》等，均是从全国或区域角度出发的物流基础设施整体，或者公路、水路、港口、机场等某类基础设施建设的宏观规划。而台湾物流基础设施政策和规划大多具体到某一建设项目。如《爱台12建设》中仅针对建设桃园国际航空城一项，设置了航空城规划及配套制度、国际机场相关设施改善及规划，并提出建构航空城外联交通体系、推动航空城岛内外招商等具体实施计划。这表明大陆物流基础设施政策的指导意义较为明显；台湾物流基础设施政策的重点较大陆更为细化，便于操作、实施和监督。

产生这种差异的原因主要是由于两岸地理环境及物流基础设施成熟度不同。大陆国土空间范围辽阔，区域差异大，政策规划内容一方面需要从国家层面宏观把握物流基础设施建设的整体性，另一方面又要考虑到各个区域发展的特殊要求，因此政策多为全局性、前瞻性规划。而台湾空间范围相对较小，基本的基础设施建设已经完成，仅需在原有基础上不断增建和改、扩建，并进行功能的拓展。

三、政策目标的异同点

两岸政策目标的共同点是均致力于通过不断提升物流基础设施能力，更好地服务于地区物流业和经济社会的发展。从政策目标的内容上看均包括方向性内容和量化性指标。

两岸物流基础设施政策的差异之一在于目标定位不同。由于大陆物流基础设施发展起步晚，建设规模庞大，区域差异和城乡差别大，特别是交通基础设施供给总量明显不足，难以满足国民经济和社会发展的需求，因此，大陆物流基础设施政策主要定位于综合交通运输体系的建设和完善。台湾物流基础设施相对完善，岛内大规模的交通基础设施建设基本完成，进入2000年以来，基于服务国际贸易和国际物流业的需要，其政策定位于重点关注如何加强物流基础设施的国际联结和港航物流功能的提升。

两岸政策目标的差异之二在于目标量化期限和构成不同。大陆政策量化目标大多为五年及以上的中长期目标，缺乏更为具体的阶段性目标设定。台湾政策目标常细化为年度指标，并且目标构成多样，如投资完成额度、进展百分比、增加就业机会等，便于有关部门追踪建设进度、进行监督管理和实施绩效考核。

四、政策方案的异同点

两岸物流基础设施政策方案有一定的相似性。例如，两岸均重视复合交通网络的建设，拓展港口、机场的物流功能，提升物流基础设施的信息化水平，鼓励民间资本投资物流基础设施建设，并出台用地、财税优惠与补贴等方面的措施予以扶持和促进。

两岸物流基础设施政策方案差异之一在于，交通网络建设的侧重点不同。大陆在增加基础设施供给规模的同时，重点强化中西部和农村交通基础设施的布局和优化。而台湾的交通网建设主要是在原有基础上不断补充和完善，并强调公路、铁路的无缝接轨及其与港口、机场等设施的联结，以更好地服务于国际物流业的发展。

两岸政策差异之二在于，大陆的政策方案中突出专业化物流基础设施建设，而台湾政策则缺乏相关内容。由于大陆粮食、煤炭、铁矿等资源丰富，并且地区间分布不均，集中分布于内陆地区，为加强粮食、煤炭等的产销衔接和物流资源整合，大陆将煤运铁路运输通道、散粮铁路运输通道等专业物流基础设施建设作为政策的重点内容之一。

两岸政策差异之三在于，两岸港、航物流功能拓展层面不同。大陆政策鼓励在港口、机场建设物流园区（中心）和具有保税功能的物流园区（中心）及保税港区等。而台湾早在 2003 年便开始设置开放程度更高的自由贸易港区，并赋予自由贸易港区单一窗口管理、区内货物自由流通、厂商自主管理以及国际商务人士得在区内自由从事商务活动权利，并辅以最能发挥其制造业优势的深层次加工等功能。

五、政策工具的异同点

两岸物流基础设施政策工具的相似度较高，均使用了法律性工具、行政性工具和经济性工具。两岸物流基础设施政策工具的差异主要在于具体工具的运用方式上，如大陆在法律性工具运用上，主要推进了基础设施建设和规范建成后营运活动的相关法律和条例的制定；而台湾重点在于松绑物流业用地取得政策。行政性工具方面，大陆集中于基础设施建设的规范管理、体制机制改革和监督管理方面，还缺乏类似于台湾行政辅导这样的政策工具。经济性工具方面，大陆物流基础设施建设主要以政府财政资金支持为主，近些年开始采用贷款以及支持民间投资等拓宽融资渠道的手段；而台湾由于较早采用 BOT 模式进行基础设施建设，经济性工具较多运用财政、税收手段，以鼓励民间资本参与基础设施建设。

六、政策制定与执行的异同点

政策制定方面的相同点是，政策制定主体均以高层主管部门为主、参与主体多元化、酝酿过程充分。因为物流基础设施建设涉及领域广泛，关联效应大，要求其制定、参与主体是多元的。不同之处在于，在大陆，中央政府出台物流基础设施政策或规划之后，各地方政府相关主管部门会制定相应的地方物流基础设施规划或细化配套政策；而台湾相关主管部门则较少直接参与物流基础设施政策或计划的制定。

政策执行方面的相同点是两岸物流基础设施政策的执行均会采取示范形式，如大陆通过"万村千乡市场工程""双百市场工程""农超对接"等试点工程推进物流中心建设，台湾的《物流用地及专区辅导设置计划》通过专案形式辅导试点企业合理取得物流用地。

两岸物流基础设施政策执行的差异之一在于，大陆物流基础设施政策由于地区差异较大以及行政区划管理的分割，具体政策实施一般由各级政府主管部门和单位予以落实；而台湾一般会设立执行主管机关和负责总协调的整合机关，或者以专案小组的形式推动计划执行，部分涉及不同区域的政策会通过设立区域合作机制予以推动。

政策执行的差异之二在于，大陆在政策执行中缺乏合理的绩效考核和检视机制，无法对政策实施效果进行评估和改进；台湾则有明确的相对完善的绩效评价指标体系、检讨制度和激励机制，政策落实情况通常在政策主管部门网站上以报告形式公布，并针对实施过程中出现的问题及时进行调整，有利于大众监督以及政策的落实和改进。

第十二章　两岸物流配套环境政策比较

20 世纪 90 年代以来，两岸为创造现代物流发展的良好市场环境和物流运作环境，均制定并出台了一系列以海关通关、物流信息化与标准化为主的物流配套环境政策。本章首先梳理并比较其中的海关通关政策，然后对两岸物流信息化与标准化政策进行分析和比较。

第一节　两岸海关通关政策的比较

大陆海关通关政策主要针对业务制度与海关管理滞后于社会经济发展的矛盾，通过通关制度改革，建立现代海关制度，创新管理技术和手段，以促进经济社会又好又快发展。台湾海关通关政策主要关注为建设全球营运中心而不断优化通关环境。下面对两岸海关通关政策的具体特点进行分析。

一、大陆海关通关政策的特点

（一）政策问题

1. 如何建立适应大陆对外开放的现代海关制度

一个现代化的、高效率的海关，对降低贸易成本、实现贸易便利、促进经济发展有着至关重要的作用，也是海关促进经济发展的责任。20 世纪 90 年代初，大陆经济快速增长，对外贸易高速发展，经济向市场经济转轨。中国海关针对业务制度与海关管理的滞后，从"海关的依法监管与商界的贸易效率"出现突出矛盾和冲突的现实出发，做出了"逐步建立起与加快经济建设和扩大对外开放相适应，与建立社会主义市场经济相配套，与国际通行做法相衔接，方便与严格管理有机结合，有中国特色的海关管理体系"的决策。[①]1998 年出台的《关于建立现代海关制度的决定》和 2006 年修订的《现代海关制度第二步发展战略规划》建立了现代海关制度的海关现代化第一步和第二步发展战略。

2. 如何提高口岸效率

中国海关作为国家进出境监督管理机关，实行"依法行政，为国把关，服务经济，促进发展"的工作方针，既要"管得住"，又要"通得快"。鉴于提高口岸工作效率，对于改善投资环境、扩大外贸出口具有十分重要的意义，2001 年国务院办公厅专门出台《关于进一步提高口岸工作效率的通知》，要求"各地区、各有关部门要站在全局的高度，统一思想，提高认识，把进一步提高口岸工作效率作为认真贯彻执行党中央、国务院当前重大部署的一项具体任务抓紧抓实。各级地方人民政府要主动出面研究解决当前影响口岸工作效率的各种问题，推动提高口岸的整体工作水平和效率"。此后，2006 年的《国务院办公厅关于加强电子口岸建设的通知》《电子口岸发展"十二五"规划》等文件都是依托现代化的信息技术，全面推进中央和地方层面的电子口岸建设来提高通关效率。海关总署 2006 年发布的《关于决定实施跨关区"属地申报，口岸验放"通关模式的公告》，则是为了适应区域经济发展的要求、提高通关效率所实施的区域通关模式的重大变革。

3. 如何实施国际物流的特殊监管

20 世纪 80 年代以来，经济全球化日益深入，跨国公司的生产经营活动和资源配置在全球范围进行，掀起了新一轮的产业转移浪潮。大陆凭借比较优势成为主要的产业转移目的地，直接促进了加工贸易的发展。外部经济环境变迁也引发了物流运作的变化，体现为加工贸易企业物流逐渐成为物流运作的重要内容，而加快建设符合国际惯例的、配套的物流服务体系则成为政府发展现代物流业的首要课题与任务。在市场需求与政府推动的双重作用下，保税物流获得了持续发展机会。从 20 世纪 80 年代开始，中国海关陆续修订颁布针对来料加工、进料加工、保税仓库、保税区、保税物流中心、保税物流园区、保税港区、综合保税区等一系列管理办法和规定，建立了保税物流的新型监管制度。

（二）政策目标

海关不断根据国际、国内形势和国际海关现代化发展趋势，紧紧围绕建立

① 余大乐. 海关若干重大决策的回顾及其影响[J]. 上海海关学院学报，2008，29（4）：26-33.

现代海关制度的最终要求，改革通关作业模式，提高通关效率，促进经济的快速发展，提高中国对外开放水平和国际竞争力。大陆部分海关通关政策的目标如表 12-1 所示。

表 12-1　大陆部分海关通关政策的目标

政策文件名称	政策目标
《关于建立现代海关制度的决定》	● 用 5 年时间，在全国海关初步建立起现代海关制度的基本框架；在 2010 年前，建成比较完善的现代海关制度。
《现代海关制度第二步发展战略规划》（2006 年修订）	● 2010 年，基本建立起与构建社会主义和谐社会相适应、与完善的社会主义市场经济体制相配套、与国际通行规则相衔接、严密监管与高效运作相结合的现代海关制度，努力建设科学、文明、高效、廉洁、和谐的智能型海关。
《国务院办公厅关于加强电子口岸建设的通知》	● 用 5 年左右的时间，把电子口岸建设成为具有一个"门户"入网、一次认证登录和"一站式"服务等功能，集口岸通关执法管理及相关物流商务服务为一体的大通关统一信息平台，使口岸执法管理更加严密、高效，使企业进出口通关更加有序、便捷，进一步提高中国对外开放水平和国际竞争力。
《国家口岸发展规划（2011～2015 年）》	● 到 2015 年，口岸发展取得明显进展。口岸管理更加规范，口岸布局更加优化，口岸设施更加完善，口岸运行更加高效，口岸国际合作更加深化，为加快转变经济发展方式、促进外向型经济发展提供更有力的服务与保障。
《电子口岸发展"十二五"规划》	● 到 2015 年，电子口岸平台基础设施进一步完善，电子口岸平台通关、物流、商务功能进一步丰富，企业通关更加高效、有序、便捷，口岸综合执法和服务能力显著提升，符合国际"单一窗口"建设管理规则和通行标准、适应经济社会发展需要的中国特色"单一窗口"工程初步建成。基本实现网络化协同口岸监管模式；基本实现大通关"一站式"服务体系；基本形成与电子口岸发展相适应的技术支撑体系。

资料来源：本研究整理。

（三）政策方案

1. 改革通关作业

1998 年出台的《关于建立现代海关制度的决定》明确了现代海关制度的战略构想，即以通关作业作为突破口，进行海关现代化改革。具体来说，构建现代海关制度的基本框架就是建立现代海关法制、企业守法、信息化管理、现代通关管理、物流监控、现代海关调查、现代海关行政管理、海关公共关系八大体系。

2006年修订的《现代海关制度第二步发展战略规划》提出，以口岸通关"管得住、通得快"为着力点，建立健全通关监管新机制。以H2000系统（即H2000通关系统，该系统是海关信息化建设的核心工程）和全国及地方电子口岸为平台，以风险管理为基础，以作业流程重组为重点，全面整合通关作业改革，充分发挥审单作业、物流监控和职能管理三大系统的整体效能。积极推广提前报关、集中报关、无纸通关等通关模式，扩大便捷通关、快速通关等便利通关方式的范围，逐步建立全国海关统一规范的电子化通关作业流程和普遍适用的全程无纸化通关作业模式，实现海关监管的"前推后移"。继续推进物流监控模式改革，建立"选得准、查得好"的新型查验机制，规范对各类监管场所、进出境运输工具、货物的管理和实际监管，提高物流监控智能化水平。

2. 实施"大通关"制度

由于口岸工作涉及众多部门、多道环节，提高口岸整体工作效率需要口岸各管理部门的密切配合。2001年，《关于进一步提高口岸工作效率的通知》指出，海关总署、原铁道部、原交通部、原外经贸部、质检总局和原民航总局六部门已建立由海关总署牵头的口岸工作联络协调机制，各地要参照六部门的做法，成立由地方政府牵头、口岸管理有关部门参加的协调机构。同时，要改革口岸工作流程，建立诸如"一站式""一条龙""一个窗口"等形式的口岸管理部门联合办公模式。"大通关"是提高口岸工作效率工程的简称。建立"大通关"制度的主要目的是适应对外开放新形势的需要，应对经济全球化的挑战。《现代海关制度第二步发展战略规划》提出进一步落实"大通关"制度。

3. 实施区域通关改革

区域通关改革是海关主动适应区域经济一体化发展趋势、顺应现代物流发展而作出的重大改革。其核心内容是打破行政区划和海关关区设置所造成的障碍，利用信息化手段，构建虚拟大关区，提高通关效率，降低企业通关成本。海关总署于2006年发布了《关于决定实施跨关区"属地申报，口岸验放"通关模式的公告》，决定实施跨关区"属地申报，口岸验放"通关模式，标志着区域通关新模式的开始。这种区域通关实行"3+1"的新的通关模式：所谓"3"是指：（1）简化和规范转关运输监管；（2）"属地申报，口岸验放"通关方式；（3）"粤港澳快速通关"方式。所谓"+1"是指积极探索区域虚拟审单作业机制。

《现代海关制度第二步发展战略规划》提出进一步完善区域通关管理模式，健全货物转关机制，加强"应转尽转"工作，优化口岸海关与内陆海关业务分工和资源配置，适应区域经济和区域物流发展要求。《海关贯彻落实国家"十二五"规划纲要的意见》提出，继续加强和规范进出口转关货物监管，深入推进"属地申报，口岸验放"通关模式，便利中西部和内陆地区进出口贸易。

4. 加强电子口岸建设

为提高口岸通关效率、降低企业成本，《国务院办公厅关于加强电子口岸建设的通知》提出在全国范围内开展电子口岸建设。其主要目的是把电子口岸建设成为具有一个"门户"入网、一次认证登录和"一站式"服务等功能，集口岸通关执法管理及相关物流商务服务为一体的大通关统一信息平台。其主要措施包括：实行电子口岸统一身份认证；在电子口岸信息平台上尽快实现大通关业务流程及相关信息数据的互联互通和资源共享；推进各地电子口岸实体平台或虚拟平台建设等。在此基础上，国务院办公厅于 2012 年发布了《电子口岸发展"十二五"规划》，提出要扎实推进中央层面电子口岸建设，积极推动地方电子口岸建设，稳步构建与电子口岸发展相配套的基础设施。

5. 深化保税物流监管

大陆先后建设了保税仓库及出口海关监管仓库、保税区、保税物流园区、保税物流中心以及保税港区、综合保税区等多种发展形态的海关特殊监管区。1981 年，海关总署制订并颁布实施了《海关对保税货物和保税仓库监管暂行办法》，此后又陆续颁布了针对加工装配、进料加工、补偿贸易、保税工厂、保税集团和保税区等一系列的管理办法和规章，使得大陆的保税制度发展快速。1990年 6 月，国务院批准在上海设立外高桥保税区，其功能定位为"保税仓储、出口加工、转口贸易"。2000 年 4 月，国务院正式批准设立出口加工区，将加工贸易从分散型向相对集中型管理转变，以鼓励企业扩大外贸出口。2005 年 6 月，海关总署颁布了《中华人民共和国海关对保税物流中心（A 型）的暂行管理办法》《中华人民共和国海关对保税物流中心（B 型）的暂行管理办法》，旨在改变保税仓库、出口监管仓库分别专门存放进境、出口货物且相互隔离的状态，以集成、拓展二者的功能。2003 年 12 月，国务院办公厅正式批复海关总署，同意《上海外高桥保税区区港联动试点方案》，通过区港联动、建立保税物流园区，实现保税区与港口的一体化运作。

2005 年 6 月，国务院正式批准设立大陆首个保税港区——上海洋山保税港区，实现了保税特殊监管区和港口的"区港融合"，实施类似"境内关外"的监管制度。境外货物入区实行备案监管，国内货物入区视作出口，区内货物交易免增值税、消费税。出口货物采用"先报关、后进港"的报关模式、进入港区货物适用"一次移箱"的查验流程、"以箱为单位"的监管模式、入境船舶的"电信检疫"模式等创新举措，为对外贸易提供了一个便捷、高效的物流通道。保税港区也成为国内功能较完备、货物跨国境流动障碍较少、享有经济性及便利性较大的进出口保税物流服务平台。

2006年12月，国务院正式批准设立苏州工业园综合保税区。综合保税区是大陆目前开放层次最高、优惠政策最多、功能最齐全、手续最简化的特殊开放区域。至此，大陆先后批准设立了保税区、出口加工区、保税物流园区、跨境工业区、保税港区、综合保税区六类海关特殊监管区域。为进一步推动特殊监管区域科学发展，2012年的《国务院关于促进海关特殊监管区域科学发展的指导意见》提出，整合特殊监管区域类型，逐步将现有出口加工区、保税物流园区、跨境工业区、保税港区及符合条件的保税区整合为综合保税区。

（四）政策工具

为了达到政策目标，在政府颁布的物流海关配套政策中，法律性工具、行政性工具以及经济性工具都被广泛采用。具体来说，主要包括以下方面：

一是法律性政策工具。法律法规的建设为物流海关通关的发展提供了良好的法制环境。主要的法律法规建设包括：推动《全面推进依法行政实施纲要》进一步落实，建设法治海关；制定相关法律法规，加快电子口岸法制建设；修订不合形势的规定规章，提高服务质量；规范进出口货物的归类、管理、核查等；规范针对物流园区、保税区等的管理。

二是行政性政策工具。主要包括：加强对通关制度优化的干预，完善海关审价、评估、共享、合作等机制；深化政府各部门对通关建设的引导，明确应解决的问题，协同合作以提高通关效率；加快海关相关标准建设，加大资源共享力度；规范相关监管制度，加大监管力度等。

三是经济性政策工具。主要包括政府支持、税收优惠。其中政府支持主要是针对电子口岸建设、口岸合作等提供资金保障，促进电子口岸基础建设的发展。税收优惠作为主要的经济性工具，具体包括：港区联动建设中的物流园区享有保税区的优惠税收制度；规范进出口货物的减免税管理，颁布《中华人民共和国海关进出口货物减免税管理办法》;针对保税物流中心等制定明确的保税作业办法，提供经济支持。

大陆部分海关通关政策工具的内容如表 12-2 所示。

表 12-2　大陆部分海关通关政策工具的内容

类型	政策文件名称	政策内容
法律性政策工具	《现代海关制度第二步发展战略规划》	● 贯彻《全面推进依法行政实施纲要》，建设法治海关。 ● 建立海关立法评估制度和法律法规定期清理制度。
	《电子口岸发展"十二五"规划》	● 积极开展电子口岸相关法律法规的研究工作，推动建立符合中国电子口岸建设和发展需要的法律法规和政策措施体系。
	《国家口岸发展规划（2011～2015 年）》	● 进一步推动口岸法制建设，加快口岸管理立法步伐。
	《关于进一步提高口岸工作效率的通知》	● 清理、修订不适应新形势的部门规章和行业规定，规范收费标准和办法，提高服务质量。
	《中华人民共和国货物进出口管理条例》	● 规范货物进出口管理，维护货物进出口秩序，促进对外贸易健康发展。
	《中华人民共和国海关进出口货物商品归类管理规定》	● 规范进出口货物的商品归类，保证商品归类结果的准确性和统一性，根据《中华人民共和国海关法》《中华人民共和国进出口关税条例》及其他有关法律、行政法规的规定，制定本规定。
	《中华人民共和国海关进出口货物减免税管理办法》	● 规范海关进出口货物减免税管理工作，保障行政相对人合法权益。
	《中华人民共和国海关对保税物流园区的管理办法》	● 规范海关对保税物流园区及其进出货物、保税物流园区企业及其经营行为的管理。
	《中华人民共和国海关保税核查办法》	● 规范海关保税核查，加强海关对保税业务的监督管理，明确保税核查内容、范围、程序等。
行政性政策工具	《现代海关制度第二步发展战略规划》	● 建立健全推进落实机制，综合统筹协调，精心组织实施，加强考核评估，保障规划确定的各项目标按期实现。 ● 建立"纳税人管理制度"，完善科学全面的税收预测、征管监控和质量评估体系，不断完善审价制度。 ● 健全企业守法海关评估制度及相关配套系统，完善企业分类标准和管理办法，大力规范企业进出口行为。

类型	政策文件名称	政策内容
行政性政策工具	《电子口岸发展"十二五"规划》	● 建立电子口岸安全管理、数据交换等方面的规范体系。 ● 依托电子口岸共建共管共享的合作机制,建立健全权责清晰、管理规范的信息发布、更新与利用共享机制。 ● 加大互联互通和信息资源共享力度,全面提升口岸管理部门联合执法、业务协同和综合服务能力。 ● 积极推进和深化业务关联度高的沿海地区之间、沿海港口地区与内陆地区间的合作,便利企业办理跨区域通关业务。 ● 建立健全安全管理制度、协调机制和应急处理机制。
	《国家口岸发展规划(2011～2015年)》	● 制定全国口岸检查检验基础设施建设标准。 ● 完善口岸运行指标体系,开展口岸管理运行绩效评估试点。 ● 完善口岸运量年度统计通报制度。 ● 解决边境口岸对等开放、建设以及通关合作中的问题,推动双方同步提高口岸运行效能。
	《国务院办公厅关于加强电子口岸建设的通知》	● 口岸执法管理各有关部门和单位要在共同协商基础上,规范电子口岸数据交换标准,为企业进出口通关提供"一卡通""一站式"服务,为管理部门提供决策信息。 ● 各部门对本部门上网数据要加强管理,建立并完善数据公开、使用授权和信息安全管理办法。 ● 将"口岸电子执法系统协调指导委员会"更名为"国家电子口岸建设协调指导委员会"(以下简称"电子口岸委")。
	《关于进一步提高口岸工作效率的通知》	● 原外经贸部要牵头研究解决通关过程中进出口管理政策层面的问题;海关总署要进一步规范报关行为,提高签发出口退税证明的工作效率;交通运输部门要研究解决提高运输单证准确性和规范运输代理行为问题;质检总局要研究解决加快查验、出证速度问题。 ● 改革口岸工作流程,建立诸如"一站式""一条龙""一个窗口"等形式的口岸管理部门联合办公模式。
	《关于促进海关特殊监管区域科学发展的指导意见》	● 明确特殊监管区域首期验收土地面积比例和验收期限,健全退出机制。 ● 制定特殊监管区域入区项目指引,引导符合海关特殊监管区域发展目标和政策功能定位的企业入区发展,避免盲目招商。 ● 完善保税等功能,规范税收政策,优化结转监管。

类型	政策文件名称	政策内容
行政性政策工具	《中华人民共和国海关对保税物流中心（A型）的暂行管理办法》	● 明确物流中心设立要求及经营管理规范。 ● 海关采取联网监管、视频监控、实地核查等方式对进出物流中心的货物、物品、运输工具等实施动态监管；海关对物流中心实施计算机联网监管。 ● 规范物流中心与境内间的进出货物的相关流程。
经济性政策工具	《电子口岸发展"十二五"规划》	● 加大电子口岸建设资金的保障力度。地方政府要为电子口岸建设和运行维护提供必要的资金保障。要多渠道筹措资金，积极开拓面向市场的增值服务，推进与大通关相关、为企业服务的物流商务项目，提高服务水平。
	《国家口岸发展规划（2011～2015年)》	● 地方政府要切实承担口岸建设的主体责任，保障口岸基础设施建设资金来源，增加对口岸设施建设和运行维护投入。 ● 国家要给予投资补助，逐步改善口岸基础设施条件。
	《国务院办公厅关于加强电子口岸建设的通知》	● 各级政府要为电子口岸建设和运行维护提供必要的资金保障，地方电子口岸建设初期所需资金主要由地方政府解决。为实现可持续发展，可以积极稳妥地探索电子口岸的市场化运营模式。
	《中华人民共和国海关进出口货物减免税管理办法》	● 完善减免税备案、审批、税款担保、减免税货物处置管理等具体流程。 ● 针对海关进出口货物提供具体免税方案。
	《中华人民共和国海关对保税物流中心（A型）的暂行管理办法》	● 物流中心企业进口自用的办公用品、交通、运输工具、生活消费用品等，以及物流中心开展综合物流服务所需进口的机器、装卸设备、管理设备等，按照进口货物的有关规定和税收政策办理相关手续，予以保税。 ● 用于在保修期限内免费维修有关外国产品并符合无代价抵偿货物有关规定的零部件、用于国际航行船舶和航空器的物料、国家规定免税的其他货物，这三类在从物流中心进入境内时依法免征关税和进口环节海关代征税。

资料来源：本研究整理。

（五）政策的制定与执行

中华人民共和国海关是国家进出境监督管理机关，实行垂直领导体制，海关总署是国务院直属机构，统一管理全国海关。大陆海关通关政策的制定主要体现了两个特点：一是相关法律由全国人大常委会发布。如《中华人民共和国海关法》。二是关于指导性政策、意见及国家规划等，主要由国务院制定并发布。如《关于进一步提高口岸工作效率的通知》《国家口岸发展规划（2011～2015年）》和《电子口岸发展"十二五"规划》等政策，均由国务院颁布。三是海关的制度建设、具体执行的规章、规范性文件等由海关总署发布。如《关于建立现代海关制度的决定》《中华人民共和国海关对保税物流中心（A型）的暂行管理办法》等均由海关发布。四是与其他部门相关的法规、规定等，由海关总署及相关部门联合发布。如有大量规章、文件是由国家发展改革委、海关总署、商务部、财政部、工信部、交通运输部等部门联合发布的。

关于政策的执行，除了由海关总署独立执行和实施之外，对于涉及面较广、政策性较强的工作，一般通过部门间的协调和配合来进行。例如，2006年的《国务院办公厅关于加强电子口岸建设的通知》中规定，将"口岸电子执法系统协调指导委员会"更名为"国家电子口岸建设协调指导委员会"，由国务院分管副秘书长任主任委员，海关总署分管领导任副主任委员，成员包括国家发展改革委、公安部、财政部、原铁道部、原交通部、原信息产业部、商务部、人民银行、税务总局、工商总局、质检总局、环保总局、原民航总局、外汇局等部门的分管领导。电子口岸委办公室设在海关总署，作为电子口岸委的日常办事机构。另外，为实施海关总署《关于决定实施跨关区"属地申报，口岸验放"通关模式的公告》（2006），各地口岸办与海关、检验检疫、港务、铁路等部门协调合作，共同签订区域通关协定，如《沿海部分省市与中部六省口岸大通关合作框架协议》（2007）、《东北内蒙古四省区口岸大通关合作框架协议》（2007）、《长三角区域大通关建设协作备忘录》（2007）等，实施跨区域通关。

二、台湾海关通关政策的特点

（一）政策问题

1. 如何建立适应全球运筹的海关通关体制

20世纪末期，台湾经济结构快速调整，产业发展环境亦有很大转变；国际经济情势急剧变化，尤其亚太经济快速成长及整合带来新的挑战；两岸经贸关系快速发展对台湾更有深远影响。为此，台湾筹备建立亚太营运中心，在通关方面，提出建设海运转运中心，并配合产业结构进行海关制度调整，从而便利生产资源的流通，扩大营运中心发展格局。在此基础上，随着国际贸易的不断深化及信息数字时代的发展，台湾进一步建设全球运筹中心，对海关通关作业能力提出更高的要求。为促使各国或地区的经贸活动都能在此运筹中心快速、便捷地完成，台湾做出逐步加大开放力度、摒除本位主义、排除贸易障碍、提供整合性的作业平台的决策。2000 年出台的《全球运筹发展计划》和 2002 年颁布的《营运总部计划》中的《无障碍通关计划》为台湾海关通关制度的完善做出了方向性指导。

2. 如何提高通关效率

海关作为全球运筹中心的重要建设部分，对于推动贸易快速发展具有重要意义。鉴于复杂的物流活动及通关手续制约台湾地区经济贸易活动的开展，2002 年，在《全球运筹发展计划》的指导下，行政主管部门出台《无障碍通关计划》，从贸易无纸化、全程简化贸易程序、便利厂商数据一次输入全程使用三个角度为提高通关效率做出具体规划。此后，在《无障碍通关计划》取得的成果上，2009 年颁布《建构优质经贸网络计划》，提倡安全与效率并重，计划通过业务程序的整合、服务窗口单一化、程序简化、加强现代信息技术的应用、促使标准与国际接轨等具体措施，全面提高台湾海关通关安全性和效率，实现物流海关通关便捷化发展。

3. 如何解决国际物流监管和制度建设问题

随着经济贸易环境变迁、产业结构改变，以及运输、信息、通信科技快速进步等，产品不断创新，产品的生命周期与交货期限大幅度缩短。为降低生产成本及拓展国际市场，各国跨国企业纷纷利用本国的比较优势，在世界各地设立分公司或据点，进行国际化分工及采购。同时，台湾面临产业外移、内需扩展缓慢的困境。为此，台湾加大开放力度，并建立自由贸易港区，放宽企业进入台湾的门槛，以鼓励各国跨国企业在台湾设立物流中心。在拓展国际化发展的同时，相关主管部门意识到建设配套物流监管体系和制度是保障良好发展的必要条件。2002 年，鉴于物流中心设置已成为国际贸易发展的新趋势之一，财政主管部门颁布《物流中心保税制度》，从中心定义、业务、设立条件、货物通关、自主管理等五个方面对物流中心制度进行完善。同年，交通主管部门为发展台湾地区成为海运转运中心，设置"境外航运中心"，并进一步完善制定于1995 年的《"境外航运中心"设置作业办法》。为加大自由贸易港区的监管力度，在建设过程中，台湾不断出台规范条例，如《自由贸易港区专用车队管理作业要点、货物运送联保单参考范例》《自由贸易港区通关作业手册》《自由贸易港区自主管理作业手册》等，从而完善自由贸易港区制度。

（二）政策目标

总体看，台湾海关通关政策的主要目标是通过制定和完善相关的海关政策措施及自由贸易港区政策，有效改善通关环境，提高国际物流效率，促进物流业的快速发展，进而实现台湾成为全球运筹中心的总体目标。台湾的通关目标中，既有较为宏观的战略目标，也有非常具体的量化指标。如《无障碍通关计划》下的"贸易便捷化"子计划明确提出缩短进口广义通关平均时间由7天降至3天（含签审、检验、到港卸货及通关）以及缩短出口广义通关平均时间由4天降至1天（含签审、通关、装船出口）的量化指标。台湾部分海关通关政策的目标如表12-3所示。

表12-3　台湾部分海关通关政策的目标

政策文件名称	政策目标
《无障碍通关计划》	● 2005 年达到贸易无纸化、全面简化贸易程序，及便利厂商数据一次输入全程使用的目标。
《自由贸易港区推动方案》	● 延伸全球运筹发展计划既有成果，持续推动自由化、国际化工作。 ● 迎接亚太邻近国家积极设置自由贸易港区的挑战。 ● 松绑现行转口、加工再出口管制作业，促进台湾高附加价值贸易活动的发展。 ● 活络港口、机场相关范围营运效益。
《建构优质经贸网络计划》	● 以便捷化、安全化、智慧化及国际化为核心要素，建构台湾优质经贸环境，逐步达成"便捷通关、安全把关"的目标。

资料来源：本研究整理。

（三）政策方案

1. 构建便捷通关体系

便捷通关体系的构建能有效提高通关作业效率。台湾颁布的相关政策中，着重从以下方面进行便捷通关体系建设：一是推广电子签章的应用，建立贸易便捷电子网、经贸信息核心组件文件库、电子发票系统，简化贸易文件，加快数据传递，实现通关贸易的无纸化。二是建设海关联机系统，通过通关电子闸门、签审信息交换系统等的完善，实现网络直接报关机制，提供更完整、更稳定的通关服务。三是建设航港单一窗口服务平台，实现跨关、跨运输系统的电子化作业转化及服务机制。四是提升单一窗口功能，整合贸易信息资源，建设集海关、贸易签审、海港营运管理等机制为一体的关港贸单一窗口，支持产业经贸发展。

2. 加强信息系统建设

台湾海关不断加强信息化建设，促进货物通关的自动化、电子化、无纸化和智能化。主要措施包括：一是规划海运业务自动化操作系统，包括航港整体策略规划、航港自动化作业流程统一及简化、航港电子化作业数据交换标准制定、航港应用系统规划与开发，使台湾海运业务简化航港作业流程，推动电子数据交换之应用，实施海运及港埠业务自动化；二是加强多项经贸体系的基础建设，如构筑国际运筹服务平台、智慧化港区设施、货物运送安全与货况追踪系统；三是建置完善的智能化与行动化的通关系统，整合运用卫星定位、第三代移动通信技术（3G）、地理信息系统（GIS）、光学识别、无线射频识别技术（RFID）等先进智能型科技，建立监控系统，提供自动化异常侦测及主动式通报服务。

3. 实施保税制度

为发展成为全球运筹中心，台湾通过整体规划与积极推动，对加工出口区、科学工业园区、保税工厂、保税仓库、发货中心、免税商店、物流中心以及自由贸易港区等区域实施保税制度。

2000 年 3 月出台的《物流中心货物通关办法》提出，保税物流中心可从事保税货物之仓储、转运及配送业务，通过便捷的通关流程及租税优惠，达到降低库存、快速反应、货畅其流、实时交货的目标。

此后，台湾为实现亚太营运中心及全球运筹中心的愿景，实施的重要举措之一就是于 2002 年实施《自由贸易港区推动方案》。这一制度突破保税仓库不能从事高附加价值加工的限制，从而可以促进转口、加工再出口的贸易发展。台湾从四个方面入手，全面推动自由贸易港区建设：一是便捷人货流通。以通报代替通关，实行跨区报关、按月报关等制度，加快货物自由流通。二是提供相关税费减免，放宽外劳雇用比例，降低营运成本。三是放宽货物免税、货品标示、委托加工等范围，发展多样化营运组织形态，强化营运自由度。四是推动"单一窗口"行政管理，简化区内车辆、设备等管制，提高自由贸易港区服务效能。台湾自由贸易港区功能及相关措施如图 12-1 所示。

值得一提的是，为发展台湾地区成为海运转运中心，台湾早在 1995 年就制定了《"境外航运中心"设置作业办法》。"境外航运中心"系指在台湾地区的国际商港范围内，从事大陆输往其他地区或其他地区输往大陆货物之转运及相关之加工、重整及仓储作业。在执行的过程中，不断修订该办法。"境外航运中心"货物实行海空联运，删除不通关、不入境之限制，全面开放转运的功能，并且货物得以保税的方式运送至加工出口区、科学工业园区、保税工厂、保税仓库（限发货中心及重整专用保税仓库）及物流中心进行相关加工、重整及仓储作业。"境外航运中心"的建立，为台湾运输业者带来通关及运输上的便利，降低了成本。

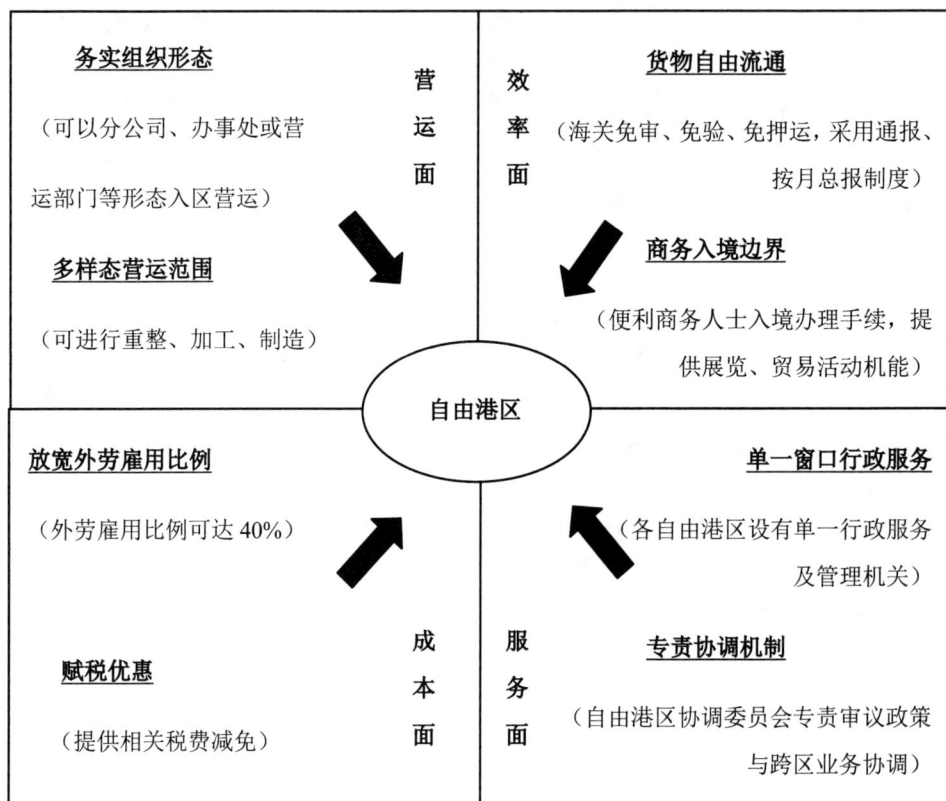

图 12-1　台湾自由贸易港区功能及相关措施

资料来源: 台湾行政主管部门. 自由贸易港区推动方案.

（四）政策工具

为达到政策目标，推动政策落实，台湾海关通关政策亦广泛采用强制性工具、经济性工具和行政性工具。具体来说，主要体现在以下方面：

一是强制性政策工具。为了实现使台湾成为全球运筹中心的最终目标，台湾不断对相关规定进行松绑，以创造快捷的通关环境。部分修改政策见表 12-4。

表 12-4 台湾部分海关通关松绑政策

修改政策文件名称	具体措施
《转口货物通关及管理作业要点》	● 取消由转口仓出口的限制。
《运输工具进出口通关办法》	● 检讨物流业者无法替在岛内无经营据点的公司提供发货服务的限制。
《物流中心货物通关办法》	● 检讨有关资本额限制及研究改为弹性保证金与责任保险；放宽设置物流中心实收资本额门槛；更改分支物流中心的设置要求，以鼓励厂商积极发展国际物流事业；删除申请登记为物流中心应检附"公司登记证明文件及其复印件"的规定。
《保税仓库设立及管理办法》	● 放宽管制区外自主管理保税仓库须为自由土地及建筑物的限制。
《报关业设置管理办法》	● 明确跨区报关相关流程。
《海关管理保税工厂办法》	● 简化申请登记为保税工厂的作业流程，修正部分条文文字。

资料来源：本研究整理。

在自由贸易港区的建设过程中，台湾积极松绑相关规定、简化行政流程，并制定了一系列相关政策，从自由贸易港区申设规范、劳动条件、流通规范、管理规范、来台许可证等多个方面，完善自由贸易港区环境建设。具体规范如表 12-5 所示。

表 12-5 自由贸易港区相关规范

政策文件名称	颁布时间
《自由贸易港区设置管理条例》	2003.07 公布
《自由贸易港区申请设置办法》	2003.07 公布
《自由贸易港区协调委员会设置作业要点》	2003.11 公布 2005.02 修正发布
《自由贸易港区设置管理条例第 12 条差额补助费执行作业须知》	2006.11 下达
"《外国人从事就业服务法第 46 条第 1 项第 8 款至第 11 款工作资格及审查标准》"	2005.04 修正发布

政策文件名称	颁布时间
"《审核自由贸易港区事业属制造业重大投资案业者申请协助引进外籍劳工案件作业要点》"	2007.04 下达 2008.02 修正
《自由贸易港区货物通关管理办法》	2003.12 发布
《自由贸易港区通关作业手册》	2004.09 发布 2007.12 修正发布
《自由贸易港区自主管理作业手册》	2004.09 发布
《自由贸易港区海关查核作业规定》	2004.09 发布
《自由贸易港区事业输往岛外货物输出文件通报作业规定》	2005.03 发布 2006.11 修正发布
《自由贸易港区协调委员会办理项目审核委托加工申请作业须知》	2006.01 发布 2007.12 修正
《自由贸易港区专用车队管理作业要点、货物运送联保单参考范例》	2005.08 发布 2007.06 修正
《自由贸易港区加油用船管理作业要点及联保单范例》	2006.07 下达
《自由贸易港区事业货物售予国际航线船舶供作燃料（油）或专用物料（含船舶日用品）作业要点》	2006.07 下达 2007.08 修正
《大陆地区人民来台从事商务活动许可办法》	2005.02 发布 2007.08 修正
《自由贸易港区事业营运管理办法》	2004.09 发布 2008.02 修正发布
《自由贸易港区入出及居住管理办法》	2004～2005 发布
《自由贸易港区收费标准》	2004～2005 发布

资料来源：本研究整理。

二是行政性政策工具。行政性工具主要包括：加大对通关制度改革的干预力度，建设快速通关制度；对业务作业进行整合，推动"一站式通关"建设，提高通关效率；建立与国际接轨机制，完善通关信息交换中的标准化建设；加强海关基础建设，促进信息化在海关通关中的实际应用；规范相关监管制度，创建良好的海关环境等。

三是经济性政策工具。主要包括：提供减免营利事业所得税的优惠；允许货物以保税的方式在加工出口区、科学工业园区、保税工厂、保税仓库及物流中心进行相关加工、重整及仓储作业；物流中心提供免收商港服务费、推广贸易服务费的优惠；自由贸易港区实施区内货物、设备免税；将营利事业所得税由 25%调降为 20%；扩大物流中心营业税租的优惠范围，扩至自由贸易港区及农业科技园区。

台湾部分海关通关政策工具的内容如表 12-6 所示。

表 12-6　台湾部分海关通关政策工具的内容

类型	政策文件名称	政策内容
强制性政策工具	《转口货物通关及管理作业要点》	● 第十三点规定，转口货物卸岸进储或转（装）运出口，需运经码头或机场管制区以外之地区者，除烟酒、武器、弹药、毒品、尚未开放准间接进口之中国大陆出产农产品及食品等货物须由海关派员押运外，部分情况可以加封海关封条替代押运。 ● 第十三点第一项第四款规定，转口货物卸岸进储或转运出口，需运经码头或机场管制区以外的地区，运输业者提供相当应缴税费金额的保证金者，得以加封海关封条替代押运。
	《建构优质经贸网络计划》	● 有关签审规定、货品税则号列、经贸作业标准信息及电子资料交换规定等制定、更动与发布，均经由经贸单一窗口，与岛内外建立透明、顺畅的管道。
	《自由贸易港区货物通关管理办法》	● 自由港区事业应设置计算机及相关联机设备，以计算机联机或电子数据传输方式处理货物通关、账务处理及货物控管等有关作业。
行政性政策工具	《全球运筹发展计划》	● 增修相关规定及配套措施，规划具体行政措施，扩大办理宣导推广活动。 ● 健全全球运筹管理相关之电子商务、实体物流及基础建设环境。
	《自由贸易港区推动方案》	● 以"通报"代替"通关"，采用"跨关区报关"作业模式，引进"按月报关"制度。 ● 推动"单一窗口"行政管理；简化账册管理；简化车辆出入区管制；简化港区事业筹设审查流程。
	《无障碍通关计划》	● 塑造数字贸易环境，整合资讯汇流节点（Hub）信息，网络介接辅导推广，建立国际接轨极值。 ● 推动签审单一窗口示范计划，规划推动检验与报关整合作业，提升通关作业无纸化比例。 ● 建置因特网报关作业环境及海关应用服务提供商（ASP）报关软件服务中心。 ● 提供港行服务网络整合规划方案，以促进资讯及资源整合、共享之最大效益；建立海运业界共用之网络架构，将可避免重复投资及增加通信费用，以加速航港便捷化之脚步。

类型	政策文件名称	政策内容
行政性政策工具	《建构优质经贸网络计划》	● 业务整合和程序简化，进出口程序便捷化。 ● 遵循国际安全标准；加强关务风险管理方法；改善安全管控方法。 ● 加强安全供应链的基础建设，建置单一窗口。 ● 建立国际相互承认与合作机制；强化国际电子文件的安全查核；制度与国际接轨。
经济性政策工具	《自由贸易港区推动方案》	● 由课税区运入的供营运的货物、机器、设备，可申请减免或退还关税、货物税及烟酒税等；自由贸易港区事业货物经加工、制造等运往课税区，按出区时价值扣除附加价值课征关税；运往岛外或课税区的货物及由课税区或保税区运入的货物，免收推广贸易服务费；保税区货物进储自由贸易港区，免征营业税。
	"《所得税法修正案》"	● 自2010年度起营利事业所得税税率由现行之25%调降为20%。 ● 提供"研究发展""人才培训""营运总部"及"国际物流配销中心"等4项功能性租税奖励措施。
	"《营业税法》"	● 第七条：下列货物或劳务之营业税税率为零：1.外销货物；2.与外销有关之劳务，或在岛内提供而在岛外使用之劳务；3.依照规定设立之免税商店销售与过境或出境旅客之货物；4.销售海关保税工厂或保税仓库之机器设备、原料、物料、燃料、半成品；5.国际间之运输；6.国际运输用之船舶、航空器及远洋渔船；7.销售与国际运输用之船舶、航空器及远洋渔船所使用之货物或修缮劳务；8.保税区营运人销售与课税区营运人未输往课税区而直接出口之货物；9.保税区营运人存入自由港区事业或海关保税之保税仓库、物流中心以供外销之货物。

资料来源：本研究整理。

（五）政策制定与执行

台湾海关通关政策的制定主要有以下特点：一是政策制定的主体主要是行政、财政、交通等相关主管部门。其中，关于自由贸易港区的建设多由行政、财政主管部门等共同推进。例如，《自由贸易港区设置管理条例》是在财政主管部门颁布的《自由贸易港区推动方案》基础上，由行政主管部门公布推动、交通主管部门共同实施的。台湾地区海关在建制上隶属于财政主管部门，因此，很多政策由财政主管部门颁布。二是对于一项新的或重大的制度变化，台湾会采取建立推动小组的做法以利政策的制定和实施。例如，为推动自由港区业务，交通主管部门成立"自由贸易港区跨部门推动小组"，由"政务次长"担任召集人，"航政司司长"担任副召集人，并纳编财政、经济主管部门等相关机关（单位）之局司处副首长（主管）组成，负责审议自由贸易港区发展政策及协商跨部门事项，以取代原自由贸易港区协调委员会的运作机能；另由各自由贸易港区管理机关成立"自由贸易港区工作小组"，由"民用航空局"或"港务局"副局长担任召集人，纳编海关、港警（航警）、消防、地方主管部门（劳安、环保）等单位组成，负责协调处理该自由贸易港区事宜及审议自由贸易港区事业申设案件。

台湾海关通关政策执行的特点主要表现为：一方面，对于政策的实施、推动、预期效果都有明确的说明，并针对计划的目标，阶段性推动实施。如在2005年关于自由贸易区发展规划中，财政主管部门授权自由贸易港区管理机关制定《自由贸易港区事业营运管理办法》，并由自由贸易港区管理机关相继制定了《自由贸易港区入出及居住管理办法》《自由贸易港区收费标准》，逐步对自由贸易港区的建设进行完善，促使自由贸易港区满足国际产销营运过程中各种供应链管理的需求。另一方面，台湾注重对已有政策效果的跟踪调查。在计划的阶段性推动过程中，注重对已有成果进行分析，并运用问卷调查的形式了解物流业者对于政策的态度，促使政策的执行与政策目标紧密联系，更好地完善政策，推动政策的实施。例如，2006年通过问卷分析，指出在通关时效性上还有可待提高的空间。

三、两岸海关通关政策的异同分析

（一）政策问题的异同点

两岸海关通关政策问题的相同点在于以下方面：

一是两岸都注重建设适合自身经济发展的海关制度。自20世纪90年代起，大陆经济高速增长，对外贸易快速发展，在此背景下，大陆开始逐步建立与加快经济建设和扩大对外开放相适应的有中国特色的海关管理体系。台湾方面，随着地区经济结构的调整和外部国际大环境的改变，台湾确立了建立全球运筹中心的总体战略，在此背景下，不断进行通关改革，以建立能实现快速、便捷通关的海关制度。

二是两岸都关注通关效率问题。两岸均认识到提高通关效率对于改善投资环境、扩大对外贸易的重要意义，因此，如何提升通关效率成为两岸共同关注的问题。在两岸海关建设中，大陆建设重点是发展电子口岸，努力实现"通得快"的目标；台湾也加快了海关通关基础建设，如平台建设、单一窗口建设，以期达到"无纸化通关、无障碍通关"的目标。

三是两岸都注重保税物流的监管问题。随着经济全球化的日益深入，跨国公司的生产经营活动和资源配置范围扩大到全球，掀起了产业转移的浪潮。为了扩大出口、吸引国际投资，大陆和台湾均面临如何建立与国际惯例接轨的新型的特殊货物的监管制度，即保税物流监管的制度建设问题。

两岸海关通关政策问题的不同点主要在于政策问题的侧重点有所不同。大陆侧重全面建立和完善现代海关制度，而台湾方面则更加注重解决在建设亚太营运中心乃至全球运筹中心进程中的国际物流运作所需的通关环境问题。

（二）政策目标的异同点

两岸物流海关配套政策目标的相同之处是都将"实现通关环境的优化，营造适应国际贸易发展的宏观环境，提升产业国际竞争力"作为核心目标。

两岸物流海关配套政策目标的差异主要体现在：大陆颁布的政策多为指导意见与规划，目标以长期目标为主，相对较为宏观。如在海关建设方面，《关于建立现代海关制度的决定》提出，"用5年时间，在全国海关初步建立起现代海关制度的基本框架；在2010年前，建成比较完善的现代海关制度"。

而台湾颁布的政策以计划为主，目标形式多样。一方面，部分计划下均制定具体子计划，总计划的目标是子计划目标的综合。如《无障碍通关计划》由《贸易便捷化/无纸化计划》《改善货物通关及保税作业环境计划》及《航港信息系统建置计划》构成。《无障碍通关计划》提出"2005年达到贸易无纸化、全面简化贸易程序，及便利厂商数据一次输入全程使用"的目标。子计划分别从通关便捷化、环境建设、信息系统建设三方面，制定了"提高物流贸易效率，推动无纸化"的目标。另一方面，台湾通关政策既有宏观目标，又有定量目标；既有长远目标，又有阶段目标。《改善货物通关及保税作业环境计划》制定了"推动单一窗口示范建设"的短期目标和"实现海关联机系统再造"的长期目标。《航港信息系统建置计划》提出了分阶段目标，即"2003年完成港行内部作业自动化、电子化；2004年与通关、贸易及金流网络整合联机；2005年达成航港与贸易无纸化、便捷化"。而《贸易便捷化/无纸化计划》则提出了具体的量化目标，即"缩短进口广义通关平均时间由7天降至3天，以及缩短出口广义通关平均时间由4天降至1天"。

（三）政策方案的异同点

两岸海关通关政策方案相同点在于：

一是两岸都着力于改善海关通关作业，构建便捷的通关体系。为提高通关效率，两岸均进行政策松绑，营造较为宽松的政策环境。大陆全面推动发展"大通关"制度，各部门联合协作，建立如"一站式"的办公模式。台湾倡导建立单一化服务窗口，并提升单一窗口功能，从而简化通关程序，提高效率。此外，两岸还实施了"提前报关、无纸化通关"等具体措施，加快海关基础性建设和通关信息资源整合，通过推动海关通关信息化的发展，实现快速通关。

二是两岸均通过建立特殊监管区域，实现保税货物的监管。大陆先后建设了保税仓库及出口海关监管仓库、保税区、保税物流园区、保税物流中心以及保税港区、综合保税区等多种发展形态的海关特殊监管区。台湾则对加工出口区、科学工业园区、保税工厂、保税仓库、发货中心、免税商店、物流中心以及自由贸易港区等区域实施保税制度。

两岸海关通关政策方案亦存在不同之处。一是大陆实施跨区域通关。随着内陆地区对外贸易的快速发展，原有的跨关区货物的通关手续已经难以适应区域经济发展的要求。大陆创新通关模式，推动"属地申报，口岸验放"，实现跨关区物流的"一次申报、一次查验、一次放行"。而台湾由于地域小，转关问题则较为简单。二是台湾较早建设自由贸易港区。台湾非常重视自由贸易港区作为亚太地区运输枢纽方面的功能，2002 年就开始实施《自由贸易港区推动方案》，海关制定一系列特殊政策，为实现自由贸易港区在亚太地区产业链上强大的物流功能提供服务。而大陆尽管从 2005 年开始建设保税物流层次最高、政策最优惠、功能最齐全的保税港区，但还不是完全真正意义上的自由贸易港区。目前，大陆正积极探索保税港区向自由贸易港区的转型和海关监管制度的创新。

（四）政策工具的异同点

两岸海关通关政策工具的相似度较高，均广泛采用法律性工具、行政性工具和经济性工具，共同推动政策实施。

一是两岸均提倡建设法制海关，通过修订不合时宜的法规，创建良好的法制环境。一方面，在法制海关的建设中，两岸从进出口流程管理、相关园区规范、物流监督等多方面入手，改善了海关通关环境。另一方面，松绑政策为贸易发展提供了较为宽松的外部环境，适应了国际物流发展的新趋势。

二是两岸都努力提高行政服务效率。采用的行政性工具主要包括以下方面：

加强各部门协同合作，完善海关合作、监管等相关机制；推行"一站式""单一窗口"服务，提高通关效率；加快海关标准化建设和基础建设，发展海关通关信息化。

三是两岸都针对特殊监管采取税收优惠等经济性政策。如大陆在港区联动建设中，国务院发布了《关于保税区与港区联动发展有关税收问题的通知》，规定联动物流园区享有保税区的优惠税收制度；在台湾的自由贸易港区建设中，台湾加大了税收优惠力度，下调了港区内营利事业所得税比例，并对货物及设备实施免税。

两岸海关通关政策工具亦存在不同点。大陆的行政性工具中，突出强调跨区域通关和区域协作机制。而台湾地区重点发展自由贸易港区，以强制性政策工具为主，构建了较为完整的自由贸易港区政策体系。自由贸易港区政策体系涵盖了设置管理、申请办法、区内企业管理、人货流动这四大方面。在建设过程中，各行政部门分工明确，修订频繁，且规定细致，可操作性强。如财政主管部门主要负责货物通关方面制度建设，其下属的"关税总局"颁布《自由贸易港区自主管理作业手册》，该手册适用于全台湾的自由贸易港区，将通关报关事业分为 24 项，每一项都从项目名称、作业单位、政策依据、作业要点、协调单位五个方面进行规定。

（五）政策制定与执行的异同点

在政策制定方面，两岸的相同点是政策制定主体的分工都很明确。大陆方面，海关相关法律由全国人大常委会发布，指导性政策等由国务院制定，海关具体规章制度由海关颁布，其他涉及多个部门的规定则由多部门协同完成。台湾方面，在通关改革建设中，贸易便捷相关议题由经济主管部门负责，贸易安全及保税作业相关子计划由财政主管部门负责，信息系统及智能环境建设由交通主管部门主导；在自由贸易港区建设中，行政主管部门负责自由贸易港区的申请设置（现该工作已转移给交通主管部门），交通主管部门负责区内企业和人员管理，财政主管部门负责货物通关管理。政策制定的不同点体现在：台湾海关通关政策多是由行政主管部门统筹规划的。《无障碍通关计划》和《建构优质经贸网络计划》的制定均离不开行政主管部门的规划，2000 年颁布的《全球运筹发展计划》中关于自由贸易港区的推动方案也是由行政主管部门主导制定完成的。

在政策执行方面，两岸的相同点是两岸都重视各部门的协调合作。如大陆针对电子口岸建设，分别成立跨部门、跨领域的领导小组、技术委员会，进行政策的进一步落实。台湾针对自由贸易港区的协调发展，由行政主管部门和相关部门首长组织成立了"自由贸易港区协调委员会"。为促进协调机制顺畅和高效率地运行，由相关部门的副首长成立工作小组，共同商议和决定自由贸易港区的审议和协调事宜。在通关方面，为了协助《无障碍通关计划》的整合与协调，行政主管部门汇集各方产、学、研专家成立首席信息官（CIO）办公室，进行项目督导。两岸海关通关政策执行的差异主要体现为台湾更加注重政策执行中的追踪、总结和反馈。产生这种差异的原因在于台湾颁布的政策之间关联性很强，政策的推动及目标都具有阶段性规划。对于政策的追踪有利于政策的调整改进和对已有成果的继续推广。

第二节　两岸物流信息化与标准化政策的比较

两岸均非常重视信息化与标准化的建设，颁布了一系列政策，以提升物流系统的信息化与标准化水平。但受物流信息化与标准化发展水平、发展环境等因素差异的影响，两岸物流信息化与标准化政策的发展重点以及发展措施也存在很大不同。本节首先对两岸物流信息化与标准化政策的特点进行总结，然后比较两岸政策的差异。

一、大陆物流信息化与标准化政策的特点

（一）政策问题

1. 如何改善物流信息化与标准化发展滞后的问题

信息化和标准化是物流发展的基础，但是大陆的物流信息化和物流标准化基础薄弱、滞后于物流发展的问题比较突出。物流行业信息标准化缺失，物流软件市场缺乏龙头企业担当行业标准倡导者。信息化与标准化水平不高，已成为制约大陆物流发展的障碍。在《2006～2020 年国家信息化发展战略》《全国物流标准 2005～2010 年发展规划》以及工业和信息化部、原交通部等发布的相关指导意见中，突出强调物流信息化和标准化的重要性和紧迫性，提出通过加强基础建设、推动重点领域发展、促进物联网技术进步等一系列具体政策措施，

提升物流信息化水平。同时，还制定和修订一系列国家基础性物流标准，重点从物流服务、物流操作、物流信息化、物流管理等多个方面加强基础性标准建设。

2. 如何整合信息资源

大陆的物流信息资源严重分散，部门之间、地区之间、企业之间信息格式不统一、接口不统一，公共信息平台缺乏。针对信息沟通不畅、市场响应慢、资源开发利用不足的现状，中央及各地政府通过信息平台建设、创新运营模式、统筹信息化协调发展、强化信息化协同工作机制等手段，促进网络互联和数据共享，实现跨部门、跨行业、跨地区的物流信息整合。其中信息平台建设作为资源整合的重点得到政府高度重视，政府从行业信息平台、跨行业信息平台、口岸信息平台、地方信息平台等多角度入手，加快推动物流信息整合。

3. 如何建立物流统一标准

长期以来，大陆各行业独立发展，已各自形成一套物流标准体系，致使现有标准形式多样、版本不统一、标准老化、水平较低，存在多方面差距与缺陷。政府陆续颁布《全国物流标准2005～2010年发展规划》《全国物流标准专项规划》和《标准化事业发展"十二五"规划》等政策，强调建立物流相关各部门、行业、标准技术组织协调配合、合作联动的工作机制，加强物流标准的统一性、关联度，形成国家标准、行业标准和地方标准三个层级的物流标准，促进物流技术标准体系的完善。

4. 如何推广物流信息化及标准化

近年来，尽管政府大力促进物流信息化和标准化的发展，但是先进信息技术在物流行业的应用和推广水平依然较低，物流设施设备的自动化、智能化程度和物品管理的信息化水平较低。为此，大陆政策加强关键技术和重点行业的建设，以示范效应带动行业发展。同时，结合行业组织、企业、研究与教学机构，大力开展信息化和标准化宣传，积极推进实践活动，加强在企业和全社会中的宣贯实施，促使物流信息化和标准化工作在推进和整合物流业发展过程中切实发挥出应有的作用。

（二）政策目标

大陆信息化与标准化政策的核心目标是通过政府调节及相关部门、组织的统筹规划，有效解决物流信息化与标准化的突出问题，建立起与国家现代物流体系相适应和协调发展的物流信息化体系和物流标准体系，提高物流运行效率，促进物流快速发展。大陆部分信息化及标准化政策的目标如表 12-7 所示。

表 12-7　大陆部分信息化及标准化政策的目标

政策文件名称	政策目标
《全国物流标准 2005～2010 年发展规划》	● 2010 年前完成对现有"物流标准体系表"的修订、完善工作，形成一个以新制定、修订的物流标准为核心的，具有推动物流行业创新发展作用的物流标准体系表。 ● 到 2010 年完成 300 项左右的物流标准制定、修订工作，基本解决物流有关部门之间标准相互交叉重复、不协调的问题，使得在与国际接轨的业务活动中标准的一致性获得满足。
《全国物流标准专项规划》	● 到 2011 年，建立和完善重点突出、结构合理、层次分明、科学适用、基本满足物流业发展需要的物流标准体系；在加快专业类物流标准制定、加强基础性研究、强化标准宣贯实施等方面取得阶段性成果。
《关于推进物流信息化工作的指导意见》	● 到"十二五"末期，初步建立起与国家现代物流体系相适应和协调发展的物流信息化体系，为信息化带动物流发展奠定基础。 ● 第一阶段主要通过试点示范引导，初步探索建设物流信息化体系的有效途径。 ● 第二阶段在总结和推广前期经验的基础上，促进先进信息技术在物流领域广泛应用，使物流信息资源得到较为充分的开发利用，物流运作和管理水平得到明显提高，物流信息服务体系基本形成。

资料来源：本研究整理。

（三）政策方案

1. 研究和制定物流基础标准

制定基础标准是物流信息化和标准化的工作基础。《全国物流标准 2005～2010 年发展规划》的主要任务就是建立统一的物流标准体系，加强物流标准的一致性、适用性，与国际标准接轨。该规划提出建立通用基础类标准、物流技术类标准、物流信息类标准、物流管理类标准和物流服务类标准。《关于推进物流信息化工作的指导意见》提出，加快研究和制定物流信息技术、编码、安全、管理和服务标准，包括研究推广产品与服务分类代码、物流单元编码、托盘编码等物流信息分类编码标准，物流数据元、物流单证等物流信息基础标准，无线射频识别技术（RFID）等物流信息采集标准，信息系统接口、信息交换规范等物流信息交换标准，物流业务流程等物流信息管理标准。

2. 建设物流公共信息平台

《物流业调整和振兴规划》提出加快行业物流公共信息平台建设，建立全国性公路运输信息网络和航空货运公共信息系统，以及其他运输与服务方式的信息网络；推动区域物流信息平台建设，鼓励城市间物流平台的信息共享；加快构建商务、金融、税务、海关、邮政、检验检疫、交通运输、铁路运输、航空运输和工商管理等政府部门的物流管理与服务公共信息平台。并且，物流公共信息平台被列为《物流业调整和振兴规划》的九大重点工程之一。

3. 推动重点领域的信息化建设

为推动重点领域的信息化建设，《关于推进物流信息化工作的指导意见》提出，一是提高政府部门物流服务和监管的信息化水平，包括推进铁路、公路、水运、邮政、航空、海关、检验检疫、食品药品、烟草、安全监管、工商、税务、公安、商务等部门电子政务系统中物流相关服务与监管职能的建设和完善等；二是提高物流行业和物流企业的信息化水平，包括推动铁路、公路、水运、航空、邮政货运、管道运输等多种运输方式及仓储等企业物流信息系统的建设；三是提高企业物流信息化和供应链管理水平，包括推动制造、商贸企业与物流企业信息互通、联动发展，推进煤炭、钢铁、粮食等行业电子商务与物流信息化集成发展等。

4. 推进物流相关信息服务业和信息技术创新与发展

《关于推进物流信息化工作的指导意见》还提出，以应用带动技术创新和产业发展，通过政策和资金支持，带动信息服务企业、电子商务企业、电信运营企业、软硬件厂商和系统集成企业积极参与物流信息化建设。同时，积极推进物联网、云计算等新技术在物流领域的应用。重点支持电子标识、自动识别、信息交换、智能交通、物流经营管理、移动信息服务、可视化服务和位置服务等先进适用技术的研发和应用。在装备制造、食品、药品、危险化学品、烟草等具有高附加值或需重点监管的行业，开展物联网应用试点。

（四）政策工具

在大陆颁布的物流信息化及标准化政策中，主要运用经济性工具和行政性工具，辅以法律性工具，以顺利解决政策问题，达到政策目标，进一步落实政策方案。

经济性政策工具方面，《关于推进物流信息化工作的指导意见》明确提出，加强对物流信息化的投入，重点支持物流信息化应用试点示范、物流公共信息服务、标准规范制定与应用、关键共性技术开发、重大装备研制、重大政策研究、基础理论研究等工作，支持政务系统中物流信息资源的公益性开发利用，支持面向中小企业的物流信息化建设。倡导地方设立专项资金，鼓励和引导社会资金投入，支持以市场主导方式开展物流信息化建设工作，探索有利于物流信息化发展的长效投融资机制。

行政性政策工具方面，主要包括：强化跨部门、跨行业、跨地区的物流信息化协同工作机制；加强对信息化与标准化建设的监督和管理；开展试点示范，树立典型标杆，加快普及推广；规范试点项目的建设流程。

法律性政策工具方面，大陆物流信息化与标准化政策中提出加强对物流信息化法律法规的研究，贯彻落实相关法律法规，为物流信息化发展创造良好的法制环境。

大陆部分信息化与标准化政策工具的内容如表 12-8 所示。

表 12-8　大陆部分信息化与标准化政策工具的内容

类型	政策文件名称	政策内容
法律性政策工具	《关于推进物流信息化工作的指导意见》	● 加强对物流信息化法律法规的研究，贯彻落实相关法律法规，为物流信息化发展创造良好的法制环境。
行政性政策工具	《全国物流标准2005～2010年发展规划》	● 密切物流各相关产业在物流标准化方面的衔接，推动物流业基础性、通用性标准和当前社会急需标准的制修订工作。 ● 加快制订和推进物流基础设施、技术装备、管理流程、信息网络的技术标准，尽快形成协调统一的现代物流技术标准体系。
	《关于推进物流信息化工作的指导意见》	● 统筹物流信息化协调发展，合理布局重大项目。 ● 强化跨部门、跨行业、跨地区的物流信息化协同工作机制。 ● 开展试点示范，树立典型标杆，加快普及推广。
	《全国物流标准专项规划》	● 建立物流相关各部门、行业、标准技术组织协调配合、合作联动的工作机制，加强部门、行业、企业、标准技术组织间物流标准化工作的信息交流，研究推进物流标准化的政策和措施。

类型	政策文件名称	政策内容
经济性政策工具	《关于推进物流信息化工作的指导意见》	● 加强对物流信息化的投入；倡导地方设立专项资金。 ● 注重发挥政策性金融机构的作用。 ● 鼓励和引导社会资金投入，支持以市场主导方式开展物流信息化建设工作，探索有利于物流信息化发展的长效投融资机制。
	《全国物流标准专项规划》	● 加大物流标准项目资金投入，国家有关部门和行业应制定相关配套政策，在物流标准制修订计划项目、科研和推广应用等方面给予重点政策与资金支持。

资料来源：本研究整理。

（五）政策制定与执行

大陆物流信息化方面的政策主要由工业和信息化部根据国务院的物流相关政策和规划来制定。工业和信息化部的一项重要职能就是统筹推进国家信息化工作、组织制定相关政策并协调信息化建设中的重大问题，因此，《关于推进物流信息化工作的指导意见》《关于开展物流信息化典型发现和试点示范工作的通知》等都是工业和信息化部发布的。

物流系统标准化涉及面比一般标准化系统更加广泛，所以，物流标准化政策一般是以国家标准委为主体、多部委参与制定的。例如，《全国物流标准专项规划》由国家标准化管理委员会联合国家发展改革委、科学技术部、工业和信息化部、交通运输部、原铁道部、商务部、国家质量监督检验检疫总局、国家粮食局、民用航空局、国家邮政局等部门以及全国物流标准化技术委员会、全国服务标准化技术委员会、全国物流信息管理标准化技术委员会、全国国际货运代理标准化技术委员会共同编制的。

大陆物流标准化和信息化的政策执行主要体现以下特点：

一是建立协调机制，协同推进。关于物流信息化的建设，是在国家信息化领导小组的领导下，依托全国现代物流工作部际联席会议的协调机制，通过物流信息化推进工作的部门协同，研究协调物流信息化发展的有关重大问题和政策，落实和强化政府部门对物流信息化发展的宏观指导。同时，各地相应建立协调推进工作机制，推进物流信息化建设工作。

二是成立专门委员会。2003年，大陆成立了全国物流标准化技术委员会和全国物流信息管理标准化技术委员会。此后，又相继组建了全国国际货运代理标准化技术委员会和全国物流标委会托盘、物流作业、物流管理、第三方物流服务、冷链、仓储技术与管理等 6 个分技术委员会，负责制定相关技术标准。

三是开展试点示范工作。试点建设作为物流发展的先行工作，对于改善发展环境、推动物流信息化与标准化的发展有重要作用。大陆通过开展试点示范，重点突破，层级推进，加快普及推广。一是制定试点建设的专门规划。通过《关于开展物流信息化典型发现和试点示范工作的通知》《物流信息化典型发现和试点示范项目指南》、国家物流标准化试点项目等，明确试点项目的工作程序、建设方向、选择条件及编制规范，通过联合各地政府及企业，有序地推进建设工作。二是加强相关技术的应用试点工程建设。如无线射频识别技术（RFID）和物联网技术的试点建设，通过先行先试、探索经验的模式，推动技术的普及，促进信息化与标准化的建设发展。

四是监管信息化发展，强化标准实施，注重成果宣传。在信息化发展中，建立有效的评价体系，形成政府指导、联合企业和社会评价相结合的互动机制，提高协同服务和监管水平。同时，建立物流标准实施反馈机制，加强物流标准在企业和全社会中的贯彻实施，充分发挥标准对物流业发展的技术支撑作用。

二、台湾物流信息化与标准化政策的特点

（一）政策问题

1. 如何发展产业物流的信息化问题

20 世纪 90 年代以来，台湾以信息通信产业（ICT 产业）为代表的制造业迅速崛起。为了健全产业自动化及电子化应用环境、构建高效率供应链管理网络、协助企业建立全球运筹营运体系、提升产业竞争力，台湾不断出台政策措施推动产业信息化的发展。鉴于 ICT 产业在台湾经济中的战略地位，台湾以 ICT 产业为标杆，致力于建立含采购至制造阶段的电子化供应链，以解决推动产业电子化的各项环境面与制度面瓶颈，并作为其他产业推动模式的参考，进而推广到纺织、机械、车辆、通路品牌等产业，发展全球运筹电子化管理机制，建立电子化推动的标杆模式，以降低采购成本、拉大与邻近其他国家和地区的竞争差距，全面提升台湾产业的国际竞争力。台湾 2001 年颁布《产业电子化 CDE 计划》，在 1999 年《推动信息业电子化计划》的基础上，整合物流、金流及协同设计，以实现产业供应链的信息化。此后，面对日趋激烈的国际竞争以及全

球产销环境的剧烈变革,为持续保有产业的竞争优势,台湾于 2003 年又颁布《产业全球运筹电子化深化计划》,进一步完善全球运筹管理电子化体系的构建。

2. 如何改善物流产业的信息化问题

台湾产业的快速发展为物流业提供了商机。但物流业零散且规模不足,企业内部信息化程度较低,企业间信息交换无效率,信息化体系不完善,难以满足产业发展的需求。台湾若要确保物流产业竞争优势,物流产业的升级及转型必须向价值链的上下游两端发展:一方面要加强上游关键零组件之研发、设计能力;另一方面则需建构完善的运筹、管理、营销及金融机制,以提高物流的附加价值。因此,提升台湾物流业者电子化服务能力,发展成为全球运筹与供应链管理的物流业者,成为积极发展的方向。为此,台湾 2001 年颁发《物流业 e 化辅导计划》,针对物流业提出落实电子化应用发展、提升产业竞争力的要求。2003 年在物流产业电子化辅导发展的基础上,颁布《全球商业链整合及物流运筹 e 化计划》,鼓励企业建立水平及垂直的物流联盟,促使物流业全球化发展。

3. 如何整合信息资源

物流信息资源的共享及传递的时效性是提高物流业效率的重要保障。为达到台湾成为全球运筹中心的总目标,台湾的物流信息化与标准化政策通过物流资讯和知识的应用、物流咨询网和资料库的建立、RFID 的推广、相关作业平台的建立和窗口单一化等措施,避免资料重复输入的问题,提升物流产业知识水平,实现物流与信息流的同步,有效整合资源,增强物流产业竞争力。

4. 如何建立物流统一标准

尽管台湾注重物流标准化的发展,但是,物流基础标准缺乏整合以及信息标准体系的不完善,依旧是阻碍台湾物流发展的重要因素。为此,台湾对托盘和条形码的标准进行推广,并通过建立信息标准统一管理机制、标准国际化透明化等措施,完善物流标准体系,提升物流营运效率。

（二）政策目标

台湾信息化与标准化政策主要目标在于全面提升物流服务业之信息化及电子化应用能力,促进物流产业知识的流通与应用,促进先进信息技术在物流领域的应用,从而带动物流产业的升级,增强产业竞争力,实现台湾成为全球运筹中心的愿景。台湾部分信息化及标准化政策的目标如表 12-9 所示。

表 12-9　台湾部分物流信息化及标准化政策的目标

政策与规划文件名称	政策目标
《产业电子化 CDE 计划》	● 进一步整合物流和金流，协助信息电子及半导体产业优先解决国际性的金流、物流及协同设计的需求。
《产业全球运筹电子化深化计划》	● 在物流业方面，计划促成 11 家物流业者结合信息服务厂商联合提案，建构产业基础建设，提升物流业电子化水平与竞争优势。
《物流业 e 化辅导计划》	● 通过促进产业上、中、下游企业应用商业电子化，并配合不同产业特性、市场规模，提供多元化的应用方案，使各企业朝向最适的电子商务（e-Business）应用架构发展；落实物流业电子化效益，促进商业流通效率，以建置知识型流通产业环境，强化产业竞争力；结合形成"物流 e 化体系"，带动台湾地区流通、制造、营销等领域朝跨产业电子化合作应用发展，创造完整的商业营运综效。
《全球商业链整合及物流运筹 e 化计划》	● 全面提升物流服务业之信息化及电子化应用能力。通过辅导建立物流协同共享平台、促成物流联盟成形、协助提升企业间电子化能力，使物流产业提高信息交换效率、提高货物能见度、提高物流服务附加价值、降低企业营运成本，以强化物流服务业之服务效能及水平，达到建立物流产业三高一低的全球竞争力的目标。
《物流资讯网计划》	● 促进物流产业知识的流通与应用，以减少物流业者的信息取得时间及成本，并提供加值的信息与知识内容，以期符合产业实务应用的所需。 ● 物流资讯网主要包括知识库、资料库及物流动态。
《Auto-ID 基磐与应用整合计划》	● 推动 RFID 的应用，促进 RFID 在台湾产业的应用效益，增进产业发展的进步，使其产业在国际上更有竞争实力。

资料来源：本研究整理。

（三）政策方案

1. 建立产业的电子供应链体系

在产业信息化中，台湾高度重视 ICT 产业供应链体系的建设，出台了《产业电子化计划》系列计划，协助 ICT 产业优先解决国际性的金流、物流及协同设计的需求，使之形成电子供应链体系。其中 AB 计划分别构建了 3 个国际性电子化供应链体系和 15 家台湾地区电子化供应体系，实现台湾运筹地位由代工厂向全球供应链中重要一环的转型。随后，C 计划建立在线融资机制，D 计划建立产业间信息透明的物流电子化网络，E 计划推动客户、供货商、技术设计伙伴产品开发的协同设计互动模式。

此后，台湾将 ICT 产业的电子化供应链模式推广到其他产业。在《产业全球运筹电子化深化计划》中，以布局全球或具全球运筹需求的产业为先，重点辅导纺织、机械、车辆、通路品牌等发展全球运筹电子化管理机制。纺织业方面，推动"纺织业 e 化联盟"，加强全球运筹管理电子化的示范应用并进行推广。机械业，构建全球运筹管理模式，促进产业转型。在通路品牌业中，串联供应链完善服务体系，并通过电子化机制，快速复制到岛外市场，实现全球化目标。通过辅导岛内重点产业领导厂商以及前瞻性的信息应用架构，带动产业上下游的信息应用整合，并借由全球采购、全球制造、全球配送等运作模式，建构全球运筹管理的产业示范应用，达成"台湾接单，全球制造配送，台湾成为企业全球营运决策枢纽"的计划愿景。

2. 推动物流业的电子化建设

在物流业的电子化（e 化）发展中，《产业电子化 D 计划》在既有的电子化供应链体系基础上，进一步整合物流，完整串联岛外买主、岛内原料供货商、中心制造厂商及物流服务业者的整体物流环境，提升了物流电子化进程。《产业全球运筹电子化深化计划》提出建立全球货况追踪系统（SIG）及物流服务供应商（LSP）与各航商的信息交换平台，建立国际标准物流模式，提高供应链整体运作效率。《物流业 e 化辅导计划》辅导建立了效率化的企业内或企业间的 e 化应用系统，落实商业 e 化的整体效益，并通过具有示范性的物流业 e 化应用案例的建立，带动上下游企业应用商业电子化相关系统与模块，结合形成物流 e 化体系。《全球商业链整合及物流运筹 e 化计划》从基础环境、标准制定、产业辅导、人才培训、e 化广宣五方面入手，提升物流业者的物流效能，促进物流业电子化的进一步发展。

3. 加强物流标准化建设

信息标准作为运筹 e 化的基础，无论是在产业电子化建设还是物流业 e 化辅导中都是方案重点。在《产业电子化计划》中，B 计划导入了 Rosetta Net（由主要信息技术公司成立的一个组织，目的是定义和实现企业间电子商务的标准）的国际标准作为跨体系数据交换的共同应用标准，解决了商家对商家（B2B）跨体系多对多电子数据交换问题。同时，提高了台湾其他产业导入类似国际产业标准的意愿，制定国际产业标准的能力得到强化。D 计划制定并推广物流信息的共同需求与规格，鼓励信息技术产、学界共同研发 XML（可扩展标记语言）与 IFX（全称为 Interactive Financial Exchange，是 XML 技术之上，专用于金融行业数据交换的一个标准）间水平整合的技术，并参加相关国际标准的制定，推动了物流中相关信息流标准的建立。作为加快物流产业供应链整合的四年计划，《全球商业链整合及物流运筹 e 化计划》在第一年制定了提升物流业者信息应用能力的方案，提出完成交换信息标准、RFID 等信息交换应用基础研究，参考国际标准发展趋势，制定并修订了物流标准信息；同时，举办标准推广会及协调会，促进台湾物流标准的发展。

另外，台湾加快了托盘和物流条码的标准化建设。在托盘标准化建设方面，台湾地区内部具有统一的托盘标准。在国际运输中，台湾倡导国际性的协调组织来整合与推动托盘标准化建设进而达到单一化托盘国际运输的境界。在物流条码使用方面，台湾采用 EAN/UCC 系统（全球开放的物流信息标识和条码表示系统）将商品识别代码、运送容器序号、位置码加以编号，实现了物流编码的标准化，并将其应用于各个产业和流程。

4. 推动物流信息平台建设

在台湾物流信息平台建设中，主要包括三大类：一是建立物流资讯网。物流资讯网作为台湾地区专业的物流产业知识管理网站，主要包括知识库、数据库及物流动态三部分内容，整合了物流产业相关领域信息，以强化产业知识的积累与应用。二是建立物流产业信息平台。《产业电子化 CDE 计划》中的 D 计划为简化复杂的运送及通关作业，建立了产业间信息透明的物流电子化网络；在产业电子化进一步深化中，推动了信息共享平台构架的普及应用，解决了跨体系或跨产业信息交换问题，强化了物流业全流程 e 化整合服务能力；构建了 SIG 和 ESC（LSP 与各航商的信息交换平台），以解决复杂的物流联机方式，促进信息交换的流畅性。三是建立物流 e 化服务网络，扩散物流 e 化辅导资源，研究具示范性的物流产业 e 化运营模式，为企业提供参考。

（四）政策工具

在台湾的信息化及标准化发展中，突出采用行政辅导这一政策工具。如《产业电子化 CDE 计划》《产业全球运筹电子化深化计划》《物流业 e 化辅导计划》和《全球商业链整合及物流运筹 e 化计划》等，都是通过对企业的辅导，提高产业的电子化水平。其具体做法，一是推动重点产业物流的标杆建设，针对相关企业实施先行建设，从而带动体系成员共同提升运筹 e 化能力。二是完成物流辅导应用案例。在《物流业 e 化辅导计划》中，分别推动 6 家企业导入商业自动化，通过一个电子化体系带动 194 家企业导入商业电子化应用，并于 2003 年度完成辅导 13 个物流业 e 化应用案例。在《全球商业链整合及物流运筹 e 化计划》中，辅导 3 家协同平台的建设、12 件物流业者 e 化案例的实施、4 个以上物流联盟的建立，建置单一功能或多功能系统，形成运筹服务体系。三是成立专家智囊团，适时协助受辅导单位解决导入期的困难，使计划得以顺利执行并充分发挥成效。

经济性政策工具包括：针对物流 e 化辅导体系建设，从咨询、规划到体系导入全方位提供经济支持；以示范性计划补助机制，鼓励金流、物流及信息服务业者积极投入电子化服务建设中；通过公共投资，带动民间资金投入；对于物流信息技术的应用与推广，如平台建设、物流咨讯网建设、RFID 研发及应用等，提供财政支持；加大人才培养的资金投入。

在台湾物流信息化与标准化指导政策中，采用的强制性政策工具主要体现为：制定并发布电子作业签章要点、物流作业标准及电子资料交换规定等，完善信息化与标准化的政策体系。台湾物流信息化与标准化部分政策工具的内容如表 12-10 所示。

表 12-10　台湾信息化与标准化部分政策工具的内容

类型	政策文件名称	政策内容
强制性政策工具	《电子签章法》	● 完善电子签章的政策制定工作，规范电子签章。
行政性政策工具	《产业电子化计划》	辅导 25 个以上产业体系导入金流、物流电子化服务及研发设计电子化作业。
	《产业全球运筹电子化深化计划》	辅导岛内重点产业领导厂商，建构同步运作的全球运筹管理电子化神经网络与决策支持系统。
	《物流业 e 化辅导计划》	● 让受辅导单位充分了解计划精神，研提示范性及可行性的计划，并确保审查机制的公正合理，研拟缜密的管考机制。 ● 适时协助受辅导单位解决导入期间的困难，使计划得以顺利执行并充分发挥成效。
	《全球商业链整合及物流运筹 e 化计划》	● 辅导 400 家物流运筹服务业者导入企业内信息化或企业间电子化应用。 ● 辅导一个物流运筹系统作业平台之示范应用案例。
经济性政策工具	《物流业 e 化辅导计划》	● 提供公共辅导款，包括咨询、规划、导入及教育训练费用等。
	《全球商业链整合及物流运筹 e 化计划》	● 为物流运筹 e 化提供经济支持。

（五）政策制定与执行

台湾物流信息化与标准化政策的制定主要体现了三个特点：一是物流信息化的政策主要是依据当局的经济纲领性政策而制定的。例如，《物流业 e 化辅导计划》是经济主管部门根据《台湾信息通信发展方案》，针对物流业的自动化及电子化建设制定的。《全球商业链整合及物流运筹 e 化计划》和《产业全球运筹电子化深化计划》是在《营运总部计划》的政策下，为促进台湾地区物流国际化、吸引企业在台湾设立运筹总部而制定的。《物流资讯网计划》是从物流产业的角度对《知识经济发展方案》的具体化。二是政策的制定均离不开经济主管部门的参与。《全球运筹发展计划》《营运总部计划》等对信息化与标准化建设有指导意义的宏观计划由行政主管部门主导，由经济主管部门等其他相关管理部门共同研制；在具体的信息化政策中，无论是推动产业电子化发展的计划，如《产业电子化计划》，还是专项建设计划，如《物流资讯网计划》，均由经济主管部门主导制定并颁布实施。三是政策制定多由行政管理部门联合"工研院"共同编制。"工研院"的作用主要体现为：为《物流资讯网计划》提供咨讯网建设的技术支持；参与《RFID 嵌入载具容器发展计划》中 RFID 的研发和推广；完善《物流业 e 化辅导计划》《全球商业链整合及物流运筹 e 化计划》等计划的信息标准制定；对于托盘、商品条形码等基础标准进行调研和改进。

台湾物流信息化与标准化政策的执行主要体现了以下四个特点：

一是政策的执行对象非常明确。在《产业电子化 CDE 计划》中，面向众多厂商，共审核通过 18 家，其中 A 计划 3 家，B 计划 15 家。D 计划作为物流业 e 化的建设计划，总审核通过 11 家企业参与计划，其中包括国际品牌厂 2 家，台湾中心厂 8 家，ASP（应用服务提供商）业者 1 家。在《产业全球运筹电子化深化计划》中，至 2006 年底共计核定 32 个方案，推动 5 个产业实现电子化深化。在纺织业、机械业、通路业，各选定 8 家、4 家、5 家企业构建全球运筹营运管理模式。在物流业方面，组织 11 家台湾物流业者建构产业 e 化基础。车辆业方面，联合 150 余家业者建立全球营销平台。另外，针对物流业 e 化的建设，颁布了具有针对性的辅导计划——《物流业 e 化辅导计划》，该计划共完成辅导 20 个物流业 e 化应用案例，并分别选定 6 家企业导入商业自动化，选定一个电子化体系带动商业电子化应用导入。在《全球商业链整合及物流运筹 e 化计划》中，台湾陆续推动"体系 e 化""共享平台"及"物流联盟"三项主要辅导范畴。针对个别企业的先行建设，对行业运筹 e 化的建设起到了带头作用，有利于政策的进一步执行和推动。

二是在政策的执行中，注重对政策成果的追踪与总结。一方面，台湾物流信息化与标准化政策多是执行期长达数年的长期政策，因此，政策执行部门每年会对政策效果进行追踪与总结，有利于政策后续方案的改进和推进。另一方面，追踪与总结有利于在新政策的制定和执行中对已有政策的成果进行延续和深化。

三是构建专业团队，加快政策执行。为推动物流企业 e 化的落实及 RFID 的应用，政策提出分别召集物流专业人才，成立整合物流 e 化专家团队和 RFID 应用推动办公室，克服技术应用整合中的实际问题，推动政策执行。

四是注重成果宣传。物流信息化与标准化的成果宣传有助于相关技术的推广与普及。着重从以下几个方面进行宣传：发行物流信息化成果汇编、e 企业简讯，展现物流业 e 化成效；举办国际物流研讨会，主动推销物流信息化与标准化的技术与方案；举办物流发展共识会、专题会谈、成果发布会等，强化产学结合，进一步推动物流信息化与标准化的国际发展，建立最新信息及岛内物流推动政策与未来展望等信息共享机制。

三、两岸物流信息化与标准化政策的异同分析

（一）政策问题的异同点

两岸物流信息化与标准化政策问题的共同点表现为以下两方面：

一是两岸都关注信息资源整合的问题。大陆方面，由于地域广阔，物流信息资源分散的情况较为严重，信息传递不畅、流通速度慢成为阻碍物流信息化建设的主要因素。同时，由于公共信息平台的缺失，信息资源共享更加难以实现。台湾方面，尽管物流信息化建设的时间较早，但在公共资源共享及交互传递等方面仍存在不足，信息平台作业繁琐等问题也严重影响了物流效率。为此，两岸均加强信息资源的整合，并通过建立信息平台等具体措施，实现物流信息的共享和快速传递，从而提升物流产业竞争力。

二是两岸都关注物流标准建立的问题。大陆方面，物流标准众多，但各行业间未形成统一的物流标准，致使行业间物流活动效率低下。并且，随着全球贸易的不断发展，老化的物流标准严重不能满足高速发展的经济的需要。台湾方面，建立与国际接轨的标准和促进国际标准导入台湾各产业是台湾物流标准化建设须解决的主要问题。为达成建设全球运筹中心的总体目标，物流标准统

一化和国际化是必不可少的环节。基于上述原因，两岸在政策中均注重物流标准的建设，并注重改善已有物流标准中的诸多不足。

两岸物流宏观政策问题的不同点主要体现在：

大陆注重物流信息化和标准化的体系建设问题。一方面，大陆物流业起步较晚，无论是信息化还是标准化，推动建设都处于摸索阶段。基础设施建设落后、行业整体应用和推广水平低等原因导致体系建设不够完善。另一方面，大陆处于经济结构转型阶段，信息化和标准化的发展面临新的挑战和机遇，体系的完善有利于加快物流运作和管理方式的转变、实现资源有效配置、支撑现代服务业的发展，对于促进产业结构调整、提高物流运作效率、加快转变经济发展方式具有重要意义。

台湾注重供应链的整合和产业物流信息化的问题。台湾物流建设的最终目标是建立全球运筹中心。在建设过程中，为了确保物流产业竞争的优势，面向价值链上下游两端发展的产业升级及转型成为必然趋势。因此，台湾主要从促使企业形成物流联盟合作关系和健全产业电子化应用环境两方面，解决物流信息化建设中的问题，以适应全球变化的挑战与变迁。

（二）政策目标的异同点

两岸物流信息化与标准化政策目标的相同之处是多为方向性目标，且都将"统一物流标准，解决物流信息化与标准化的突出问题，推动物流信息化发展，提高物流效率，促进产业升级"作为核心目标。

两岸物流信息化与标准化政策目标的不同之处体现在：一是大陆突出强调信息化和标准化体系建设，提出了"建立与国家现代物流体系相适应和协调发展的物流信息化体系"和"建立和完善基本满足物流业发展需要的物流标准体系"等宏观目标。二是标准化方面的政策目标比较具体，如《全国物流标准2005～2010年发展规划》指出"到2010年完成300项左右的物流标准制、修订工作"。台湾的政策目标强调先进信息化和电子化的应用能力，目标相对较为宏观，定性目标较多。

（三）政策方案的异同点

两岸物流信息化与标准化政策方案的共同点表现为以下方面：

一是两岸都注重物流基础标准的研发与制定。大陆颁布了《全国物流标准2005～2010年发展规划》，为物流标准建设指明了具体方向和措施。2013年出台的《关于推进物流信息化工作的指导意见》进一步针对物流信息技术、编码、安全、管理和服务的标准做出了具体制定方案。台湾方面，在《产业电子化 CDE 计划》的 B 计划中导入了国际标准，带动了其他产业标准的共同发展；D 计划制定并推广物流信息的共同需求与规格，参与相关国际标准的制定，强化了台湾制定国际标准的能力。《全球商业链整合及物流运筹 e 化计划》则对信息交换标准、RFID 标准进行了制定和修订，并加以推广应用。

二是两岸都重视物流信息平台的建设。大陆主要从行业信息平台、跨行业信息平台、地方信息平台等方面推进物流信息平台的发展。台湾则从物流产业信息平台、物流知识化信息平台和物流 e 化服务网络三个角度完善物流信息平台。

两岸物流信息化与标准化政策的不同点在于，大陆关注重点领域的信息化建设，而台湾则突出强化产业供应链体系的电子化。大陆政策提倡通过提高政府部门物流服务和监管的信息化水平、传统物流行业和企业的信息化水平，来加快物流信息化建设的进程。台湾侧重于产业上下游的信息应用整合，实现融合物流、金流和协同作业的产业供应链体系的电子化的发展，以达成"台湾接单，全球制造配送，台湾成为企业全球营运决策枢纽"的计划愿景。

（四）政策工具的异同点

两岸物流信息化与标准化的政策中，都突出强化经济性工具和行政性工具。一是两岸都采用经济支持作为主要政策工具，加大对信息化建设的投入。如大陆在信息化发展的重点领域设立了专项资金，并倡导地方政府也设立专项资金，为信息化建设提供经济保障。台湾方面，在产业电子化建设中，相关管理部门提供部分经费补助，建立示范性计划补助机制，推动产业电子化发展；在物流业 e 化建设中，也为物流业 e 化辅导提供了经费支持。二是两岸均加强对信息化和标准化建设的行政引导，通过典型示范、辅导等手段，帮助企业应用信息技术，建立信息系统。

两岸物流信息化与标准化政策工具的不同点主要在于：

一是大陆主要采用试点示范的方式提高物流信息化水平，而台湾的行政辅导体系则非常完善。大陆示范项目的运行方式是政府规定一些条件，由企业自行申报，通过审核后，由政府提供资金，支持企业的项目建设。而台湾则是通过辅导方式，如通过提供辅导款，举办研讨会、高峰论坛与成果发布会，发行辅导成果汇编、e 企业简讯，扩散辅导成果及展现物流业 e 化成效，建立物流业 e 化规划，导入信息服务厂商电子数据库等方式，推动企业 e 化建设。

二是台湾在物流信息化与标准化的建设中，强制性工具更为具体。例如，修订了"《电子签章法》"，完善电子签章的政策制定工作，规范电子签章；修订《网际网络传输电子发票计算机统一发票试办作业要点》，检讨电子发票记载内容，弹性放宽应载事项。

（五）政策制定与执行的异同点

两岸物流信息化与标准化政策制定的相同点在于行政主管部门是政策制定的主体。大陆方面，物流信息化的建设以工业和信息化部为主，物流标准化的制定由国家标准委和多部委联合负责。台湾方面，对物流信息化和标准化建设具有指导作用的纲领性政策，由行政主管部门主导。针对物流信息化和标准化建设制定的专项政策，由经济主管部门负责。两岸物流信息化与标准化政策制定的不同点在于：大陆物流标准体系的制定结合了产、学、研等各界力量。在物流标准体系的建设过程中，国家发展改革委、商务部、交通运输部、原信息产业部、海关总署等有关部门以及邮政、机械、包装等行业组织和军队有关机构给予了大力支持，国家标准委在综合各方面意见的基础上，由课题组对物流标准体系作了进一步修改和调整，最终形成了较为完善的"物流标准体系表"与"物流标准发展规划"。而在台湾政策的制定中，"工研院"的作用十分突出。"工研院"是台湾最具创新活力的研究发展机构，对于产业技术提升和产业结构转型具有重要影响。《物流资讯网计划》中物流资讯网的设计和推广、《RFID嵌入载具容器发展计划》中 RFID 的研发、信息交换标准的制定以及托盘和商品条形码的规格设计及改进等，均有"工研院"参与并提供技术支持。

两岸物流信息化与标准化政策执行的相同点在于：一是两岸都建立了专门的团队负责政策的推动。大陆方面组建了全国标准化技术委员会及多个分技术委员会，以推动全国物流标准的落实；台湾方面成立了"物流 e 化专家团队"和"RFID 应用推动办公室"，分别负责物流体系 e 化和 RFID 的推广应用，并对政策成果进行及时反馈。政策执行方面的不同点在于：一是台湾的辅导对象更加具体。台湾物流信息化的计划中，被辅导企业十分明确，便于对后期政策效果的追踪。二是更加注重对成果的宣传。台湾更注重通过发布成果汇编、举办成果发布会、出版发行国际物流 e 化教学手册等方式宣传 e 化效果，有利于后续政策的制定与修订，以及 e 化成果的快速扩散。

展望篇

第十三章　两岸物流政策研究总结

近几十年，特别是 20 世纪 90 年代以来，海峡两岸对物流发展的重视程度不断提高，出台了一系列物流政策指导物流体系发展。本章首先对两岸各自的物流政策发展现状以及两岸物流合作政策进行回顾与总结，然后从政策核心要素角度对两岸物流政策的异同点进行总结。

第一节　两岸物流政策发展现状总结

两岸物流政策均经历了若干阶段的发展，也各自有其发展特点。本节首先分别对大陆、台湾的物流政策发展沿革与政策特点进行总结与回顾，然后对两岸物流合作政策进行简要回顾。

一、大陆物流政策发展现状总结

（一）大陆物流政策的发展沿革

大陆于 20 世纪 80 年代初自日本引进物流概念及相关理论，进入 90 年代后，各级政府对物流发展的重视程度不断提高，陆续出台了大量物流政策。总的来看，大陆物流政策的发展大致经历了三个阶段，各阶段的政策出台背景及政策重点如表 13-1 所示。

表 13-1　大陆物流政策的发展沿革

发展阶段	政策出台背景	政策重点
"八五"与"九五"计划时期（1990～2000年）	● 学术界积极传播物流理念。 ● 市场经济体制确立，市场经济快速发展。 ● 分销渠道日趋多样化，连锁零售业及大型超市迅猛发展。 ● 政府明确将发展分销领域的商品配送作为实现流通现代化的重要内容。 ● 配送中心建设得到企业和政府高度关注。	● 政策集中于推动商品配送中心发展建设方面。
"十五"计划时期（2001～2005年）	● 物流理念日益普及。 ● 国民经济快速增长。 ● 加入世界贸易组织（WTO）。 ● 物流业作为重要的基础性产业和服务业行业，其自身发展及行业的对外开放引起政府高度重视。 ● 全国现代物流部际联席会议制度建立。	● 国务院多部委联合出台两项物流宏观指导意见，即：《关于加快我国现代物流发展的若干意见》和《关于促进我国现代物流业发展的意见》。 ● 原交通部、商务部等部委分别出台一批扩大子行业对外开放的政策文件。 ● 深圳、上海、天津、广东、江苏等省市政府分别出台本地物流发展规划或纲要。
"十一五"计划时期以来（2006年至今）	● 国民经济继续保持较快增长。 ● 国家"十一五""十二五"规划纲要均明确提出"大力发展现代物流业"。 ● 物流领域得到全面迅速发展。	● 首部全国物流发展规划《物流业调整和振兴规划》出台。 ● 多项行业物流专项发展规划及交通基础设施发展规划颁布。 ● 促进物流各子行业转型升级的政策文件纷纷出台。 ● 海关、标准化、信息化等物流配套环境方面的政策不断完善。

资料来源：本研究整理。

（二）大陆物流政策的构成及特点

根据本书提出的物流政策体系框架，大陆物流政策主要由五方面构成，分别为物流宏观指导政策、物流行业政策、行业物流政策、物流基础设施政策，以及物流配套环境政策。各类别中的代表性政策及政策特点如表 13-2 所示。

表 13-2　大陆物流政策的构成及特点

政策类别	代表性政策	政策特点
物流宏观指导政策	●《关于加快我国现代物流发展的若干意见》（2001） ●《关于促进我国现代物流业发展的意见》（2004） ●《物流业调整和振兴规划》（2009） ●《关于促进物流业健康发展政策措施的意见》（2011）	● 政策形式以宏观指导意见及规划为主。 ● 政策问题关注物流产业定位、物流产业竞争力、物流市场环境、物流产业的管理体制、物流发展的基础性问题等。 ● 政策目标是通过制定和完善相关配套政策措施，有效解决物流业发展中的问题，提高全社会物流运行效率，提高物流产业的对外开放水平，加快建设社会化、专业化、信息化的现代物流服务体系，促进物流产业的健康发展，提高物流产业的竞争力。 ● 政策方案主要包括大力发展第三方物流、完善物流基础设施的规划与建设、强化重点物流领域的发展、实施物流领域的对外开放、加强物流信息化和标准化的建设等。
物流行业政策	●《外商投资道路运输业管理规定》（2001） ●《关于开展试点设立外商投资物流企业工作有关问题的通知》（2002） ●《关于试点物流企业有关税收政策问题的通知》（2005） ●《商务部关于进一步做好物流领域吸引外资工作的通知》（2006） ●《长江三角洲地区快递服务发展规划》（2007） ●《关于促进甩挂运输发展的通知》（2009） ●《关于快递企业兼并重组的指导意见》（2011） ●《营业税改征增值税试点方案》（2011） ●《关于促进仓储业转型升级的指导意见》（2012） ●《关于加快国际货运代理物流业健康发展的指导意见》（2013）	● 政策形式多样，包括发展规划、指导意见、行政管理规定、通知、方案等。 ● 政策问题关注物流行业发展方向的引导与规划、物流行业的对外开放、物流行业的扶植等问题。 ● 政策目标是通过市场调节和政府引导规划相结合，打造出一个具备社会化、专业化、信息化等现代物流服务能力的强大物流行业，为国民经济和社会发展提供有力支撑。 ● 政策方案主要包括鼓励企业通过兼并重组与合作方式做大做强、支持物流企业扩大服务范围和开发新型服务种类、推动物流行业的设备升级与新技术应用、对物流行业实施扶植政策等。

政策类别	代表性政策	政策特点
行业物流政策	● 《全国高效率鲜活农产品流通"绿色通道"建设实施方案》（2005） ● 《关于加强药品监督管理 促进药品现代物流发展的意见》（2005） ● 《粮食现代物流发展规划》（2007） ● 《农村物流服务体系发展专项资金管理办法》（2009） ● 《关于开展流通领域现代物流示范工作的通知》（2009） ● 《农产品冷链物流发展规划》（2010） ● 《关于促进制造业与物流业联动发展的意见》（2010） ● 《商贸物流发展专项规划》（2011） ● 《关于推进现代物流技术应用和共同配送工作的指导意见》（2012）	● 政策形式多样，包括发展规划、指导意见、通知、方案、管理办法等。 ● 政策问题关注农产品物流体系构建、物流业与其他行业联动发展、商贸流通领域物流体系构建、药品物流有序发展等问题。 ● 政策目标是通过构建完善的物流通道和基础设施网络布局，提高各产业的物流运作效率，实现这些产业的升级和结构优化。 ● 政策方案主要包括完善行业物流网络布局、完善行业物流基础设施规划与建设、鼓励物流外包和发展第三方物流、发展专业物流技术、推动行业物流信息化与标准化建设等。
物流基础设施政策	● 《中长期铁路网规划》（2004） ● 《中华人民共和国海关对保税物流中心（A型）的暂行管理办法》（2005） ● 《中华人民共和国海关对保税物流中心（B型）的暂行管理办法》（2005） ● 《中华人民共和国海关对保税物流园区的管理办法》（2005） ● 《国家高速公路网规划》（2005） ● 《全国沿海港口布局规划》（2006） ● 《全国内河航道与港口布局规划》（2007） ● 《国家公路运输枢纽布局规划》（2007） ● 《公路水路交通"十一五"发展规划》（2007） ● 《综合交通网中长期发展规划》（2007） ● 《全国民用机场布局规划》（2008） ● 《交通运输"十二五"发展规划》（2011） ● 《"十二五"综合交通运输体系规划》（2011） ● 《国务院关于促进海关特殊监管区域科学发展的指导意见》（2012）	● 政策形式以发展规划、指导意见、管理办法等为主。 ● 政策问题关注物流基础设施能力提升、物流基础设施布局优化、物流基础设施建设的政策扶植等问题。 ● 政策目标是通过政策引导规划，不断扩充物流基础设施能力，逐步建设结构明确、布局合理、功能完善、衔接顺畅、运行高效的物流基础设施体系，从而为现代物流业的发展，乃至整个国民经济和社会发展提供有力支撑。 ● 政策方案主要包括扩大各类基础设施的总量和规模、加强中西部和农村交通基础设施建设、强化专业化物流基础设施建设、推进综合运输网络建设完善、推动港口与航运中心物流功能拓展、对物流基础设施建设实施鼓励和支持政策等。

政策类别	代表性政策	政策特点
物流配套环境政策	1.海关政策方面 ● 《关于进一步提高口岸工作效率的通知》（2001） ● 《中华人民共和国海关对保税物流中心（A型）的暂行管理办法》（2005） ● 《中华人民共和国海关对保税物流中心（B型）的暂行管理办法》（2005） ● 《中华人民共和国海关对保税物流园区的管理办法》（2005） ● 《关于决定实施跨关区"属地申报，口岸验放"通关模式的公告》（2006） ● 《国家"十一五"口岸发展规划》（2006） ● 《中华人民共和国海关保税港区管理暂行办法》（2007） ● 《关于加快推进交通电子口岸建设的指导意见》（2010） ● 《国家口岸发展规划（2011～2015年）》（2012） ● 《电子口岸发展"十二五"规划》（2012） 2.信息化与标准化政策方面 ● 《公路水路交通信息化"十一五"发展规划》（2006） ● 《公路水路交通信息化"十二五"发展规划》（2011） ● 《关于推进物流信息化工作的指导意见》（2013） ● 《全国物流标准2005～2010年发展规划》（2005） ● 《邮政业标准化2008～2010年发展规划》（2008） ● 《全国物流标准专项规划》（2010） ● 《邮政业标准化"十二五"发展规划》（2011）	1.海关政策方面 ● 政策形式多样，包括通知、公告、管理办法、指导意见、规划等。 ● 政策问题关注如何建立适应中国对外开放的现代海关制度、如何提高口岸效率、如何实施国际物流的特殊监管等问题。 ● 政策目标是建立现代海关制度、改革通关作业模式、提高通关效率、促进国民经济快速发展、提高国家对外开放水平和国际竞争力。 ● 政策方案主要包括改革通关作业、实施"大通关"制度、实施区域通关改革、加强电子口岸建设、深化保税物流监管等。 2.信息化与标准化政策方面 ● 政策形式以规划和各类国家标准为主。 ● 政策问题关注如何改善物流信息化与标准化发展滞后、如何整合信息资源、如何建立物流统一标准、如何推广物流信息化与标准化等问题。 ● 政策目标是通过政府调节及相关部门、组织的统筹规划，有效解决信息化与标准化发展中的问题，建立具有推动物流行业创新发展作用的物流标准体系和物流信息体系，从而扫除物流发展中的障碍，提高物流运行效率，促进物流快速发展。 ● 政策方案主要包括研究和制定物流基础标准、建设物流公共信息平台、推动重点领域的信息化建设、推进物流相关信息服务业和信息技术创新与发展等。

资料来源：本研究整理。

二、台湾物流政策发展现状总结

（一）台湾物流政策的发展沿革

台湾 20 世纪 90 年代以前的发展政策多与交通运输以及农产运销关系密切，20 世纪 90 年代中期以来，开始陆续出台物流意义上的相关政策。自 1949 年迄今，台湾物流政策的发展可划分为"农产运销与基础建设时期"（1949～1970年）、"制造物流与国际运输发展时期"（1971～1990 年）、"全球运筹与物流专业化时期"（1991～2009 年）、"两岸物流正常化与供应链整合时期"（2010 年迄今）四个阶段。各阶段的政策出台背景及政策重点如表 13-3 所示。

表 13-3 台湾物流政策的发展沿革

发展阶段	政策出台背景	政策重点
"农产运销与基础建设时期"（1949～1970年）	● 20 世纪 50 年代，经济以进口为导向。由于外汇短缺，采取以农业培养工业，再以工业发展农业的策略。60 年代，则以劳力密集的工业产品建立出口扩张策略。 ● 物流发展重点在于满足台湾基本民生物资配送以及解决农产品产销问题。	● 大力支持交通基础设施建设，重视建立农产运销体系与作业制度。
"制造物流与国际运输发展时期"（1971～1990 年）	● 20 世纪 70 年代，经济进入以工业为主的时代。从岛外引进高科技产业，成立了新竹科学园区，积极发展信息、光电、通信等科技产业。 ● 20 世纪 80 年代，农产品直销通路发生较大变化，超市兴起。 ● 20 世纪 80 年代，宣布多项经济自由化政策。 ● 整体经济活动以生产、制造、外销为主，实现长期持续增长。 ● 物流以运输服务为重点，以满足工业生产制造作业的需求为主。同时，因为产业结构以制造业生产外销为主，致使国际海、空运输高速增长，也带动了国际贸易、货运承揽（货代）、报关、仓储等行业的繁荣。	● 交通运输政策重点在于大力提升交通基础设施的能力与效率，以支持制造业产品的生产与外销。 ● 农产品物流政策重点在于积极辅导农民团体成立配送处理中心，成立农会超市等直销点，将产品在产地整理包装后直接送至消费地。 ● 运输与物流政策逐渐松绑，包括：航空市场的"开放天空"政策、高速公路市场开放进入与退出管制等。

发展阶段	政策出台背景	政策重点
"全球运筹与物流专业化时期"（1991～2009年）	● 进入全球化与两岸经贸往来时期，两岸经贸快速成长，中国大陆逐渐取代美、日成为中国台湾地区主要贸易伙伴。 ● 经济增长趋缓，产业结构升级。农业方面以精致化为主，工业则以科技化为主，在商业方面则推进信息化、网络化、连锁化。 ● 由于客户需求形态的改变，单一的运输、货代、报关、仓储等服务已无法满足竞争与需求，传统的货物运输服务也逐渐发生质变，逐渐转型为专业物流服务。 ● 每年正式出版的《台湾物流年鉴》体现出台湾对物流发展的高度重视。	● 以"物流"发展为目的或对象的物流宏观指导政策逐步出台。如《发展台湾成为亚太营运中心计划》《全球运筹发展计划》《营运总部计划》等。 ● 在《流通服务业发展纲领及行动方案》《服务业发展方案》等政策中，物流业被列为重点发展的服务业。
"两岸物流正常化与供应链整合时期"（2010年迄今）	● 2008年后两岸直航取得突破性进展。 ● 2010年，两岸签署《海峡两岸经济合作框架协议》（ECFA）作为规范两岸经济合作之架构协议。 ● 亚太地区经济一体化快速推进。	● 陆续推出《国际物流服务业发展行动计划》《产业运筹服务化推动计划》《自由经济示范区规划方案》等政策，利用两岸直航与经贸发展契机，积极融入区域经济一体化进程，持续强化台湾全球运筹能力。

资料来源：本研究整理。

（二）台湾物流政策的构成及特点

根据本书提出的物流政策体系框架，台湾物流政策也可归为五大类，分别为物流宏观指导政策、物流行业政策、行业物流政策、物流基础设施政策以及物流配套环境政策。各类政策中的代表性政策及政策特点如表13-4所示。

表 13-4　台湾物流政策的构成及特点

政策类别	代表性政策	政策特点
物流宏观指导政策	<ul><li>《发展台湾成为亚太营运中心计划》</li><li>《全球运筹发展计划》</li><li>《营运总部计划》</li><li>《流通服务业发展纲领及行动方案》</li><li>《国际物流服务业发展行动计划》</li><li>《自由经济示范区规划方案》</li></ul>	<ul><li>政策形式以计划和行动方案为主。</li><li>政策问题关注物流发展定位、提升全球物流运作效率、物流产业的管理体制等问题。</li><li>政策目标是消除国际物流发展中遇到的政策管制、通关障碍、物流效率等方面存在的问题，希望通过加强物流基础设施建设，减少市场管制，推动信息化、标准化建设等措施，推动台湾地区的国际物流发展，使台湾成为国际供应链的重要环节，进而带动台湾经济的转型发展。</li><li>政策方案包括提升货物通关效率、放松市场管制、完善物流基础设施的建设与衔接、促进两岸物流及国际物流的发展、强化物流信息化与标准化建设等。</li></ul>
物流行业政策	<ul><li>《全球商业链整合及物流运筹 e 化计划》</li><li>《流通服务业发展纲领及行动方案》之《推动物流联盟旗舰计划》</li><li>《新兴重要策略性产业属于国际物流事业部分奖励办法》</li><li>《优质企业认证及管理办法》</li><li>《物流利基化与供应链服务推动行动计划》</li></ul>	<ul><li>政策形式以计划和管理办法为主。</li><li>政策问题关注物流行业放松管制、行业的信息化、行业的规模化与专业化发展、物流行业的扶植等问题。</li><li>政策目标在 2009 年之前强调物流业支援制造业的角色，希望通过减少行业管制、提升行业信息化水平、发展物流企业联盟等手段，提高物流行业的运作效率和能力，为电子信息制造产业提供优良的物流服务。2009 年后，由于台湾产业结构已进入服务经济时代，开始强调将物流业作为新兴服务业进行重点推动，使物流业本身成为经济成长和就业的重要引擎。</li><li>政策方案主要包括大力提升物流企业信息化能力、推动物流企业发展策略联盟、鼓励物流企业构建全球服务网络、鼓励物流企业发展利基化与创新性服务、对物流企业实施扶植政策等。</li></ul>

政策类别	代表性政策	政策特点
行业物流政策	● 《产业物流发展暨国际接轨推动计划》 ● 《供销与物流整合技术发展计划》 ● 《物流基磐整合与效率化推动计划》 ● 《产业运筹服务化推动计划》 ● 《台湾产业结构优化——三业四化行动计划》	● 政策形式以发展计划、推动计划及行动计划为主。 ● 政策问题关注产业物流运作效能提升以及产业物流与国际物流接轨等问题。 ● 政策目标是以流通与制造业者的营运优化与国际营运布局需求为主轴，通过行业物流的发展，提升相关产业的运作效率，推动台湾优势产业的全球运筹与布局拓展，提高台湾产业的全球竞争力。 ● 政策方案主要包括协助业者构建符合产业特点的物流运营模式、提升产业物流电子化水平、提供产业物流知识服务等。
物流基础设施政策	● 《发展台湾成为亚太营运中心计划》 ● 《自由贸易港区推动方案》 ● 《物流用地及专区辅导设置计划》 ● 《流通服务业发展纲领及行动方案》之"建构无缝国际复合运输通路" ● 《促进物流产业发展计划》 ● 《爱台12建设》 ● 《推动大型物流中心设置计划》	● 政策形式以发展计划和行动方案为主。 ● 政策问题关注物流基础设施能力提升、物流基础设施的国际联结、物流基础设施建设的政策扶植等问题。 ● 政策目标是"对内提供更快更有效的服务，对外与世界接轨"，即对内形成覆盖全岛的便捷交通网，构建与国际接轨的复合运输网络；对外加速推动海空港门户整体开放，推动自由贸易港区和物流中心发展，创造优质的国际营运平台。 ● 政策方案主要包括建构全岛便捷交通网、推动海港与空港的建设、拓展海港与空港的物流功能、建构完善的复合运输网络、对物流基础设施建设给予政策鼓励和支持等。
物流配套环境政策	1.海关政策方面 ● 《全球运筹发展计划》 ● 《无障碍通关计划》 ● 《自由贸易港区推动方案》 ● 《建构优质经贸网络计划》	1.海关政策方面 ● 政策形式以发展计划和推动方案为主。 ● 政策问题关注如何建立适应全球运筹的海关通关体制、如何提高通关效率、如何解决国际物流监管和制度建设等问题。 ● 政策目标是通过制定和完善相关的海关政策措施及自由贸易港区政策，有效改善通关环境，提高国际物流效率，促进物流业的快速发展，进而实现台湾成为全球运筹中心的总体目标。 ● 政策方案主要包括构建便捷的通关体系、加强信息系统建设、实施保税制度等。

政策类别	代表性政策	政策特点
物流配套环境政策	2.信息化与标准化政策方面 ● 《推动信息业电子化计划》 ● 《产业电子化 CDE 计划》 ● 《物流业 e 化辅导计划》 ● 《产业全球运筹电子化深化计划》 ● 《全球商业链整合及物流运筹 e 化计划》	2.信息化与标准化政策方面 ● 政策形式以计划为主。 ● 政策问题关注产业物流的信息化、物流产业的信息化、物流信息资源整合、物流标准统一等问题。 ● 政策目标在于全面提升物流服务业之信息化及电子化应用能力，促进物流产业知识的流通与应用，促进先进信息技术在物流领域的应用，从而带动物流产业的升级，增强产业竞争力，从而实现台湾成为全球运筹中心的愿景。 ● 政策方案主要包括建立产业的电子供应链体系、推动物流业的电子化建设、加强物流标准化建设、推动物流信息平台建设等。

资料来源：本研究整理。

三、两岸物流合作政策总结

随着两岸投资与经贸交流的加强，两岸先后出台了一系列的政策措施与规划，尤其是两岸"三通"协议、《海峡两岸经济合作框架协议》（ECFA）的签署，以及大陆出台的两岸物流合作政策，为两岸间物流产业间的合作奠定了基础。

（一）两岸"三通"协议

两岸"三通"协议是指 2008 年海协会会长陈云林与海基会董事长江丙坤在台北签署的《海峡两岸空运协议》《海峡两岸海运协议》《海峡两岸邮政协议》。

三项协议的主要内容为：两岸一致同意开通两岸海运直航，实现两岸海上客货直接运输；建立两岸空中双向直达新航路和两岸空管部门直接交接程序，开办两岸货运包机，增加客运包机航点、班次，将两岸周末包机扩大为平日包机；开办两岸直接平常和挂号函件、小包、包裹、特快专递、邮政汇兑等业务，加强其他邮政业务合作。

两岸"三通"协议的签署，不仅解决了多年来两岸交流中的物流高成本问题，而且对两岸产业分工以及产业供应链配置的优化有深远的影响。

（二）《海峡两岸经济合作框架协议》（ECFA）

《海峡两岸经济合作框架协议》由海协会会长陈云林与海基会董事长江丙坤于2010年在重庆签署。

协议涵盖了两岸间主要的经济活动，包括货物贸易及服务贸易的市场开放、原产地规则、早期收获计划、贸易救济、争端解决、投资和经济合作等，充分体现了两岸经贸关系的现状和特点，为两岸经济关系正常化、制度化和自由化提供了重要的保障机制。协议内容主要包括减免关税、投资保障和知识产权保护等，标志着两岸经贸关系日趋紧密，大陆市场对台湾开放程度大幅提高，促使两岸物流业的合作与融合进一步加深。

2012年8月，海协会与海基会依据ECFA有关规定，签署了《海峡两岸海关合作协议》。该协议签署的重点包括安全认证优质企业（AEO）的相互承认、应用无线射频识别技术（RFID）于跨境货柜监管、打击走私、相互通报海关规定、海关保税区的交流与合作及人员互访交流等。未来两岸相互承认的优质企业，凡完税价格金额1亿元新台币以上，厂商可享免审免验、快速通关待遇，从而可以大幅降低厂商营运成本。另外，应用电子封条技术也可让货物移动更快速，对增加两岸物流量有积极作用。

（三）大陆出台的两岸物流合作政策

大陆出台的两岸物流合作政策主要体现在两个方面：

一是国家区域发展规划中有关两岸物流合作的政策。随着两岸经贸与物流的发展，我国逐渐将两岸物流的发展纳入到区域发展规划中，重点支持与台湾隔海相望、经贸往来密切的福建省充分发挥对台区位优势，大力发展两岸物流。如2009年的《国务院关于支持福建省加快建设海峡西岸经济区的若干意见》、2011年的《海峡西岸经济发展规划》《平潭综合实验区总体发展规划》、2012年的《福建省海洋经济发展规划》等，支持福建大力发展两岸物流企业与物流项目对接，建设两岸商贸物流中转基地与通道等。

二是福建省各级政府出台的两岸物流合作政策。2010年以来，福建省政府出台多项物流政策，从物流园区建设、信息平台搭建、第三方物流引进等方面提出了福建省物流发展的思路及具体任务，其中大量内容与对接台湾、大力发展两岸物流有关。如《福建省促进现代物流业发展条例》明确提出支持福建省物流企业与台湾物流企业开展运输、代理、包装、配送等物流环节的分工与协作。《福建省"十二五"现代物流业发展专项规划》提出建设石化、机电、汽车、水产品、船舶、光电等产品闽台物流枢纽等。

（四）台湾出台的两岸物流合作政策

台湾行政主管部门颁布的《国际物流服务业发展行动计划》提出，在航空货运方面，争取进出大陆的转运货源，并协助争取航空业者在大陆的延远航权；在海运方面，鼓励航商增辟与大陆二线港口的航线；针对两岸经济特区，打造海运快递专区及海峡两岸快捷走廊，建立两岸关务信息交换与合作的对接等机制。台湾经济主管部门 2011 年推动《产业运筹服务化推动计划》，将 ECFA 早收产业纳入重点推动产业范畴。台湾行政主管部门 2013 年 4 月颁布《自由经济示范区规划方案》，提出与大陆建立供应链关系。

第二节　两岸物流政策异同比较总结

两岸在物流发展方面既面临诸多共同机遇与挑战，也存在经济体量、经济发展特点、产业结构的巨大差异，从而导致两岸在物流政策方面既存在诸多相同点，也存在不少差异。本节从政策问题、政策目标、政策方案等政策核心要素角度，对两岸物流政策的异同点进行总结。

一、政策问题的比较总结

两岸由于均面临经济全球化深入发展的外部发展环境，均迫切需要通过发展高效率的物流体系来提升自身的国际竞争力。两岸物流行业均以中小企业为主，均面临物流产业竞争力不强、对其他行业发展的支撑力度不够的问题。此外，两岸在物流发展方面还存在诸多不利于物流发展的政策约束。因此，两岸物流政策重点关注问题存在诸多共同点。与此同时，两岸由于在经济整体发展规模与水平、经济的发展特点、物流行业的成熟程度等诸多方面存在较大差异，因此政策关注问题方面也存在诸多不同。两岸物流政策问题的异同点具体如表 13-5 所示。

表 13-5　两岸物流政策问题的异同点

政策类别	相同点	不同点	
		大陆	台湾
物流宏观指导政策	● 对物流发展问题的关注度与重视程度均表现出逐步提高趋势。 ● 均关注物流产业的管理体制问题。	● 重视物流发展的产业定位及产业基础性问题。	● 重视国际物流的发展及物流运作效率的提升问题。
物流行业政策	● 均关注物流行业的规模化与专业化发展。 ● 均关注通过政策松绑改善物流业经营环境，以及出台用地、财税、金融扶植政策来促进物流行业发展。	● 由于在2001年末加入世界贸易组织（WTO），需修改和制定大批物流行业对外开放政策。	● 更为关注物流业的信息化问题。台湾政策对物流行业信息化发展问题的关注明显高于大陆。
行业物流政策	● 均关注制造业与物流业、商贸业与物流业的协同发展问题。	● 多关注各行业物流发展的基础设施建设及物流体的构建，以期建立畅通高效、安全便利的行业物流体系，解决行业物流经营规模小、环节多、成本高、损耗大的问题。	● 关注产业物流效能提升以及产业物流与国际接轨问题，以提升产业的运作效率，以及通过物流体系与国际接轨来提升产业的国际竞争力。
物流基础设施政策	● 均关注物流基础设施的能力提升问题，以及如何通过政策支持和规范物流基础设施建设问题。	● 更加注重物流基础设施的全面建设、结构和布局的优化。	● 主要关注物流基础设施的国际联结问题。
物流配套环境政策	● 均注重建设适合自身发展的海关制度。 ● 均注重海关效率的提升。 ● 均对海关物流监管给予高度重视。 ● 均关注信息资源的整合。 ● 均关注物流标准建立的问题。	● 侧重全面建立和完善现代海关制度。 ● 注重物流信息化和标准化的体系建设问题。	● 更加注重解决在建设亚太营运中心乃至全球运筹中心进程中的国际物流运作所需的通关环境问题。 ● 注重供应链的整合和产业物流信息化的问题。

资料来源：本研究整理。

二、政策对象的比较总结

两岸物流政策对象的差异较大，大陆各类物流政策的适用对象面普遍较台湾宽泛。如大陆物流行业政策多面向所有物流企业，或某一地区、某一细分行业的全体物流企业；行业物流政策多面向宽口径的大类产业，如制造业与物流业联动政策、全国商贸物流规划等政策；物流基础设施政策多针对全国或区域性的物流基础设施的整体建设推进、布局或优化。

台湾物流政策适用对象面相对较窄，多数政策只适用于具备特定条件的物流业者、某些更具体的行业、某个单一的建设项目。如物流行业政策中的《推动物流联盟旗舰计划》只针对少数进入辅导名单的大中型物流企业；行业物流政策中的行业一般具体到信息产业、茶产业、家电通路业、居家生活产业等，行业涉及范围较大陆细化；物流基础设施政策中的《爱台12建设》，提出建设桃园国际航空城项目等。

两岸物流政策对象的差异反映出大陆物流政策更为宏观，更重视发挥政策的引导作用；台湾物流政策则更注重政策的可操作性与落实。

三、政策目标的比较总结

两岸由于均对物流发展高度重视，物流政策的核心指向均为打造高效的社会物流体系，因此在物流政策的目标方面有较大的相似性。但由于两岸所处的经济发展阶段不同、区域内部经济发展的均衡性不同、经济发展对外部的依赖度不同，所以物流政策目标方面也存在不少差异。两岸物流政策目标的异同点具体如表13-6所示。

表13-6　两岸物流政策目标的异同点

政策类别	相同点	不同点	
		大陆	台湾
物流宏观指导政策	● 均把将物流业发展壮大作为核心目标，强调信息化与标准化建设，最终达到物流成本降低与物流效率提高的目标。 ● 政策目标的内容均包含总体目标和阶段性目标。	● 重点强调发展专业化的现代物流，提升物流产业竞争力。 ● 颁布的物流政策多为指导意见形式，主要对物流业的发展做出方向性指导，没有明确量化目标，需要相关政策执行部门根据指导意见制定阶段性量化目标与总体量化目标。	● 强调推动国际物流发展，提升台湾在国际供应链体系中的作用与地位。 ● 颁布的物流政策则多为计划形式，内容非常具体，同时政策目标常细化为具体的量化目标，且每一个计划均有明确的执行期限与反馈制度。

政策类别	相同点	不同点	
		大陆	台湾
物流行业政策	● 均希望做大做强物流业，强调物流业要朝"规模化、专业化和信息化"方向发展。 ● 政策目标的内容均包含方向性和量化性两方面内容。	● 强调物流业作为基础的生产性服务业，为制造业等提供支撑和保障。 ● 更为侧重物流业的"规模化"发展。 ● 国际、国内物流业发展并重。	● 2009 年之前强调物流业支援制造业的角色，2009 年后开始强调将物流业作为新兴服务业进行重点推动，使物流业本身成为经济成长和就业的重要引擎，而非仅仅扮演支援制造业角色。 ● 更为侧重物流业的"专业化"和"信息化"发展。 ● 将国际物流业的发展作为政策推动的中心。
行业物流政策	● 均希望提升行业物流的专业化和信息化水平。 ● 均强调要完善行业物流业者的网络布局规划。 ● 政策目标的内容均包含方向性和量化性两方面内容。	● 重点关注完善行业物流基础设施建设和物流主体的培育，提升行业物流的整体运作效率。	重点强调供应链上下游的整合，协助相关业者建构全球高效物流网络。
物流基础设施政策	● 均致力于通过不断提升物流基础设施能力和效率，更好地服务于地区物流业和经济社会的发展。 ● 政策目标的内容均包括方向性内容和量化性指标。	● 政策主要定位于综合交通运输体系的建设和完善。 ● 政策量化目标大多为五年及以上的中长期目标，缺乏更为具体的阶段性目标设定。	● 政策定位重点关注如何加强物流基础设施的国际联结和港航物流功能的提升。 ● 政策量化目标常细化为年度指标，并且目标构成多样，如投资完成额度、进展百分比、增加就业机会等。

政策类别	相同点	不同点	
		大陆	台湾
物流配套环境政策	● 海关通关政策均将"实现通关环境的优化、营造适应国际贸易发展的宏观环境，提升产业国际竞争力"作为核心目标。 ● 政策目标的内容均包含方向性和量化性两方面内容。 ● 信息化和标准化政策目标多为方向性目标，且都将"统一物流标准，解决物流信息化与标准化的突出问题，推动物流信息化发展，提高物流效率，促进产业升级"作为核心目标。	● 海关政策多为指导意见，目标以长期目标为主，相对较为宏观。 ● 信息化与标准化政策突出强调信息化和标准化体系建设，提出了"建立与国家现代物流体系相适应和协调发展的物流信息化体系"和"建立和完善基本满足物流业发展需要的物流标准体系"等宏观目标。 ● 标准化方面的政策目标比较具体。	● 海关通关政策以计划为主，目标形式多样。一方面，部分计划下均制定具体子计划，总计划的目标是子计划目标的总述。另一方面，台湾通关政策既有宏观目标，又有定量目标；既有长远目标，又有阶段目标。 ● 信息化与标准化政策的目标强调先进信息化和电子化的应用能力，目标相对较为宏观，定性目标较多。

资料来源：本研究整理。

四、政策方案的比较总结

两岸在社会物流体系的整体发展思路，以及促进物流体系发展方面所采取的措施有较大的相似性。但受经济发展特点不同、经济发展阶段不同、内部发展的均衡性不同等因素影响，两岸物流政策方案也存在诸多差异。两岸物流政策方案的异同点具体如表13-7所示。

表 13-7 两岸物流政策方案的异同点

政策类别	相同点	不同点	
		大陆	台湾
物流宏观指导政策	● 均注重为物流业发展创造良好的市场环境。 ● 均注重加强建设物流基础设施。 ● 均重视物流信息化和标准化的建设。	● 强调区域之间的协调与协作。	● 更加突出物流基础设施的有效衔接以及物流运作的国际化。
物流行业政策	● 均鼓励物流企业通过多种形式的物流联盟、兼并重组等手段做大规模。 ● 均支持企业扩大服务范围，鼓励物流企业发展创新性服务。 ● 均出台大量放松管制、用地倾斜、财税优惠与补贴等方面的措施，对物流行业的发展进行扶持和促进。	政策方面对物流企业国际化的关注度还不多。	● 十分强调企业走出去，发展国际物流服务网络。
行业物流政策	● 均强调要促进行业物流的信息化水平提升，以及专业物流技术的推广应用。	● 政策措施多集中于物流基础设施的建设、物流网络的完善、行业物流运作主体的培育等。	政策措施多集中于产业物流营运模式的研究与提升、产业供应链的整合、产业专业知识服务等管理层面的软性措施。
物流基础设施政策	● 均重视复合交通网络的建设，拓展港口、机场的物流功能，提升物流基础设施的信息化水平，鼓励民间资本投资物流基础设施建设，并出台用地倾斜、财税优惠与补贴等方面的措施予以扶持和促进。	● 在增加基础设施供给规模的同时，重点强化中西部和农村交通基础设施的布局和优化。 ● 突出煤炭、粮食等专业化物流基础设施建设。	● 交通网络建设主要是在原有基础上不断补充和完善，并强调公路、铁路的无缝接轨及其与港口、机场等设施的联结，以更好地服务于国际物流业的发展。 ● 政策中缺乏专业化物流基础设施建设相关内容。
物流配套环境政策	● 均着力于改善海关通关作业，构建便捷的通关体系。 ● 均通过建立特殊监管区域，实现保税货物的监管。 ● 均注重物流基础标准的研发与制定。 ● 均重视物流信息平台的建设。	强调实施跨区域通关。 ● 截至 2013 年，尚未有完全真正意义上的自由贸易港区。 ● 关注重点领域的信息化建设。	● 转关问题较为简单。 ● 较早建设自由贸易港区。 ● 突出强化产业供应链体系的电子化。

资料来源：本研究整理。

五、政策工具的比较总结

两岸物流政策工具的相似度较高。例如均采用加强政策研究、完善物流法律法规体系等法律性政策工具，采用包括放宽物流企业资质审批条件等在内的行政性政策工具，以及均大量采用税收优惠、财政补贴、公共投资、金融扶持等经济性政策工具。

两岸物流政策工具的不同之处，一是大陆法律性工具的使用在总体上少于台湾，并且工具的明确性与操作性弱于台湾。台湾物流政策中一般都非常明确地提出需要制定的相关规定、需要修改的政策条文。而大陆的物流政策中，更多地是提出加强物流立法研究、完善物流的法律法规体系等指导性意见。二是台湾的行政性工具更加强调放松物流业的管制，提高行政服务水平。而大陆的行政性工具除了强调放松管制和提高行政服务水平之外，更加突出强调破除行政性障碍，打破地区封锁，为物流业和物流市场的发展创造良好的环境。另外，大陆缺乏类似于台湾的行政辅导工具。台湾由于已建立完整的中小企业辅导体系，因此在物流行业、行业物流以及信息化与标准化政策中，大量使用行政辅导手段，针对具体问题，为相关企业提供从问题研究与诊断到方案实施的全程辅导，指导及协助中小工商企业与物流企业创建与优化物流营运模式，提升技术水平及引进新的物流技术，从而极大地促进了政策的落实，提高了政策效果。

六、政策制定与执行的比较总结

（一）政策制定的异同点

政策制定部门方面，相同点在于两岸均存在多部门联合制定物流政策现象，这与物流系统是社会经济运行的基础性系统、物流政策涉及面广有很大关系。不同点在于由于两岸行政机构以及职责设置的差异，大陆物流政策制定的部门远多于台湾，同时一些类似政策的具体制定部门两岸也有所不同。大陆的政策制定部门主要包括国家发展改革委，负责制定物流宏观指导政策以及牵头制定一些战略性物资如粮食的物流规划；商务部负责制定商贸领域物流政策；交通运输部负责制定交通基础设施规划与建设、运输管理方面的政策；海关总署负责制定通关政策以及海关特殊监管区政策；工信部负责制定物流信息化政策；国家标准化管理委员会负责制定物流标准化政策；财政部和国家税务总局负责制定涉及物流的财税政策；公安部负责制定货运道路管理方面的政策。台湾政策制定部门相对较少，主要包括负责制定物流宏观指导政策的行政主管部门，负责商贸领域以及物流信息化与标准化方面政策制定的经济主管部门，负责交通基础设施规划与建设、运输管理方面政策的交通主管部门，负责保税物流（如保税仓库、保税工厂、物流中心等）相关政策制定及关务政策制定的财政主管部门，负责物流用地取得及土地使用政策的相关部门等。

政策制定数量及形式方面，大陆物流政策数量多，且形式十分多样，有规划、指导意见、办法、规定、标准、通知等多种形式。台湾物流政策的数量远少于大陆，形式相对简单，以发展计划、行动方案为主。

政策制定层级方面，大陆由于幅员广阔、地区差异性大，在政策制定时通常会由国务院各部门或国家发展改革委等先出台国家层面的政策，然后各省市的相关部门再出台细化的配套政策。另外，无论是国家层面的物流政策，还是地方细化的配套政策，大陆政策都偏重于指导性和原则性，很少包含明确的执行方案内容。台湾物流政策多为具体的发展计划或行动方案，政策方案的内容十分具体，绝大多数为直接执行方案，无需再制定配套方案。

（二）政策执行的异同点

两岸政策执行方面的相同点之一是政策一般均由政策制定部门负责执行，且两岸均建立了相应的政策执行协调机制。协调机制的具体形式，大陆为全国现代物流工作部际联席会议制度，台湾多为"计划推动小组"。全国现代物流工作部际联席会议制度2005年建立，由国家发展改革委等15个部门和单位组成。国家发展改革委为联席会议牵头单位，联席会议召集人由国家发展改革委分管副主任担任。联席会议下设办公室，办公室日常工作由国家发展改革委经济运行调节局承担。联席会议办公室负责监测分析全国现代物流发展状况，汇总各成员单位在推进现代物流工作方面的情况，组织专题分析研究现代物流工作中存在的突出矛盾和重点问题。台湾通过"计划推动小组"实现多部门共同分工协作，同时成立专门的"服务中心"来负责与业界的沟通反馈，同时由各部门分管相关政策的宣传与解释。两岸协调机制的共同不足是因缺乏专门的人力编制、预算编列、行政裁决及行政辅导等权责，跨部门协调管理机制的作用不能完全发挥，致使政策推动工作受到阻碍。

两岸政策执行方面的相同点之二是均采取先示范、后推广的方法。例如大陆的甩挂运输、营业税改征增值税改革、城市配送方面的政策，均采取先在部分地区试点，然后总结试点经验，再将政策范围扩展到其他地区乃至全国的方式。台湾在诸多物流行业、行业物流政策中，也是先从申请辅导的备选企业中选择典型性强的企业进行辅导，然后将被辅导企业的经验总结成案例，再进行推广。这种方法降低了政策的实施风险，并有利于发现政策中存在的问题，及时修正与改进政策。

不同点之一在于台湾在实施一些物流行业、行业物流以及信息化与标准化政策时，大多会委托一些研究机构、行业协会或咨询公司等，大陆较少采用这种方法。如台湾经济主管部门在推行《产业全球运筹电子化深化计划》《物流利基化与供应链服务推动行动计划》《物流基磐整合与效率化推动计划》《产业运筹服务化推动计划》等多项政策，交通主管部门在执行《台湾地区智能型运输系统纲要计划》时，委托"工研院"、电脑公会、咨询公司等组织进行所需技术开发及企业辅导，其原因主要在于这些政策的执行涉及很多具体的微观物流专业知识，行政主管部门不具备相关专业能力，因此将政策执行予以外包。大陆的物流行业、行业物流以及信息化与标准化政策以方向性、原则性政策为主，微观物流专业知识涉及较少，因此未采用类似执行方式。

不同点之二在于台湾注重对政策成果的追踪与总结。政策执行部门每年会对政策效果进行追踪与总结，有利于政策后续方案的改进和推进，也有利于在新政策的制定和执行中对已有政策的成果进行延续和深化。另外，台湾还注重成果的宣传与推广，以更好地发挥政策作用。大陆近年也越来越重视物流政策成果的追踪与总结，政策成果宣传与推广力度也在不断加大，但与台湾相比还存在差距。

第十四章　两岸物流政策展望

目前两岸都处于关键发展时期，面临巨大机遇与挑战。中国正处于由世界大国向世界强国迈进的关键阶段，面对资源与环境的巨大压力，加快经济结构调整、转变经济增长方式已成为经济发展的重中之重，大力发展包括现代物流业在内的服务业是大陆实现产业结构转型以及转变经济增长方式的必然选择。台湾迫切需要利用有利的区位条件，积极融入区域经济一体化进程和加快产业转型升级，物流业作为台湾具有利基与前瞻性的产业已得到各界认同。为进一步引导物流业升级与发展，两岸均需要建立更加完善的物流政策体系。

第一节　大陆物流政策展望

大陆目前亟待制定国家中长期物流总体规划，新时期物流政策将继续支持物流企业做大做强，进一步推动民生物流发展，重点促进综合交通运输体系的建设和完善，并更加关注物流新技术和物流信息化发展，物流政策的推动机制也将得到进一步完善。

一、国家中长期物流总体规划亟待制定

《物流业调整和振兴规划》是大陆第一个物流整体发展规划，但该规划实施期为 2009～2011 年，目前规划期已满。因此，大陆目前亟须制定一部指导未来一段时期物流发展的中长期物流总体规划。加速制定国家中长期物流发展总体规划，从国家层面上引导物流行业未来长期健康发展，对于大陆转变经济发展方式、提升国际竞争优势具有重要战略意义。

该规划的前期工作已经启动。2011 年，国家发展改革委会同交通运输部等

10 个部门，以及中国物流与采购联合会等 3 个协会，成立了物流业发展中长期规划编制领导小组。目前该规划已被列入"十二五"期间报国务院审批的专项规划整体预案。

国家中长期物流发展总体规划应明确物流业长期发展的基本思路、重点和方向，促进物流业在调整振兴基础上，进一步夯实产业基础，步入发展新阶段。目前，大陆物流业发展仍存在诸多问题，包括发展方式较为粗放、发展不平衡性突出、基础设施不能满足要求等，并且面临着人工成本上升、企业恶性竞争加剧等不利发展因素。因此，该规划将以解决这些突出问题为导向，其发展目标将集中于社会化、专业化水平进一步提升，物流企业竞争力显著增强，物流基础设施衔接更加顺畅，物流整体运行效率显著提高等方面。

二、政策将继续支持物流企业做大做强

物流企业是推动物流业发展的主体。进入新世纪以来，在政策以及市场竞争的共同推动下，大陆专业化、社会化物流企业发展较快，多种所有制、不同服务方式的物流企业逐步成长壮大。但总体来看，多数物流企业仍处于数量扩张的粗放式经营阶段，管理水平较低、运营模式落后、服务种类单一，"小、散、差、弱"的主体格局仍制约着行业整体竞争力的提升。因此，提升物流企业管理水平，创新物流企业运营模式，开发新的物流服务种类，支持物流企业做大做强，向规模化、一体化、网络化、国际化发展，仍是新时期大陆物流政策的重点任务。

一是鼓励物流企业提升管理水平。先进的物流企业管理模式是企业提升市场竞争力、做大做强、良性发展的重要条件。然而现阶段大陆物流企业的组织管理模式较为落后，无法适应新时期现代物流发展的新趋势，信息化管理、知识管理等先进管理模式仅在少数发达地区和先进物流企业中得到重视。因此，政策应积极鼓励物流企业引进适应自身实际情况的先进管理模式，不断提升管理水平。

二是鼓励物流企业创新运营模式。物流政策应鼓励物流企业通过管理创新、技术创新、市场创新等多种方式创新运营模式，减少不必要的物流环节，缩短物流运转周期；降低库存，优化物流系统结构，降低物流成本；增强物流企业的反应速度，开发个性化产品和服务，增强物流企业竞争力。

三是鼓励物流企业加大服务开发力度。现阶段大陆物流企业的服务内容往往往局限于运输、仓储、配送等基本物流服务领域，缺少增值服务及综合性服务，易造成同质竞争，阻碍物流企业竞争力的提升。因此新时期的物流政策应鼓励物流企业立足于服务创新，认准自身资源和能力优势，强化物流服务功能，为客户提供有价值的延伸服务、一体化服务、增值服务和特色服务，以促进物流企业获得持久性竞争优势。

四是为物流企业跨区域运营提供便利。网络化经营是物流企业的基本特征，但目前还有很多制约物流企业跨区域运营的问题。如企业所得税不能够统一缴纳，许多营运证件不能跨区域使用，物流企业全国运营的车辆必须回到登记所在地办理年检等。这些不合理的准入门槛，限制了外地企业进入本地市场，阻碍了物流企业网络化经营。因此，新时期的物流政策应放宽物流市场准入条件，加强对物流市场的监管，加强对地方保护和地区封锁等行政性垄断文件的清理整顿，为物流企业异地经营提供便利。

三、政策将进一步大力推动民生领域物流发展

"十二五"时期，大陆将继续构建扩大内需长效机制，促进经济增长向依靠消费、投资、出口协调拉动转变，将扩大消费需求作为扩大内需的战略重点，增强居民消费能力，改善居民消费预期，促进消费结构升级。随着城乡居民消费升级和扩大内需政策的落实，居民消费需求将会得到进一步释放，与居民消费密切相关的农产品物流、电子商务、连锁经营、快递配送、医药物流等民生领域物流将得到加快发展。

然而现阶段民生物流存在的问题仍比较突出：一是一体化物流不足，导致蔬菜、粮食和食品中间成本难降，食品安全问题频出；二是供应链管控不足，导致药品流通过程中被层层加价，药品价格居高不下；三是城市交通拥堵频发，物流配送车进城难、车辆停靠难；四是城乡物流的二元化结构，造成城市商品下乡难和农村商品进城难；五是物流公共平台缺乏，社区物流服务网络缺乏等。

因此，新时期的物流政策应进一步推动民生物流发展，可以从以下几个方面推进：一是推动民生物流网络化、一体化发展，降低中间成本，推进民生物流体系的共享性、衔接性、先进性以及高效性；二是强化食品、药品流通的全流程质量管理，大力推广食品、药品冷链物流，有效解决食品、药品安全问题；三是进一步推动物流管理体制改革，多部门协调解决城市配送车辆调度问题，有效提升服务民生的物流配送效率；四是支持民生领域公益性物流平台建设，

促进民生物流服务便捷化、集约化；五是鼓励创新民生物流服务模式，有效提升民生物流服务能力。

四、政策将重点推动综合交通运输体系的建设与完善

经过改革开放特别是近十余年来大规模、高速度的建设，目前大陆各种运输方式的网络框架基本形成，技术装备水平得到较大提升。交通基础设施存在的主要问题是：交通网络的技术等级、网络覆盖广度与通达深度有待提高，区域间、方式间、方式内等结构性矛盾仍然突出，存量设施系统效率偏低；各种运输方式之间的有效衔接尚未完全形成，综合交通枢纽和一体化服务发展滞后。

因此，未来一段时期，大陆交通基础设施发展重点将从规模扩张向推进综合运输体系建设、促进现代物流发展以及提升科技进步和信息化水平方向转变。物流基础设施政策也将集中于推动综合交通运输体系的建设与完善，大力建设综合性物流园区或公路货运枢纽，不断拓展港口、机场的物流功能，推进集装箱、大宗货物水铁联运、江海联运快速发展等方面。

五、政策将更加关注物流领域的信息化与新技术应用

大陆物流信息化的发展经历了四个阶段，从最初的单项应用、局部集成、综合集成，目前已经到了融合发展的新阶段，主要体现为多主体跨领域信息化整合与新技术的应用，如供应链管理、共用平台、物联网等。在这一发展过程中，重点物流行业信息化建设发展迅速，在铁路、公路、水运、航空、邮政等行业基本实现了信息化管理，并在各自系统内部形成了有特色的信息服务体系。

尽管成就显著，但目前大陆信息化仍然滞后于物流业的发展，仍存在很多问题与瓶颈：一是信息资源开发利用和开放共享水平偏低，不同运输方式间的信息交流不畅，制约着物流协同运作水平和多式联运水平的提高；二是物流企业和企业物流的信息化发展不平衡，大多数企业还处于初级阶段，信息化需求的层次不高；三是公共物流信息平台建设滞后，使得物流信息分散、条块分割，信息无法共享，信息资源缺乏有效整合；四是新技术和物流设备应用层次较低，缺乏必要的订单管理、货物跟踪、仓库管理系统和运输管理系统等物流服务系统，物流信息资源的整合能力尚未形成；五是普遍缺乏高素质的物流信息管理人才。这些问题都导致物流信息化举步维艰，全社会物流总成本居高不下，无法有效发挥物流行业的整体优势。

因此，可以展望新时期物流政策将更加关注物流领域的信息化与新技术应用。一是以需求为导向，以物流信息技术的有效应用为切入点，以物流信息资源的开发利用为主线，提高全社会物流信息资源开发利用水平。二是开展若干重点示范工程，如物流信息平台建设试点示范工程、主制造商供应链信息化提升试点示范工程、重点领域物流信息化提升试点示范工程、电子商务与物流服务集成建设试点工程、物流信息技术创新应用试点示范工程等。三是加强物流公共信息平台建设，有效整合行业资源，实现行业资源交互和共享，充分发挥物流行业的整体优势，从根本上提升整体物流服务水平。四是重视和培养专业物流人才，拓宽教育和培训渠道，鼓励行业协会、企业和大专院校开展多方面、多层次的培训工作，建立多渠道培养高层次复合型物流信息化人才培养体系。

六、物流政策的推动机制将进一步完善

物流政策是国家对物流系统和物流产业发展方向和思路进行的全局性、战略性指导，需要完善的物流政策推动机制来保障政策问题顺利解决、政策目标顺利实现、政策任务与措施得以贯彻落实。完善的物流政策推动机制应与宏观经济发展趋势相吻合，具有推动现代物流发展的政策集成效应和政策支撑力。因此，可以对新时期的物流政策推动机制作如下展望：

一是进一步建立健全国家促进物流业健康发展的组织协调工作的推动机制，即全国现代物流工作部际联席会议制度，以市场为导向，以企业为主体，以效益为根本，加强统筹协调力度，形成各部门推进合力，协调全国现代物流发展规划，研究解决发展中的重大问题，组织推动现代物流业发展，共同推进物流政策实施与落实。

二是建立健全物流协会与政府主管部门的沟通反馈机制，采取"业者提供建议，政府反馈资源"的模式，在推动物流政策时充分考虑物流企业多方面意见，通过科学的审核与反馈机制，把握行业最新动态，发现政策问题，修正政策方向，调整政策方案，增补政策措施，有效推进物流政策深入贯彻落实，为新政策的科学制定做出积极贡献。

第二节　台湾物流政策展望

随着信息科技的进步，信息技术对物流服务的效率与服务创新产生深刻影响。本节主要参考台湾运输研究所出版的《前瞻运输物流管理系统整体发展架构与推动策略规划》，首先从物流信息技术的发展趋势、物流产业应用云计算技术提供创新服务两个角度，分析信息技术对物流发展的现实与潜在影响，然后对台湾物流政策的未来发展方向与策略进行展望。

一、信息技术对物流发展的影响

（一）物流技术的信息化、实时化和整合化发展趋势

由于商业环节的分工愈趋细致，分工后的整合工作便成为重要的作业环节。物流属于后勤支持，且可视为商业活动的衍生需求，因此可以发现物流技术的发展有信息化、实时化、整合化等几个趋势。

信息化方面，信息科技的技术进步已可以将所有物流数据予以数字化，物流信息化将使货物由需求端开始到配送完成，所有的物流数据均可以借由信息化达到降低成本、增加效率的目标。电子数据交换（EDI）与电子订货系统（Electronic Ordering System，EOS）两个技术，将使产业供应链上下游的信息更容易流通。因此借由 EDI 与 EOS 将有助于提高零售业商品订购效率。此外，随着无线射频识别技术（RFID）的成熟，成本的降低将有助于实现 RFID 在商业领域的全面普及。RFID 除了可以提高零售业结账效率外，在仓储中心库存管理、运输过程的商品检验以及零售店商品盘点等方面，也都可以显著提高运作效率。

实时化方面，实时化是许多商务活动愈来愈关注的焦点，不论是商家对商家（Business to Business，B2B）的供应链需求还是商家对消费者（Business to Customer，B2C）的商品配送，快速配送无疑会提供厂商更强的竞争优势。近年来，已有许多电子零售商将物流配送实时化作为营销重点。物流信息实时化可以让消费者的订购数据与物流中心实时联机，物流中心可以动态拣货、理货与包装，并实时通知配送中心每日预计配送的数量与区域，运输部门则可以通

过实时化物流信息进行运输系统的调度。而在配送端方面，电子零售店可以借由手机短信与电子邮件实时通知消费者可以前往便利商店取货（或由配送司机与消费者联系确认取货时间），最后在消费者签收货物时也可以实时回传电子零售店相关的取货完成数据。在全球运筹方面，物流配送所需数据的信息化与实时化将使全球运筹调度更有效率和弹性。全球定位系统（GPS）和地理信息系统（GIS）的结合，将有助于全面掌握船只的运送情况；在公路运输方面，也可以借由 GPS 与 GIS 协助配送作业进行更有效率的弹性调度。至于在自动分拣系统（Automated Sorting System, ASS）方面，它更是实现航空快递达成实时配送目标的不可或缺的技术。

整合化方面，许多货物配送是需要不同运具来完成的，或者说由制造商（或物流中心）到消费者手中的一连串运输过程是通过不同单位合力完成的。整合不同单位的物流信息系统便是一项重要工作，这也是目前在物流配送中最被重视的货况追踪平台（E-tracking）。目前常见的货况追踪平台分为封闭型与整合型两种。如邮政系统、宅配通等货物运输业者所提供的货况追踪平台多半属于封闭型。而第三方物流（如凯耀物流、东拓物流等）所提供的货况追踪平台则属于整合型。由于第三方物流多半以仓储、理货与包装为其商业核心，因此面临客户不同配送需求迫使第三方物流需要与不同货运公司进行合作及信息系统串接，并将诸如邮政系统、宅配通、便利商店等不同的配送信息进行整合，并进一步整合这些物流信息在一个货况追踪平台中，借以满足客户对于货况追踪的需求。

随着商业模式的不断变化，属于后勤支持活动的物流也势必随着商务模式的改变而调整。若聚焦在电子零售产业，可以发现物流技术发展有信息化、实时化与整合化三个趋势。在台湾，由于便利商店的密度已经高居世界第一，因此借由便利商店所衍生出的店配服务，可以说是零售业面对物流信息技术信息化、实时化与整合化的具体成果。在 2011 年，大陆估计有 60%的配送需求由电子商务交易而产生，虽然电子商务可以产生庞大的交易商机，但是宅配（Home Delivery）方式也带来运输需求，这对于日益拥堵的都市而言将会是一个威胁。因此强调整合能力的店配运输系统，将有助于缓解电子商务所衍生出来的庞大配送需求，除了可以借由共配减少能源使用外，店配信息化与实时化等物流技术能力也有助于销售业务发展。面对海峡两岸交易的繁荣，目前已经有许多台湾消费者在大陆电子零售店（如淘宝、当当网、凡客诚品等）购物，若能协助台湾便利商店业者与大陆电子零售店合作，将可以实现让台湾消费者在大陆网上购物、在台湾便利店取货的物流服务。希望未来进一步辅导台湾物流信息整合厂商将台湾的店配系统移植到大陆，整合大陆电子零售业与不同体系的连锁便利商店体系，让大陆网络购物也可以借由台湾的物流信息整合技术完成大陆版本的在线购物、超商取货服务。

（二）"云计算"技术在物流领域的应用

"云计算"（Cloud Computing，或称云端运算）是基于互联网的相关服务的增加、使用和交付模式，通常涉及通过互联网来提供动态易扩展且经常是虚拟化的资源。为满足国际企业供应链管理外包的迫切需求，国际物流业进行合并收购、策略联盟，不断大型化，并持续导入先进信息技术（IT）应用，形成优势竞争，以提供供应链管理服务。因此，现阶段应着重于支持与鼓励业界建立协同合作平台，整合物流、资金流与信息流，通过效率化作业平台，以优异物流能力支持产业全球运筹能力。"云计算"的供应链解决方案将成为实现上述目标的重要技术工具，在物流领域具有广阔的应用前景。

目前，台湾《云端运算产业发展方案》规划以五年新台币 240 亿元经费，达成云端服务应用体验 1000 万人次、带动企业研发投资新台币 127 亿元、促成投资（含制造、服务）新台币 1000 亿元、新增就业人口 5 万、云计算产值累计达新台币 1 兆元等目标。该方案确定五大施政方向：（1）提升行政管理部门运作效能；（2）提升民众生活水平；（3）提升硬件附加价值；（4）带动产业投资，加速产业转型；（5）加强基础研究与产业科技研发，全方位从行政主管部门推动面、社会影响面与产业经济面三方面，发挥整体施政效益。

未来应结合《云端运算产业发展方案》的推动做法，从供给面、需求面与治理面等三大发展策略及措施上，推动云计算在物流领域的应用。在供给面，全方位、高度整合产业物流供应链的发展策略，重点措施包括发展云端物流信息系统与经营资料中心（Cloud）、发展云端物流信息应用软件（Commerce）、持续推动宽带建设（Connectivity）、创新研发云端装置产品（Client）等。在需求面，由主管部门主动提出推动行政部门云端物流信息应用的计划需求，由行政单位担任需求面的一员，由"云计算产业推动办公室"协助岛内业者有机会参与计划，由多元云端应用的自身需求推动产业的发展。在治理面，配合即将成立的"云计算产业发展指导小组"，进一步结合《海峡两岸经济合作框架协议》（ECFA）的进展，纳入两岸云端物流技术相关议题的讨论，以利提出恰当的管理方式。

目前，台湾电子商务物流有效利用了便利商店的物流配送与信息整合能力，发展出在线购物、店配取货系统。以便利达康公司为例，该公司结合三家便利商店（全家、莱尔富以及 OK 便利店）、两家软件服务公司（和盟、Trend-go.com Inc.）、两家运输公司（日翊文化物流、莱尔富文化物流）、四家物流中心（凯耀物流、东拓物流、康瑞物流、金士盟物流），组成一个完整的店配物流信息系统。在此架构下，所有合作厂商（便利商店、电子零售店、物流中心与配送商）都将信息传递到云端的和盟公司，云端物流信息软件与云端物流信息平台均由和盟公司开发，云端设备（如 IT 系统、数据库等）则采用台湾电信与思科的服务。所有网络购物消费者、电子零售店、便利商店的客服人员以及物流相关业者都可借助云端物流信息平台，查询网络购物的货况信息。网络购物、便利店取货的复杂物流模式下，通过云计算平台的弹性与延展性，可使网络购物更有效率、弹性并达到合理的物流信息分享，降低整体供应链的运行成本，并快速响应客户需求。

未来，可以利用云端物流技术达到两岸电子商务的合作。结合云端物流信息技术的应用，不仅可以使台湾消费者在网络上购买大陆网上商店的商品，然后在台湾的便利商店取货；而且也可使大陆的网上商店与台湾的物流合作者借助云端物流信息平台的服务，完成信息串接、物流配送、退货处理、货物追踪、对账作业等业务。同时，进一步延展这一云端物流技术平台的服务，还可以协助台湾便利商店的物流业者在大陆拓展相同服务。

二、台湾未来物流政策的发展方向

综合考虑台湾物流发展的内外部环境，结合台湾自身的发展利基，对台湾物流政策进行如下展望。

（一）台湾物流的发展愿景与目标

台湾物流的发展愿景是使台湾成为亚太地区具有竞争力的加值运筹中心。物流发展目标包括三个方面：一是吸引国际业者、大陆业者和台商在台投资，拓展货源与产值。二是创造开放、低成本、有效率的物流经营环境，增加台湾行政管理部门与业者竞争力。三是配合国际组织与先进科技发展，提升与国际接轨速度和服务质量。

（二）台湾未来物流政策的十大方向

1. 货源货量：由产业出走至联盟开拓

为能有效吸引国际业者、大陆业者与台商在台投资，可致力于改善岛内运输体系的经营环境。例如改善货运产业经营机制，建立完善的货运产业经营环境；响应其他货运业者与铁路配合的要求，并努力达成、拟订相关计划以因应威胁等，建立整合型的商贸流通基地；积极与大陆二线港口建立港群合作关系；随台商企业一同开发拓展市场，提供符合台商需求的物流服务，并通过策略联盟与大陆业者合作。

2. 空港发展：由货物运量至产业加值

扩大空港自由贸易加值园区，遴选核心产业进驻，提高货物加值能力。例如提升物流服务的能力与质量，扶植机场周边产业发展；提供整合型复合运输服务，为企业提供无缝供应链联结，并加速建置物流信息平台。空港发展由货物运量至产业加值的示意图如图 14-1 所示。

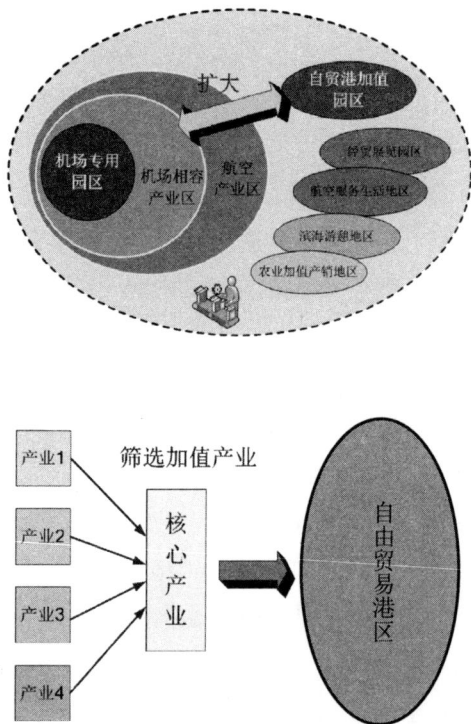

图 14-1　空港发展由货物运量至产业加值的示意图

3. 自由贸易港区：由区内自主至跨域整合

规划台湾自由贸易港区与邻近特区甚至岛外其他自由贸易港区进行跨域整合，提升竞争优势。例如建立完善的货运产业经营环境；减少自由贸易港区营运限制，进行港区与周边产业之整合；把握海西发展机会，通过政策引导产业供应链布局，将海西纳为腹地；发展台湾成为东亚地区国际空运门户；发展经贸特区，减缓产业外移。

4. 组织运作：由公共部门经管至政企分离

进行组织改造，将空港营运由公共部门经营改为公共部门负责行政管理，以公司化企业进行营运。例如改善货运产业经营机制、提升货运相关产业公会角色与机能、建立完善的货运产业经营环境、进行铁路货运的组织规划、成立大型国际物流企业、建立统筹协调之物流组织；借助策略联盟或并购，尽快扩大规模，强化竞争力。

5. 营运管制：由保守僵固至放松弹性

由行政主管部门放宽市场管制，如进出管制、费率管制、营运项目管制等；加强非市场面管制，如安保管制、环保管制等。例如辅导货运产业整合与转型、建立货运产业合理经营的监管制度，检讨修订设立、监理、税费等规范，降低船舶营运限制；订立公平、公开规则，定位清楚，目标市场明确，可利用"开放天空"政策创造更大需求。

6. 运具发展：由单一运具至复合运具

现阶段国际贸易多由复合运输模式完成运送，应打造一个有效率的运输环境，提供供应链上下厂商无缝运输。例如规划建置公共货运场站，发展驶上驶下列车以供小货车或小汽车能够直接上下列车，达成整合公路、铁路与海港的复合运输，辅导业者强化仓储转运能量与建构完整的进出口物流网络，规划建置国际集装箱拆拼装营运中心。应提供整合型复合运输服务，为企业提供无缝供应链联结。

7. 设施连接：由断链瓶颈至网络顺畅

国际贸易涉及物流、商流、资金流、信息流，借助彼此的整合以达成货物运输网络畅通。例如推动关港贸单一窗口、加速优质企业（AEO）的推行与认证、加速建置物流信息平台。

8. 设备技术：由传统多样至先进标准

改善货运系统传统设备技术，导入先进的 GIS、GPS、RFID，并进一步标准化，以利整合性物流平台的建立。例如运用智慧化科技提升货运经营效率，持续强化公路运输路网，提升铁路货运设施、设备与服务，成立并强化铁路货运的研发单位，加速与辅导建置整合性物流信息平台。

9. 费率制定：由行政利基至市场导向

主管机关降低相关费率，由行政利基导向市场机制，让利于企业。例如提升货运相关产业公会角色与机能、建立完善的货运产业经营环境、响应其他货运业者与铁路配合的要求，并努力达成、研议租金、权利金、机场降落费、港口费用等费率减免可行性。

10. 安全低碳：由岛内需求至与国际接轨

为确保货物运输安全与绿能环保议题，运输服务应研拟应对措施，以符合国际公约规范之要求，进而与国际接轨。例如建立绿色物流发展环境，遵循全球对温室气体排放的管制，建立货物进出口安检机制，检视国际法规并符合国际规范，积极发展绿色港口物流。

物流政策方向与其对策汇总如表 14-1 所示。

表 14-1　台湾物流十大政策方向与因应对策

物流政策方向	因应对策
货源货量： 由产业出走至联盟开拓	1. 改善货运产业经营机制。 2. 建立完善的货运产业经营环境。 3. 响应其他货运业者与铁路配合的要求，并努力达成。 4. 建立"整合型"商贸流通基地。 5. 与大陆二线港口建立"港群"合作关系。 6. 随台商企业一同开发拓展市场，提供符合台商需求的物流服务。 7. 通过策略联盟与大陆业者合作，研议推动两岸货运卡车直驶两地之相互认证制度、整车驶进驶出之复合运输模式等。
空港发展： 由货物运量至产业加值	1. 协助业者扩展大陆市场。 2. 发展驶上驶下列车，简化货运装卸作业。 3. 提升物流服务的能力与质量。 4. 扶植港口周边产业发展。 5. 提供整合型复合运输服务，为企业提供无缝供应链联结。 6. 加速建置物流信息平台。
自由贸易港区： 由区内自主至跨域整合	1. 建立完善的货运产业经营环境。 2. 以积极的态度，进行铁路货运之路网规划。 3. 减少自由贸易港区营运限制。 4. 进行港区与周边产业的整合。 5. 把握海西发展机会，通过政策引导产业供应链布局。 6. 发展经贸特区，减缓产业外移。

物流政策方向	因应对策
组织运作： 由公共部门经管 至政企分离	1. 改善货运产业经营机制。 2. 提升货运相关产业公会角色与机能。 3. 建立完善的货运产业经营环境。 4. 进行铁路货运的组织规划。 5. 成立大型国际物流企业。 6. 建立统筹协调的物流组织。 7. 借助策略联盟或并购，尽快扩大规模，强化竞争力。
营运管制： 由保守僵固至放 松弹性	1. 辅导货运产业整合与转型。 2. 建立货运产业合理经营的监管制度。 3. 检讨修订设立、监理、税费等规范。 4. 降低船舶营运限制。
运具发展： 由单一运具至复 合运具	1. 规划建置公共货运场站。 2. 发展驶上驶下列车，以供小货车或小汽车能够直接上下列车。 3. 达成整合公路、铁路与海港之复合运输。 4. 辅导业者强化仓储转运能量与建构完整的进出口物流网络。 5. 规划建置国际集装箱拆拼装营运中心。 6. 提供整合型复合运输服务，为企业提供无缝供应链联结。
设施连接： 由断链瓶颈至网 络顺畅	1. 预先规划物流设施与道路灾害应变计划与措施。 2. 规划研拟灾害动员物流应变计划。 3. 以积极态度，进行铁路货运之作业规划。 4. 推动关港贸单一窗口。 5. 加速 AEO 的推行与认证。 6. 加速建置物流信息平台。
设备技术： 由传统多样至先 进标准	1. 运用智慧化科技提升货运经营效率。 2. 持续强化公路运输路网。 3. 提升铁路货运的设施、设备与服务。 4. 成立并强化铁路货运的研发单位。 5. 加速与辅导建置整合性物流信息平台。
费率制定： 由行政利基至市 场导向	1. 提升货运相关产业公会角色与机能。 2. 建立完善的货运产业经营环境。 3. 响应其他货运业者与铁路配合的要求，并努力达成。 4. 研议税费减免可行性。
安全低碳： 由岛内需求至与 国际接轨	1. 建立绿色物流发展环境，研究与推广绿色物流运作模式，包括绿色原料物流、绿色生产物流及绿色销售物流等模式。 2. 因应世界性对温室气体排放的管制及石油价格上升，重新检讨铁路货运政策。 3. 建立货物进出口安检机制。 4. 检视国际法规，符合国际规范。 5. 积极发展绿色港口物流。 6. 建立碳足迹追踪机制。

资料来源：台湾运输研究所. 前瞻运输物流管理系统整体发展架构与推动策略规划. 2010.

三、台湾未来物流管理策略

参考台湾各项物流政策规划以及台湾运输研究所的《前瞻运输物流管理系统整体发展架构与推动策略规划》，总结出台湾未来物流管理策略包括扩展高货量之物流、提升高效率之物流、追求重环保之物流。以下就相关内容进行阐述。

（一）扩展高货量之物流

近年来面对大陆的磁吸效应，台湾货物进出口量与转口量逐渐减少。台湾应利用两岸 ECFA 签订的契机，通过与台商、民间企业及海空港的合作，将过去局限的物流服务向外延伸，尝试各种方式拓展货源，以提高台湾物流的货量。

1. 策略方案一：建立"台湾制造"（MIT）查验制度与品牌营销策略

一是建立 MIT 查验制度。物流产业除可提供高质量运输服务与产品加值外，行政主管部门应进一步建立具国际公信力之 MIT 查验制度。

二是营销 MIT 品牌。当建立严谨的 MIT 查验制度后，主管部门应主动积极联合营销 MIT 品牌，吸引全球货物至台湾进行产品认证。

2. 策略方案二：发展电子商务趋势下的新兴物流服务

一是建立电子商务需求物流系统。即扶植相关物流公司大型化或相互结盟，并检讨城市物流基础建设，以满足日益剧增的电子商务物流需求。例如在高速公路交流道设置城际与都会间公共货运转运站，避免大量货车进入都会地区，提高转运效率。

二是推广电子商务之物流模式。拓展台湾网购及店配成功模式至类似经营环境的地区。可配合大陆来台观光，扶植台湾物流业者在大陆设点或建立结盟物流通路，将观光客购买的产品进行店配或宅配，以创造商机。

3. 策略方案三：主动进入大陆开发市场

一是持续增辟两岸直航港口。大陆河港与海港众多，目前两岸直航河港与海港为 68 个，两岸应持续进行直航的协商，增辟台湾与大陆重点发展的河港与海港，如苏州港、靖江港、湖州港、北海港、高栏港、潍坊港等的直航路线，缩短航行距离与运送时间，提升时间效益。

二是寻找二线与三线港口的合作对象。依据地理区位的不同，进行目标市场的划分。例如，基隆港、台北港可与上海以北的二线/三线港口，如营口、锦州、秦皇岛、龙口、连云港、烟台等港口建立港群合作关系；高雄港可与上海以南的二线/三线港口，如台州、温州、福州、泉州、漳州、汕头、虎门建立港群合作关系，以使高雄成为港群转运中心。并可研议合适的港口合作策略，在短期内可互相代办港口业务、降低港口费用，以吸引合作港口、进出口贸易商货源。中长期合作双方可以相互投资持股。

三是发展两岸复合运输物流模式。建立航空、海运、公路、轨道的复合运输系统，并可研拟两岸复合运输物流的合作发展机制。例如推动两岸货运卡车直驶两地的相互认证制度、整车驶进驶出的复合运输模式等。此外，更可与大陆物流业进行策略联盟，建立一条龙的货物运送方式，初期可利用大陆二线港口并配合台商货物运送，作为两岸复合运输物流合作试办计划。

四是争取海西经济区营运特许。经济主管部门选定产业，邀集公会，辅导业者计划性利用海西经济区，配置产业供应链。

4. 策略方案四：借助 ECFA 与 FTA（自由贸易协定）扩展台湾物流网络

一是研析将物流产业纳入 ECFA 的具体内容。将两岸通关便捷化、电子化、通关检验等纳入 ECFA 清单。积极对业者说明与倡导 ECFA 的效益与机会，通过各货运公会、行政主管部门及财团法人举办大型研讨会，说明物流运送业在签订 ECFA 后拥有的契机，鼓励业者积极扩展物流网络。

二是加速 FTA 的谈判协商。把握 ECFA 签订契机，积极推动与美、日、欧盟及东协国家等主要贸易伙伴洽签，如加速与新加坡签订 FTA，积极与马来西亚、菲律宾、日本等主要贸易伙伴进行谈判协商，争取 FTA 的签署。

5. 策略方案五：积极推动自由贸易港区的发展

一是定位自由贸易港区并选择核心产业。将自由贸易港区进行差异化定位，并选定核心产业进驻自由贸易港区，有助于增进自由贸易港区的竞争力。基于此，建议选择具有高附加价值、高度联动的台湾相关产业以及在国际市场占有率较高的核心产业，建立具有差异化特色的自由贸易港区。

二是跨域整合自由贸易港区。对外与其他地区的自由贸易港区进行整合，提升竞争优势；对内进行保税区、科学园区、国际物流中心整合，减少自由贸易港区营运限制，进行港区与周边产业的整合。

三是主动出访，营销自由贸易港区。行政主管部门应主动积极联合营销台湾物流优势。例如，近年来各国自由贸易港快速发展，加上大陆市场的快速发展，台湾货物进出口吞吐量成长有限，台湾应主动出访，营销台湾自由贸易港优势，提供核心产业进驻自由贸易港优惠，以提升自由贸易港加值服务，同时提高台湾货物进出口的吞吐量。

6. 策略方案六：规划建置公共货运场站

一是规划建置城际与都会间货物转运中心。可于第二高速公路沿线交流道设置城际与都会间公共货运转运站，除可避免大量货车进入都会地区、提高转运效率外，亦可凸显第二高速公路承担公路货运服务的角色。

二是规划建置城际间货物转运中心。可于北、中、南、东选择主要公路交会地点设置城际间公共货运转运站，以供中小型货运物流业者规划转运机制，提高营运效率。

（二）提升高效率之物流

科技与智慧化过程是产业迈向先进与效率的最佳途径。通过智慧科技不仅能使业者随时掌握货况及了解整体运送细节过程，更能通过业者间信息交换，获得改善目前营运方式的方法，以便提高物流的效能与效率。在全球货物运输向智慧化发展之际，台湾物流亦须跟随国际步伐，向智能化系统发展。

1. 策略方案一：加速 AEO 的推行与认证

辅导岛内运输业者取得 AEO 认证资格。岛内物流业者要取得 AEO 认证资格，必须投入大量成本，相关部门应提供相关诱因，如投资抵免或补助等租税优惠，减少货物抽验、简化通关手续等通关优惠等，以提高业者参与 AEO 认证之意愿。

2. 策略方案二：运用智慧化科技提升物流经营效率

一是加速与辅导建置整合性物流信息平台。运用 RFID、云端技术等先进技术，建立货物追踪平台，建立仓储智能管理系统，建立 B2B 等物流信息系统，建立物联网，提供智慧化物流管理，使货运业与产业除提升运送效率及安全外，亦可由 IT 部门针对数据加以分析，以改善营运绩效。

二是资助业者发展智能化物流系统。资助业者发展物流智能化技术，并提供相关税率减免优惠，以鼓励业者发展物流技术。

三是推动示范性物流技术应用计划。建置完成物流相关技术后，可举办运用物流技术的研习会，教导物流业者如何使用智能化科技提升经营效率，进而办理申请试用相关技术；亦可先利用现有的科技平台，如 GPS 系统，供业者提出试用申请，以提倡物流智慧科技之应用。

3. 策略方案三：辅导物流产业整合与转型

一是发展无缝式物流服务。整合各运具间的物流服务。例如，台铁增加可载运小货车或大货车的平车，减少货车上下列车尚需经过装卸的步骤。铁路与海港配合，将小货车驶上铁路平车后，运往港口驶下，再让小货车驶上船后，运往台湾或其他地区港口。到达对方港口后，将小货车驶下船，并驶上铁路平车运往各地。这样，既能节省装载的时间与成本，又能扩展台湾的铁路货运空间。

二是建置物流知识管理系统。建立物流数据库，作为对主管机关与物流从业人员教育训练的基础，并可进一步作为发展物流政策规划的核心数据库。亦可依据世界银行的物流绩效指标（Logistic Performance Index）——通关效率、基础建设、国际运输、物流服务、货物追踪、及时性，分析台湾物流绩效。此外，亦可通过常态性的物流发展座谈会，邀请各界相关专业人士进行相关信息的分享交流。

三是联合学术界与公协会向业者提供整合与转型的咨询与协助。通过学术界向货运业者提供事业整合与经营技术转型的咨询，而且公协会可以作为货运业整合转型的媒介来协助货运业者整合转型。

4. 策略方案四：规划建置国际集装箱拆拼装营运中心

一是主动规划国际集装箱拆拼装营运中心。港口管理部门应积极规划港区内设置国际集装箱拆拼装营运中心，提高港区土地使用效率与货物进出口集装箱拆拼装效率，增加仓储能量，简化通关流程，降低货物运输成本。

二是筛选国际集装箱拆拼装营运中心进驻业者。港口管理部门应推动国际货运代理业（International Freight Forwarder）在管制区内的货柜集散站进行国际集装箱拆拼装的业者审核。

（三）追求重环保之物流

为使物流产业与国际接轨，台湾物流产业应积极推广绿色物流环保概念，发展绿色物流的商业或运作模式，提升台湾物流与世界趋势接轨。

1. 策略方案一：研拟碳足迹认证机制与规范

一是研议物流碳足迹认证机制。为减少温室气体排放，在商品上标示碳足迹已成为国际流行趋势，现在很多国家或地区均规定产品都必须通过碳足迹认证才能进入市场。碳足迹认证包括商品的制造与物流运送等整体供应链的温室气体排放。因此，研议物流碳足迹认证制度，有助于提升台湾物流的国际竞争力。

二是建立各运具的碳足迹规范。建立符合国际标准的物流碳足迹规范，设定各运具减少碳排放量目标。

2. 策略方案二：研究与推广绿色物流运作模式

一是补贴物流业者转换低碳运具及低碳物流设备，研拟低碳物流的奖励补助方式。例如，在补贴低碳物流设备上，航政主管部门应研拟新型绿能环保船舶开发的补贴措施，补贴航商开发新型绿能船舶，提升台湾海洋物流与世界趋势接轨。

二是发展绿色物流运作模式。通过产学合作，研发与应用绿色物流的运作及商业模式。例如，研议公路货运转移铁路货运的鼓励措施，通过与铁路营运机构合作，对铁路、公路复合运输运费予以减免。在海运物流上，各港可建置岸电设施，在船舶靠泊时提供在港电力，以减少废气排放。

台湾未来物流发展策略方案与行动计划汇总如表 14-2 所示。

表 14-2　物流发展策略方案与行动计划

管理策略	策略方案	行动计划
扩展高货量之物流	策略方案一：建立 MIT 查验制度与品牌营销策略	1. 建立 MIT 查验制度。 2. 营销 MIT 品牌。
	策略方案二：发展电子商务趋势下的新兴物流服务	1. 建立电子商务需求物流系统。 2. 推广电子商务之物流模式。
	策略方案三：主动进入大陆开发市场	1. 持续增辟两岸直航港口。 2. 寻找二线与三线港口的合作对象。 3. 发展两岸复合运输物流模式。 4. 争取海西经济区营运特许。
	策略方案四：借助 ECFA 与 FTA 扩展台湾物流网络	1. 研析将物流产业纳入 ECFA 的具体内容。 2. 加速 FTA 的谈判协商。
	策略方案五：积极推动自由贸易港区的发展	1. 定位自由贸易港区与选择核心产业。 2. 跨域整合自由贸易港区。 3. 主动出访，营销自由贸易港区。
	策略方案六：规划建置公共货运场站	1. 规划建置城际与都会间货物转运中心。 2. 规划建置城际间货物转运中心。
提升高效率之物流	策略方案一：加速 AEO 的推行与认证	辅导岛内运输业者取得 AEO 认证资格。
	策略方案二：运用智慧化科技提升物流经营效率	1. 加速与辅导建置整合性物流信息平台。 2. 资助业者发展智能化物流系统。 3. 推动示范性物流技术应用计划。
	策略方案三：辅导物流产业整合与转型	1. 发展无缝式物流服务。 2. 建置物流知识管理系统。 3. 联合学术界与公协会向业者提供整合与转型的咨询与协助。
	策略方案四：规划建置国际集装箱拆拼装营运中心	1. 主动规划国际集装箱拆拼装营运中心。 2. 筛选国际集装箱拆拼装营运中心之进驻业者。
追求重环保之物流	策略方案一：研拟碳足迹认证机制与规范	1. 研议物流碳足迹认证机制。 2. 建立各运具的碳足迹规范。
	策略方案二：研究与推广绿色物流运作模式	1. 补贴物流业者转换低碳运具及低碳物流设备。 2. 发展绿色物流运作模式。

资料来源：台湾运输研究所. 前瞻运输物流管理系统整体发展架构与推动策略规划. 2010.

参考文献

1. 台湾行政主管部门. 台湾经济发展历程与策略[M]. 2011.

2. 曹小衡. 台湾"亚太营运中心计划"的背景与前景[J]. 台湾研究, 1996（4）: 43-49.

3. 曹原. 政策工具发展历史及其分类探讨[J]. 现代商贸工业, 2009(3): 43-44.

4. 常鹏选. 现代物流发展的政策体系研究[J]. 经济师, 2011（6）: 277-278.

5. 陈青龙. 两岸旅游政策的比较研究[D]. 中国社会科学院研究生院博士学位论文, 2010.

6. 陈文玲. 我国建立和完善现代物流政策体系的选择[J]. 中国流通经济, 2009（1）: 8-12.

7. 池惠婷. 物流产业链报告[EB/OL]. www.dois. moea.gov.tw/content/pdf/09-物流产业链报告.pdf.

8. 东方财富网. 物流大师亚马逊是怎么赚钱的? http://finance.eastmoney.com/news/1683, 20130308277614491.html, 2013-03.

9. 关口幸一. 日本的物流政策[J]. 物流科技, 2000（1）: 32-34.

10. 国家发展和改革委员会经济运行调节局, 南开大学现代物流研究中心. 中国现代物流发展报告（2009）[M]. 中国物资出版社, 2009.

11. 国家发展和改革委员会经济运行调节局, 南开大学现代物流研究中心. 中国现代物流发展报告（2010）[M]. 中国物资出版社, 2010.

12. 国家发展和改革委员会经济运行调节局, 南开大学现代物流研究中心. 中国现代物流发展报告（2011）[M]. 中国物资出版社, 2011.

13. 国家发展和改革委员会经济运行调节局, 南开大学现代物流研究中心. 中国现代物流发展报告（2012）[M]. 中国财富出版社, 2012.

14. 国家发展和改革委员会经济运行调节局, 南开大学现代物流研究中心. 中国现代物流发展报告（2013）[M]. 北京大学出版社, 2013.

15. 国家统计局. 中国统计年鉴[M]. 中国统计出版社，2012.

16. 国家邮政局. 苏宁计划三年投资 220 亿元发展物流项目[EB/OL]. http://www.spb.gov.cn/folder47/2013/03/2013-03-08123160.html，2013-03-08.

17. 海峰，张丽立，孙淑生. 我国现代物流产业政策体系研究[J]. 武汉大学学报（哲学社会科学版），2005，58（5）：639-644.

18. 胡非凡等. 2012 年中国粮食物流回顾与 2013 年展望[J]. 粮食科技与经济，2013，38（2）：5-8.

19. 堀江正弘. 日本物流政策的演变——以《综合物流政策实施大纲》为中心[J]. 中国流通经济，2010（10）：4-7.

20. 李刚，蓝石. 公共政策内容分析方法：理论与应用[M]. 重庆大学出版社，2007.

21. 李宗哲. 台湾中小企业辅导政策之演变与评估[J]. 金融研究，2001（5）：65-73.

22. 林姗. 台湾物流业发展的现状、特点与趋势[J]. 亚太经济，2009（6）:98-102.

23. 汝宜红. 物流学导论[M]. 清华大学出版社，2004.

24. 商务部. 2011 年度药品流通行业运行统计分析报告. http://www.gov.cn/gzdt/2012-06/21/content_2166920.htm，2012-06-21.

25. 商务部. 2012 年度药品流通行业运行统计分析报告. http://www.gov.cn/gzdt/2013-05/30/content_2415047.htm，2013-05-30.

26. 孙广圻，张维国，姜梅. 国外物流业管理体制与政策初探[J]. 集装箱化，2001（6）：1-3.

27. 台湾运输研究所. 台湾地区商港整体发展规划（2012～2016 年）. 2011.

28. 台湾经济主管部门. 台湾物流年鉴（2001～2008）[M].

29. 台湾经济主管部门. 2011 年"核准对大陆地区投资概况分析". 2012-01-20.

30. 台湾冷链产业服务科技化推动现况[EB/OL]. http://www.materialflow.com.cn/article.do?command=findArticleByid&articleId=461，2013-06-24.

31. 台湾运输学会，台湾运输研究所. 前瞻运输物流管理系统整体发展架构与推动策略规划[R]. 2010-12.

32. 陶新良，王小兵. 物流系统规划与设计[M]. 机械工业出版社，2012.

33. 田颖. 试析三种粮食现代物流模式[J]. 粮食流通技术，2006（5）：5-7.

34. 王南丰. 统计分析方法在政策分析研究中的应用[J]. 统计与决策，2010（4）：173-176.

35. 王骚. 公共政策分析的理论与方法[M]. 南开大学出版社，2009.

36. 吴宗翰. 中国台湾地区与海外发达地区物流产业发展比较研究[J]. 物流技术，2011，30（6）：83-85.

37. 夏春玉. 中国物流政策体系：缺失与构建[J]. 经济研究参考，2004（82）：30-37.

38. 谢明. 公共政策导论[M]. 中国人民大学出版社，2009.

39. 新华网. 京东商城:自建物流系统，力破快递"瓶颈"[EB/OL]. http://www. bj.xinhuanet.com/bjfs/2012-01/10/content_24513774.htm，2012-01-10.

40. 余大乐. 海关若干重大决策的回顾及其影响[J]. 上海海关学院学报，2008，29（4）：26-33.

41. 张日. 冷链物流合作惠及两岸[N]. 国际商报，2013-03-12.

42. 张志清. ECFA 签署后两岸物流产业运筹中心规划及发展策略[R]. 台湾行政主管部门委托的专案研究报告，2012-03.

43. 赵皎云. 医药物流:行业整合下的专业化发展[J]. 物流技术与应用，2012(4)：38-41.

44. 中国冷链物流网信息中心. 中国冷库运行形势及发展分析报告[EB/OL]. http://www.logistics56.com. cn/info.asp?id=11587，2010-07-16.

45. 中国物流与采购联合会，中国物流学会. 第三次全国物流园区（基地）调查报告[EB/OL]. http://www.chinawuliu.com.cn，2012-09-13.

46. 中国物流与采购网. 第七期"物流标准化动态"[EB/OL]. http://www. chinawuliu.com.cn/cflp/newss/content/201012/38_8480.html，2010-12-27.

47. 中华人民共和国国家统计局. 庆祝新中国成立 60 周年系列报告之十四：多种方式的综合运输网络基本形成[EB/OL]. http://www.stats.gov.cn/was40/reldetail.jsp?docid=402589513，2009-09-23.

48. 中华人民共和国国务院新闻办公室门户网站. 民航"十一五"完美收官亮点频现[EB/OL]. http://www.scio.gov.cn/xwfbh/xwbfbh/wqfbh/2011/0224/xgbd/201102/t864747. htm，2011-02-24.

49. 中田信哉. 物流在日本的发展历程与未来趋势[J]. 中国流通经济，2003(11)：14-16.

50. 周耀东，余晖. 中国轨道交通的公共政策构建[J]. 财经问题研究，2009(11)：3-9.